革命期メキシコ・文化概念の生成

ガミオ―ボアズ往復書簡の研究

大村香苗

新評論

1911年、コロンビア大学留学から帰国直後のガミオ［González Gamio 1987］

上：コロンビア大学留学から帰国後、1910年代前半頃のガミオ／下：1930年代初め頃のガミオ［Angelez González Gamio 氏提供］

1920年代初め頃、テオティワカンの祝祭を見物に訪れたガミオ一家。
中央左で娘の手を引いているのがガミオ、その左が妻マルガリータ［González Gamio 1987］

上：1910年代後半頃のボアズ／下：晩年、1930年代末頃のボアズ［www.fb10.uni-bremen.de/］

はしがき

「異なる文化を持つ人々が相互に理解しあい共存することは可能なのだろうか」。地球規模での人々の接触が進む今日、このような問いがさらなる切迫感を持って発せられている。国際化の名のもとに国境や民族の壁を排した文化的交流の重要性が叫ばれる一方で、グローバリゼーションの加速は逆にそれが乗り越えるはずの nation（国家、民族）の枠組みを改めて認識させる様々な出来事を生じさせている。世界各地でのテロや紛争の勃発は、異文化を尊重することの実践がいかに困難で複雑なものであるかを物語っている。

本研究は、nation という枠組みの多様なあり方、さらにはそれが文化の多様性を尊重すべきとする立場（文化的多元主義）と交差・葛藤する様相を、革命という大きな社会的変動の中にあった多民族社会メキシコにおける2人の人類学者の交流の軌跡を通して検討するものである。

メキシコと聞いて多くの日本人が思い浮かべるのは、色彩鮮やかなインディオの民族衣装や民芸品、マヤ、アステカ文明の遺跡、ソンブレロを被ったとぼけたメキシコ男性の絵といったものではないだろうか。しかしながら、我々にとって「メキシコ」を想起させるこれらの風景やイメージは、必ずしもメキシコの長い歴史の中に綿々と存在してきたわけではない。ある国や社会のあり方を象徴するかのように語られる文化が、実際にはほんの一握りの人々、あるいは長い間社会的に虐げられてきた人々に属するものであったり、ある歴史的時点において様々な理由からつくられたものであることは、すでに多くの研究者によって指摘されている。メキシコにおいて「国民文化」や「国民性」とみなされる多様なイメージや物品の多くは、同国がその内部の多様な集団や文化、あるいはそれを取り巻くヨーロッパや米国との関係の中で創出／再創造してきたものである。

16世紀初めからスペインによる植民地化を経験したメキシコでは、先住民インディオとスペイン人との大規模な文化的・人種的混淆が起こった。1810年に始まる独立戦争を経て、メキシコはスペインからの独立を果たすが、西洋の進化主義思想を信奉する少数の白人支配層と混血メスティソ、そして大多数

の貧困層やインディオとの文化的社会的断絶，さらには度重なる列強の干渉などにより，近代的国民国家形成は極めて困難な道をたどった。1910年に始まったメキシコ革命は，このようなメキシコ内部の階層的かつ多元的な状況を背景に，列強による経済・文化的支配を覆すことを目指して起こった社会運動であった。この時期メキシコで高揚した民族主義的気運は，植民地化以降同国を支配していた西洋至上主義，白人主義を排し「メキシコ的なるもの」を追求する文化・芸術運動を開花させた。先住民の生活や民芸品をモチーフとした絵画や壁画運動，そして古代遺跡などは，この時期多様なメキシコ住民の精神的統合を模索する過程で「メキシコ的なるもの」として再評価・再発見されたものであった。

　本研究で対象とする2人の人類学者——メキシコ人マヌエル・ガミオ（Manuel Gamio）と，彼の師であり米国に帰化したユダヤ系ドイツ人フランツ・ボアズ（Franz Boas）——は，このような激動の革命期メキシコにおいて，人類学の創設という共通の目的を介して知り合った。

　メキシコ人類学，そしてメキシコ先住民政策の創始者と呼ばれるガミオは，それまで差別的扱いを受けてきたインディオ文化・芸術の再評価，古代文明遺跡・遺物の再発見などを通して，革命期メキシコで開花した文化・芸術運動の動向に多大な影響を与えた人物であった。他方，彼が推進した先住民統合プログラムは，1960年代末以降，nation形成という一元的目標を達成するためにメキシコの多元的現実を無視・抑圧した政策として批判の対象ともなってきた。

　一方，近代米国人類学の創始者と呼ばれるボアズは，黒人やインディアン，東・南欧移民などに対する人種差別が吹き荒れる米国社会に真っ向から抵抗した社会活動家としても知られる。ボアズが行った数々の議論は，社会的弱者に対する差別の根底にある進化主義思想の矛盾を浮かび上がらせると同時に，米国人類学が発展する上で核となる「人種」概念，「文化」概念，そして文化相対主義の観点を提供した。

　同時代に生きたこの2人の人類学者——一方は統合主義者，そしてもう一方は文化相対主義の父という対極の称号を与えられた——の交流については，これまで米国側ではほとんど顧みられず，またメキシコ側の先行研究では師ボアズによる弟子ガミオの教導という限定的かつ固定的な見方でのみ捉えられてきた。

本研究では，142通に及ぶ両者の往復書簡をはじめとする資料を丹念にたどることにより，「北の巨頭米国」と「第三世界の国メキシコ」という2つの国家の狭間で，出身背景を大きく異にする2人の人類学者が協働し，また次第に見解を異にしていく様相を，当時の世界情勢の多層的な文脈の中に位置づけながら読み解いていく。それにより，両者の交流の過程が，単に米国からメキシコへの学問分野の導入という意味に留まらず，「文化」の概念が錬磨されるプロセスでもあったこと，また異文化を理解し尊重するということに関わる様々な問題を含んでいたことを明らかにする。

凡　例

1. 人名と地名はカタカナ表記が日本語で定着しているもの以外は原則として初出のみ原語を併記する。

2. フランツ・ボアズ書簡アーカイブ（Microfilm Collection of the Professional Papers of Franz Boas）を参照する際の出典表記は，[PPFB 年／月／日] とする。

3. マヌエル・ガミオ・アーカイブ（Archivo Manuel Gamio）を参照する際の出典表記は以下の通りである。
   - 論文コレクション（Archivo Manuel Gamio, Artículo）；
     [AMGA 執筆年（不明な場合は s/f）：アーカイブ・ナンバー]
   - 書簡コレクション（Archivo Manuel Gamio, Correspondencia）；[AMGC 年／月／日]
   - 新聞記事コレクション（Archivo Manuel Gamio, Hemeroteca）；[AMGH 年／月／日]

4. 巻末に，本書で分析に使用した142通のガミオ－ボアズ往復書簡のうち欠損等により全容を再現できないものを除いた132通を日付別に要約した一覧表，およびその中から本書の内容を理解する上で重要と思われる書簡10通の原文と対訳を収録した。この10通が本文中で言及される場合，その書簡出典表示をゴチック体とした。

5. 引用文は，可能な限り原語・原典に忠実に表記するよう努めたが，文意を明快に伝えるために異訳および補足説明を要する場合は [　　] を用いた。

目次

はしがき　i
凡例　iv
謝辞　viii

第1章　本研究の目的と課題 …………………………… 3

第1節　本研究の目的と問題の所在　4
第2節　課題と視座　7
第3節　ボアズの理論と米国人類学の潮流　15
第4節　本書の構成　23

第2章　ガミオに関する先行研究と本研究の方法 …………… 25

はじめに　26

第1節　ガミオの経歴と生涯（1883-1942）　26

出生から人類学への転向まで　26／国立博物館への入学から『Patriaをつくる』の執筆まで　30／人類学局の創設から米国への亡命まで　33／亡命から米州先住民局局長就任まで（1925-42）　37

第2節　ガミオに対する評価の変遷とその背景　43

ガミオの死から1965年に至るガミオの評価　43／1968年から1970年代におけるガミオの評価　50／1980年代の文化的多元主義高揚期におけるガミオの評価　63／1990年代から現在までのガミオの評価　68

第3節　本研究の方法　81

先行研究の問題点と本研究の方法　81／本研究で用いる分析データと調査の概要　84

第 3 章　ガミオによるメキシコ人類学の組織化 …………… 89

はじめに　*90*

第 1 節　アメリカ考古・民族学国際学院（EIAEA）の設立　*90*

　ガミオとボアズの出会い　*90*／EIAEA の設立とボアズの「南方戦略」　*93*／EIAEA 創設時のメキシコの状況　*96*

第 2 節　EIAEA への革命の影響とボアズとガミオの対応　*103*

　EIAEA の活動　*104*／革命の EIAEA への影響　*108*／メキシコ革命の影響に対するガミオとボアズの対応　*114*

第 3 節　ガミオによる人類学局の創設　*118*

　人類学局創設の経緯　*118*／ガミオとボアズの相互補完的関係　*123*／ガミオとボアズの見解の相違　*129*

小括　*141*

第 4 章　ガミオにおける nation 概念
──ボアズの nation 概念との比較を通して ……………… 143

はじめに　*144*

第 1 節　ボアズにおける nation 概念　*144*

　ボアズ『人類学とモダン・ライフ』　*144*／ボアズにおける「人種」と「文化」　*146*／ボアズによる nation の定義　*157*／ドイツ時代のボアズ　*165*／ボアズにとっての理想の nation 像　*171*

第 2 節　ガミオにおける nation 概念　*177*

　ガミオにおける nation と patria　*177*／ガミオにおける人種と文化　*192*／nation の「融合」とインディオ　*206*／ガミオにおけるインディオの位置づけ　*212*

小括　*218*

第 5 章　ガミオにおける nation の表象と「芸術」……………… 223

はじめに　*224*

第 1 節　ガミオの思想における nation と芸術　*225*

ガミオにおける芸術の特殊な位置づけ　226／ガミオにおける芸術と nationality の醸成　229／ガミオにおける「国民芸術」の創造　237／メキシコの殖産化と芸術——「典型的国民産業」と「真の国民産業」　242

第 2 節　ガミオによる「国民芸術」創造の提言　249

メキシコ人芸術家に対する「国民芸術」創造の提言　252／米国知識人に向けたインディオ芸術の宣伝　260

第 3 節　インディオに向けた芸術奨励活動　269

テオティワカン盆地における芸術奨励活動　270／テオティワカンの芸術産業の現状　274／ガミオにとってインディオの芸術産業が持つ意義　281／ガミオにおけるフォークロア研究と nation の「型」　287／ガミオにおける理想の nation 像の表象　289

結語　295

第 1 節　本研究のまとめ　295
第 2 節　ガミオにおける人類学と nation 形成　308

引用参考文献　314

資料編　333

マヌエル・ガミオ関連年表　334
ガミオ-ボアズ往復書簡（10 通）　343
ガミオ-ボアズ往復書簡要約一覧表　377
写真資料一覧　391
人名索引　393／事項索引　398

謝　辞

　本書は筆者が 2005 年にお茶の水女子大学大学院人間文化研究科に提出した博士学位請求論文に加筆修正を行ったものである。本書の刊行に際しては，独立行政法人日本学術振興会平成 18 年度科学研究費補助金（研究成果公開促進費）の交付を受けた。

＊　＊　＊　＊　＊

　まず初めに，博士後期課程入学時から本研究の完成に至るまで，厳しい御指導と温かい励ましを下さった指導教官の波平恵美子先生に心より感謝申し上げたい。ガミオとボアズの書簡を入手するという幸運に恵まれながら，それらを生かしきれないでいた筆者に対し，先生は「ガミオの心情を彼の身になって考えてみなさい」と助言して下さった。ガミオとボアズに少しずつではあるが接近できるようになったのは，先生のあの言葉のおかげであったと思う。また本論文の審査に携わって下さり，貴重なご意見とアドバイスを下さった副指導教官の石塚道子先生と熊谷圭知先生，そして審査委員の鷹野光行先生と伊藤るり先生に深謝申し上げたい。過密なスケジュールの中，先生方が本研究のために割いて下さった時間と労力を考えると感謝の気持ちでいっぱいである。

　本書の執筆は，筆者が初めてメキシコを訪れた 1992 年から今日に至るまでの，メキシコ，日本，米国でのかけがえのない出会いと様々な方々の支援なしでは決して実現しなかった。

　まずメキシコ人研究者の立場から，筆者の話に耳を傾け，本研究を方向づけて下さった諸先生に感謝したい。メキシコ国立自治大学のアグスティン・サンチェス（Agustín Sánchez）先生には，研究の最も初期の段階に，メキシコ革命期の芸術運動に筆者が関心を抱くきっかけをつくっていただいた。メキシコ学院での指導教官であったギジェルモ・セルメーニョ（Guillermo Zermeño）先生からは，本研究の主な資料となるガミオ・アーカイブの入手方法を指導いただいただけでなく，歴史学者の立場からナショナリズムと人類学を論じる上での様々な示唆を与えていただいた。国立自治大学のミゲル・レオン・ポルティージャ（Miguel León-Portilla）先生は，ガミオと調査研究を行った際の経験談を話して下さり，血の通った人間としてガミオを捉えるための手助けをして下さった。メキシコ市立大学のエリ・バルトラ（Eli Bartra）先生からは，メキシコの民衆芸術（arte popular）研究者の立場から，今後本研究を展開させていく上での多くのアドバイスをいただいた。さらにここではお名前を全て挙げることはできないが，メキシコ人でも米国人でもない，日本人である筆者が本研究を行うことの意義を認めて下さった方々の

存在が大きな励みとなった。

　また本研究は，メキシコと米国の多くの文書館，博物館，図書館の協力と支援なしでは進めることはできなかった。ガミオのアーカイブを所蔵するメキシコ国立人類学博物館の文書館，写真部，図書館には，外国人研究者としては異例の便宜をはかっていただいた。特に，写真部のソニア・A. ペレス・マルティネス（Sonia Alrette Pérez Martínez）さん，ならびに文書館スタッフの方々は，連日博物館を訪れアーカイブと悪戦苦闘する筆者を温かく見守り，励ましてくれた。

　国立文書館の写真部部長ベアトリス・S. バスティーダ（Beatriz Santoyo Bastida）さんはじめスタッフの方々は，限られた時間内に膨大な写真資料を収集しなければならなかった筆者に協力支援を申し出て下さった。そして国立民衆文化博物館館長ソル・R. デラ・ボルボージャ（Sol Rubín de la Borbolla）さんは，彼女の父でありメキシコの民衆芸術研究の第一人者であったダニエル・R. デラ・ボルボージャ（Daniel Rubín de la Borbolla）氏の私蔵図書室を開放して下さった。

　そして本研究は，様々なかたちで人類学や芸術活動に携わる多くの友人や在野の研究者との対話を通して発展していったものである。グアテマラからの亡命詩人で環境活動家でもあるモイセス・オロスコ（Moisés Orozco），大道芸人モイセス・ミランダ（Moisés Miranda），歴史人類学者サルバドール・レジェス（Salvador Reyes），民芸品職人サントス・M. ロレンソ（Santos Montes Lorenzo）とその家族をはじめとするコヨアカン広場の芸術家達とのつきあいもすでに10年目を超えた。筆者が発する素朴な疑問を常に真摯に受け止め，一緒に考えてくれると共に，時には研究者としてではなく人間として考えてみろと揺さぶりをかけてくれるこれらの仲間の存在なしには，これほど長期間にわたってメキシコと向き合い続けることはできなかった。

　このようなメキシコでの滞在が可能となったのは，日墨交流基金，メキシコ政府奨学生制度，お茶の水女子大学COEプログラム「ジェンダー研究のフロンティア」の奨学金のおかげであった。特に，メキシコ学院に筆者が客員研究員として滞在できるよう手助けして下さった同学院教授の粟飯原淑恵先生，筆者がテオティワカンで聞き取り調査を行う際にアリゾナ大学の考古学調査団に迎え入れて下さり，様々な便宜をはかって下さった杉山三郎先生に深く感謝申し上げたい。

　ガミオとボアズのアーカイブから読み取ったもの，そしてメキシコと米国で受けた数々の刺激を日本語の論文にするという作業は，日本で参加させていただいた研究会やゼミでの的確なアドバイスなしには行えなかった。慶應義塾大学の自主ゼミでは，ガミオの芸術観に関する筆者の拙い発表を聞いていただき，貴重なご意見をいただいた。特に石井康史先生には表象文化の観点からの有益なご助言をいただいただけでなく，貴重な資料文献を閲覧させていただいた。またお茶の水女子大学に集中講義にいらした落合一泰先生からは，「文化的自画像」の観点と米墨両国における文化交流に関してご教示

いただいた。そしてお茶の水女子大学の波平ゼミでは，論文執筆の糸口が見えない段階から筆者の発表を聞いてもらい，文化人類学の観点から多くの貴重な意見やアドバイスをいただいた。特に同ゼミの洪賢秀さんと茅根美保さんは，論文作成の苦しい時期に励ましと叱咤の声をかけてくれた。

そもそも筆者がメキシコと出会ったきっかけは，南山大学でスペイン語を学び始めたことであったが，その当初は自分が博士論文を執筆するとは考えてもみなかった。ここまでたどり着いたのは，南山大学外国語学部・イスパニア科時代の指導教官でラテンアメリカ思想史の基礎を手ほどき下さった松下マルタ先生，そして全くの門外漢であった筆者を迎え入れて下さり，今日にいたるまで折にふれ温かいお便りを下さるお茶の水女子大学修士課程での指導教官田中真砂子先生のおかげである。

本書完成までの道のりを振り返ると，お世話になった実に多くの方々の顔が思い浮かぶ。「Mi casa es tu casa」(私の家はあなたの家よ)という言葉の通り，筆者を家族の一員として迎えてくれたエリザベス・アルブレフト（Elizabeth Albreht）(墨)，グラシエラとカルロスのクルックシャンクご夫妻（Graciela y Carlos Cruickshank）(墨)，マルガリータ・ミランダ（Margarita Miranda）(墨)，ジェインとウェイバンのヴァーデンご夫妻（Jane and Wabern Vaden）(米)，蓼房喜師匠(日)，金子誠三郎氏(日)の優しさは決して忘れることはできない。また2006年4月から筆者が客員研究員として所属しているカリフォルニア大学・ロサンジェルス校(UCLA)，ラテンアメリカ研究センター所長のランダル・ジョンソン（Randal Johnson）教授，ならびにクラウディア・サルグエロ（Claudia Salguero）さん，ニナ・モス（Nina Moss）さんには，博士論文を1冊の研究書へと書き直していく段階に，筆者が執筆に専念できるよう様々な便宜をはかっていただいた。そして新評論編集長の山田洋さんには本書の出版をご快諾いただき，同社の吉住亜矢さんには，学術振興会科研費補助を申請する段階から親身に相談に乗っていただき，日本の外にいることの多い筆者に対しメールを通して常に的確なアドバイスと激励を送っていただいた。さらにガミオの孫であり，彼の伝記の執筆者でもあるアンヘレス・ゴンザレス・ガミオ（Angelez González Gamio）さんには，本書のために貴重なガミオの写真をメキシコから送っていただいた。そのほかにも，ここで全てのお名前を挙げることはできないものの，本書の刊行を可能にしてくださった皆様に厚くお礼申し上げたい。

最後になったが，本書を父，大村太郎，母，大村弘子，そしてパートナーであるスティーブン・P．アームストロング（Stephen P. Armstrong）の三者に捧げたい。米国，メキシコ，日本を何度も往復する必要のあった本書の執筆は，家族の理解と経済的・精神的支援なしでは不可能であった。いつ終わるともしれない筆者の研究を忍耐強く見守り，常に限りない愛で包んでくれるこれら三者に心から感謝したい。

革命期メキシコ・文化概念の生成

ガミオ – ボアズ往復書簡の研究

第 1 章

本研究の目的と課題

写真1 メキシコ市コヨアカン広場で毎週末開かれる民芸市場の風景

第1節　本研究の目的と問題の所在

　本研究の目的は、メキシコ人人類学者マヌエル・ガミオ（Manuel Gamio : 1883-1960）がその思想活動の中心的テーマとした革命期メキシコにおけるnation[1]の形成について、ガミオと彼の師であった米国の人類学者フランツ・ボアズ（Franz Boas : 1858-1942）との往復書簡の分析を通して考察することにある。それにより、nation形成が文化に関わる複雑な要素を孕んでいること、文化人類学における重要なテーマであることを明らかにしたい。

　ここでの革命とは、1910年にポルフィリオ・ディアス（Porfirio Díaz）大統領（任期1876-80, 1884-1910）を辞任に追い込み、その後約10年間にわたりメキシコ全土を焦土と化したメキシコ革命（La Revolución Mexicana）を指す。同革命は、20世紀初頭の帝国主義が世界を席巻しつつあった時期に、辛亥革命（1911）やロシア革命（1917）に先立ち起こったという先駆性、そしてメキシコという「第三世界の国」が、長期にわたる列強の政治・文化的支配を覆したという意義により、国内のみならず西洋の圧倒的影響下にあった各国知識人の注目を集めた社会革命であった。

　本研究で対象とするマヌエル・ガミオは、メキシコ人類学およびインディオ[2]

---

1) 本書では、ガミオの母語であるスペイン語nación（ナシオン）、ボアズの母語であるドイツ語のnation（ナチオン）ではなく、英語のnation（ネーション）で統一する（その語義・概念の内容については本章第2節参照）。それは、ガミオとボアズにおける同概念の比較考察を行う上での便宜上から、また両者が共通して用いたのが英語のnationであったこと（第3章第3節参照）からである。なお、nationの派生語であるnationalism, nationality, internationalismなども、混乱を避けるため英語表記で統一する。

2) ガミオの諸論考においては、メキシコ先住民を総称する語彙として「インディオ（indio）」、「インディヘナ（indígena）」が混在しているが、本書では「インディオ」で統一する。インディオという呼称については、文脈によってそれが持ちうる侮蔑的な意味合いからその使用を避けインディヘナを用いるべきとする立場や、逆にインディオからインディヘナへの語彙上の安易な置き換えが、先住民に対する差別を隠蔽することにつながっているとしてあえてインディオを用いることを提唱する立場などが存在する。本研究でインディオという語を用いるのは、以上のような立場上の問題としてではなく、それが日本語においてはより定着していること、さらにガミオがこの言葉の派生語（indigenista：インディヘニスタ, indiafobia：インディアフォビア、など）を用いているため、インディオで統一した方が混乱が少ないと筆者が考えたことによる。

政策の創始者と呼ばれる人物である。彼の影響は現在もメキシコにおいて，人類学のみならず農村教育，地域開発政策，インディオ政策，文化政策など様々な分野に及んでいる。本研究で対象とする1909年から1925年にかけての時期とは，ガミオが米国においてボアズのもとで人類学を学んだ後に，彼との共同作業によってメキシコにおける人類学の普及に着手する時期にあたる。同時期は，メキシコの近代国家建設をはかったとされるディアス体制末期から革命の勃発，そしてその動乱の沈静化に伴い起こった民族主義的文化運動が高揚していく時期であった。

　このような激動の時期におけるメキシコのnation形成に関わる問題を，ガミオという人類学者の思想活動，および彼とボアズの交流の軌跡を通して分析を試みる理由（ひいてはそこでの問題意識）は以下の2点にある。

　まずひとつには，ガミオとボアズを通して，人類学という学問が，nation形成を支える諸概念やnation内の多様な要素を把握するための視点を提供することで，その方向づけに重要な役割を果たしたことを明らかにしたいと考えるからである。具体的には本研究では以下のことを論じる。すなわち，1）ガミオがボアズの影響のもとでメキシコの人種，文化，そしてnationの概念を構築し，それによってメキシコの文化的基層を再編・再創造していく様相，2）およびそれを基盤としながら革命後のメキシコで起こった文化・芸術運動の様相である。とりわけ本研究では，ガミオの思想が影響を与えたとされるメキシコの文化運動期における「芸術」の位置づけを通して，ガミオの人類学の独自性およびそれを通じて彼が定義を試みたnation概念の特徴を明らかにする。

　いまひとつは，ボアズのもとで諸外国とりわけ米国の知識人と自国の知識人とを結びつける媒介者の役割を果たしたメキシコ人ガミオを通して，米国・ヨーロッパとの関わりの中でのメキシコの複雑な位置，およびそこから浮かび上がる多様なnation像を明らかにしたいと考えるからである。

　米国とメキシコは，国境線を介して隣接しながらも，植民地化および独立後の国家形成において大きく異なる過程を歩んだ。イギリスを宗主国としたピューリタンの国であった米国が，先住民インディアンを排除・隔離しながら国家形成を行っていったのに対し，スペインを宗主国としたカトリックの国メキシコでは，先住民インディオとスペイン人との大規模な混血が起こった。このように社会構成の諸原理を異にする両国は，20世紀初頭においては，経済的覇

者と，それを発展モデルとしながらも対外的脅威ともみなす「第三世界の国」として，政治・経済・社会・文化の諸側面において対立と協調を繰り返していた。

　本研究では，このような時期に培われた，メキシコ人ガミオと米国に帰化したユダヤ系ドイツ人ボアズの交流に着目することで，米国とメキシコ，さらにはヨーロッパをも含みながら構成される複雑な支配の構造，およびガミオが人類学の制度化という文脈の中でそれに対抗していく様相を明らかにしたいと考える。

　ボアズとガミオによるこのようなinternationalなレベルでの相互交流関係に注意を払うことは，翻ってはnationalあるいはローカルなレベルにおけるガミオの活動，およびそこに見られる様々な矛盾に関する議論をも深化させうると考える。酒井直樹は，植民地主義と反植民地主義との関係について以下のように述べる。

> 　抵抗のためには団結が必要であり，団結のためには，既存の用語を用いて主体を構成しなければならない。しかし，こうして構成された主体は［…］，植民地主義的抑圧に対する抵抗に先行して存在するものではない。植民地主義がなければ，反植民地主義を通じて作り出される民族や国民といった主体は存在しようがない。人種も同じことである。植民地主義が押しつけてくる範疇を逆手に取りつつ内面化することによって，国民，民族，人種としての主体が構成されていくのである［酒井1999（1996）：277］。

酒井の論に従うなら，ガミオがメキシコ人の紐帯の必要性を説き，nationの形成をはかる際に用いる用語は，彼が反発したはずのメキシコに対する欧米の視線，そしてそこで用いられる諸用語と不可分の関係にある。本研究では，ガミオとボアズの交流を通して，植民地主義がメキシコに押しつける範疇，そしてそれに対するガミオの抵抗と彼が直面したジレンマの様相をも明らかにすることを試みる。

　以上のような問題意識を踏まえた上で，次に本研究の課題および視座について述べる。

第2節　課題と視座

ガミオにおける nation 概念と芸術　本研究の課題の一つは，ガミオが理想としたメキシコにおける nation のあり方を，彼と芸術（arte/art）との関わりを通して読み解くことにある。後述するように，これまでのガミオに関する先行研究では，ガミオの nationalist としての側面が強調されてきたにもかかわらず，ガミオがそもそも nation をいかに定義していたのかについては明確にされてこなかった。またガミオの芸術への関心についても，一部の研究を除き論じられることはなく，彼のロマン主義的側面として捨象されてきた。本研究では，彼と芸術との関わりを明らかにすることが，これまで明確にされてこなかったガミオにおける nation の概念を浮き彫りにすると共に，20世紀初頭の革命期メキシコにおいて高揚した民族主義的運動の特徴とダイナミズムを検証する上でも有効であるとする立場に立つ。

ここでの「芸術」とは，いわゆる「ハイ・アート」のみを指すのではなく，ガミオがその活動を通じて多大なインスピレーションを与えたとされる民衆芸術や壁画運動，さらには彼が考古学的調査を通して関与した遺跡・遺物や建築物など極めて多様なものを含んでいる。A. クーパー（Adam Kuper）によれば，芸術は，産業革命期の社会的緊張が高まる中で，文化，産業，階級，デモクラシーといった諸概念と共に社会的定着を果たした言葉であるという [Kuper 1999: 40]。革命という社会的緊張を経験した後にメキシコで起こった文化運動は，一部の人々に独占された産業発展や極端な欧化主義を排し，自国の民俗・民族的価値の体現者である民衆を，国民文化の担い手へと再定義するための運動であった。そして芸術は，このようなメキシコの転換を視覚化し，それを内外に表象するための媒体，すなわち新生メキシコを象徴する新たな文化的シンボルとも呼びうるものであった。本研究では，ガミオが人類学者としての立場から行う「芸術」の諸定義およびその実践を通して，彼が独自の nation 概念を模索し，さらにはそれを内外に表象していく様相を考察する。

またここでの nation とは，日本語では「国家」，「国民」，「民族」など様々に訳され得る言葉である。ティモシー・E. アンナ（Timothy E. Anna）は，19世紀メキシコで起こった中央政府と諸州エリートとの抗争を論じる中で，メキシ

コでは独立後も長期にわたり nation という言葉が浸透していなかったことを指摘している。アンナによれば，メキシコにおいて nation（原語は nación）という語は，独立後の 1826 年に至ってもラテン語の語源，すなわち「生まれ（nacer）」を意味する語として用いられ，それが「国家あるいは政体（state or political body）」を意味する語として辞書3)に掲載されるのはディアス体制下の 1884 年においてであるという [Anna 1996 : 9]4)。ただしそれは，メキシコにおける語彙上の nation の定着を意味するだけであって，nation がその内実を備えていく過程は全く別の次元に属する。

今日，nation 形成の過程を考察する際には，「原初主義」と「近代主義」の二つの立場がある。原初主義では，nation 形成の起源を，複雑な構造を持つ政治的統一体の形成以前の古代まで遡るものとみなし，その発端を血縁的紐帯や家族的忠誠心などの「原初的」要素から説明する。他方，近代主義の立場はこのような原初主義の考え方を否定し，nation 形成を産業化に伴う社会変動といった近代社会の産物として説明する。この立場から E. ホブズボウムと T. レンジャーらは，現在「伝統」と呼ばれるものの多くが太古から綿々と続いてきたものではなく，近代の「発明」であることを指摘した [Hobsbawm, Ranger 1983]。また B. アンダーソンは，印刷資本主義の拡大が，直接面識のない人々の間に共属意識を生んだことにより nation が「想像」されたことを明らかにし，それ以降の nation および nationalism に関わる議論に多大な影響を与えた [アンダーソン 1998（1983）]。

本研究で対象とする「芸術」とは，近代化の模索の過程で起こった革命運動の中で「再発見」あるいは「発明」されたものであるという点において，ホブズボウムらが述べるところの「伝統の創造」の枠組みに一致するといえる。ただし本研究では，その「創造」に携わるガミオらメキシコ人知識人が，それら「伝統」を「新たな」創造としてではなく，自己の主体を支える「過去」や「歴史」として感じ，さらにはそのような感覚を nation 内の他の成員と共有しよう

---

3) 当時広く用いられていた *Diccionario de Lengua Castellano* を指す。
4) アンナはさらに，メキシコにおける nation 概念浸透の遅れを示す例として，自国の領域的広がりと内部住民の把握に不可欠な地図の作成および国勢調査の実施が遅れたことを挙げている [Anna 1996 : 8]。メキシコにおいて共和国全土を網羅した最初の地図が作られるのは 1863 年であり，最初の国勢調査は 1895 年であった。

とする様相，およびその際に動員する諸原理や方策に着目する。それは nation が，A. M. アロンソ（Ana Maria Alonso）が述べるところの「感覚の構造や生活経験の中に埋め込まれてゆく様式」［Alonso 1994：382］に配慮することであり，また nation が「想像」される際の多様なあり方に注意を払うことである。

　ガミオと，その比較対象となるボアズの，nation を「想像」する際のあり方は大きく異なる。ボアズにおいて State＝国家として明確に定義され得る nation は，ガミオにおいては patria（郷土，祖国）という「nation よりも遥か以前から存在した概念」［d'Entrèves 1967：177］へと置き換え得るものである。ただしガミオにおけるこのような patria の使用は，必ずしも彼の復古主義を示すものではない。むしろそれは後述するように，彼が目指す新たな nation 像の正当性，あるいはその新規性を示すためのものである。

　A. P. ダントレーヴ（Alexander Passerin d'Entrèves）は，State＝国家は単なる権力構成体ではなく，また抽象的な哲学上の原理により正当化されうるものでもなく，その正当化には「歴史的な諸要素や非合理的，情緒的な諸要素が折り込まれる」ことを指摘する［ibid.：176］。ダントレーヴによれば，patria は，「今日なお民族的国家を包んでいるところの情緒的，感情的後光を提供」することで，nation が今日用いられるような nation-state（国民国家）の意味へと転じる上で介在的役割を果たす概念であったという［ibid.］。

　ガミオにおける patria とは，それまでの分断されたメキシコが，共通の歴史や情緒的なつながりを獲得し，確固たる新たな nation 像を醸成するための移行的段階の概念を示す言葉である。このような移行期において「芸術」は，彼が描く patria-nation の独自性を視覚化し，それを通じてその内部の成員が情緒的つながりを得るための重要な媒体であった。本研究で着目するのは，ガミオがこのような patria-nation を「想像」する際に，「芸術」を用いることでメキシコ内の多様な要素を統合し，メキシコの過去と現在とをつなぎ止めようとする様相，およびそこで生じる様々な矛盾である。

　ガミオにおけるこのような芸術の意義および彼の patria-nation の概念を考察する上で有益な示唆を与えると思われるのは，A. D. スミスらのアプローチである。スミスは，nation が近代の産物であることを認めながらも，それが無からの創造や発明によるものではなく，nation が成立する近代以前から存在した諸要素，すなわち何らかのエスニックな土台の上に形成されることを強調す

る［スミス 2000（1986）：20］。その際彼が基盤と位置づけるのがエトニ（ethnie：エスニックな共同体）と呼ばれるものである。スミスによればそれらは，「共通の祖先，歴史，文化を持ち，ある特定の領域との結びつきをもち，内部での連帯感を持つ，名前を持った人間集団」である［前掲書：39］。ただし，「共通の祖先や歴史」とは，「実際に血統や出自を同じくすることではなく，それらの共有が想定されているという「感覚」」である。それは「感情的・美的な首尾一貫性を提供する「血統神話」や後の経験を解釈するための道筋と詩的教訓を与えるような「歴史」」であるという［前掲書：31-39］。

以上の議論の文脈に革命期のメキシコを当てはめれば，スペインによる植民地化を経験し，多様な先住民諸集団に加え白人や混血メスティソなどから成る複雑な人種・民族構造を抱えるメキシコの人々が，「共通の祖先」や「血統や出自を同じくする」ことは決してない。したがってスミスの議論は，ガミオがこのようなメキシコの現実を乗り越え，メキシコ人が共通の「感覚」や「感情的・美的な首尾一貫性をもった歴史」を獲得しようとする行為を理解する上で多くの示唆を与える。

スミスによれば，「エトニ」が nation に変貌する際の諸要件とは以下の5点である。

- エトニの政治化
- 動員と包摂
- 新しい聖職者
- 新しい想像力
- 自給自足と領域化

スミスによれば，エトニが nation の地位を切望した場合，あるいはたとえそれをエトニが意図していない場合でも，自らの歴史の主体となるためには受動的客体であることから脱し，政治的主張をしなければならない。同時に，エトニが共通の政治的目的に向かい，「故郷の地」に根づくためには，内包する成員の「動員と包摂」が必要となる。

また「新しい聖職者」とは知識人を指し，「ロマンチックな想像力」によって新しい世界の青写真を提供する人々である［前掲書：190］。とりわけ考古学者は，nation 形成にとって不可欠な「生き生きとした過去の再構成」［前掲書：213］を行い，「古代の系図や由緒ある環境の中に自分自身を位置づけ，自らの「共

同体」の威厳を高める」役割を果たすという［同前］。

　他方，このような青写真の中に特定の共同体の社会的連帯を「固定する」ためには，あらゆる現実的手段が用いられなければならない。それが「新しい想像力」である。それは比較分析，叙述，分類などの様々な科学的アプローチを駆使して，「名もない無個性な集団を限界を画された空間と暦上の時間を持つ単位」として「意味付与する」ことを指す。スミスによれば，「科学」という媒体により初めてnationは創造され得るという［前掲書：203］。

　そして最後の「自給自足と領域化」とは，各エトニが，特定の領域を基盤として自らの運命をコントロールし得る空間形成，すなわち「故郷の地」の観念創出を目指す諸様式である。そこには，外国人の土地購入禁止，遺跡や境界の文化的占有の主張などが含まれる。それらは土地所有や維持などの政治的象徴的意味に加え，nationの経済的自立をも左右するものである。つまり「故郷の地」を持つエトニだけが，あるいは「故郷の地」を獲得する機会に恵まれたエトニだけがnationへの道筋を追求し，経済的自立を果たすことができる［同前］。

　ここでのスミスの議論は，ガミオの思想・活動に多くの点であてはまるものである。なぜならガミオは人類学という「科学」を用いて，インディオを動員・包摂しつつ，メキシコ人がメキシコの歴史の主体となることを求めたからである。本研究では，ガミオが「新しい想像力」としての人類学の知や技術を総動員しながら，彼にとってのpatria-nationを定義していく様相およびそこでの芸術の位置づけを，ダントレーヴが述べるところの「非合理的，情緒的な諸要素」をも考慮に入れながら辿っていくことを課題とする。

ガミオによるメキシコ人類学普及の文脈化　　本研究のもう一つの課題は，革命期メキシコでガミオが置かれていた複雑な政治・社会的文脈およびそれに対するガミオの対応を，ガミオとボアズによる人類学の普及過程を通して明らかにすることである。ここでの政治・社会的文脈には，ヨーロッパ，米国のメキシコに対する視線も含まれる。

　メキシコは，1810年にミゲル・イダルゴ（Miguel Hidalgo）司祭の蜂起を機に宗主国スペインからの独立運動を開始した。しかしその10年後にようやく達成された独立がもたらしたのは，人口の約15%を占めるに過ぎないクリオージョ（植民地生まれの白人）による支配，カウディージョと呼ばれる地域権

力者の割拠，インディオの反乱など，国内統合とはほど遠い混乱の半世紀であった。さらに国内の不安定な情勢に加え，米墨戦争（1846-48）やフランス干渉戦争（1861-67）などの対外的脅威の拡大に直面したメキシコ施政者および支配層は，西洋化によるメキシコの近代化へと突き進んだ。それは西洋との比較において常に「劣位国」，あるいは「未開の地」に追いやられてきたメキシコの地位を，西洋的近代化を模倣することで上昇させようとする試みであった。その一端としてディアス体制下の知識人は，実証主義，社会ダーウィニズムなどの西洋思想を諸政策に反映させると共に，西洋近代社会を発展モデルとしながら，交通輸送網の整備，急速な産業化，国際化などを通してメキシコを西洋と比肩しうる近代国家に変貌させることを目指した。しかし革命の勃発は，西洋の模倣やその思想の直輸入がメキシコには必ずしも適合し得ないことをメキシコの知識人に認識させるきっかけとなった。

　本研究で対象とするガミオによる nation 概念の模索とは，このような認識を経た知識人が，西洋の模倣ではない，メキシコ独自の新たな発展モデルを追求していく道程の一つである。本研究では，ガミオがメキシコの固有性を認識し提唱するだけでなく，メキシコを「劣位国」や「未開の地」とみなす西洋の視線自体が誤りであることを，ボアズの人類学の概念を用いながら論証・実践していく様相，およびその過程において生じる矛盾を描く。その際の視座とは以下の通りである。

ガミオとボアズの相互交流　本研究では，米国とメキシコにおいて人類学の創成を担ったボアズとガミオの関係を，一方向的なものではなく双方向的なものとして捉え，それがメキシコ人類学のみならず米国人類学の創成にも影響を与えるものであったことを明らかにする。

　メキシコ人研究者がメキシコ人類学の創成に寄与した人物としてガミオを挙げる際には，ほとんどの場合ガミオに対するボアズの影響を指摘しており [Brading 1988 ; Nahmad Sittón y Weaver 1994 ; De la Peña 1996]，ボアズの文化，人種の概念および文化相対主義が，メキシコにおいてガミオがインディオ文化の再評価をはかる際の支柱となったことが認識されている。

　他方，米国の人類学者が米国人類学の創始者としてボアズを取り上げる際には，ガミオとの関わりに触れているものはほとんどなく，米国人類学者の「フ

ィールド」としてのメキシコの存在さえも曖昧な扱いがなされている。

　米国人類学の草創期について述べる概説書の多くは、米国人類学者がその研究対象の範囲を国外へと拡大する時期を1920年代ないし30年代とし、その経緯を以下のように説明する。すなわち米国人類学は、自国領土内の「異文化」であるアメリカ・インディアンの研究を関心の中心としながら発展し、第一次大戦から第二次大戦にかけての時期に、その関心を国外の民族・文化へと広げた。米国人類学者が国外のフィールド・ワークによって触れる「異質な文化」から受けた刺激は、「文化とパーソナリティ」をはじめとする人類学における新たな分野の開拓へとつながった、という。こうした説明においては、米国人類学の創成において、ラテンアメリカ、とりわけ国境線を共有するメキシコが果たした役割について触れられることはない。またメキシコをフィールドとした研究は、米国研究、あるいはアメリカ・インディアン研究の延長とみなされ、「異文化研究」として照射されることはほとんどない。

　本研究では、ガミオとボアズの交流に着目することにより、メキシコを文化をめぐる諸概念や理論が生成される場として捉え、さらには両者の交流がその後のメキシコ人類学だけでなく米国人類学にとっても重要な意味を持ちえたという仮説に立つ。

　本研究のこの立場は、メキシコ人類学者ギジェルモ・デ・ラ・ペーニャ (Guillermo de la Peña) の観点と多くを共有している。デ・ラ・ペーニャは、「文化的仲介者」という用語を用いながら、ガミオがボアズの影響を受けて行ったメキシコ人類学の制度化の過程を論じ、それがボアズの理論の単なる移植ではなく、当時のメキシコの状況およびガミオの nation 統合という問題関心に即した「翻訳」という行為を伴っていたことを指摘した [De la Peña 1996]。

　ただし、デ・ラ・ペーニャが述べる「翻訳」には、ボアズの人類学の概念、とりわけ「文化」の概念のガミオによる「改ざん」という意味が含まれている。この背景には、後述するように、1960年代末に起こったメキシコ人類学とインディオ政策の見直し、およびそこで噴出したガミオへの批判がある。

　本研究では、デ・ラ・ペーニャらメキシコ人類学者の指摘を踏まえた上で、ガミオの側のみならず、ボアズの側の事情にも着目することで両者の交流を相互的なものとして捉える。それは両者の影響関係が「ボアズからガミオへ」という一方向だけでなく双方向的なものであり、またその理論形成においても、

ガミオが常にボアズを追いかけるという構図ではなく，両者が共に人類学の諸概念生成の前哨線に立っていたことを指摘することでもある。

「文化変容」をめぐる見解の相違 本研究ではまた，ガミオとボアズの相互交流に見られる両者の見解の相違に着目する。両者が協同して普及を試みたメキシコ人類学は，米国におけるボアズ派人類学とは決して同じ道を辿らなかった。それは，2人が人類学について抱いた異なった理想像を反映したものであった。このような理想像の違いは，両者における人類学の理論およびその用法の違いにも現れている。その中でも最も顕著なものの一つは，文化変容に関わる理論およびそれを用いる際の方向性の違いである。

1935年，*American Anthropologist* 誌は，R. レッドフィールド（Robert Redfield），R. リントン（Ralph Linton），M. ハースコビッツ（Melville J. Herskovits）らの連名による「文化変容に関する覚え書き（Memorandum for the study of acculturation）」を掲載し，文化変容を「異なった文化をもつ諸個人の集団が，継続的に直接の接触にさらされた結果，一方，または双方の集団の文化型に起こる現象」[Redfield, Linton, Herskovits 1935：149-150] として定義した。これは発表後70年を経た現在も文化変容を記述する際の有効な定義とみなされ，人類学のみならず，コミュニケーション理論や心理学の分野などにおいても用いられている [Garcia Vazquez 1997]。

堀喜望が述べるように，「文化変容」の用語は1880年にJ. W. パウエル（J. W. Powell）によりすでに用いられていたが，上記のような概念化および理論化の下地をつくったのは，ボアズによる文化特色の分布に関する研究であったとされる [堀1965（1954）：367]。ボアズにとってメキシコは，アメリカ・インディアンの文化特色の分布図を拡大するためにも重要な意味をもっていた。それは彼の文化の概念の精緻化という関心に基づくものであった。

一方，ガミオの文化変容に対する関心は全く異なる発展を遂げた。「文化変容」という概念をメキシコに定着させたとされる人類学者ゴンザロ・アギレ・ベルトラン（Gonzalo Aguirre Beltrán）は，『文化変容のプロセスとメキシコ社会・文化の変化（*El Proceso de aculturación y el cambio socio-cultural en México*）』(1957) において「文化変容」を定義し，その先住民政策への応用を図った。アンリ・ファーヴル（Henri Favre）が指摘するように，彼の定義とは，「インデ

ィオ文化と西洋文化が相互に浸透し，互いに貸借関係を保ちながら，次第にその差異を少なくし，最終的にはただ一つの同じ文化へ収斂していく過程」[ファーヴル 2002：55] というものであった。このように「文化変容」を「一つの同じ文化へ収斂」するよう「差異を少なくしていく過程」と捉える見方には，ガミオの影響が顕著に認められる。ガミオはボアズとの相互交流の中で受容した文化の概念を，文化変容の過程を捉えるための理論としてではなく，文化を「変容させる」方策へと発展させた。次章で述べるように，このような文化変容に関する独自の認識は，1970年代以降，ガミオの人類学が批判される際の焦点となっていくのである（アギレ・ベルトランも70年代には一転してガミオを批判するようになる）。

本研究では，「文化」の概念およびその「変容」の認識が，ガミオとボアズにおいて異なる方向性を持つに至る過程と要因を，ガミオが置かれた当時の文脈，およびガミオとボアズの nation 概念の違いから分析することを課題とする。

第3節　ボアズの理論と米国人類学の潮流

本研究でガミオの比較対象とするフランツ・ボアズは，米国人類学の創始者と呼ばれる人物である。彼が行った多岐にわたる研究活動は，米国人類学のみならず，世界各国の広範囲にわたる分野の人々に多大な影響を与えた。また彼は教育者として多くの弟子達を育成した[5]。彼らはボアズの議論を発展させながら今日の米国人類学の基礎を築いていった。

以下では，ボアズがドイツから米国に移住する19世紀末から，その地位を確立する1930年代にかけての米国人類学の潮流を概観しつつ，彼の思想を特徴づける文化相対主義および人種の概念と，その発展形態の一つといえるエスニック・グループ／エスニシティの概念について述べる。

---

[5] ボアズの弟子の中でも代表的な人類学者は，A. L. クローバー（Alfred Luis Kroeber），R. ローウィ（Robert Lowie），E. サピア（Edward Sapir），R. F. ベネディクト（Ruth Fulton Benedict），M. ミード（Margaret Mead），M. ハースコビッツ，P. ラディン（Paul Radin），C. ウィスラー（Clark Wissler），A. モンタグ（Ashley Montagu）などである。これらの弟子達がボアズ派人類学の普及に尽力したことにより，ボアズがその地位を確立した後の米国人類学界では，国内のほとんどの人類学者が何らかの形でボアズと関わりを持っていたとされる。

文化相対主義　ボアズは，米国人類学における文化相対主義のパイオニアであるとみなされる［MacGee, Warms 1996：129］。文化相対主義とは，「いかなる風習も，それらを一部分として包摂する文化全体という観点から把握されなければならないとする人類学者の態度ないし研究方法」であり，「自分自身の持つ文化を最高であると考える態度を意味する自文化中心主義と対立する概念」である［石川・梅沢 1994：671］。

　文化相対主義という考え方自体はボアズの創始ではない。その起源は古くはギリシャまで遡り，またその確立に大きく寄与したのは 18 世紀ドイツの思想家 J. G. ヘルダーであるとされる［浜本 1996：70-96；ウィルソン 1996（1973）］。そしてその確立は，ヨーロッパにおける国民国家成立の過程と不可分に結びついている。ヘルダーは，Volksgeist（民族精神）という言葉を用いながら以下のように述べる。すなわち「すべての民族（Volk）は，その内部にそれぞれの基準を持っており，それは他の民族の特質と比較することはでき」ず，したがって「民族にその内部から来るのではないパターンを押し付けるべきではない」［ウィルソン 1996（1973）：162-163］。各民族固有で独自の価値を尊重すべきとするこのようなヘルダーの主張には，国民国家形成においてイギリスやフランスに立ち遅れたドイツの事情が大きく反映されていた。Volk（民族）に Geist（魂）を認め，それに基づいて Volk の個性，独自性を主張しようとするヘルダーの考え方は，当時のフランス啓蒙思想の普遍主義に対する反発として強い影響力を持っていた［川田 1999：457］。

　ボアズがヘルダー以来のドイツの思想的土壌に生まれたことは，文化相対主義を基本的思想の一つとして掲げる米国人類学のあり方を方向づけた。ただし，浜本満が述べるように，ヘルダーの文化相対主義とボアズのそれとは必ずしも同一ではない。ヘルダーの文化相対主義は，あらゆる文化共同体が保持する固有で独自の価値を認めるべきことを訴え，自分達が他者とは違った存在でいる権利を主張するものであった。一方ボアズにおける文化相対主義とは，差異に対する権利を自分の権利としてではなく他者の権利として要求し，他者に対して自分達とは違った存在であることを認める立場であった［浜本 1996：70-96］。この点が，ボアズが自文化中心主義への批判や文化的多元主義の創始者とみなされる所以でもあった。

　ボアズにおける文化相対主義的態度は，彼が進化主義的思想が浸透した米国

人類学界に果敢に抵抗していく中で次第に形成されていったものである。当時の人類学者が用いた方法論とは、「人間の心的同一性」を前提に、時と場所を問わず採取された様々な文化的特色の類同を比較し、それを人間の文化の段階として提示する「比較法」と呼ばれるものであった［堀 1965（1954）：86］。それによって導かれる単線的な文化段階図において、その頂点には西洋文明が、そして最も幼稚な段階には「未開文化」が置かれた。

　ボアズはこのような進化論者の前提およびその方法論に見られる矛盾を指摘すると共に、全ての文化現象が複雑な歴史プロセスの結果であり、表面的には類同的に見える文化現象は必ずしも同じ過程を辿っているとは限らないと訴えた［Stocking 1982（1968）：210］。それは各文化の歴史的コンテクストを重視すべきとする主張、および文化現象の多系的発展の可能性を主張する立場を形成していくものであった。これがボアズ派人類学に特徴的とされる歴史的方法、そして文化の複数性を前提とした文化相対主義へと結びついていった。

　ただしボアズは、文化相対主義的立場を当初から明確に表明していたわけではない。彼の思想はむしろその後の米国人類学を形作る様々な思想の要素が束となった状態であり［船曳 1988：22］、その着想も時を経ながら次第に変化している。G. ストッキング・Jr.（George Stocking Jr.）によれば、ボアズは少なくとも 1895 年までは「文化」を単数形で用いており、彼がそれを意識的に複数形で用いるのは 1911 年以降であるという［Stocking 1982（1968）：203］。

　またボアズは 1936 年に *American Anthropologist* 誌において、彼の弟子 A. クローバー（Alfred Kroeber）と歴史的方法について議論を交わしているが［Kroeber 1935；Boas 1936］、この議論を踏まえて、文化に関する自身の認識の変化を以下のように述べている。

> 私は、歴史的方法が確固なものとなったと考えたので、1910 年頃より文化の動態性や文化の統一性、個人と社会の相互作用の問題を強調し始めた［Boas 1936：311］。

　ボアズ自身が述べているように、彼の文化に関する関心の大きな転換点のひとつは 1910 年、すなわち本研究で対象とするメキシコ革命の勃発期と同時期であった。

さらに，このような理論的・方法論的模索を経て，ボアズが歴史性，複数性，行動決定，統合性，相対性などの諸要素を含む多義的な文化概念を明確に持つにいたるのは1930年であったとされる［渡辺1978：99］。
　一方，ボアズにおける文化相対主義的観点は，それまでにはすでに彼の弟子達に引き継がれ，それぞれのもとで発展を遂げていた[6]。1930年代にはR.ベネディクト（Ruth Benedict）らの手によって，文化相対主義は米国人類学の最も基本的な思想および方法論の一つとして確立されることとなった。また本研究で述べるように，米国人類学におけるこのような文化相対主義の確立過程は，同時に米国外の知識人がそれを自国内においてかたちを変えながら吸収・修正していく過程でもあった。

人種の概念　米国における人類学の歴史は，人種の差異やそれを区分するための技術を研究する「人種学」として始まったとされる［Harrison 1995：50；竹沢2003：10-12］。米国において人類学が学問として成立し始める1880年代においても，主要な人類学者は全て社会進化論の影響を受けた人々であった。このような背景には，19世紀末から20世紀初頭における黒人やインディアン，そして急増する移民などの米国内での位置づけが関係していた。
　ストッキングらが述べるように，個人の能力を人種の違いにより説明する「人種イデオロギー」が西洋社会において見られるようになるのは19世紀以降である。そして人種の概念は，1859年に発表されたダーウィンの『種の起原』により大きな転換を迎えることとなった。これにより，人種の違いが人間の行動を説明する上で大きな鍵となるという理論が広く浸透していったからである［ケント1997：203-204］。
　一方，米国においてダーウィンの進化論はその発表後即座に受け入れられたわけではなかった。それは人類学者の推進のもとに米国では多元説（polygenism）が広く支持されていたためであった。多元説とは，人類は祖先を異にするいくつかの群－集団からなることを前提とする立場である。この立場は人類が単一の祖先から生まれたとする単元説（monogenism）を真っ向から

---

6) ストッキングによれば，ボアズの弟子達はすでに1910年以降から「文化」を複数形で用い始めていたという［Stocking 1982（1968）：99］。

否定するものであった。多元説が米国において発達したのには,同国で当時起こっていた奴隷制やインディアンに対する諸政策の是非をめぐる論争が関係していたとされる［寺田1977（1967）：81；太田2003：69］。多元説によって,黒人が白人とは祖先を異にしむしろ動物に近いとみなされる方が,奴隷制支持者にとっては都合が良かったのである［太田2003：69］。

このような社会的偏見や経済的利害を正当化する手段として「人種」概念が操作される事態は,ボアズが米国でボアズ派人類学を確立しようとしていた20世紀初頭にも強固に存在した。同時期は,新移民と呼ばれる南欧や東欧出身の移民が大量に押し寄せた時期でもあった。米国内においてこれらの移民に対する警戒心が高まる中,当時政治的発言力を持ち始めた優生学者を中心に,「南欧や東欧出身者には犯罪者が多くモラルが低い」といった人種イデオロギーに基づく諸説が生み出され,1924年には新移民の流入を規制する移民法が制定された［Stocking 1982（1968）：175-180；竹沢2003：13］。

このような状況下において,ボアズがそれまでの米国における進化主義的伝統に真っ向から挑戦したのは,1911年に初版が刊行された『未開人の心性（*The Mind of Primitive Man*）』においてであった。本書第3章および第4章で詳述するように,同書の中でボアズは言語学や生物学などの知識を駆使しながら,人種間に存在するとされる生来の能力の差は存在せず,たとえ表面上異なって見える心性も根本的には人類普遍であると論じた。このようなボアズの主張は,1920年代に至るまで人種間における優劣の存在を主張し不平等を正当化してきた米国の状況に鑑みれば,極めて画期的なものであった［竹沢2003：14］。

また人種をめぐる議論は,ナチス・ドイツの台頭を背景とする当時の世界的動向とも連動していた。ボアズの人種概念は,これらの動向を警戒するボアズの弟子達に引き継がれ,さらなる洗練化がはかられた。

ボアズの弟子による「人種」の再定義の中でも初期のものの一つとして,R. ローウィ（Robert Lowie）が1917年に『文化と人種（*Culture and Race*）』の中で次のような定義を行っている。

> もし文化が社会的に与えられた特徴ならば,人種は文化に何の影響も与えないだろう。というのも,人種的特徴によって我々が理解するのは,生得的に与えられたものだけであるからである［Lowie, cited in Visweswaran 1998：72］。

文化を社会的特徴とみなし，人種を生得的なものとみなすローウィの見解は，「人種」と「文化」とを区別して論じようとするボアズ派人類学者の姿勢を反映したものであった。
　また言語学者 E. サピア（Edward Sapir）は，人種と言語と文化を区別すべきであると訴えながら，進化論的人種主義に対抗した。彼は 1921 年に刊行された『言語（*Language*）』の中で以下のように述べている。

　　私たちは，人種は生物学的にしか理解できず，言葉や文化の歴史は物理学や科学の法則で説明できないのと同様に，人種で直接説明することも不可能であることを確認しなければならない。そうすれば，私たちは親スラブ主義，アングロ・サクソン主義，チュートン主義，およびラテン的天才といったような神秘的なスローガンに対して，いくらか関心を持ちながらも，そのいずれにとらわれることもきっぱり拒否できるような見地に到達できるだろう[Sapir, ベネディクト 1997（1940）: 22 での引用]。

　サピアは，人種を生物学の分野に属する問題であることを明示すると共に，人類学が研究対象とするのは人種そのものではなく，「神秘的なスローガン」の装いのもとに現れる人種主義であることを訴えている。このような人種と人種主義の区別は，その後米国人類学者の共通理解として発展していく。
　ボアズ派人類学者による人種の定義は，1940 年，第二次大戦を背景に R. ベネディクトが執筆した『人種──科学と政治（*Race : Science and Politics*）』[邦訳タイトルは『人種主義──その批判的考察』]によって広く米国社会に浸透することとなった。彼女はここで，「文化とは習得された行動を意味する社会学的用語であり」，それに対して「人種は遺伝によって生物学的に伝達するものである」と明瞭に定義した[ベネディクト 1997（1940）: 14]。さらにベネディクトは，人種主義を「ある民族集団が先天的に劣っており，別の集団が先天的に優等であるように運命付けられている，と語るドグマである」[前掲書 : 116-117]と述べ，「人種」を理解するには人種ではなく，人種主義を研究する必要があるとした。
　以上のようなベネディクトの明快な定義により，人種は生物学の分野に属する概念であり，人類学が研究対象とするのはそれが引き起こす差別や虐待であるとする発想が人類学者間で共有されていくこととなった。

他方，第二次大戦後，人種主義に対する批判が強まる中で，生物学の分野からも人種の概念への懐疑が生まれていった。それがボアズの弟子であった形質人類学者 A. モンタグ（Ashley Montagu）による，人種を「エスニック・グループ」に置き換えるべきとする主張であった。

エスニック・グループ／エスニシティ　　「エスニック・グループ」，「エスニシティ」は極めて多様な定義をもつ概念であるが，綾部恒雄によれば，「エスニック・グループ」とは「国民国家の枠組みの中で，他の同種の集団との相互行為的状況下に，出自と文化的アイデンティティを共有している集団」［綾部 1985：9］であり，そうした「エスニック・グループ」およびそれに属する個人の特性の総体が「エスニシティ」である。それが「民族」と異なるのは，その分析において 1）相互作用による動態性が重視される点，2）それが属する「ある社会の中で」という枠組みが限定されている点にある［竹沢 1995：14］。

　エスニシティ，エスニック・グループへの関心が高まり，それに関する研究が開始されるのは比較的最近のことである。エスニシティという語が記録上最初に用いられたのは，1953 年，D. リースマン（David Riesman）の『孤独なる群衆（*The Lonely Crowd*）』によってであり，またその概念が広く知られるのは，N. グレイザーと D. P. モイニハン（N. Glazer & D. P. Moynihan）共編の『エスニシティ（*Ethnicity*）』が出版される 1975 年以降である［竹沢 1995（1994）：13-14；梶田 1996：245］。両概念に関する研究が興隆する背景には，1960 年代から 70 年代に世界各地で頻発した民族紛争やそれらと呼応して活発化した文化多元主義研究の存在があることは広く知られている。他方，これらの概念を「人種」に代わって定着させようとする動きは，すでに第二次大戦後の 1940 年代にボアズ派人類学者によって行われていた。

　このような動きの先頭に立った A. モンタグは 1950 年，ユネスコによる「人種声明（Statement on Race）」の起草に携わり，以下の 4 点を提示した。すなわち，1）すべての人種の知能は同程度である，2）混血による退化の議論には生物学的根拠は存在しない，3）国籍や宗教に基づく集団と人種とは無関係である，4）生物学的事実としての人種と「人種の神話」とは区別されなければならない，ということであった［Visweswaran 1998；竹沢 2003：16］。この中でも当時の人類学者から大きな反論を受けたのは，4）に関するモンタグの次のような

主張であった。すなわち、「人種は生物学的現象であるよりむしろ社会的神話である」ため、「人種」という言葉が普及することで深刻な間違いが犯され続けるのであれば、「人間の種」に言及する時は、すべて「エスニック・グループ」に置き換えた方がよい、という主張である［Visweswaran 1998：75］。

　以上のようなモンタグの主張は、第二次大戦下、「人種」の名の下に行われた差別や虐殺に対する米国人類学者の抗議を代表するものであった。モンタグによる人種概念の虚構性の指摘は、発表当時は保守派人類学者から強く反論されたものの［ibid.：75-76］、次第に彼の「生物学的人種は存在しない」という見解が浸透するにつれ、「人種」を「エスニック・グループ」に置き換えるという主張も人類学界で共有されていくようになった［Visweswaran 1998：76；竹沢 2003：16-17］。

　他方、エスニシティやエスニック・グループという言葉が定着していく一方で、それらの概念を文化背景を異にする社会に応用する際には何らかのずれが生じ得るとする声もあることを指摘しておかなければならない。綾部による、エスニック・グループが日本語では「民族」と訳され理解される一方で、逆に「民族」を英訳しようとすると英語にはそれに相当する言葉がないとする指摘［綾部 1985：108］は、それを代表するものであるといえる。

　以上、ボアズおよびボアズ派人類学の思想的流れを概観した。ボアズにおける文化の複数性および文化相対主義、そして人種といった概念は、ガミオをはじめとする多くのラテンアメリカの知識人にとって、nation 形成を行う際の理論的拠り所となった[7]。他方、綾部が指摘するような人類学の主要概念と当該社会における現実とのずれは、ガミオがボアズとの交流の中で米国とメキシコの違いとして主張していったものの一つである。ガミオにおける nation 形成の模索とは、本書で述べるように、ボアズの豊かな発想や思想の「束」を、ガミオがその時々の問題意識に即して選択・抽出し、それを発展・変容させていく過程でもある。

---

7) ボアズの影響を受けた代表的なラテンアメリカの知識人として、ブラジルのジルベルト・フレイレ (Gilberto Freyre) がいる。彼はボアズの人種概念を吸収しながら「混血社会論」を提示し、ブラジルにおける国民性の再定義を行ったとされる［鈴木 1996：53-55］。

第4節 本書の構成

　本書は以下の構成をとる。
　第2章では，本研究の分析対象であるマヌエル・ガミオの人物像と彼に対する評価の変遷を概観する。具体的には，第1節でガミオの経歴および生涯を概観し，第2節において，1960年代から今日に至るまでの先行研究におけるガミオ像を時系列的に分析する。それにより，死の直後には顕著であったガミオの諸活動に対する賞賛が，「68年危機」と呼ばれる1960年代末以降のメキシコにおける政治・社会的変動を転機に大きく変化し，統合主義者，官製インディオ主義者，エリート主義者といった否定的評価が付与されていったことを指摘する。さらにこのような評価が1980年代メキシコにおける文化的多元主義の高揚を背景に継続する一方で，90年代から今日にかけての先行研究が，ガミオの思想の多様な側面に着目し始めていること，またこれらの研究に見られるガミオ再評価の兆しが，国民国家という枠組みに対する懐疑など，現代の社会変動を背景にしている可能性があることを提示し，ガミオの思想活動を考察することの今日的意義を指摘する。
　さらに第3節では，これまでの先行研究における研究方法の問題点を指摘し，本研究の方法論を提示する。
　第3章では，ガミオとボアズの間で交わされた書簡の分析を通して，ガミオが置かれていた当時のメキシコの社会・政治的文脈の中に，彼の人類学の組織化の過程を位置づける。具体的には，ガミオがボアズと出会う1909年から，ガミオが人類学局を組織化する1917年までのメキシコの状況を，ボアズの提唱によりメキシコに開校したアメリカ考古・民族学国際学院（Escuela Internacional de Arqueología y Etnología Americana : EIAEA）の創設，および1910年のメキシコ革命勃発により同学院が閉鎖状況に至る経緯を通して考察する。それにより，革命というメキシコの社会変動の中でガミオがメキシコ人類学を「国学」として組織化していく様相，およびそこに見られるボアズとガミオのnation概念の相違を検証する。
　第4章では，ガミオとボアズのnation概念を比較することにより，それぞれの独自性および特徴を明らかにする。

第 1 節では，ボアズにおける nation の定義を考察し，彼の nation 概念にとって「人種」と「文化」がきわめて重要な位置を占めていたことを指摘し，それがユダヤ系ドイツ人という彼の出自と関係するものであることを明らかにする。さらにボアズにとっての理想の nation とは，「人類共通の倫理」を軸としながら人類全体へとその領域を拡大すべきものであり，そこでは国家という枠組みを超えた，より大規模な nationalization が想定されていたことを述べる。

　第 2 節では，ガミオにおける nation の定義を考察し，彼の nation 概念がしばしば patria という概念に置き換えられている点にボアズとの違いが存在することを指摘する。さらにガミオにおける文化相対主義が，nation 内と nation の外に向けた場合とでは異なって用いられていることを示し，このような二重基準が彼のインディオの把握において顕著に現れていることを明らかにする。

　第 5 章では，まず第 1 節でガミオの諸論考およびアーカイブの分析から，彼の nation 概念における芸術の特殊な位置づけについて考察し，それがガミオの nation 形成における問題意識と以下の 3 点において関わるものであったことを明らかにする。

1) メキシコを劣位に置く西洋の基準自体を無効とすること
2) メキシコに nationality を醸成すること
3) メキシコを殖産化すること

　第 2 節では，ガミオが 1920 年から 24 年にかけて，国内外の三者——メキシコ人芸術家，米国知識人，インディオ——に向けて行った芸術に関する実践を比較考察する。それにより，ガミオがメキシコ国内・国外に向けて芸術の概念を多義的に用いながら理想の nation 像の創出を目指したこと，さらに地域のインディオに対する芸術奨励活動を通して，彼にとって patria の祖型であった先スペイン期のインディオ世界と現実のインディオを結びつけようと試みる様相を検証する。

第 2 章

ガミオに関する先行研究と本研究の方法

写真2　米国コロンビア大学留学から帰国直後のガミオ

はじめに

　近代メキシコ人類学ならびにメキシコにおけるインディオ政策の創設者と呼ばれるマヌエル・ガミオは多彩な顔を持った人物であり，その活動内容も革命の社会変動の中で大きく変化している。本章ではまず第1節で，ガミオの実の孫でもある人類学者アンヘレス・ゴンサレス・ガミオ（Angelez González Gamio [1987]），ガミオの弟子であった形質人類学者フアン・コマス（Juan Comas[1960]），およびガミオ自身の記述などをもとに彼の生涯と多岐にわたる経歴を概観する。本書では1909年から1925年におけるガミオの活動を対象とするが，本章ではまず，その前後を含めたガミオの出生から1942年までを扱うことで，ガミオの関心およびその活動の変化にも着目する。次に第2節では，ガミオが亡くなる1960年から今日に至るまでの先行研究を検討し，60年代後半から80年代後半に至るまでガミオがほとんど評価されてこなかった背景に，メキシコの政治・社会的変動，およびそれによる過去の人類学者に対する批判の高まりがあったことを指摘する。さらにこのような傾向が，90年代以降変化しつつあることを明らかにするとともに，第3節においてこれまでの先行研究が持つ方法論上の問題点を指摘し，本研究の方法を提示する。

━━ 第1節　ガミオの経歴と生涯（1883-1942）━━

出生から人類学への転向まで

　マヌエル・ガミオは，1883年3月2日メキシコ市に生まれた。彼の祖父，ロレンソ・ガミオ・エチェベリア（Lorenzo Gamio Echeverría）は，スペインのナバロ Navarro 地方の出身で，1840年にメキシコに渡った後に銀鉱山の開発で成功を収めた人物であった。メキシコで生まれたガミオの父ガブリエル・ガミオ（Gabriel Gamio）は，当時の上流階層の典型としてフランスで学業を修め，メキシコへの帰国後ミチョアカン Michoacan 州出身の女性マリナ（Marína）と結婚し8人の子供をもうけた。ガミオは4男であった。

　ガブリエルは，鉱山技師として家族が所有する銀鉱山の開発および妻の莫大な財産の管理を行いつつ，父ロレンソと同様に様々な事業を試みるが成功には

写真3　19世紀末のメキシコ市中心部の様子

至らなかった。度重なる事業の失敗は次第にガミオ家の財産を枯渇させ，ガミオがまだ幼少の頃に母マリナが死去すると，一家は次第に没落していった。

　ガミオはまず，当時のメキシコ上流層の子弟が通うフルニエ学院（Liceo Fournier）で初等教育を修め，サン・イルデフォンソの国立高等学校（Escuela Nacional Preparatoria de San Ildefonso）に進んだ。当時のガミオは，勉学よりも課外活動や友人とのパーティに熱心で，「学校に現れたり現れなかったりする」利発で落ち着きのない学生であったという［González Gamio 1987：20］。

　国立高等学校を卒業したガミオは，父親の影響によりエンジニアになることを志し，1903年にメキシコ市の鉱業技術学院（Escuela de Minería）に入学した。しかし数学と物理学を主とするカリキュラムに関心が持てず，父を説得して同学院を退学した。ただし短期間ながらもこの学院で学んだ経験は，後にガミオが人類学の普及を模索する過程に様々な影響を与えることとなった。H. ファーヴルは，ガミオの人類学が初期の段階から学術としてよりも社会工学としての側面を多分に持っていたことを指摘するが［ファーヴル 2002（1996）：124-125］，このような応用的側面は，ガミオがその学問遍歴をエンジニアとしての訓練から始めたことが影響しているものと考えられる。またガミオがメキシコ革命の混乱の中で国家の中枢に人類学研究機関を設置し得たのは，後述するように，鉱業技術学院時代の友人が革命政府の権力機構に配属され，彼の人類学研究の強力な支援者となったからであった。

　鉱業技術学院を退学したガミオは，兄弟の中で最も仲の良かった兄ロドリゴ

写真4　ディアス体制期のベラクルスの農園の様子

（Rodrigo）と共にメキシコ市を離れ，ベラクルス Veracruz 州，プエブラ Puebla 州，オアハカ Oaxaca 州の三州にまたがり位置する家族所有の農園サント・ドミンゴ Santo Domingo に滞在した。この農園は，ガミオ家にとっては実用性からというよりは，メキシコ上流層としての「社会的威信」を確保するために購入されたものであり，ガミオらが訪れた時にはすでに管理もゆきとどかず打ち捨てられた状態にあった。サント・ドミンゴに到着したガミオとロドリゴは，当初この農園を再開発する夢を抱くが，農園経営の知識も経験も持たない2人は結局その夢を断念せざるを得なかった。しかし約3年間にわたる滞在の中で農園労働者や周辺に居住するインディオ住民と生活を共にしたことは，ガミオが人類学およびインディオ問題に関心を抱く大きなきっかけとなった。ガミオは後にこのサント・ドミンゴでの日々を回顧する文章をいくつか執筆しているが，その中でも数度にわたり登場する情景がある。それはホセ・アントニオ（José Antonio）という名のインディオとの出会いに関する以下のようなエピソードである。

　ある日，ガミオが農園近くの川岸にいると，1人のインディオがカヌーに乗って水平線を眺めているのに気づいた。ガミオは何度も繰り返し彼に呼びかけるが全く反応がない。不審に思ったガミオは空に向かって銃を撃つなどして必死に彼の注意を引こうとするが，全く動じる気配はなかった。当時すでにこの地域のインディオが話すナワトル語を習得していたガミオは，このインディオに対しナワトル語でいくつか言葉を発してみた。するとインディオの態度は一

写真5　ディアス体制期のベラクルスの様子

変し，カヌーを転回させてガミオの方に近づいてくると，自分の非礼を詫びた。彼が語ったところによれば，彼は以前スペイン語を話す者からひどい扱いや屈辱を受け，それ以降スペイン語話者とは決して係わり合わないようにしていたということであった。ホセとのこの出会いの後，ガミオは彼を介して多くのインディオの家族と交流を持つこととなった。ガミオはこの体験の意義を以下のように述べる。

>　彼のおかげで，私は農園に滞在する間，多くのインディオの家族と共生することができた。この体験を通して，私は彼らが何を本当に必要とし，また欲しているかを考えるようになった［AMGH 1953／4／29］。

一方，ホセ・アントニオに関する物語は，1937年にガミオが刊行した短編小説集『痛々しき生について（*De Vidas Dolientes*）』にも収録されている［Gamio 1937：59-62］。同書は，若くして亡くなった最愛の兄ロドリゴに捧げられたものである。ガミオにとってサント・ドミンゴでの生活体験は，兄との思い出と共にノスタルジーやロマン主義的様相を帯びながら回顧されるものでもあった。ガミオは後年，孫たちにサント・ドミンゴでの日々——そこでインディオたちのために行ったプロジェクトや美しいインディオ女性との恋愛——について語り聞かせたという［González Gamio 1987：24］。このようなガミオの傾向は，次節で述べるように，1970年代以降研究者により彼の先住民政策がロマン主義的，

あるいは植民地主義的であるとして批判される際の根拠の一つとなっている。他方ゴンザレス・ガミオは，ガミオが孫たちにとってはすばらしい語り手であったと述べると共に，彼の文学に対する造詣の深さについて指摘している[*ibid.*: 117]。ガミオはインディオ政策の一環として，調査地域で上演するための映画や演劇の脚本，教育パンフレットに掲載する啓蒙的物語などを執筆しているが，このようなガミオの文学的資質についてはこれまでほとんど知られていない。しかしこうした資質およびそこに見られる語り手としての想像力は，彼が当時としては全く新しい「科学」であった人類学に独自の体系化を施し，それをインディオ政策に応用していく際の重要な要素となったように思われる。

国立博物館への入学から『Patria をつくる』の執筆まで

サント・ドミンゴからメキシコ市へ上京したガミオは，1906年前後，メキシコ国立考古・歴史・民族学博物館（Museo Nacional de Arqueología e Historia y Etnología：以下国立博物館）に入学した。同博物館は，メキシコがスペインから独立を果たした4年後の1825年に創設され，メキシコがフランス帝政下にあった1864年，皇帝として送り込まれたハプスブルク家出身のマクシミリアン公（Ferdinand Maximiliano）により最初の整備が行われた。これにより，同博物館は国立宮殿北東へと移動し，スペイン文化に限定されていた所蔵コレクションも古代文明遺産を含んで拡充されることとなった。またこの時代は，メキシコにおいてフランス出身の学者による大規模な考古学的調査が行われた時期でもあった。発掘後メキシコから流出した遺跡・遺物は，フランスのトラカデロ博物館やルーヴル美術館に寄贈され，両館のアメリカ・コレクションの一部を構成することとなった [Williams 1985]。

マクシミリアンに続き国立博物館のさらなる整備に着手したのがディアス政権であった。ディアス体制下においては，1877年から人類学，民族学，ナワトル語，先スペイン史の授業が開講されたほか，機関誌の創刊，遺跡・遺物に関する法律の制定，自然史博物館と考古・歴史・民族学博物館（国立博物館）の分離などの大規模な組織化が行われた [Morales Moreno 1994 : 39]。

国立博物館に入学したガミオは，学生として所属すると共に，1907年からは歴史学講座の補助教員として働き始めた。またこの年は彼が最初の論文を執筆した年でもあった。メキシコ各地でインディオに課されている税（人頭税）

写真6　19世紀末の国立博物館内の様子

の存在を植民地期の悪しき遺制であるとして批判したこの論文は，サント・ドミンゴで彼が接したインディオの窮状を告発したものであった。しかし同論文はメキシコ国内での発表はかなわず，米国ニューヨークで刊行されていた雑誌 *Modern Mexico* に掲載されることとなった［González Gamio 1987：23］。

　国立博物館とガミオの関わりは，本研究で着目するガミオとフランツ・ボアズとの出会い，またそれによる従来のメキシコ人類学の転換をも促した。後述するように，国立博物館に勤務していたガミオは1909年，メキシコでの研究調査に関心を抱くボアズに見出されたことにより，米国コロンビア大学で人類学（副専攻として考古学と言語学）を学び，1911年にメキシコ人として初めて米国の大学での修士号取得者となった[1]。ガミオによる米国でのタイトル取得はメキシコの学術発展にとっても大きな事件であったといえる。それは学術の主要な担い手が，独学で学んだアマチュアの学者集団から大学機関等において専門的知識を取得したプロフェッショナル集団へと変化したこと，そしてその影響の源がフランスを中心としたヨーロッパ諸国から米国へと移行したことをも象徴するからである。

　ガミオは米国からの帰国後，ボアズが中心となり各国政府および大学機関の支援を受けながらメキシコに開設したアメリカ考古・民族学国際学院（Escuela Internacional de Arqueología y Etnología Americana：以下 EIAEA）の研究員となっ

---

[1]　ガミオはさらに1921年，同大学で博士号を取得した。

た（のち1916年から1920年には学長を務めた[2]）。しかしこの時期のメキシコは，1910年に勃発したメキシコ革命のただ中にあり，第3章で詳述するように，この混乱の中で1913年同学院はほとんど閉鎖状態となった。

　メキシコ革命は，ガミオの家族が様々な困難を抱える時期，さらにはそこでの対処を通してガミオが彼の人類学者としてのキャリアを大きく旋回させる時期にも一致していた。1911年から1916年にかけてガミオは，国立博物館での考古学講座の講師（1911），国立美術アカデミー（Academia Nacional de Bellas Artes）でのメキシコ芸術史の講師（1913），考古遺跡総合監査委員長（Inspector General de Monumentos Arqueológicos : 1913-16）などの複数の職をこなし，さらにエッセイや新聞記事などを多数執筆している。このような多岐にわたる活動は，ひとつには父ガブリエルの病気とそれに伴う一家の経済的窮乏があったとされる [ibid.: 39]。またいまひとつには，家族を支えるために始めた執筆活動が，当時のメキシコで起こりつつあった革命という政治・社会的変化に彼がさらなる関心を抱くきっかけとなったからでもあった。このようなガミオのメキシコ革命への傾倒は，彼が抱く人類学像にも大きく影響することとなった。

　他方1916年は，公私両面においてガミオに重要な出来事が起こった年であった。ひとつは，大統領ディアスの公証人を務めていたヒル・マリアノ・レオン（Gil Mariano León）の娘マルガリータ（Margarita）と結婚したことである。レオンは当初，ガミオがディアス体制の崩壊を招いた護憲派支持者であったこと，さらには敬虔なカトリック信者ではないという理由から決して良い印象を持ってはいなかった [ibid.: 44]。しかし2人は3年間の交際の末，1916年7月17日に結婚し，マルガリータの家族から結婚祝いとして贈られたメキシコ市

---

[2] ただしガミオのEIAEA学長としての地位は，彼と国立博物館館長ルイス・カスティージョ・レドン（Luís Castillo Ledón）との間の確執をもたらした。1922年前後の書簡およびアーカイブによれば，EIAEAが博物館に寄贈した遺物の破損をめぐり，ガミオと博物館関係者，さらには教育省大臣や大統領を巻き込んで問題が紛糾，この事件に乗じてカスティージョ・レドンは，ガミオがEIAEAの学長であったことを認めないと言い出した [PPFB 1922 ; PPFB 1922／9／19 : PPFB 1922／9／26]。EIAEAの遺物破損をめぐる問題およびその主要人物ラモン・メナ（Ramón Mena）とガミオとの対立については本書p.78を参照のこと。またゴンザレス・ガミオは，ガミオの学長就任を1920年までとするが，ガミオのアーカイブには1924年の段階になってもガミオが自身をEIAEA学長であると表明している文書もあり [AMGC 1924 : 593]，その就任期間は明確ではない。

中心部の邸宅に移り住んだ。

　いまひとつは，1915年から16年にかけて米国ワシントンで開催された第2回パン・アメリカ科学会議（Congreso Científico Panamericano）にメキシコ代表として参加したことであった。この会議でアメリカ各国における人類学局（Dirección de Antropología）創設の必要性を訴えたガミオは，1916年，パン・アメリカ科学会議での主張を他の諸論考と共に1冊の本にまとめ刊行した。これが彼の代表作とされる『Patriaをつくる（*Forjando Patria : Pro Nacionalismo*）』である。本書の刊行は，1921年から24年にかけてメキシコ大統領に就任したアルバロ・オブレゴン（Alvaro Obregón）ら当時の革命政治家および知識人の間でも広く支持されるところとなった［*ibid.* : 47］。後述するように，ガミオがメキシコにおける変革の象徴を求めるこれら革命の中心人物の目に止まったことは，彼が人類学を新たな文化プロジェクトとして組織化する上で大きな利点となった。

人類学局の創設から米国への亡命まで

　ガミオによる人類学局創設案は，革命動乱後最初の政権となったベネスティアノ・カランサ（Venestiano Carranza）政権（1917-20）の発足と共に実現することとなった。革命憲法が公布された年でもある1917年，ガミオは鉱業技術学院時代の友人パストール・ロア（Pastor Roaix）とフォルテュナト・ドサル（Fortunato Dosal）がそれぞれ農業・勧業省（Secretaría de Agricultura y Fomento）の大臣，副大臣に就任したのを機に，同省にアメリカ大陸で最初の人類学局（考古・民族学局から1919年に人類学局に改名）を創設することに成功した。

　人類学局の創設に伴い，ガミオは考古学の分野に重点が置かれたEIAEAでの活動に加え，同時代のメキシコ住民の調査，およびその生活向上策の立案・実践へと活動範囲を大きく変化・拡大させることとなった。アーカイブには，ガミオが1917年から19年にかけて人類学局の活動を紹介したパンフレットが残されているが，それらは従来のメキシコ人類学とは方向性を大きく異にする同局の存在意義を知らしめ，活動への認知度を高める意図から書かれたものであったと思われる。

　さらに翌1918年，ガミオは人類学局初のプロジェクトとなるテオティワカン盆地での調査研究に着手した。これは，メキシコ住民の通時的かつ学際的把

握,およびその生活向上を目指す「総合的研究(investigación integral)」と呼ばれる独自のアプローチを特色とするものであった。同アプローチを通して人類学局がメキシコ盆地に設置した地域学校(escuela regional)は,その後のメキシコ農村地域における教育普及のモデルの一つとされ,諸政策への応用が試みられた。この地域学校においてガミオが率先した芸術産業振興が,彼のnation概念をいかに反映していたかについては本書の第5章で後述する。

また,テオティワカン盆地での人類学局の活動は,ガミオが1920年に創刊した雑誌 Ethnos において多方面にわたり紹介された。「メキシコのインディオ住民に関する研究およびその向上に捧げる」という副題を持つ Ethnos は,メキシコにおけるインディオ問題およびそれらに関する人類学研究の普及を目指して創刊された雑誌であり,ボアズを含むメキシコ内外の著名な知識人が論文を寄稿した [González Gamio 1987:63-64]。同誌においてガミオは,テオティワカン盆地における活動のほか,従来のメキシコにおけるセンサスの修正案や優生学に関するコメント,人類学・考古学的諸研究の紹介など多岐にわたるテーマで論文を発表している。このようなガミオの広範囲にわたる活動は,アウレリオ・デ・ロス・レジェス(Aurelio de los Reyes)が述べるように,彼がカランサからオブレゴンへという政権交代に伴う「荒波を巧みに乗り越え得た」理由の一つであった [De los Reyes 1991:78]。

ただし,革命による混乱およびそれに伴う国庫の枯渇の中で,活動内容も認

写真7　1920年代のテオティワカン遺跡の様子

知されておらず，また業務に携わる十分な人員も確保できない人類学局の道のりは，決して平坦なものではなかった。局員としてガミオと共にテオティワカン遺跡の調査に携わったイグナシオ・マルキナ（Ignacio Marquina）の次のような証言は，こうした状況を物語っている。

　人類学局での仕事を紹介された当時，建築学の学位を取得した直後であったというマルキナは，人類学局創設時の状況について以下のように述べている。当時人類学局は，鉱物宮殿（Palacio de Minería）と呼ばれるコロニアル建築内の寒く薄暗い小さな部屋をあてがわれていた。入局直後から突然「調査担当教授（Profesor explorador）」の肩書きを与えられたマルキナは，何をしてよいかもわからず，ガミオに任務の内容を尋ねるとテオティワカン盆地の住民に関する研究であるとだけ告げられた。その後しばらくすると，同じく局員のカルロス・ノリエガ（Carlos Noriega）がテオティワカンで民族学的調査を始め，それに続いてマルキナも同地域の地図の作成，遺跡の線画，素描などに着手した。ところが，ようやく調査が軌道に乗り始めたかに見えた頃，財務省から予算不足により人類学局を廃止するという勧告が出された。ガミオらは人類学局の存在意義を政府関係者にアピールするため，早急に研究成果を示す必要に迫られ，テオティワカンに何日も泊まり込んで調査をしなければならなかった［Olive Negrete 1988：67］。

　ガミオらによるこのような努力の成果が1922年に刊行された『テオティワカン盆地の住民（La población del valle de Teotihuacan : el medio en que se ha desarrollado ; su evolución ética y social ; iniciativas para procurar su mejoramiento）』であった。ガミオは同書を世界各国の研究者や政府関係者に送付するなどして内外での人類学局の宣伝に努めている。その甲斐あって，同書はメキシコ初の本格的なフィールド・ワークの実践例として認められると共に，内外で大きな反響を呼ぶこととなった［黒田1987：249］。また1940年から41年にかけてメキシコのオアハカ州の調査を行ったイギリスの人類学者B. マリノフスキーが，同書をメキシコ研究者必読の古典として挙げたように[3]，その後長期にわたりこの書はメキシコ研究における基本文献として重視された。

3）マリノフスキーはガミオの研究に加え，R. レッドフィールドとA. ビジャ・ロハス（Alfonso Villa Rojas）によるユカタン研究を挙げている。

『テオティワカン盆地の住民』刊行後、ガミオは同地域での調査を継続する一方で、人類学局のプロジェクトとしてオアハカ州の調査に着手した。しかし1924年、オブレゴンについで大統領となったプルタルコ・エリアス・カジェス（Pultarco Elías Calles）政権下の公教育省（Secretaría de Educación Publica）大臣ホセ・プイグ・カサウランク（José M. Puig Casahuranc）がガミオに公教育副大臣就任を打診してきた。ガミオは最初人類学局での活動継続の必要性を理由に断った。しかしカジェス大統領に、副大臣就任により調査研究を拡大することも可能であると説得され、その申し出を受け入れた [González Gamio 1987：79]。これによりガミオは、公教育省内に人類学局の機能を一括して移動させ、さらなる組織化をはかった[4]。

ただしガミオの公教育副大臣就任は、師ボアズとの間に亀裂を生じさせることとなった。ボアズはガミオの就任を知り、以下のような書簡をガミオに送っている。

> なぜ君が公教育副大臣の職を受け入れたのか理解できないでいる。君が価値ある仕事ができると考えてのことなのだから、この場合お祝いを言うべきなのだろう。そうでなければ君がこのような地位に就くはずはないから。しかし、君がもう人類学に全力を捧げることができないかと思うと残念でならない。いずれにしても成功を祈るよ [PPFB 1924／12／31]。

ガミオがメキシコ政府内に地位を得たことを危惧するボアズのこの言葉は、次章で述べるように、政治と科学研究とは切り離して考えなければならないというボアズの信念に基づくものだった。しかしボアズはこのように一時は不信感を示しながらも、ガミオとの交流を継続し、その後ガミオがわずか6ヶ月程で副大臣を辞職した際も彼に理解を示している [**PPFB 1925／6／24**；1925／7／13]。

なお、ガミオが公教育副大臣を突然辞職したのは、省内の腐敗に端を発する以下のような経緯によるものであった。

---

4) ガミオが公教育省に人類学局を移したのは、革命後の財政難や度重なる省庁改編を背景に、財務省から廃止を宣言されたり、公教育省から考古学関連分野と人類学関連分野とを分割するよう宣告されたりしていたため、農業・勧業省内での存続は困難であると判断したことなども関連していたものと思われる。

公教育省で働き始めるとすぐに、ガミオは教育担当官から数度にわたり学務用什器購入の出金書類へのサインを求められた。添付された領収書の額が高額であったことから、実物を見るまでは承認できないと主張するガミオに対し、カサウランクから即座に連絡があり、彼自身が実物を確認しているためすぐにサインをするよう求められ、やむなく署名した。しかし数日後、ガミオは米国人の家具販売業者から、公教育省が受け取った領収書の額面が市場価格に80％もの上乗せをしたものであったことを告げられた。公金横領に加担していたことを知ったガミオはカジェス大統領に事情を説明し、不正者の処罰を乞い、自らの辞任の意志を告げたが、カジェスは内部調査を行うまで待てと言ってガミオを引き止めた。しかし、ガミオが求めたカサウランクの処罰は結局実行されなかった。これに憤ったガミオは、事件の顛末を *Excelsior* 紙に抗議文として寄稿し掲載されたが、その後の調査によりカジェス自身が不正に関わっていたことが発覚するに至り5)、事態はガミオにとっても極めて不利なものとなった。政治スキャンダルに巻き込まれた人物が即座に「粛清（eliminar）」されるという当時の不穏な情勢の中で、ガミオは家族を伴い急遽米国に亡命することを決意した [PPFB 1925／6／9；González Gamio 1987：79-82]6)。

以上までが本研究で対象とする1925年までのガミオの活動の概観である。以下では、米国亡命後のガミオがメキシコに復帰し、米州先住民局局長に就任するまでの道のりについて簡単に述べておく。

亡命から米州先住民局局長就任まで（1925-42）

米国でのメキシコ移民研究　米国に渡ったガミオは、1924年に米国で行った講演会で関わりを持ったワシントン考古学協会（Archaeological Society of Washington）に委任され、グアテマラのマヤ文化に関する調査を行った。6ヶ月間の調査結果を *Art and Archaeology* 誌に発表した後、ガミオは1926年から29年にかけて米国の社会調査委員会（Social Research Council）後援のもとで、米

---

5) カジェスは、革命期に彼を支援した米国人企業家に対して、その見返りとして経済優遇措置を与えていたという [González Gamio 1987：80]。
6) ガミオの甥でもある歴史家M. レオン・ポルティージャは、当時ガミオが、万一に備えて上着の下に銃を隠し持っていると話していたことを回顧している [González Gamio 1987：82]。

国に渡るメキシコ人移民の実態調査を行った。ガミオの移民研究を後押ししたのは、ガミオとの出会いがきっかけで弁護士の道から人類学研究へと転向したシカゴ大学の R. レッドフィールドであり、また移民研究の方法論についてガミオに助言を与えたのはボアズであった。シカゴにおけるメキシコ人移民の実態調査を行っていたレッドフィールドはガミオに、移民研究の実践が米墨両国において関心を呼び得るテーマであり、また社会的意義の大きさからも諸財団の支援を得やすいことを助言した [Alanis Enciso 2003 : 984-985 ; 1005-1006]。またボアズはガミオに対し、文化の動態性とその変容過程を理解する最良の方法としてメキシコ人移民からライフ・ヒストリーを採取することを提案したという [De la Peña 1996 : 63]。この調査の成果はシカゴ大学から刊行され、米国の社会学者 P. テイラー（Paul Taylor）らの移民研究に影響を与えたとされる。また近年では、メキシコ移民に関する最初の実態調査の実践として、移民研究者らにより再び注目されている[7] [Alanis Enciso 2003]。

メキシコへの復帰とマクシマト時代の困難　　1930 年、ガミオはパスクアル・オルティス・ルビオ（Pascual Ortis Rubio）政権の要請を受け、社会防衛治安維持最高審議会長官（Magistrado del Supremo Consejo de Defensa y Prevención Social）の職に就いた。メキシコから距離を置いていたガミオが帰国すると同時に政府内に職を得た背景には、当時のメキシコ知識人界において、ガミオに対する同情が高まったためとされる [Alanis Enciso 2003 : 1010-1011]。ガミオがこの役職を引き受ける決心をしたのは、経済的理由、そして長年の亡命生活の疲労からであった [González Gamio 1987 : 97]。しかし帰国前後の約 10 年間は、大統領カジェスとの確執により亡命を経験したガミオにとって極めて困難な時期となった。とりわけガミオにとって不運であったのは、最も強力な後援者を失くしたことであった。1928 年、そのカリスマ的人気からカジェスの後任として再選されたオブレゴンが、選挙直後の晩餐会席上で暗殺されるという事件が起きたのである。長年の理解者であったオブレゴンの死は、独裁的なカジェス体制が終了した後に人類学局を再開させることを目指していたガミオにとっては大きな打撃

---

7) 2002 年には、D. ウィーバー（Devra Weber）らにより、ガミオが 1926 年から 27 年にかけて行ったメキシコ移民へのインタヴュー調査の総集編がスペイン語で初めて刊行された。

であった。1928年，ガミオはボアズに宛ててオブレゴンの暗殺に大きなショックを受けていると記した手紙を送り，自分の活動に賛同し人類学の制度化に理解を示してくれていた人物を喪ったことを嘆いている［PPFB 1928／7／27］。

　オブレゴンの暗殺によりカジェスは急遽ポルテス・ヒル（Portes Gil）を暫定大統領に選出し，自身はその後ろ楯の座に収まった。この後1928年から34年に至るまでの約6年間，すなわちポルテス・ヒル政権（1928-30），オルティス・ルビオ政権（1930-32），アベラルド・ロドリゲス（Aberaldo Rodríguez）政権（1932-34）の3政権時代においてカジェスは実質上の権力を掌握し，「マクシマト（Maximato：革命の最高司令官）時代」を築いた。これ以降1940年に至るまで，ガミオは人類学研究に直接関わることはできず，以下の役職を歴任している。すなわち，社会防衛治安維持最高審議会長官（1930-32），農業・勧業省内，農村人口・国土・開拓局局長（Director de Población Rural, Terrenos Nacionales y Colonización：1934），公教育省内，社会調査機関局長（Director del Instituto de Investigación Sociales：1938），内務省内，人口局局長（Jéfe de Departamento Demográfico：1938-42）である。しかし，ゴンザレス・ガミオが述べるように，ガミオはこの間も，様々な分野を横断しながら人類学的知見や経験の政府業務への応用を試みている[8]。とりわけガミオがこの時期力を入れていたものの一つが，メキシコの農村地域における産業振興を目的とした社会調査への取り組みであった。

農村地域の近代化政策と米州先住民局局長就任　　ガミオが長官に就任した社会防衛治安維持最高審議会は，ヒルの任期終了に伴い消滅した。しかし続くロドリゲス政権下の公教育大臣ナルシーソ・バッソルズ（Narciso Bassols）の要請を受け，ガミオは1932年から33年にかけて文化使節局および農村師範学校設立の補佐を務めている。ガミオとバッソルズが当時交わした一連の書簡によれば，

8）社会防衛治安維持最高審議会長官就任以降の，メキシコの犯罪と法制度に関する一連の執筆活動はその一つであるといえる。これらの中でガミオは，各個人の行動はそれぞれが置かれた地理，歴史，心理状況，人種などの様々な側面を反映していること，メキシコのような多種多様な要素を保持する国においては，各個人の行動がそもそも正常か否かという基準自体を設定することさえも困難であることを述べ，外国の法制度を模倣したメキシコの法体系の欠点を批判すると共に，社会背景を大きく異にする成員を一元的な法制度により裁くことの限界を指摘している［AMGA s／f（1932？）：217；230］。

ガミオがこの時期主に行ったのは，イダルゴ Hidalgo 州アクトパン Actopan とイスミキルパン Ixmiquilpan 地域における天然資源の実態調査およびその産業化に関する調査であった。

　このようなガミオの任務は，カジェス政権以降に推進された近代化政策を反映したものであった。マクシマト時代の 1920 年代後半から 30 年代前半にかけてのメキシコは，軍の変革や政党政治の導入等による国家機構の確立に加え，経済的近代化路線を明確化していった。このような変化は，ガミオが関わった二つの分野においても顕著であった。すなわちひとつは教育分野における社会主義教育の推進であり，いま一つは地域開発分野における農村地域に重点化した近代化政策であった。皆川卓三が述べるように，ここでの社会主義とは，イデオロギーというよりも，植民地期以降も私的・公的教育の場において影響力を保持してきたカトリック教会を学校教育から排除し，科学的合理主義の立場に立って教育を編成しようとする考え方であった [皆川 1975：84-87]。

　また同様に科学的合理主義の推進が具体化されたのが，農村に重点化した近代化政策であった。それは貧困にあえぐ農村を経済的・社会的に活性化することにより，新しい国民経済建設に効率的に参加しうる人間集団を創り上げるという農村「近代化」プロジェクトの実践であった [小林 1982：79]。

　ガミオに協力を要請した公教育大臣バッソルズはこのプロジェクトの強力な主導者であった。ガミオは彼の要請を受け，農村地域の産業振興に関する調査を行うほか，大学機関の専門家から組織された調査グループと地元住民との仲介にあたるなどしている。一方，ガミオはこれらの活動を指揮するにあたり，自身の名が表に出ることに対して多大な警戒心を抱いていたことが書簡に示されている。ガミオは，彼と共にプロジェクトに携わっていた文化使節局局長のマヌエル・メサ（Manuel Meza）に宛て，アクトパンの産業振興活動の主導者として自分の名前が公にされることは望ましくないという旨の手紙を送っている [AMGC 1932／8／27]。これらの手紙は，マクシマトの時代がガミオの活動を大きく制限していたことを示唆するものであるといえる。

　他方，ガミオ自身は活動を制限していたが，人類学局時代の彼の活動，とりわけテオティワカン盆地で行った地域学校の設置などの実践が，1930 年代以降のメキシコにおける教育政策のモデルとして様々な影響を及ぼしていたことが研究者によって指摘されている [Vázquez Zoraida 2000（1970）；Loyo 1999]。農村地

域における開発促進路線は，マクシマト体制からの離脱に成功したラサロ・カルデナス（Lázaro Cárdenaz）政権（1934-40）においても継続・強化されるが，その主導者であった教育家モイセス・サエンス（Moisés Sáenz）は，インディオ寄宿学校などを推進する際にガミオの実践を参考にしたとされる［青木 1998：275］。またカルデナス政権下においては，1936 年にインディオ総務自治課（Departamento de Autónomo de Asuntos Indígenas）が設置されたのを機に，インディオ政策を担う人類学者の養成機関の整備が進んでいった[9]。小林致広が述べるように，これはカルデナス政権下に始まる農村地域のインディオ住民の近代化推進政策と，それを担う人類学との二人三脚を示すものであった［小林 1982：358］。

この間ガミオはカルデナス政権の誕生を歓迎し，同政権の「6 ヶ年計画」作成に関わっている。また同時期に書かれたと思われる農村教育に関する論文がいくつか残っているものの[10]，ガミオが具体的にこれらの政策にどのように関わったかについては明らかではない。ゴンザレス・ガミオが述べるように，当時ガミオはカルデナス政権内の役職を辞退するなど，政治の表舞台に出ることを避ける傾向があり，それが家族の経済状況を心配する妻との口論の原因ともなっていたという［González Gamio 1987：108］。

しかしながら，このような状況は 1940 年以降大きく変化することとなった。1940 年，カルデナス大統領の出身地であるミチョアカン州パツクアロにおいて，第 1 回米州先住民会議が開かれ，米州先住民局（Instituto Indigenista Interamericano）の開設と共にサエンスが初代局長に選出された。しかしサエンスの急逝により急遽ガミオが局長に就任することとなった。ガミオは 1942 年，

---

9) 1938 年の国立工業大学（Instituto Politecnico Nacional）の国立生物科学学校（Escuela Nacional de Ciencias Biológicas）内の人類学科（Departamento de Antropología）設立，1939 年の国立人類学歴史学研究所（Instituto Nacional de Antropología e Historia：INAH）設立を指す。なお，INAH の設立によりガミオと関係の深い国立博物館は INAH に吸収され，1940 年には国立人類学博物館に改称された。また INAH の管轄下には，国立人類学歴史学図書館（Biblioteca Nacional de Antropología e Historia）や国立人類学歴史学学院（Escuela Nacional de Antropología e Historia：ENAH）などが置かれている。

10) 例えば「地域全体のための教育プロジェクト（Proyecto Educativo para un Colectividad Regional）」と題された論文では，テオティワカン盆地での地域学校実践の反省点として農村教師（maestro rural）の養成が不十分であった点を指摘し，農村地域において教育に従事する教師を養成するための寄宿舎の設置案について述べている［AMGA s/f：101］。

局長就任についてボアズに報告し，この仕事に対する支援を求めている。それに対しボアズは祝いの言葉を述べると共に，ガミオの家族の近況を尋ねている。ガミオはそれに答え以下のような手紙を送っている。

　　親愛なる先生
　　6月4日付のお手紙に関して，まずは2冊の本のご出版に感銘いたします。先生の若さの秘訣はなんですか？　かつての弟子として本当に嬉しく誇りに思っています。
　　家族のことを尋ねて下さってありがとうございます。私ももう孫を持つ年になりました。3人の娘のうち，2人はすでに結婚して，合わせて3人も子供がいるんです。先生もニューヨークでこの3人の娘たちに会って下さいましたね。1人は美術教師で，1人は歯科衛生師，そしてもう1人は経営学を学びました。私には他にも法学部で学ぶ長男，そしてあと1人9歳の息子がおります。妻も元気で，あなたと奥様のことをよく思い出しております。
　　1925年に公教育省と人類学局を去って以来ずっと，私は真の喜びを見出すことができませんでした。もちろん良い地位に就いてはいましたが，やりがいを見出せるような社会研究に時間を費やすことはできませんでした。幸いこのたびこの機関［米州先住民局］の局長に選ばれ，再びそうした仕事を始める機会を得ることができました。
　　短い冬の間だけでもメキシコにいらっしゃいませんか？　クエルナバカCuernavacaを覚えておいでですか？　この美しく，気候のすばらしい町に私たちは小さな家を持っています。再びお会いできたら我々はどんなに嬉しいでしょう［PPFB 1942／7／29］。

ガミオが望んだ，ボアズを再びメキシコに迎えるという案は結局実現しなかった。ボアズはこの年の12月，コロンビア大学で催された昼食会の席上で突然倒れ，そのままこの世を去ったからである[11]。
　ガミオはこれ以降，1960年に亡くなるまでの約18年間にわたり，局長とし

11）この昼食会は，ナチス・ドイツからの亡命人類学者 P. リベット（Paul Rivet）のために開かれたもので，ボアズは人種主義の抑圧に屈すべきではないとする演説を行っている途中で突然倒れた［Herskovits 1953：120-121］。

て米州先住民局の発展に尽力した。約10年間におよぶ苦難の時期を経て、メキシコのみならずアメリカ大陸全体における人類学およびインディオ政策の進展にガミオが取り組んだ時期であった。本書第3章以下で対象とするのは、それに先立つガミオの活動の初期の部分、すなわち彼がボアズに「真のやりがいを見出していた」と述べる人類学局時代のガミオの活動である。

第2節　ガミオに対する評価の変遷とその背景

　本節では、ガミオの死の直後の1960年から今日に至るまでのガミオに関する先行研究を時系列的に分析する。ここで時系列に従って分析を行うのは、彼に対する評価がメキシコ国内外の政治・社会的変化に呼応しつつ大きく変遷しており、その過程を明らかにすることが、ガミオがその創成に寄与したメキシコのインディオ政策および人類学の展開だけでなく、ガミオの思想を研究することの今日的意義をも照射することにつながると考えるからである。したがって以下では、先行研究におけるガミオ評価の内容を以下のように4つの時期に分けて検討する。すなわち1)ガミオの死から1965年まで、2)1968年から1970年代、3) 1980年代の文化的多元主義高揚期、4) 1990年代から現在まで、である。

ガミオの死から1965年に至るガミオの評価

　1960年7月のガミオの死から3ヶ月後、雑誌 *América Indígena* は、ガミオ追悼特集号を刊行した。本号には、人類学調査やインディオ政策を通して生前のガミオと関わりのあった研究者が以下のテーマで論文や追悼文を寄せている。

執筆者	テーマ
フアン・コマス（形質人類学者）	マヌエル・ガミオの生涯と業績（La vida y la obra de Manuel Gamio　1883-1960）
ジョン・コリアー（John Collier　前米国インディアン・アフェアーズ［US Indian Affairs］長官）	マヌエル・ガミオ博士と米州先住民局（Dr. Manuel Gamio and the Instituto Indigenista Interamericano）
イグナシオ・マルキナ（パン・アメリカン地理・歴史局［The Pan American Institute of Geography and History］局長）	マヌエル・ガミオの研究調査（La obra de Manuel Gamio）

アンヘル・マリア・カリバイ（Angel Maria Caribay K. 考古学者）	ガミオによるテオティワカンでの研究調査（La obra de Gamio en Teotihuacan）
エウセビオ・ダバロス・ウルタド（Eusebio Davalos Hurtado 国立人類学歴史学研究所 [Instituto Nacional de Antropología e Historia : INAH] 所長）	マヌエル・ガミオへの追悼文（Oración funebre）
マルガリータ・ガミオ・デ・アルバ（Margarita Gamio de Alba 人類学者）	マヌエル・ガミオによるインディオ女性のためのプロジェクト（El Dr. Manuel Gamio y el proyecto de la mujer indígena）
ミゲル・レオン・ポルティージャ（歴史家, 米州先住民局局長）	ガミオ博士の基本的思想（Algunas ideas fundamentales del Dr. Gamio）
ダニエル・モレノ（Daniel Moreno 社会学者）	マヌエル・ガミオの社会経済思想（El pensamiento socio-económico de don Manuel Gamio）

América Indígena, 20（4）, 1960 から大村作成

　以上の論文寄稿者およびそのテーマの多様性は，ガミオの広範な交流関係や活動領域を物語るものである。本号は，ガミオの追悼特集という性質もあり，論文の多くはガミオの業績の紹介や賞賛となっているが，その後のガミオに対する評価の変化を分析する上で重要な論点がいくつか提示されている。以下では，1960年代のガミオに対する評価の中でも，ガミオと関係が深い，あるいは1960年代以降も継続してガミオに言及している4人の研究者，すなわちフアン・コマス，ミゲル・レオン・ポルティージャ，ジョン・コリアー，メルセデス・オリベラ・デ・バスケス（Mercedes Olivera de Vázquez：上記追悼特集号には登場しないが1965年にガミオに関する論文を発表している）の論文を考察し，それぞれの論者が描くガミオ像を明らかにする。

フアン・コマスのガミオ像　形質人類学者フアン・コマスは，スペイン内戦後のフランコ独裁体制（1939-75）を逃れメキシコに渡ったスペインからの亡命知識人の1人である。コマス自身の回想によれば，多くの亡命知識人が移民後も経済的・政治的困難を抱える中，彼はガミオに快く迎えられ，その後ガミオの右腕として13年間にわたり共に研究活動に携わった［Comas 1983（1975）：VI］。コマスは「マヌエル・ガミオの生涯と業績（La vida y la obra de Manuel Gamio 1883-1960）」の中で，ガミオの生涯と活動を，以下の8つの視点から紹介している。

1) 人類学者としてのガミオ
2) 人類学局
3) 雑誌 Ethnos の創刊
4) 考古学調査
5) ガミオと社会科学
6) 米州先住民局
7) ガミオの総合的方法（método integral）
8) 死の直前の活動

　同論文からは，コマスがガミオの広範な業績を紹介する中で，人類学者としてのガミオの側面に着目していることが見て取れる。コマスは，ガミオの晩年，米州先住民局に関わる事務や社交面を代行した人物であったが，コマスにとってのガミオのイメージが米州先住民局局長という政策者としてよりも社会科学者としてのものであったことには注目すべきである。コマスは，この後1960年代後半に「官製インディオ主義者」としてガミオへの批判が高まる中で，ガミオを一貫して擁護した1人であった。コマスにとってのガミオ像が政策者としてよりも社会科学者であったことは，後述するガミオ批判（p.50 以下参照）における論点のずれを示しているように思われる。

ミゲル・レオン・ポルティージャのガミオ像　　メキシコの歴史家ミゲル・レオン・ポルティージャは，ガミオが米州先住民局局長を務めた際に，次局長としてガミオの活動を支えた人物である（ガミオの没後1960-63年には局長就任）。彼はガミオの『テオティワカン盆地の住民』(1922) に感銘を受け，米国カリフォルニア州のロヨラ大学で修士号を取得後，ナワトル語を習得しガミオらの活動に参加したという経歴を持つ [González Gamio 1987 : 155]。彼は「ガミオ博士の基本的思想（Algunas ideas fundamentales del Dr. Gamio）」の中で，ガミオの主要な研究活動を以下の4つに分類し述べている。

1) 考古学の定義
2) 応用人類学
3) 総合的調査の方法論
4) 米州先住民局

コマスの記述と比較すると，コマスが人類学者としてのガミオを，そしてレ

オン・ポルティージャが考古学者としてのガミオをそれぞれ強調していることがわかる。レオン・ポルティージャが考古学者としてのガミオ像を重視するのは，彼が古代メキシコを専門とする歴史家であるという経歴に加え，ガミオにとっての考古学調査が，同時代のインディオを捉える上で重要な意義を持っていたとみなしていることによる。レオン・ポルティージャは，ガミオの考古学調査に関して以下のように述べている。

> ガミオ博士が考古学を通して導き出した諸概念は，彼のその後の活動や関心を方向づけるものとなった。ガミオの論理に従えば，考古学は，先スペイン期の過去に関する単なる静態的知識であるべきではなかった。古代の住民が残した足跡は，同時代の土着住民（población nativa）に関するより確かな知識を得るための基礎的背景（antecedente fundamental）となるべきものであった [León-Portilla 1960 : 296]。

レオン・ポルティージャは，ガミオの考古学者としてのアプローチは，同時代のインディオに対する関心の低さを示すものでは決してなく，考古学調査と同時代の先住民の実態調査とが相互に作用することにより，過去と現在に関するより正確な知識を得るための，ガミオ独自の手法であったことを強調する。またレオン・ポルティージャが，ガミオにおいて最も実践的な形で考古学的知識が結実したとみなすものの一つが，「芸術」である。

> ガミオ博士は，現在のインディオに関する理解を深めると同時に，古代の遺産をより豊かなものとするためにインディオの過去を研究したが，その中で先スペイン期の芸術に関する独自の定義を行った。[…] ガミオ博士による先スペイン芸術への接近は，より実践的な結果をももたらした。当時，壁画家等に代表されるメキシコ人画家は，インディオをテーマとすることに大きな関心を抱いていた。画家フランシスコ・ゴイティア（Francisco Goitia）がガミオと共にテオティワカンで活動したことはよく知られている。彼らは，研究対象である現実に加え，さらに別のイメージをも知らしめようとした。それはキャンバスや壁に一体化し得る（incorporar）イメージであったが，それを表現することは，芸術家が［インディオの現実の］観察を行い，実際に［イン

ディオと共に]生活することを通してのみ可能となるものであった[ibid.: 299-301]。

　レオン・ポルティージャがここで述べる「実践的な結果」とは，ガミオが考古学研究を通して先スペイン期の「芸術」を見出したことであり，またそこから彼が得た知見が，同時代のインディオに関する知識を深化させただけでなく，芸術家の活動を介することによりその知見をより豊かなものとしたことを指している。この共同作業はレオン・ポルティージャによれば，インディオの「現実」のみならず，「さらに別のイメージ」をも喚起するものであったという。しかしここでは，ガミオが芸術家との活動を通して知らしめようとした「現実とは別のイメージ」が実際にどのようなものであり，またそれがどのような意図を持ってイメージ化されたのかについては述べられていない。

ジョン・コリアーのガミオ像　　米国人ジョン・コリアーは，フランクリン・ルーズベルト大統領の任命により，1933年から45年まで米国インディアン・アフェアーズ（US Indian Affairs）の長官を務めた人物である。また1920年代にアメリカ先住民保護協会（The American Indian Defense Association）を創設するなど，ニュー・ディール体制下において米国の先住民政策に大きな影響を与えた社会改革者であった。コリアーは，「マヌエル・ガミオ博士と米州先住民局（Dr. Manuel Gamio and the Instituto Indigenista Interamericano）」の中で，先住民局創設時の苦難を振り返りながら，ガミオの思想が彼とメキシコのインディオ，そして他国のインディオとを結びつけただけでなく，その実践は「地球上のすべての人々が愛によって結ばれうるという希望をも抱かせた」[Collier 1960: 275]と述べている。コリアーのこの言葉は，ガミオに対する賞賛に終始してはいるものの，当時のアメリカ大陸におけるインディオ政策関係者の国境を越えての結びつきや，そうした動きの中にガミオを位置づけることの重要性を示すものであるといえる。

　コリアーによれば，彼とガミオとの直接の出会いは，1940年にメキシコのパツクアロで行われた第1回米州先住民会議においてであったが，すでにその20年前からテオティワカン盆地に関する研究等を通して，ガミオの活動に注目していたという[ibid.: 273]。コリアーの言葉は，米国におけるガミオのインディオ政策者としての認知度の高さを物語ると共に，米国とメキシコが相互に

関わり合いながら，両国のインディオ政策が形成されていったことを示している。またコリアーは，ガミオと共有していた米州先住民局の目的，すなわち「アメリカ大陸の4千万人ものインディオを，400年もの間続いた社会的疎外の状況から，日の当たる場所へと導くこと」は，必ずしもインディオ政策関係者すべてに共有されていたわけではなかったとして以下のように述べている。

> 当時を振り返れば，ある著名な米国人類学者が，米州先住民局の理念の実現を信じようとはしなかったことを思い出す。彼は私に「白人諸国は，インディオに正義を与えることはないだろう（White nations never would do justice to their Indians）」と述べたのだ［*ibid.*: 274］。

コリアーが回想する米国人類学者の言葉は，国際的な先住民組織の創設が，関係者をも困惑させるほど極めて先駆的なものであったこと，また当時研究者の間で，米国とメキシコが共に「白人諸国」であるという見解が存在していたことを示している。コリアーが述べるガミオの活動の国際性や，コマスやレオン・ポルティージャが指摘するその実践性に対する指摘は，次に述べるメルセデス・オリベラ・デ・バスケスのガミオ像が示すように，その後数年間にわたり定着していた。

メルセデス・オリベラ・デ・バスケスのガミオ像　メキシコの人類学者メルセデス・オリベラ・デ・バスケスは，*América Indígena* 誌のガミオ追悼特集号の5年後（1965年）に「マヌエル・ガミオ博士の業績に関する覚え書き――没後5年を迎えて（Notas sobre la obra del doctor Manuel Gamio : En el V aniversario de su muerte）」の中で，以下の6点について述べている。

1) 専門家としてのガミオの人生
2) ガミオの時代的背景
3) ガミオの nationalism
4) ガミオのインディオ政策
5) テオティワカン盆地の住民
6) 米州先住民局

デ・バスケスは，ガミオが置かれた時代背景や彼の nationalism 観について

記述するなど，ガミオの内面性にも関心を抱いていることがわかる。彼女は上記 3) において，ガミオが最も関心を抱いたことの一つが，メキシコを「真の nation」とすることであり，したがって「文化をめぐる差異や対立は国内の統一や祖国の生成，国民の創出や保護の障害とみなされた」と述べている。ただしガミオにおける nationalism へのデ・バスケスの言及には否定的見解は含まれておらず，むしろその独自性，すなわち彼の nationalism と internationalism との関係が強調されている。

> ガミオの nationalism は，決して internationalism に対抗する立場ではなかった。彼の nationalism は国内の社会構造，エスニック，文化，言語の構造を修正することに関するものであったからである [De Vázquez 1965 : 371]。

デ・バスケスが注目しているのは，ガミオが nation の形成に多大な意欲を燃やしていたとしても，それは必ずしも他国への敵対心を掻き立てる nationalism ではなかったということであった。また彼女は，応用人類学がインディオの生活向上をもたらすという，時には「ロマン主義的」ともいえるガミオの信念に対して共感を表明している。彼女は，ガミオが死の直前まで，農業改革や民芸品生産の推進，またインディオの食生活向上を目的とする大豆生産の奨励など，インディオ問題の即時的解決を目指して活動していたことを評価し，その熱意の源を，ガミオが「政治的・経済的にインディオは nation の重要な部分であるとみなした」[ibid. : 378] ことだとしている。彼女は論文を以下の文章で締めくくっている。

> メキシコの人類学においては，民族学者も，社会人類学者も，ガミオが築いてくれた道を辿っている。それは技術，方法論，研究目的だけではなく，何よりも nationality の絶え間ない発展と統合のために，我々の現実に即した実践的解決を目指すという道である [ibid. : 379]。

ここには，ガミオがインディオの現実を見据え，彼らの社会・経済的問題の解決を目指したこと，そしてそれを通してインディオを彼らが属すべき nation へ統合しようとしたことに対する共感と評価が示されている。後述するように，

彼女はこの後もインディオ政策に深く関わっていくものの，この数年後には一転してガミオを含む過去の人類学者への批判を唱えていくこととなる。しかし1965年の段階においては，彼女がガミオのnationalistとしての側面を肯定し，彼のインディオ政策の国際性と実践性に共感を抱いていたことには注目すべきである。

　以上の4人のガミオに関する論文の考察から，1960年から65年にかけてのガミオに対する評価としては，彼の人類学・考古学の手法，彼の思想活動における「実践的側面」と「国際性」などが肯定的に扱われていたことがわかる。またガミオのnationalismに関しては，その独自性が指摘され，批判的見解はこの段階では現れていない。しかしこうした肯定的評価は，次項で述べる「1968年危機」を境に次第に変化していく。

1968年から1970年代におけるガミオの評価

　ガミオ没後15年を経た1975年，先述のフアン・コマスは，「メキシコ人類学におけるマヌエル・ガミオ（Manuel Gamio en la antropología mexicana）」と題する論文において，「批判的人類学」と呼ばれる立場の人々がガミオの社会人類学研究に対して行った以下の5点の批判に反論し，ガミオを擁護している。

1) ガミオは人類学を国家権力の奉仕者におとしめた。
2) （ガミオが人類学を学んだ）アメリカ考古・民族学国際学院（EIAEA）は，エリート層が「エキゾチックなインディオ」の過去や遺物を研究するためのものであった。
3) ガミオは，人種主義，文化主義，教育主義というディアス期のインディオ政策の流れを受け継いでいる。
4) ガミオは，インディオに「国民言語（idioma nacional）」を強制し，彼らをスペイン語化，識字化，技術化（tecnologizar）した。
5) ガミオが行ったテオティワカン盆地での調査は，時期尚早なものであり，かつ失敗に終わった [Comas 1983（1975）]。

　コマスが示した「批判的人類学者」による批判を要約すれば，ガミオの人類学の官製的側面，エリート主義，統合主義の3点を指摘するものであったといえる。これらの批判に対してコマスは以下のようにガミオの弁護を行っている。

まず，ガミオの人類学に見られるとされる官製的側面に対して，「人類学はそもそも国の政府から全く離れた存在ではあり得ず」，人類学者はどの国においても「直接的，あるいは間接的に国により支えられ，それによって住民に対する諸政策に方向性を与えることが可能となっている」と述べる [ibid.: 229]。次に，EIAEA との関連で挙げられるエリート主義に関しては，ガミオに影響を与えたボアズなどの世界的な研究者の存在や，彼らの研究のメキシコ人類学への貢献を批判者は理解していないとして反論している [ibid.: 270]。最後に，ガミオの統合主義に関しては，ガミオが初期の段階から先住民言語の消滅を懸念していたことを強調し，彼が従来の「融通性のない (inflexibilidad)」政策ではなく，「表現におけるインディオ的方法の尊重」を説いたと主張している [ibid.: 270]。

コマスが反論したような「批判的人類学者」によるガミオ批判は主に，1970年7月，メキシコ国立人類学歴史学学院 (Escuela Nacional de Antropología e Historia：以下 ENAH) の教員を務める5人の人類学者が執筆した『それが人類学と呼べるのか (De eso que llaman Antropología)』と題する論文集で発表されたものであった。この論文集は，革命以降のインディオ政策，またその中に無批判なまま動員されていったメキシコ人類学のあり方に対する様々な批判を総括したものであった。同論文集に寄せられた論考の観点は多様ではあったが，そこに共通するのは，インディオを資本主義システムの中に統合することを当然とみなしてきた官製的かつブルジョワ的人類学に対する反発であった。

ガミオに対する評価が没後数年とは大きく変化し，こうした1970年代以降の新しい世代に属する「批判的人類学者」によるガミオ批判が大きな流れとなっていく背景には，その直前に起きた「1968年危機」と呼ばれる事件，およびそれ以降メキシコが経験した社会的・政治的変化を理解しなければならない。なぜならこの「1968年危機」を契機に，メキシコのインディオ政策は大きな修正を迫られ，その過程でガミオら過去の人類学者に対する評価も劇的に変化していくからである。以下ではまず，「1968年危機」およびその展開について述べ，次にそれを受けてメキシコで新たに始まるインディオ政策の推進者の1人となったゴンザロ・アギレ・ベルトラン (Gonzalo Aguirre Beltrán) によるガミオ批判に注目しながら，インディオ政策修正過程の中で起こるガミオ像の変化を整理する。

「1968年危機」とメキシコ人類学の対応　1968年の夏から秋にかけて，メキシコでは学生を中心とした市民による大規模な抗議運動が起こった。高山智博が述べるように，その背景には，メキシコ革命が約束した諸変革の停滞に対する市民の不信感や憤りが存在した［高山 1973：63］。また，60年代に入り活発化していた反政府運動に対する政府の徹底した弾圧が，人々の政治不信に拍車をかけていた。運動の直接の発端となったのは，68年8月のメキシコ大学とメキシコ工科大学の学生ストであった。人々の不信と怒りはこの学生ストをきっかけに国民全体の怒りとして広がり，学生らはメキシコ市の大学を占拠し，政府に対し政治犯の釈放，社会騒乱罪に対する政府の懲罰権を認めた刑法第145条の撤廃，機動隊の廃止，大学の自治権を要求した［前掲書：63］。しかし，同年メキシコ・シティでのオリンピック開催を目前に控えていた政府は運動の拡大を恐れ，10月2日，集会が開かれていた都心部のトラテロルコ広場に軍隊を出動させ学生らを包囲，発砲するという強硬手段をとった。何千人もの学生や市民の死傷者を出したこの事件は，悲劇が起こった広場の名から「トラテロルコの虐殺」と呼ばれる。この事件は，メキシコ国民の間に政治的自由と経済的平等に対する欲求を高揚させる契機となった。そしてこの欲求が再び大規模な暴動へと転じることに危機感を抱いたその後の政権は，「開かれた民主主義」，「分配的発展」などをスローガンとして掲げることで，それまでの政権との違いをアピールするという路線をとっていった。

　「1968年危機」は，当然ながらメキシコ革命の落とし子［高山 1976：78］ともいえる，インディオ政策およびその中心的担い手となってきた人類学者の活動に対しても大きな反省を迫るものであった。ガミオ批判を行ったENAHの教員らはこの68年の抗議運動の担い手であり，彼らの批判は，まず第一に以上のようなメキシコ国内における政治的状況の変動を背景に生じたものだったのである。他方，1960年代後半は，世界的に学生運動が興隆した時期でもある。このような世界的潮流も，ガミオに対する評価に影響を与えている。

　小林致広は，メキシコの「1968年危機」が，メキシコ国内のみならず世界各国で，60年代後半に主として「第三世界」を現場とする人類学者や社会学者の間で展開していった，植民地（帝国）主義的人類学への批判とそれに代わる「解放」のための社会科学の提起とも連動していたことを指摘している。1968年の学生運動に参加したENAHの教員や学生は，60年代中頃に提唱されたパ

ブロ・ゴンザレス・カサノバ（Pablo González Casanova）や R. スタベンハーゲン（Rodolfo Stavenhagen）の「国内植民地論（colonialismo interno）」や A. G. フランク（Andre Gnder Frank）の新従属理論を理論的支柱として吸収していた［小林 1983：112-113］。これらの理論が，従来の人類学とインディオ政策を批判する際の武器となったことは言うまでもない。いわば，メキシコ人類学を取り巻く状況は，メキシコ革命を起点とする，メキシコ独自の政治社会過程に起因するものであったと同時に，メキシコを含めた当時の世界的な状況とも呼応したものであった。

他方，こうした人類学やインディオ政策に対する批判は，『それが人類学と呼べるのか』の論者たちがその後の活動実践において分岐していくことに示されるように，決して一様ではなかった。そしてそこで顕在化した人類学者間の立場の違いは，1970年代から80年代におけるガミオの評価の多様性や両義性の要因ともなっている。以下ではまず，1970年から76年までメキシコ大統領に就任したルイス・エチェベリア（Luís Echaverría）政権下において，全国先住民局（Instituto Nacional Indigenista：以下 INI）[12]の局長として従来のインディオ政策の軌道修正を担ったアギレ・ベルトランの活動と彼のガミオに対する評価を考察し，1970年代の先住民政策者のガミオ像を明らかにする。

ゴンザロ・アギレ・ベルトランによるガミオ批判　　1970年に大統領に就任したエチェベリアは，1968年の反政府運動弾圧の責任者であったが，68年危機を目のあたりにし従来の政治路線を大幅に修正した。彼の政権下で INI 局長を務めたアギレ・ベルトランは，エチェベリアの政治方針に基づき，財政的[13]，機構的改革の推進[14]，および政策実践への多数の人類学者登用など，インディオ政

---

12) 1948年に創設。人類学者アルフォンソ・カソ（Alfonso Caso）が，亡くなる1970年まで局長を務めた。
13) エチェベリア政権期における INI 予算の増額率は，6年間で約800％であった（年平均約140％の増額）。このような予算拡充は，主に関連センターの増設，教育文化事業に従事する人員の増員，インディオに関する研究書の出版などの広報事業等にあてられた［小林 1983：108-110］。
14) 機構的改革は，INI と公教育省の連携強化という，関係機関の相互調整の形で行われた。INI 局長と公教育省民衆文化学外教育次官を兼任したアギレ・ベルトランは，この改革を体現する存在であった［小林 1983：110］。

策の大規模な転換を行った［小林 1983：110］。

　他方アギレ・ベルトランは，1970年代のインディオ政策に大きな影響を与える理論の提唱者としても知られる。彼は1951年にチアパス Chiapas 州に設置されたメキシコ初の先住民統合調整センター（Centro Coordinador Indigenista）の所長を務め，そこでの活動経験から「地域統合理論」と呼ばれる実践理論を提唱した。「地域統合理論」とは，メキシコ社会が，非インディオ（メスティソ）の中心地とそれを衛星のように取り巻く土着共同体「避難地域（región de refugio）」から成り立っており，このような二元的構造を調和させる地域レベルの統合が必要であるとするものであった［Aguirre Beltrán 1969］。

　アギレ・ベルトランによる一連のガミオ批判は，ガミオのインディオ政策と，エチェベリア政権下における修正後のインディオ政策とを比較対照する過程で行われたものである。彼は1969年にメキシコ国立大学で開かれた「国民文化」を主要テーマとしたシンポジウムにおいて，「インディオ文化の特徴（Las características de las culturas indígenas）」と題された演説を行い，スペインによる植民地化以降のメキシコにおけるインディオ文化の認識過程について述べている。この中で彼は，ガミオによるインディオ文化の認識を以下のように述べている。

　　［インディオの文化に］ガミオ博士が見出した肯定的性質は，共同性，協同性（cooperativo），芸術のみでした。正確に申しまして，メキシコ人類学のパイオニアであるマヌエル・ガミオ氏が達成したのは，インディオ芸術を肯定的性質のカテゴリーに上昇させたことでした。しかし一方で，呪術や宗教は否定的性質とみなされました。それらは集団の発展にとって有害なものであり，撲滅すべきものとされたのです。しかしみなさんも御存じのように，インディオは彼らの文化の性質を否定的，肯定的という二項対立で捉えるのではなく，一つのまとまりとして理解しています。実証主義哲学の影響があまりにも深いものであったために，ガミオ博士は総合的研究者としての名声にもかかわらず，インディオ文化の性質を二元的価値観で捉えることが，インディオ文化の総合性（integralidad）を否定することにつながるという矛盾に気づくことができなかったのです［Aguirre Beltrán 1969：35］。

ここでアギレ・ベルトランが批判しているのは，ガミオがインディオの文化を「一つのまとまり」としてではなく，肯定的／否定的という二元的価値観によって分離した形で捉えたことである。特にガミオが，インディオの芸術を肯定的なものとする一方で呪術・宗教を有害なものとして区別していたことは，ガミオが実証主義的思考を乗り越えられなかったことの証左とされている。実証主義哲学が，メキシコ革命が覆したはずのディアス体制期の国学ともいえる存在であったことから考えれば，アギレ・ベルトランによるガミオの文化概念に対する批判は，ガミオの思想に見られる革命の理念との矛盾，あるいは革命の理念そのものの矛盾を指摘するものであったといえる。以上のようなアギレ・ベルトランの主張は，ガミオ生存中の彼の論考と比較した際に明白である。前章で述べたように，アギレ・ベルトランは1957年の『文化変容のプロセスとメキシコ社会・文化の変化』においては，ガミオの研究が「きわめて実践的な方向性を持った」ものであったことを評価し，そこには「進化的段階の枠組みに依存するという限界」が存在するものの，文化と個人の関係，およびそれを取り巻く社会的文脈などの「社会的次元の重要性を強調した」点において，インディオの過去にのみ注目していた当時の研究の中では抜きん出ていたことを強調している [Aguirre Beltrán 1957：22-23]。アギレ・ベルトランの主張は，1950年代には，先住民の「過去」のみならず「現在」に注目した点を評価しているという意味で，レオン・ポルティージャらの意見と一致していた。「進化的段階の枠組みに依存する」という実証主義の影響は，ガミオの限界とはされているものの，「インディオを取り巻く社会的文脈を認識していた」点を評価する際の障害とはなっていない。しかし1969年の段階では彼の主張は変化しており，「一つのまとまり」としてインディオの文化を捉え得なかった要因として，ガミオの実証主義的思考が批判の対象となっている。以上のようなアギレ・ベルトランのガミオ評価の変化の背景には，「1968年危機」を受けての過去の人類学者に対する批判の高まりが存在することは明らかである。またそれに加え，アギレ・ベルトランは先住民統合調整センターでの活動を通して，インディオ文化の「内的機能」と，それを取り巻くグローバルな支配構造に関する認識を深め，それが彼のインディオ文化の理解に新たな光を当てたものと考えられる。彼は，自身のインディオ文化の把握をガミオと比較しながら以下のように述べている。

現在では，インディオの性質を描写する際には，良きもの，悪しきものといった分類は行いません。[…] 現在の我々の関心は，インディオの文化や社会的ステータスと役割であり，それらがまとまり（totalidades）として国民文化あるいは社会においてどのように機能しているのかという点にあるのです。したがって我々はインディオの文化と社会を，植民地化の結果生じた征服文化および征服社会として捉えます。国民文化社会において，それらは従属的位置にあり，そのような状況が文化の性質や形態に非常に大きく影響しているのです。またインディオの文化が征服された文化であるということは，その進歩が外的要因により停滞させられているということをも示しているのです [Aguirre Beltrán 1969 : 36]。

ここでアギレ・ベルトランは，ガミオにはインディオを取り巻く支配構造への配慮が不足していたことを指摘している。1960年代には実践者として評価されたガミオであったが，人類学とその近縁領域における「支配—従属構造」の概念の導入と共に，彼の実践の根底にあったインディオ文化への理解や彼の文化概念そのものが内包する，支配構造への無自覚が批判されるようになったのである。ただしアギレ・ベルトランは，ガミオのインディオ文化の概念化が具体的にいかなるものであったかは明示していない。

また，アギレ・ベルトランのここでの批判には，先に挙げた「批判的人類学者」によるガミオ批判で述べられていた「官製的側面」および「統合主義的側面」という2点への言及は全くない。このことには，1970年代後半に顕在化する，人類学者間におけるインディオ政策への見解の対立，およびそこでのアギレ・ベルトランの位置が示唆されているものと思われる。つまりアギレ・ベルトランは，エチェベリア政権下においてINI局長と公教育省民衆文化学外教育次官を兼任するなど，国家主導的インディオ政策の担い手の1人であった。また彼が提示した「地域統合理論」は，最終的にはインディオの国民統合を前提としていた点において，ガミオの思想との共通点が見出される。彼は自身の「地域統合理論」が，「ロマン主義的人類学者」や他のインディオ政策担当者たちの間で，「インディオを労働者化（proletarizando）し，国民文化へと統合しようとするもの」[Aguirre Beltrán 1969 : 41-42] として批判されていることに対し，

以下のように反論している。

> インディオ文化は資本主義的世界構造の中に強制的に接合された前階級的段階の中にあるという矛盾によって特徴づけられる。資本主義的な国民社会においてインディオ共同体はまだ階級を構成するに至っていない。しかし国民文化に統合するためには，カスタ［カースト］的な状態を階級の状態へと移行させることが不可欠なのである［Aguirre Belrán 1969 : 47］。

アギレ・ベルトランの「地域統合理論」は，「避難地域」の中に身分集団としてのカスタ意識（conciencia casta）という支配構造を見出し，インディオ諸集団をカスタ構造ではなく階級構造の中に編成することで，インディオの国民統合を目指すものであった。すなわちアギレ・ベルトラン自身の理論が「官製的」および「統合主義的側面」を持ち，したがって彼がこの段階でこの2つの側面に関してガミオを批判することはあり得なかったともいえる。

1970年代後半におけるインディオ政策の展開　前項で述べたような，人類学およびインディオ政策に関わる人々の間に見られる意識の相違は，80年代以降にガミオに対する評価が変化・多様化する要因の一つでもあるように思われる。したがって以下では，1970年代後半における，人類学者間の立場の相違・対立を反映したインディオ政策の変化について述べる。
　先述したメキシコの人類学者デ・バスケスは，INIが1978年に創設30周年を記念し刊行した『INIの30年――その批判的検討（*INI 30 años después : Revisión crítica*）』に，「地域開発学校（La Escuela de Desarrollo Regional）」と題する論文を寄せている。この論文は，「地域開発学校」で彼女が実践したプログラムとINIとの間で起こった対立について述べ，その際のINI局長アギレ・ベルトランの対応を批判したものである。こうした批判の背景には，エチェベリア政権からロペス・ポルティージョ（J. López Portillo）政権への移行期におけるインディオ政策の転換が存在する。小林致広によれば，エチェベリア政権前期に行われた人類学者・社会学者の大量動員，およびそれを通しての地域的統合による改革は，結果として行政機能の停滞をもたらし，後期においては政府のイデオロギー的基盤づくりを目的に，人類学者・社会学者を選択的に動員するとい

う方針へと転換されていった [小林 1983：111]。デ・バスケスとアギレ・ベルトランとの対立は，ひとつには小林が述べるエチェベリア政権下の「転換」を反映したものであったと思われる。また両者の乖離は，1977年の「バルバドス第二宣言（la segunda declaración de Barbados）」と呼ばれる決議案に対するアギレ・ベルトランの対応が引き起こした人類学者間の対立をも背景にしたものであった。こうした対立は，後述する「文化的多元性に対する不寛容」という，1980年代に現れるガミオ批判を形成する背景・要因ともなっている。したがって以下では，1970年代後半におけるメキシコのインディオ政策の転換を象徴する二つの出来事として，デ・バスケスとアギレ・ベルトランの対立，そして「バルバドス第二宣言」へのアギレ・ベルトランの対応を考察し，ガミオに対する評価が変化していく要因ともなる1970年代後半のインディオ政策の展開について述べる。

「地域開発学校」をめぐる対立に見られる「統合主義」への反発　デ・バスケスの論文で扱われている「地域開発学校」とは，メキシコ諸地域のインディオ社会と国家の開発政策とを結びつける「媒介者」となり得る人材の養成を目的に，エチェベリア政権期に設置された機関であった。デ・バスケスは，初期の段階からその運営に精力的に携わったが，INIの要請により約8ヶ月という短期間でプログラムから更迭されたという経験を持っていた。彼女は，論文「地域開発学校」の中で当時を振り返りながら，インディオ政策に関わる人々の間に存在した様々な観点の相違やINIとの間で生じた対立について述べている。彼女によれば，当時の人類学者のインディオ政策へのスタンスには，以下の5つが存在した。

1) 批判的視点を廃棄し，完全にあるいは部分的にシステムに吸収される立場
2) 人類学研究をやめ，専門的な政策実践に携わる立場
3) 研究調査を通して批判的視点を深化させ，社会的現実を解釈するための「もう一つの道（alternativo）」を見出そうとする立場
4) 人類学的実践を一時的ではあっても否定し，他の領域の中に，社会的現実をより広範に解釈し得る分析方法や理論的枠組みを見出そうとする立場

5) 公的機関内部での変革や新たなプログラムのあり方を探究し，エスニック集団としての闘争，とりわけ搾取の撲滅に向けての闘争を促進するためには，インディオが民族意識や階級意識を高めることが必要とする立場 [De Vázquez 1978 : 246]

論文の中で，地域開発学校で推進したプログラムを「インディオの民族・階級意識を高める」こと，それを通して「インディオのアイデンティティを発展させ，社会変化の中での自己管理（autogestión）への参与を促進すること」を目指したものであったと説明していることから，デ・バスケス自身の立場は，上記の 5) にあたるものであったと思われる。しかし彼女がこの立場を「楽観的かつ無邪気ともいえるものではあったが」と自嘲的に回想していることに示されるように，この立場は当時の INI の主要な路線とは一致せず，彼女達のプログラムは突然中止を宣告されることとなった。デ・バスケスによれば，中止の理由とは，当時 INI 局長であったアギレ・ベルトランが彼女らのプログラムを「国民的統一（unidad nacional）に対抗する企て」とみなしたためであったという。彼女はこのような対応に対して，INI が地域開発学校に求めたのは，「インディオ社会内への資本主義の拡大と発展に必要な人員の育成」であり，またそれらの人員を「国家装置」として挿入することにより「支配文化の権力を拡大すること」であったと述べる [ibid. : 252]。

デ・バスケスは，INI が当時地域開発学校を非難した言葉として，「愛国主義に反する」，「国民的統一に対抗する企て」を挙げているが [ibid.]，これらの言葉はそのまま，彼女が当時の INI を「愛国主義的」，「統合主義的」であったとして批判している言説ともいえる。それは，メキシコ革命後制度化されたインディオ政策が，インディオのみならず彼らと関わってきた人類学者にも nationalism や統合主義を強制していることに対する反発であった。ここには，アギレ・ベルトランが 1960 年代末のガミオ批判の際に棚上げした，インディオ政策が孕む nationalism や官製的・統合主義的側面に対する反発が，70 年代末になってアギレ・ベルトラン自身が率いる INI 内部で顕在化したことを示していよう。

以上のようなデ・バスケスによる INI およびアギレ・ベルトランに対する批判からは，当時の人類学者あるいはインディオ政策実施者の間に多様な立場が存在したことだけでなく，その複雑な対立関係をもうかがうことができる。と

りわけインディオによる「自己管理」の促進を目指す立場と，民族意識や階級意識の高揚に関心を抱きながらも最終的には国家へのインディオの統合を目的とする立場との間には大きな隔たりがあった。ただし，デ・バスケスのこうした批判が，彼女が批判の対象とするINI自身の刊行物の中で行われたことをも考慮する必要がある。彼女が「感情論を脱し，ようやく理性的に当時を振り返ることができる」と述べているように [ibid.]，批判が可能となったのは，地域開発学校の閉鎖から8年という歳月を経て，インディオ政策の諸修正を通して前政権との差異化を図ったロペス・ポルティージョ政権下においてのことであった。つまり当時のメキシコにおいてINIの内部批判が可能な政治社会状況が現れていたことが大きかった。

　他方，デ・バスケスは，インディオ政策に携わる人々の立場の違いやその対立関係について言及しながらも，このような多様な立場の存在は，従来とは異なった，「もう一つの道（alternativo）」としての政策的実践が見出されるための重要なプロセスでもあったと述べている [ibid.: 246]。そして彼女が述べるような「もう一つの道」の模索の重要な局面となったのが，次に述べる「バルバドス第二宣言」をめぐる議論である。

「バルバドス第二宣言」に見られる「民族性（etnicidad）」[15]をめぐる議論　　1977年7月，バルバドスの首都で開かれた先住民の復権・解放を話し合う集会において「バルバドス第二宣言」と呼ばれる決議案が発表された。「インディオの兄弟たちに」という呼びかけから始まるこの決議案は，アメリカ大陸のインディオを取り巻く物理的・文化的支配の様相を確認し，インディオ住民の団結を通して，歴史過程を回復し植民地化の過程に終止符を打つための戦略を提起するものであった [小林 1981: 64-65]。これに先立つ1971年にバルバドスでは，ラテンアメリカ各国から集まった11名の人類学者により，アマゾン地帯で起こる「民族抹殺（エスノサイド）」を告発する「第一宣言」が発表されていた [Medina 1998: 135]。1977年の集会開催は，この「第一宣言」の意義を確認した点，さらには各国の人類学者に加え初めて先住民組織の代表者が出席したという点において，大

---

15) etnicidadは，日本語では「エスニシティ」，「民族性」などと訳されるが，ここでは小林（1982）に従い「民族性」と訳した。この概念を翻訳することの難しさについては本書 p. 21 を参照。

きな意味を持つものであった［小林 1981：65；Medina 1998：135］。

　小林致広は，「アメリカ大陸の原住民運動——バルバドス第二宣言を巡って」において，「第二宣言」に対するアギレ・ベルトランの批判およびその背景となるメキシコのインディオ政策の変化を分析している。小林によれば，「第二宣言」に関する議論において焦点となったのは，先住民解放運動を展開する際の中心的な概念である「民族性（集団への帰属性）（etnicidad）」であった。これらの議論の背景には，ラテンアメリカにおける文化や言語の多様性を捨象して，同質的な国民国家の建設を志向する nationalism への批判，そして資本主義の浸透が民族集団固有の文化様式を破壊することに対する批判が存在した。民族性の概念を強調する立場の人々は，集会の中で諸文化，諸民族の社会的共生（convivencia）を主張し，民族集団の自己管理（autogestión），自治（autonomía），さらに権力分散（des-centralizacion），多核中心主義（polycentrism）による多元主義（pluralismo）などの問題提起を行った［小林 1981：66-67］。こうした問題提起からは，デ・バスケスらが「地域開発学校」の運営をめぐり INI を批判した際の主張の核心が，メキシコのみならずラテンアメリカ全体の人類学者にも共有されていることがうかがわれる。

　またメキシコの人類学者アンドレス・メディーナ（Andrés Medina）は，バルバドスでの２つの宣言に賛同した人類学者たち（バルバドス派）の貢献として，彼らがエスニック・グループ（grupos étnicos）あるいはエスニシティ（etnicidad）に関する概念化を行ったことで，それらを研究や考察の対象としていくための基盤が形成されたことを挙げている［Medina 1998：135］。バルバドス派を中心とする人類学者たちは，エスニック・グループを現代の諸 nation（naciones）における社会的・文化的に重要な単位とみなすことで，ヨーロッパの植民地支配に起源を持つアメリカ大陸のエスニシティ構成や国家システムへの彼らの接合（articulación）形態等に関する研究を行っていった。またエスニシティの概念は，インディオの活動家たちの運動のイデオロギーにも影響を与えていったという［ibid.：135-136］。

　他方，「第二宣言」の基本概念でもある「民族性」を政治的な旗印として掲げることは，階級闘争という真の闘争へ人々が結集することを阻害するとして批判したのがアギレ・ベルトランらであった［小林 1983：68］。アメリカ大陸の人類学者の研究活動やインディオ運動を大きく方向づけていく「第二宣言」に

対するアギレ・ベルトランらの批判は，まさにデ・バスケスが指摘した人類学者間の立場の違いを顕著に示すものであった。アギレ・ベルトランは，民族性を強調することは植民地期に形成されたカスタ構造という出口のない過去に回帰することにつながり，人間存在の普遍的発展に至る道を放棄することであるとした。したがって，たとえ短期的には先住民をより洗練された収奪構造に従属させることになったとしても，「民族的アイデンティティ」（文化的シンボルや価値[16]）を破壊しないかたちで先住民を「プロレタリアート化」することこそ，彼らを革命的階級に組み入れるという発展の可能性を拡大する方策にほかならないと主張した［同前］。こうした「民族性」の強調に対する批判は，アギレ・ベルトランだけでなく，労働者社会党（PST）に代表されるような左翼の人々にも共通するものであった［前掲書：69］。

ここに，「民族性」の存在を否定しないまでも，「人間存在の普遍的発展」にとってはそれはあくまで過渡的なもの，あるいはいずれ消滅すべきものとみなすアギレ・ベルトランらの立場と，「普遍的発展」の強制を拒絶し，それぞれの集団に即した個別的・多元的な発展を主張し，そのためには「民族性」の自覚と高揚が不可欠とみなすバルバドス派らの衝突の核心を見ることができる。

メディーナによれば，1980年代以降のメキシコにおけるインディオ政策は，アギレ・ベルトランらの路線を脱し，「第二宣言」以降定着したとされる「エスノシスタ（etnocista）」，「エスノポピュリスタ（etnopopulista）」と呼ばれる潮流へと移行していった［Medina 1998：135］。この背景に，前述の政権交代に伴うインディオ政策の修正が関わっているのは明らかである。1976年末にエチェベリアの後を受けて大統領となったロペス・ポルティージョは，インディオ政策において民族的多元主義を強調することで前政権との違いをアピールした。同政権下での改革には，エチェベリア政権で拡大されたINIの権能の縮減も含まれ，INIは主な機能を教育・文化部門に限定されることとなった。一方小林は，このようなロペス・ポルティージョ政権下での政策修正を，「メキシコにおける原住民問題を，「文化的多様性」という概念のもとに集約してしまった」と批判している［小林 1981：72］。小林の見解は，次項で述べるように，1980年代のガミオ批判につながる要素を有していると思われる。

---

[16] 小林（1983）による注釈。

1980年代の文化的多元主義高揚期におけるガミオの評価

1980年代のガミオに対する評価は，70年代後半の流れを反映し，メキシコの文化的多元性についてのガミオの認識に関する言及が主流となっている。それらの多くは，ガミオの思想における国民国家形成への欲求が，メキシコの文化的多元性に対する不寛容や否定につながったという批判である。

他方，1980年代後半には，初めてガミオの名をタイトルに付した研究が2点発表された。その一つはゴンザレス・ガミオによる伝記『マヌエル・ガミオ——終わりなき闘い (Manuel Gamio : Una lucha sin final)』(1987)である。ガミオの学問的業績に関しては前述の通りすでにコマスが詳細な論文を発表していたが，ゴンザレス・ガミオのこの伝記によって私的側面も含めたガミオ像が描き出された意義は大きい。とりわけ90年代後半以降のガミオ研究が，本書を参照しながらより多様なガミオ像を描き出していったからである。

またもう一つは，イギリスの歴史家D. ブレイディング (David Brading)による論文「マヌエル・ガミオとメキシコの官製インディヘニスモ[17] (Manuel Gamio and Official Indigenismo in Mexico)」である。文化的多元主義論者が，メキシコ国内に存在する多様な文化要素を指摘することでガミオの議論に空間的な広がりを与えたとするならば，歴史家ブレイディングの分析は，スペインによる植民地化以降のメキシコにおけるnationalismの流れの中にガミオの思想を位置づけることにより，その議論に歴史的広がりを与えたといえる。

以下では，80年代におけるガミオ像を形成するこの二つの流れ——ガミオの文化的多元性の認識に関する批判，および彼の思想の歴史的意義に関する分析——をそれぞれ考察する。

ガミオによるメキシコの文化的多元性の認識に対する批判　1980年代以降，ガミオに対する批判の多くは，彼の思想活動の統合主義的側面，あるいは文化的多元性に対する非寛容さを指摘するものとなっている。1984年にはアギレ・ベルトランが，「地域文化と民衆文化 (Cultura regional y cultura popular)」と題す

---

17)「インディヘニスモ」とは，革命以降の先住民擁護運動を指す。1970年代後半以降，その国家主導的性格への批判から，インディオ自身の目覚めと要求に基づく運動はこれと区別して「インディアニスモ (Indianismo)」と名づけられた。

る論文において，1910年代から30年代におけるメキシコの教育活動の傾向について述べ，その中でガミオの思想に関し以下のように述べている。

> ［…］ガミオもサエンスもラミレス［Rafael Ramírez　教育家］も，当時はnationの概念や国民文化以外の形での統合の可能性を全く持っていなかった。彼らは帝国主義の攻撃に対峙しうる強いnationを構築するためには，人種の同一化，言語の統合，領土の統合しか意識しなかったのである［Aguirre Beltrán 1984 : 36］。

ここでアギレ・ベルトランは，ガミオが同質的・統合的nation以外の道を模索し得なかったことを批判しているが，これらの言葉からは，アギレ・ベルトランが行ってきた一連のガミオ評の変遷を知ることができる。それは，1950年代——ガミオの実践性への評価，1960～70年代——ガミオの実証主義的傾向およびその文化概念の把握への批判，そして1980年代——統合主義的側面への批判，という移行である。とりわけ地域統合理論を提唱していたアギレ・ベルトランの80年代におけるガミオ評の変化からは，メキシコにおける文化的多元主義の高まりをうかがうことができる。また人類学者フランシスコ・ハビエル・ゲレロ（Francisco Javier Guerrero）は，「国民文化と民衆文化（Cultura nacional y cultura popular）」と題する論文において，ガミオを「文化の多元性とnationが共存し得ないとみなした人物」と述べ，「ガミオのインディオ政策は，実際は反インディオ主義であった」という厳しい評価を下している。その批判の根拠は，ガミオのインディオ政策が「権力内に統合され得ない文化の様々なあり方を否定することで多元的な国家構築の可能性を奪い」，「一民族一国家（un Estado uninacional）の概念を強化しようとしたものにほかならない」という点であった［Guerrero 1988 : 17-18］。

ガミオの文化的多元性の認識を批判するアギレ・ベルトランとゲレロが共に論文で「民衆文化（cultura popular）」を提示していることは注目すべきである。両者は文化的多元性を主張する際に，それを反映した文化形態として民衆文化を提示し，ガミオの思想をその対立項として位置づけているからである。

この批判はギジェルモ・ボンフィル・バタージャ（Guillermo Bonfil Batalla）の議論によりさらに深化したといえる。彼は1969年の『それが人類学と呼べるのか』の執筆者の1人で，メキシコの文化的多元性と民族集団の自決権の保

障を提起した代表的人物である。80年代のガミオに対する評価の多くは，ガミオの具体的記述や活動を参照することなく，文化的多元性への非寛容という点にのみ終始した感がある。しかしボンフィル・バタージャは，著書『深遠なるメキシコ (México Profundo)』の中で，ガミオの思想を20世紀初頭メキシコの知的潮流の中に位置づけながら，ある種の「移行段階 (transitional stage)」とみなすことで，多元論者が切り捨てたガミオの思想の多面性をも照射している。彼はガミオの思想が，インディオの人種的劣性を主張したり，その文化が西洋文化と比較して全く無価値であるとみなす，当時主流を占めていた思考法とは大きく異なっていたと述べる。ボンフィル・バタージャによれば，ガミオの思想には，エスニック・グループを法的実体 (legal entity) として認知すべきことや，インディオの各集団間の地域的差異を認めるべきとする主張などが見られるという [Bonfil Batalla 1996 (1990): 116-117]。ボンフィル・バタージャは，ガミオによるこのような主張は，革命以前の思想的流れから見れば非常に特殊なものであったと述べる。他方で彼は「移行段階」にあるガミオの思想に見られる革命以前の潮流との継続性についても指摘している。彼によれば，ガミオはメキシコの文化的多元性を認めると同時に真のnationを強化するためには，同質的社会の創出は避けられないという姿勢を打ち出した。すなわち，ガミオの最終的な目的とは，メキシコのインディオ政策を「革命の勝利により結晶化した国家計画と矛盾しないもの」として打ち立てていくこと，すなわち「インディオを統合すること」であった。ボンフィル・バタージャの言葉によれば，それは「インディオを非インディオ化し，文化的歴史的独自性を失わせること」であった [ibid.: 116]。

　以上のようなボンフィル・バタージャのガミオに対する最終的評価は他の文化的多元論者のものと大きな違いはない。しかし文化的多元主義の第一人者である彼が，ガミオの思想の中に法的多元主義や地域的差異への配慮といった，多元か一元かの二者択一的な議論には収斂し得ない要素を見出した意義は大きいと思われる。また，彼の記述には，これまでの議論では焦点化されなかったインディオの主体性という別の問題提起も行われている。彼は以下のように，ガミオの思想における実証主義思想の影響を指摘しながら，インディオ文化の分類という行為だけではなく，そこに付与される価値判断を誰が行うのかという問題を提起している。

インディオ文化に対する「良きもの」「悪しきもの」といった定義や，何が有効で何を除外しなければならないか［という判断］はもちろんインディオ自身の決定によるものではない。それはインディヘニスタの政策が全てそうであったように，非インディオ，つまり国の文化を支配し，その支配をさらに強化しようとする，「声を持つ」「国民 nationals」の決定によっていたことは明らかである［ibid.: 117］。

以上のような「声を持つ国民」と「声を持たないインディオ」の存在という問題提起は，文化的多元論者がその主張の拠り所とする「民族性」の概念にも反省を迫り得る。つまり「民族性」と呼ばれるものを誰が決定し，またそれが誰に向けられているのかに関して再考を促すからである。このようなインディオの主体性に関する議論は，1990年代に入り，ガミオの思想が参照される際の論点の一つともなっている。

ガミオの思想活動の歴史的位置づけ　D. ブレイディングは，「マヌエル・ガミオとメキシコの官製インディヘニスモ（Manuel Gamio and Official Indigenismo in Mexico）」の中で，革命以前のメキシコにおいて主要な知的潮流であった自由主義思想とガミオのインディオ政策との類似性を指摘しながら，ガミオをメキシコ思想史の流れの中に位置づけている。ブレイディングは，メキシコのnationalism 研究の名著の一つとされる『メキシコ・ナショナリズムの起源（*Los orígenes del nacionalismo mexicano*）』(1973) の著者である。彼は本書において，植民地期メキシコにおけるクリオージョ愛国主義の萌芽と，その中でカトリックおよび先住民文化・文明がナショナル・シンボルとして醸成される過程，さらにそれらのシンボルが独立後メキシコの自由主義思想によって否定されていく様子を詳細に論じた。

ブレイディングが描くガミオ像は，本書の流れを踏襲しながら，ガミオの思想とメキシコ革命以前の自由主義思想とをカトリック，先住民文化・文明，土地改革などをキーワードに比較考察し，ガミオがメキシコ革命以前の知識人同様，インディオの国民統合を目指したことを結論づけている。ブレイディングの分析は，1980年代の他の先行研究の流れ同様，ガミオの思想に見られる統

合主義的側面を指摘するものであるが、以下の点において他の論者とは異なっている。一つには、ブレイディングがガミオの考古学調査や芸術評価をインディオ文化・文明の単なる評価とは捉えず、近代的 nation としてのメキシコを正統化するための要素であったことを強調している点である。ブレイディングによれば、それらは「外国のヘゲモニーに対峙するメキシコ」にとって「博物館に展示して、メキシコの文化的到達度を誇示する」ための重要な要素であったという［Brading 1988 ; 77］。

またもう一つには、ブレイディングがガミオの思想の実証主義的側面を指摘するだけでなく、それとは拮抗するロマン主義的な nationalism を重ね合わせることにより、より複雑なガミオ像を描き出していることである。ブレイディングによれば、ガミオの思想活動の特殊性は以下の7点に要約できる。

1) 先スペイン芸術の再評価
2) 民芸産業の奨励
3) 土着文明の持続性の指摘
4) インディオ農民へ土地を再配分すべきとする主張
5) 古典的自由主義と共産主義の導入を、外国イデオロギーの直輸入として非難
6) 抽象的ドクトリンを否定し、社会的現実を考慮すべきとする主張
7) 統合的かつ強固な nation 創造への強い欲求 ［ibid. : 82］

ブレイディングはこの7つの特徴に、18世紀ドイツの愛国主義者がフランスの啓蒙主義に対抗した際のロマン主義的な nationalism を見出している。一方で、ブレイディングはガミオの思想に、インディオ文化・文明の「復権」を行うことで「過去の栄光に慰め」を見出しながらも、インディオの「遅れを問題とし、その根源とされるインディオの文化を根絶すべき」としている矛盾、あるいは葛藤を指摘する。ブレイディングは、ガミオが目指したメキシコの国民国家像におけるインディオ文化・文明の役割を以下のように述べる。

　ガミオは「インディオ文明（indian civilization）」の全体像を研究するために調査チームを結成した。それはメキシコ国家（the Mexican State）が先住民を国民共同体（national community）として統合することを可能とするためであった。ここでの国民共同体像とは、西洋の自由主義的資本主義（Western liberal capitalism) の「異型 (one variant)」としての普遍文化でしかない。それは近代化のためには，民俗的観念や実践，とりわけカトリック教会の影響を消滅する必要があると訴えるものであった [*ibid.*: 87]。

ここでブレイディングは，ガミオによるインディオ文化・文明の研究とは，インディオを国民国家に統合するため，そして西洋の自由主義的資本主義の「異型」としてメキシコ文化を創出するためのものであったと結論づけている。しかしブレイディングは，ガミオが構想していた「異型」としての国民国家像が具体的にいかなるものであったかについては述べていない。このようなガミオの国民国家像の独自性は，次項で述べるように，1990年代に入り国民国家の枠組み自体の虚偽性が叫ばれる中，移民研究や歴史学など様々な分野の研究者によって注目されている。

1990年代から現在までのガミオの評価

1990年代に入ると，ガミオ研究はそれまでのようにインディオ政策などをテーマとする人類学の論文の中での言及だけでなく，それ自体を主題とした論文・文献が増加する。これらが先行研究と大きく違う点は，第一にガミオの思想活動の多様な側面を捉えようとしている点である。これらの研究の多くは，実際にガミオの著作や文書を詳細に分析することを通して，映画，芸術，米国知識人との関わり等，多方面にわたる活動領域を浮き彫りにしようとしている。このような研究が現れる背景には，前述のゴンザレス・ガミオによる伝記によって，公的側面だけでなく私的側面が明らかにされ，彼の思想の多様性を有機的に理解するための素地が作られたことがあると思われる。

また第二に，これらの研究が，ガミオを従来のように nationalist，あるいは「国家の知識人」として捉えるのではなく，ガミオの存在を通して国民国家の枠組みそのものを問おうとしている点が挙げられる。このような研究が現れる背景には，1990年代に入り加速化した社会・経済的活動におけるグローバル化の流れ，およびそれに伴いこれまで自明視されてきた「国民国家」の枠組みに対して各方面から疑義が提示されつつある状況があると思われる。メキシコは90年代の初めに，まさにこの「国民国家」の枠組みを揺さぶる二つの大きな出来事を経験した。すなわち北米自由貿易協定（NAFTA：North American Free

Trade Agreement)の締結およびサパティスタ民族解放軍(EZLN：Ejercito Zapatista de Liberación Nacional)の蜂起である。米国，カナダ，メキシコ3国の自由貿易協定NAFTAの締結は，経済自由化政策を推し進めるサリナス(Salinas de Gortari)大統領のもとで推進された。その目的は，当時域内GDP約11.5兆米ドル，人口約4.1億におよぶ，EUを凌ぐ巨大経済圏の一角を占めることで，自動車産業をはじめとする産業の超国家的な統合を推し進めることにあった[18]。しかしNAFTA締結・発効への急速な展開は，メキシコの経済界のみならず，環境保護団体をはじめとする諸分野からの大きな反発を招いた[小井戸2002：167-169]。またNAFTAを，メキシコ先住民への「死亡宣告」と断じ[落合1997：143]，その発効と時を同じくしてメキシコ南部チアパス州において武装蜂起したのがEZLNであった。先住民を主体とし，メキシコ革命の伝説的英雄エミリアノ・サパタ(Emiliano Zapata)の名を冠するEZLNは，その蜂起の目的を，チアパス州先住民の貧困・収奪・抑圧からの解放と，政権党である制度的革命党(Partido Revolucionario Institucional)の独裁と汚職の断罪に置いている[同前]。落合一泰は，国の最南部の1州で蜂起したEZLNが短期間に大きな社会的影響を及ぼした背景として，メキシコにおける国内および国際的なシヴィル・ソサイエティ(civil society：市民組織とそのネットワークを基盤にした市民参加形の自立的デモクラシー社会)興隆史の存在を挙げ，グローバリゼーションの進行の中で，EZLNがメディア，インターネットに代表される情報通信技術，そして市民社会のネットワーキングを通じ，このシヴィル・ソサイエティの一翼を担う存在として自己を位置づけようとしたことを指摘している[前掲書：163]。

　以上のような社会的動向はガミオ研究の動向とも無関係ではなく，グローバリゼーションに疑問を抱くレオン・ポルティージャや，米墨移民史を改めて問い直そうとするD．N．バルデス(Danish N. Valdes)らがガミオに着目するきっかけとなっているほか，近代国民国家の前提を改めて問い直そうとする研究者がガミオに直接的・間接的に言及する要因ともなっていると思われる。

　本項ではこのような特徴と背景を持つ1990年代以降のガミオ研究を以下の

---

18) NAFTAは1992年12月調印，94年1月発効。NAFTAの概要については，http://www.mofa.go.jp/mofaj/area/usa/keizai/nafta.html 等を参照のこと。

4つの流れに分けて考察する。まず一つは，ガミオの思想活動の中に植民地主義的思想を見出すものである。これは，80年代の流れを受け継ぎながら，(国内)植民地主義，オリエンタリズムといった新たな語彙と共にガミオの思想の読み直しをはかるものである。第二の流れは，1968年以降ガミオ研究の多くに見られた統合主義者という評価に異議を唱えるものである。ガミオの思想の時間的広がりや多様なレベルに着目するこれらの研究には，ガミオ再評価の兆しをうかがうことができる。第三の流れは，ガミオを米墨両国を結ぶ知的仲介者として位置づけるものである。これらはガミオを米墨両国の知的領域発展の重要な貢献者とみなすことにより，ガミオ研究に領域的広がりを与えている。またそうしたガミオ研究の広がりは，ガミオを通してメキシコの近代国民国家形成と知識人との関わりを考察するという第四の流れを形成しているといえる。これらの研究は，19世紀から20世紀初めにかけてのメキシコの歴史的文脈をより詳細に描き出し，その文脈の中にガミオの思想活動を位置づけるという手法をとっている。またこれらの先行研究がメキシコ人研究者，米国人研究者それぞれの単独研究だけでなく，両者の共同作業や，米国生まれのメキシコ人あるいは米国で研究を行うメキシコ人によって行われていることは，それまでのメキシコ内に限定されたガミオ研究が，国の枠組みを超え，よりグローバルな広がりを見せていることを示しているといえる。

ガミオの思想における植民地主義的見解への指摘　ボンフィル・バタージャらがガミオのインディオ政策に見出した「非インディオ化によるインディオの統合」という側面は，1990年代中頃から日本のメキシコ研究者青木利夫やメキシコの人類学者カルロス・テュル・ドナティ (Carlos M. Tur Donati) らに引き継がれている。彼らは，ガミオのインディオ政策への取り組みの中に，自己・他者表象の問題，あるいはその表象に含まれる政治性や植民地主義的見解を見出している。

　青木は，「メキシコなるものの創出——マヌエル・ガミオの人類学をめぐって」(1996) の中で，ガミオの研究やそれに基づく政策が孕む政治性，イデオロギー性を指摘し，ガミオがたとえ抑圧されるインディオの側に立とうとしたとしても，彼が国民統合を目指す際には，結局のところ「死せるインディオ」を利用しつつ，自己の文化的・社会的・政治的な正統性を作りあげたに過ぎなか

ったと述べる［青木 1996：193］。

　ガミオの，インディオの権利を擁護するという前提と，最終的に彼らを国民国家へ統合するという行為との乖離は，すでにそれまでの先行研究でも指摘されている。しかし青木がとりわけ強調するのは，その際のガミオら白人とインディオとの間に存在する固定的な位置関係についてである。青木はそれを以下のように述べる。

　　　ガミオら白人は常に，インディオに働きかける主体として立ち現れ，一方インディオは常に客体としてあらわれる。客体であるインディオは，白人世界へ接近する道を余儀無くされ，それを受け入れるか拒否するかといった彼らの選択は初めから想定されてはいない［前掲書：203］。

　青木のこの議論が，E. サイードらが行った植民地主義的イデオロギーへの批判を踏まえたものであることは明らかである。サイードは，1978年に刊行した『オリエンタリズム』の中で，「西洋」と「東洋」とされるものの間に設けられた不均等な区分［サイード 1986：12-13］とそこに付与された支配関係，およびそこに存在する「書くもの」と「書かれるもの」という代弁性（representation）の問題を指摘した［前掲書：312］。青木がガミオの思想に見出すのは，ガミオの人類学に内在する，「客体としてのインディオの声を閉じ込めておきながらそれを代弁するのは自分達であるという矛盾」である。青木によれば，その根底には，インディオは「文化的劣等」に押し込められていたがゆえに「声をあげることはできない」とみなす思想が流れているという［青木 1996：204］。

　また青木もブレイディング同様，ガミオらが行ったテオティワカン遺跡の発掘などのインディオ文化再発見への取り組みは，「声なきインディオの世界」をナショナル・アイデンティティを構成する不可欠の要素として発見・理解し，あるいは発明・生産する営みであったと述べる［前掲書：205-206］。青木によれば，ガミオが述べる「インディオの救済」とは，実のところ「ガミオらメキシコの白人にとっての救済」にほかならないという［前掲書：207］。

　このようにガミオの人類学の中に植民地主義的見解を見出すという動向は，テュル・ドナティの他，人類学者・芸術史家マリー＝アレティ・エルス（Marie-Areti Hers）らの議論にも見られる。テュル・ドナティは，ガミオの著作『Patria

をつくる』やテオティワカン盆地の調査は,メキシコに芸術運動を中心としたインディヘニスモが芽生えるきっかけとはなったが,インディオは常に「修飾モチーフ」あるいは「敗北し」「破れた」「眠った」といった形容を伴って描かれたに過ぎず,このようなインディオに対する「温情主義的(paternalista)」なまなざしは,決してインディヘニスタ[19]のものとは呼べないと述べる[Tur Donati 1997 : 218]。またエルスも同様に,ガミオの思想における温情主義的あるいは植民地主義的視点を指摘し,さらにそれが実際のインディオ共同体以外の人々による政治決定を含んでいるという意味において専制主義的であり,かつインディオを「救い出す(redimir)」という信念に基づいているという意味において啓蒙専制主義的ともいえるとして批判している [Hers 2001 : 39]。

ガミオの思想の再評価の動き　　1990年代中盤における以上のような先行研究は,ガミオの思想の中に,いわばインディオに対する国内植民地主義者としてのスタンスを指摘するものである。他方,90年代末になるとこのような傾向に加え,それ以前のガミオ評価を当時の文脈に即していない,あるいは彼の意図を十分汲み取っていないとする研究が現れている。例えば1960年代から一貫してガミオを擁護してきたレオン・ポルティージャは,『先住民とグローバリゼーション (*Pueblos originarios y globalización*)』(1997) の中で,ガミオに関する先行研究が唱える統合主義者としてのガミオ像に疑問を提示している。彼は,ガミオはメキシコの独自性が多様な文化の混合プロセスの中で明確になっていったことを認識していたが,そのことはメキシコの文化的多元性の自覚とは結びついたとしても,インディオ文化を多数派の文化へと統合すべきという主張に必ずしも結びつくものではなかったと述べる [León-Portilla 1997 : 38-39]。レオン・ポルティージャによれば,ガミオは「インディオはメキシコの社会的,経済的,政治的現実へとアクセスし得るようになるべき」と訴え,そのためにはメキシコにおいてインディオが「インディオとして認知されないために排斥の対象となってきたという現実」を認識しなければならないと主張したという [*ibid.* : 39]。レオン・ポルティージャの記述は,ボンフィル・バタージャ同様,ガミオが行ったインディオの国民統合の様々なレベルを指摘するものである。いわば,ナ

---

19) インディヘニスモに賛同しその運動に参加する人々を指す。

ショナル・アイデンティティ形成のためのイメージ化のレベルと，国民国家の諸機能へのアクセスを可能とする現実社会への統合の二つの次元は区別すべきであるという主張である。レオン・ポルティージャによれば，ガミオにとって「インディオとしての認知」は，そのアクセスへの第一歩であったという。

またリック・ロペス（Rick Lopez）もレオン・ポルティージャ同様，それまでの先行研究が描き出したガミオ像を不十分であると指摘する。彼は「1921年のインディア・ボニータ・コンテストとメキシコ国民文化のエスニック化（The India Bonita Contest of 1921 and the Ethnicization of Mexican National Culture）」（2002）において，1920年代初期にメキシコで行われたインディオ女性の美人コンテストに焦点を当てながら，メキシコのnation形成（nation-formation）における「インディオ性（indianness）」の構築過程を考察している。ロペスはそこで，メキシコのnation形成においては，メキシコ人知識人による「インディオ」の創造と，nationの「エスニック化」あるいは「インディオ化（褐色化）」という二つのプロセスが同時に進行していたことを明らかにしている［Lopez 2002 : 293］。注目すべきは，ロペスが同論文の脚注において，ガミオに関する先行研究がガミオの思想の初期と後期を区別することなく，彼のインディオ文化への見解を誤読していると批判していることである。ロペスは，ガミオの記述を注意深く読めば，1920年代初期の段階での彼の関心が，文化的多元性や地域的差異の消滅ではなく，特定の（選択された）差異（selected differences）をナショナル・アイデンティティへ統合（incorporation）することであったことが分かると述べている［ibid. : 234］。ロペスは，ここでガミオが選択した「差異」が具体的にいかなるものであったかについては述べていない。しかしロペスの指摘は，以下の2点において重要であると思われる。第一に，彼がガミオの思想には多様なレベルが存在するだけでなく，時間的な変化があることを指摘している点である。彼によれば，とりわけ1920年代とそれ以降のガミオのインディオ政策は区別して考える必要がある。第二に，ロペスがメキシコの国民国家形成について，青木が述べるところの「客体」としての「インディオ」の創出だけでなく，それに関わった知識人の「主体」あるいは「nation」自体をも創出するものであったことを具体的事例とともに提示していることである。そのプロセスが含む「エスニック化（Ethnicization）」という概念は，ガミオの思想活動および彼と「インディオ」との関わりを考察する上で大きな示

唆を与えるものと思われる。

知的仲介者としてのガミオの位置づけ　1990年代以降，新たに見られるガミオ研究の第三の流れは，ガミオの存在をメキシコだけでなく米墨両国における人類学の発展過程を支えた知的仲介者として捉えようとするものである。1990年,社会人類学高等調査研究センター (CIESA : Centro de Investigaciones y Estudios Superiores en Antropología Social) のオアハカ支部に所属（当時）するメキシコの人類学者サロモン・ナーマッド・シットン (Salomón Nahmad Sittón) とアリゾナ大学人類学部に所属する米国の人類学者トーマス・ウィーバー (Thomas Weaver) は，「応用人類学のパイオニア，マヌエル・ガミオと北米人類学との関係 (Manuel Gamio, el primer antropólogo aplicado y su relación con la antropología norteamericana)」を共著で執筆した。彼らは本論において，ガミオを以下のように位置づける。すなわちまず応用人類学の先駆的実践者の1人として，そしてR. レッドフィールド，オスカー・ルイス (Oscar Lewis) など米国人類学者との交流を通し,米国人類学の発展に寄与した人物としてである。ナーマッド・シットンは，ミゲル・デ・ラ・マドリッド（Miguel de la Madrid）大統領時代（1982-88）にINIの局長を務めた人物であり，ウィーバーは「政策科学としての人類学 (Anthropology as Policy Science)」などの論文も著している。このように政策実践と人類学との関わりを専門とする米墨両国の人類学者が，90年代に入り共同でガミオの政策実践者としての活動を再評価した背景には，60年代におけるガミオの活動の応用性と実践性が再び注目を集めていることを示しているといえる。

　ガミオの思想活動に関するナーマッド・シットン＝ウィーバーの評価は，少なくとも以下の2点において先行研究との相違が見られる。一つは，ガミオがメキシコの文化的多元性およびメキシコ住民の多様性 (heterogeneidad) に配慮したかたちで憲法改正，地方・国レベルでの法整備，それら法体制へのインディオの参加を訴えたことなどを挙げながら，ガミオによるメキシコの文化的・社会的多元性の認識を強調していること [Nahmad Sittón y Weaver 1990 : 298] である。いま一つは，ガミオにおける政府との結びつきを指摘しながらも，それをインディオ政策実践のための「手段」に過ぎなかったと結論づけていることである。ナーマッド・シットンとウィーバーは，カランサ政権へのガミオの参与は，応

用人類学の実践のためであり，かつそのことによって，革命以前の自由主義者が「ヨーロッパの資本主義を強制することでインディオ共同体を破壊したような矛盾」を繰り返させないためであった，と述べる [ibid.: 299]。さらに注目すべきは，ナーマッド・シットン゠ウィーバーのこの論考によって，メキシコのみならず米墨両国の人類学の発展に寄与した人物としてガミオが捉えられることにより，ガミオの活動に対する評価が変化していった点である。

米国のメキシコ研究者ヘレン・デルパー（Helen Delpar）は，『メキシコ的なるもののヴォーグ——米国とメキシコの文化関係 1920-1935（*The Enormous Vogue of Things Mexican : Cultural Relations between the United States and Mexico, 1920-1935*）』（1995（1992））において，ガミオの思想を「そのゴールは，インディオを文化的に同質かつ近代的で，スペイン語話者からなるメキシコの nation へと統合することであった」[Delpar 1995: 92] と述べながらも，ガミオが米墨両国の知識人や芸術家による文化関係の形成に重要な役割を果たしたことを指摘している [ibid.: 103]。

以上のようなガミオの知的仲介者としての役割をさらに強調する形で分析したのが，メキシコの人類学者ギジェルモ・デ・ラ・ペーニャである。彼は「メキシコ人類学史における国内外の知識人（Nacionales y extranjeros en la historia de la antropología mexicana）」(1996) の中で，「知的仲介者（intermadiario intelectual）」という概念を用いながら，ガミオが単なる二国間の知識の伝達やそのための仲介的行為を行ったのではなく，米国の影響を受けながらもメキシコの文化・社会的状況を反映させた独自の知識体系を創造しようとしたと述べる [De la Peña 1996: 43-44]。

デ・ラ・ペーニャは本論において，ガミオとボアズの関係に注目し，両者の交流が，ボアズの「文化」概念がメキシコのみならずラテンアメリカ全体に応用されるきっかけとなったことを指摘する [ibid.: 62-63]。両者の交流に関してはすでにナーマッド・シットンとウィーバーも言及していたが，デ・ラ・ペーニャが注目するのは，知的仲介者としてのガミオの「翻訳（traducción）」という行為である。それは単なるボアズの理論のメキシコへの紹介ではなく，当時のメキシコの状況を反映させた革新的実践（práctica innovadora）をも含む行為であった。つまりボアズの理論のメキシコへの浸透を可能としたのは，ガミオがボアズの「文化」や「人種」の概念を，当時のメキシコ人政治家にも理解可

能であった「nationalism」の文脈へと置き換え「翻訳」を施したためであったという [ibid.: 71-72]。デ・ラ・ペーニャは本論文執筆時にシカゴ大学の客員研究員を務めており，同大学教授でボアズ研究者として知られるG. ストッキングから示唆を受けたことが本論文執筆のきっかけとなったと述べている。ストッキングがメキシコ人研究者デ・ラ・ペーニャに示唆を与えたという事実は，米国のボアズ研究者が米墨両国の人類学発展におけるガミオの重要性を認知していることを示しているものと思われる。他方，結論としてデ・ラ・ペーニャは，ガミオによる「翻訳」の限界点を以下のように指摘している。

> ガミオはボアズの理論を [メキシコで] 発展させた。[それらは] 例えばガミオが人種主義を拒絶し，人間の基本的融合を説いた点，文化圏の概念に基盤を置いた文化発展の理論を素描した点に見られる。他方彼は，nation の概念を構築するに至って，実証主義における進歩の観念への信仰を受け入れた。それゆえ文化相対主義の基本的前提を拒絶したのである [ibid.: 61]。

デ・ラ・ペーニャは，ガミオがボアズの影響を受けながらも，ボアズの文化相対主義が彼の nation の概念と相容れなかったことを指摘している。またそのことに対するボアズの対応を，「ボアズは若い弟子による「文化圏」の再定義を容認するだけの広い心を持ち合わせていた」 [ibid.: 71-72] と述べ，両者の関係を師ボアズ—弟子ガミオという固定的なものとして，さらにはその影響関係も師から弟子へという一方向的なものとして捉えている。他方デ・ラ・ペーニャは，ガミオの nation 概念が具体的にいかなるものであったのか，さらにそれが文化相対主義と拮抗した理由については述べていない。

以上3つの研究は，米国とメキシコという国家の枠組みの間を行き来しながらその仲介者となるガミオの姿，またそこで彼が行った翻訳行為を描き出すものである。そして，ガミオがこのように知的仲介者としてその発展に寄与したとされる社会科学あるいは文化領域の枠組み自体を問うのが，次に述べる第四の流れである。

近代国民国家形成と知識人との関わり　1990年代におけるガミオ研究の第四の流れは，ガミオの思想活動を通して，近代メキシコにおける国民国家の形成が

米墨両国の諸学問領域の発展といかなる関わりを持っていたかを考察するものである。これらの流れは、学問領域および研究者の立場により以下の二つに分けることができる。すなわち第一に、メキシコ人研究者による研究で、メキシコにおける歴史学、人類学、優生学などの発展史の中にガミオの思想活動を位置づけるものである。第二に、米国人、あるいは米国を拠点とするラテンアメリカ人研究者による研究で、メキシコのみならず米墨両国の学問領域の発展全般にガミオの思想活動を位置づけるものである。これらの研究に共通するのは、ガミオを核としながら、それぞれの研究者が専門とする学問領域の発展に寄与した人々の複雑な相互作用を詳細に記述することで、メキシコおよび米国における近代、あるいは近代国民国家形成と知識人との関わりを浮き彫りにしていることである。

　歴史学の分野からガミオの思想活動に注目しているのが、メキシコの歴史研究者ギジェルモ・セルメーニョ（Guillermo Zermeño）である。彼は「人類学と歴史学——マヌエル・ガミオとメキシコ人類学の近代性　1916-1935年（Entre la antropología y la historia : Manuel Gamio y la modernidad antropología mexicana, 1916-1935)」(1999) の中で、歴史学との関連においてガミオ研究を行うことの意義として以下の2点を挙げている。すなわち1）インディオの過去に関する歴史家の記述や「インディオ的なるもの（lo indígena）」に関する理解が未だに「近代人類学の父」つまりガミオに多くを負っていること、2）当時ガミオがインディオの中に埋め込もうとした進歩の教理（teología del progreso）が、メキシコにおいて現在も影響を持ち続けていること、の2点である [Zermeño 1999 : 2-3]。セルメーニョは、ガミオの応用人類学は、インディオ世界を分類し、それを社会秩序の構成要素と位置づけた点で19世紀思想の潮流を受け継いでいるものの、一方で植民地期の思想家によるインディオ世界の認識への「回帰」も見られると述べる。セルメーニョによれば、19世紀末の思想家が強調したのは「個」と「社会」、そして「科学」と「政治」との分離であった。一方ガミオの人類学とは、人類学という科学と国家政治との結びつきを促すものであった。セルメーニョは、このようなガミオの思考様式は、むしろ植民地期にインディオの民俗（民族）学的調査を行ったスペイン人宣教師サアグンの行為に遡るものであるとする [Zermeño 1999 : 14-15]。

　セルメーニョのように、既存の学問体系の発展史を再考しつつ、ガミオの思

想活動を見直すという傾向は他の研究者にも見られる。国立人類学歴史学研究所 (INAH : Instituto Nacional de Antropología e Historia) に所属する人類学者メチルド・ルッツ (Mechthild Rutsch) は，ガミオの活動の考察を通して従来のメキシコ人類学発展史の再考を試みている。ルッツは「ラモン・メナとマヌエル・ガミオ——1920年代メキシコ人類学を斜めに見る試み (Ramón Mena y Manuel Gamio : Una mirada oblicua sobre la antropología mexicana en los años veinte del siglo pasado)」(2001) の中で，1920年代に起こったラモン・メナ (Ramón Mena) とガミオという2人のメキシコ人類学者の対立の様相を通して，それぞれが所属していたメキシコ国立博物館と人類学局の創設背景をめぐる政治性について考察している。メナとガミオとの対立とは，ガミオが当時所属していたアメリカ考古・民族学国際学院 (EIAEA) が国立博物館に寄贈した考古遺物の真正性および破損をめぐる事件を発端としたものであった[20]。ルッツによれば一連の抗争の要因は，革命以前のディアス体制下において制度化の進んだ国立博物館と人類学局とのライバル関係にあった。また，国立博物館の出身ながらメキシコ人として初めて米国で修士・博士号を取得し，ボアズをはじめとする外国人との「同盟」を通して革命後のメキシコ人類学創設の支柱となっていくガミオに対する国立博物館関係者の対抗意識も争いの火種となったという。ルッツはこのエピソードから，メキシコ人類学の制度化の過程には，従来強調されてきたようなメキシコ革命以前と以降との間の断絶ではなく，むしろ継続性が存在することを指摘している [Rutsch 2001 : 81]。さらに，ガミオがこの継続性や「過去の世代とのコンセンサス」を得ることに失敗したことは，ボアズが米国で行ったような人類学教育の体系化をガミオがメキシコではなし得なかったことにつながったとも述べている [ibid. : 114]。

以上のような知識人と政治との関係について優生学の分野から分析を行っているのが，メキシコの人類学者ベアトリス・ウリーアス・オルカシータス (Beatriz Urías Horcasitas) である。彼女は，「権力の交差点における社会科学——マヌエル・ガミオ 1920-1940 (Las ciencias sociales en la encrucijada del poder : Manuel Gamio 1920-1940)」(2002) の中で，ガミオらメキシコ知識人による人種の概念化に焦点を当てながら，メキシコ社会科学の発展と革命後の政治プロセ

---

[20] この事件がガミオのEIAEA学長としての地位をも脅かしたことについては本章注2) 参照。

スとの関わりを分析している。ウリーアス・オルカシータスによれば，メキシコにおいて優生学に対する関心が高まる1920年代は，インディオの国民国家への包摂を目指すメキシコ知識人が，同時に「混血による住民統合」という政治行動を通して，自分自身をも国家装置の中に挿入していった時期でもあった［Urías Horcasitas 2002：119］。ウリーアス・オルカシータスは，ガミオが革命後のメキシコにおいてインディオ政策をnationalismの中心課題の一つとして位置づけ得たのも，彼と政界との強固なつながりによるものであったと述べる［ibid.：119］。さらに彼女は，革命以後のメキシコにおける社会科学と政界との相互依存関係は，研究者が政治プロジェクトの枠組み外で調査研究を行うことを困難とし，それが現在，人類学や人口学等の分野において「メキシコ社会科学の危機（crisis actual de las ciencias sociales de méxico）」がささやかれる要因となったと述べている［ibid.：114］。

　一方，米国の歴史家A. S. ドーソン（Alexander S. Dawson）は，ウリーアス・オルカシータス同様メキシコ知識人の人種問題への関心に注目しながらも，別の観点からの考察を試みている。彼は「nationのモデルから模範的市民へ――インディヘニスモとメキシコ・インディオの回復 1920-1940（From Models for the Nation to Model Citizens：Indigenismo and the 'Revindication' of the Mexican Indian, 1920-1940)」（1998）の中で，しばしば研究者がメキシコのインディオ政策を，「他者としてのインディオ（Indian 'other'）」像をつくり出してきたに過ぎないとみなしてきたことを批判し，1920年代から40年代における多様なインディオ像の存在に注意を捉している。さらに彼は，インディオが言及される際の人種の概念自体の変化に着目し，1920年代のインディオ政策に見られる「人種」の強調から「文化」の強調へという変化について述べると共に，この概念の移行に大きな影響を与えた人物としてガミオを挙げている［Dawson 1998：291-292］。ドーソンの研究は，メキシコのnation形成において存在した多様な「インディオ」像が，インディオ政策批判の流れの中で逆に固定化されていった点を指摘している点において意義あるものと思われる。

　またマウリシオ・テノリオ・トリージョ（Mauricio Tenorio Trillo）は「立体音響的科学モダニズム――メキシコ・米国間における社会科学 1880-1930年代（Stereophonic Scientific Modernism：Social Sciences Between Mexico and the United States, 1880s-1930s)」（1999）の中で，米墨両国における社会科学の発展

が孕む政治性およびそこでの知識人の役割について述べている。テノリオ・トリージョはこの中で、ボアズとガミオの出会いを米墨両国の科学発展が交差する重要な局面の例として挙げ、それを国民国家形成と社会科学の発展に見られる同時性、およびそのグローバルな様相を示すものとして位置づけている [Tenorio Trillo1999 : 1180]。

テノリオ・トリージョは、ガミオを米墨の知的仲介者としてだけでなく、ボアズら米国人との交流を通して「近代」そのものを生成させた媒体として位置づけている。テノリオ・トリージョによれば、ガミオとボアズは、「近代、近代化、モダニスト (modern, modernizing, and modernist)」の象徴であり、メキシコ・シティとニューヨークという2つの異なった都市領域から発信される「モダニストの母型 (modernist matrix)」であったという [*ibid.*]。

他方テノリオ・トリージョは、両者の「交差」の局面は、科学の発展プロセスが政治性を持つことのみならず、それが政治そのものであること、また社会科学が中心と周辺、科学者と研究対象との間の相互作用の中で行われる社会実践であることを示していると述べている [*ibid.* : 1179]。以上のようなテノリオ・トリージョの指摘には、彼が冒頭で同論文の目的を、両国の「比較 (compare)」ではなく「対照 (contrast)」にあることを強調しているように、メキシコと米国が異なった歴史的文脈を持ちながらも相互的に科学の発展を促してきたという事実を米国側も認識すべきであるという主張が含まれているように思われる。テノリオ・トリージョは以下のように述べている。

> メキシコの側は、その歴史［意識の形成］やnationalism［の興隆］において米国が果たした役割を十分認めている。しかし米国の側は、「我々 (we, the people)」の意識の構築にメキシコが何らかの貢献をしたことを決して認めないばかりか、それを侮辱と捉える向きがある [*ibid.* : 1160]。

ここには、テノリオ・トリージョのような米国に拠点を置くラテンアメリカ人研究者が、未だ彼らが容易に超えることのできない国境の壁を超えて米国の近代化に影響を与えたガミオの姿を通して、知的領域における両国の平等性を訴える意図が存在しているようにも思われる。いわば1990年代終盤以降は、米墨両国の知的領域の発展の中で見過ごされてきた相互依存関係をも照射しな

がら，メキシコ人研究者，米国人研究者，その中間に位置する研究者などが様々な観点からガミオの思想活動に注目する時期に当たっていたといえる。

　以上，死の直後から今日に至るまでのガミオに対する評価の変遷とその背景について述べた。ガミオに対する評価は，メキシコの政治・外交，社会的動向を反映しつつ大きく変化している。それは，ガミオの死の直後における業績賞賛から，1968年を機に始まった統合主義的，官製的，エリート主義的側面に対する批判，そして1980年代の文化的多元主義の高揚に伴う評価の多様化を経て，1990年代における再評価の兆しへと至っている。このような変化は，ガミオが携わったメキシコ人類学およびインディオ政策が，メキシコにおける社会編成の極めて重要な部分を成すことをも示唆しているものと思われる。

　他方，1960年代以降，メキシコのインディオ政策をテーマとする諸論考において，ガミオは必ずといってよいほど言及されてきたにもかかわらず，ガミオそのものを主題とした研究がようやく現れるのは1980年代に入ってからであり，彼の内的側面に焦点を当てた研究は実の孫ゴンザレス・ガミオの伝記のみに留まっている。1990年代以降，ガミオの多様な側面に着目した研究が現れ始めたとはいえ，彼の多岐にわたる活動を考えればその研究蓄積は未だ十分とは言えない。

　R. ロペスが示唆するように，ガミオの関心は1920年代とそれ以降とでは大きく異なっており，またデ・ラ・ペーニャが述べるところの「知的仲介者」としてのガミオ像は，メキシコ国内と国外とではその現れ方に微妙な違いが存在する。以下では，これらの先行研究の問題点を指摘しつつ，本研究で用いる方法および主要な分析データについて述べる。

第3節　本研究の方法

先行研究の問題点と本研究の方法

　前節で述べたように，ガミオの思想と実践に関する研究は1980年代以降多様化し，90年代以降にはガミオ再評価の兆しも見られる。しかしながらメキシコ人類学およびインディオ政策について論じられる際には，総じてガミオの思想における統合主義的側面のみが強調される場合が多い。こうした固定化さ

れたガミオ像は，ガミオが生きた20世紀初頭のメキシコにおける政治・社会的変動，そしてその中で彼の立場も大きく変化していたことに鑑みれば，極めて限定的なものであると言わざるを得ない。

1960年代から今日にかけての先行研究に共通して見られる問題点としては，以下の点が挙げられる。

1) ガミオの関心の時間的変化や広がりが把握されていない。
2) ガミオの思想が，彼が実際に置かれていた当時のメキシコの政治・社会的文脈の中で把握されていない。
3) ガミオがインディオのnationへの統合を目指した統合主義者であることが指摘されながら，一方で彼が描くnation像が実際にはいかなるものであったかが明らかにされていない。

先行研究の多くが以上のような問題点を持つ背景には，前述の1960年代終わりにおける人類学およびインディオ政策における転換に加え，研究者がガミオを論じる際の方法論上の問題が存在しているように思われる。それはひとつには，先行研究の多くが依拠するガミオに関する資料が限られていることである。その活動範囲や著作物の多さにもかかわらず，公刊された著書は極めて少ない。ガミオが発表した論文は，学術雑誌，新聞，政府刊行物などを合わせれば160点以上にのぼるが，この中で書籍として刊行されたのは7冊のみである。これらのうち，ほとんどの研究者が議論の中心に据えているのは，1916年に刊行され60年に再版された代表作『Patriaをつくる（*Forjando Patria*）』である。しかしながら，メキシコ革命の動乱期に書かれた本書におけるガミオの思想と，メキシコのみならずアメリカ大陸全体を対象としたインディオ政策を担う米州先住民局局長として国際的認知を得ていく1942年以降の思想とを同列に扱うことには無理があるように思われる。

第1章で述べたように，ガミオの思想活動は，経歴や活動形態の以下の3段階において大きく異なっている。

1) 1911-25年：アメリカ考古・民族学国際学院（EIAEA）研究員から人類学局創設の時期
2) 1925-42年：米国亡命からマクシマト体制下での困難な時代
3) 1942-60年：米州先住民局局長時代

3つの時期においてガミオの思想活動やその対象はそれぞれ異なっており，

混同して論じることはできない。先行研究が強調するところの「統合主義者」としての側面にしても，各段階においてガミオが統合を試みた対象や統合されるべきとみなしたより大きな社会の性質は同一とはいえない。さらにそれを取り巻くメキシコの政治・社会的背景や国際的動向は，メキシコ革命，第一次大戦，第二次大戦という20世紀初頭の激動の中で大きく変化している。

　本研究では，ガミオの著書および論文に加え，彼のアーカイブに残された諸論考を分析資料として用いることで，ガミオの思想の全体像を踏まえつつ，1909年から25年というガミオの思想形成の初期の段階に焦点を当てることにより，ガミオの思想の多面性や，これまで明らかにされてこなかった思想の変化とその要因にも光を当てたいと考える。

　さらに本研究では，ガミオと彼の初期の思想形成に大きな影響を与えたとされるフランツ・ボアズとの関係に着目する。それは以下の二つの意図によるものである。

1) ボアズとガミオとの間で交わされた書簡を分析に用いることで，当時のガミオが置かれた社会的・政治的文脈を提示する。
2) ボアズとの比較を通して，ガミオのnation概念の独自性およびその特徴を明らかにする。

　ガミオとボアズの関係については，すでにナーマッド・シットンら多くの研究者によって指摘されている。しかしそれらはガミオの思想におけるボアズの影響を指摘するにとどまっており，両者の思想の相互作用，およびそれを可能とした当時の社会・政治的文脈については述べていない。また両者の書簡を分析しているものとして，デ・ラ・ペーニャらの研究が挙げられるが，これらの研究は，「教えるボアズと教えられる（あるいはそれを翻訳する）ガミオ」という一方向的な関係を前提としている。

　本研究では，ガミオとボアズの往復書簡を分析することにより，両者の相互交流およびその背景となる当時のメキシコ国内外の状況を明らかにする。さらに両者におけるnation概念の比較を通して，ガミオのnation概念の特徴，およびそこでの芸術の位置づけを明らかにする。

本研究で用いる分析データと調査の概要

　本研究で用いる分析データは，筆者が1998年4月から2004年8月にかけてメキシコおよび米国で断続的に行ってきた調査により得た書簡資料，アーカイブ資料，写真資料，聞き取り資料などである。以下，本研究の主要データである1)ガミオ–ボアズ往復書簡，2)マヌエル・ガミオ・アーカイブの概要，およびメキシコと米国における調査概要について述べる。

　ガミオ–ボアズ往復書簡　本研究で用いる書簡は，Microfilm Collection of the Professional Papers of Franz Boas ［略号 PPFB］（A Project of Scholarly Resources Inc., in Corporation with The American Philosophical Society, Vol.2）の中に存在するガミオとボアズの往復書簡を抽出したものである。本研究では，1910年から42年にかけてボアズがガミオに宛てた書簡72点とガミオがボアズに宛てた書簡97点のうち，判読不能のものを除いた142通を分析に用いた。なお，後述するマヌエル・ガミオ・アーカイブの書簡コレクションの中にもボアズからの書簡が含まれ，その多くは上記PPFBと重複するが，ガミオ・アーカイブにのみ存在する書簡に言及する場合は，略号［AMGC］で表す（詳細は凡例参照）。巻末には分析に用いた往復書簡142通のうち全容を再現できる132通の要約一覧表と，本書の内容に関連の深い書簡10通の原文と対訳を付した。

　マヌエル・ガミオ・アーカイブ　マヌエル・ガミオ・アーカイブ（Archivo Manuel Gamio）は，メキシコ国立人類学博物館内文書館（Subsecretaría de documentación）に収蔵されているアーカイブ・コレクションの一つで，論文コレクション，書簡コレクション，新聞記事コレクションの3つから構成される。本研究では，主な分析データとして論文コレクションを用い，書簡および新聞記事コレクションを補助的に用いた。論文コレクションは，1900年代初頭から1959年までにガミオが執筆した諸論考およびその下書きやメモ等約400点から成る。その中にはガミオ自身が執筆したものではなく，彼が集めた論文や彼と共同研究に携わった人々によるものも数点含まれる。また同コレクションの中で，執筆年がガミオにより明記されているものは98点のみである。本研究ではガミオの関心の変遷に着目するため，明記されていないものは，ガミオの著作に関する最も詳細な目録を収録しているゴンザレス・ガミオの伝記

[González Gamio 1987] によって執筆年を特定した。またこの目録にも含まれないものに関しては，1）署名に付されたガミオの役職，2）便箋等に印刷されている機関名，3）内容および言及されている人物，などから執筆年を特定した。ただしこれらの情報からも執筆時期が特定できず，推測の域を出ないものは分析から除外せざるを得なかった。なお，執筆年が特定されていない論文を引用する際には，s/f（sin fecha）の記号を用いることとする。

次に，筆者がメキシコと米国で行った調査の概要をそれぞれ述べる。
メキシコでの調査　　筆者は南山大学外国語学部イスパニア科在学中の1992年4月から93年3月にかけてメキシコ国立自治大学（El Universidad Nacional Autonóma de México）に語学留学し，スペイン語のディプロマを取得した。その後お茶の水女子大学大学院入学後は，以下の3回にわたりメキシコでの調査を行った。すなわち1）1997年4月から98年3月にかけてのメキシコ国立自治大学への国費留学（日墨留学生：メキシコ文部省管轄），2）2001年4月から02年3月にかけてのメキシコ学院（El Colegio de México）への国費留学（メキシコ政府奨学金：メキシコ外務省管轄／客員研究員 investigador visitante），3）2003年1月から2月にかけての短期調査（お茶の水女子大学COEプログラム「ジェンダー研究のフロンティア」公募研究）である。

それぞれの調査概要は以下の通りである。

1）の期間は，この時期筆者が研究テーマとしていた，革命期メキシコのナショナル・アイデンティティ形成と民衆芸術（arte popular）との関わりについての文献収集のため，メキシコ国立図書館（La Biblioteca Nacional），メキシコ学院図書館，民衆文化博物館（El Museo del Cultura Popular）などの諸機関において研究調査を行った。

またこれらの資料収集と並行して，メキシコ国立大学においてメキシコ現代史およびメキシコ革命に関する授業を受講した。とりわけ同大学の哲学・文学部所属のアグスティン・サンチェス（Agustín Sánchez）教授による授業「メキシコ革命期のメキシコ市における日常生活（La vida cotidiana en la ciudad de México durante la revolución mexicana）」は，革命期における多様な理念の存在やそのせめぎ合い，およびメキシコ民衆がそれらを選択し使い分けながら生活している様相に関する知見を得られる大変興味深いものであった。また民衆芸術

の先駆的存在とされるホセ・グアダルーペ・ポサーダ（José Guadalupe Posada）の研究者でもあったサンチェス教授の助言により，米国の人類学者フランセス・トアー（Frances Toor）が1925年から37年にかけて発行し，米墨両国の知識人におけるメキシコの民族・民俗イメージに大きな影響を与えたとされる雑誌 *Mexican Folkways* の存在を知り，メキシコ国立図書館の雑誌・新聞記事収蔵館において調査・収集を行った。

　筆者はこれらの収集資料から，民衆芸術の再評価が始まったとされるメキシコ革命期の文化・芸術運動を考察し，民衆芸術が定義され，普及していく過程について分析を行った。その結果民衆芸術が，その再評価に関わった芸術家，教育家，人類学者，政治家，米国知識人などの様々な人々により，多様な意図のもとで定義されていたことを指摘し，そのような民衆芸術の多義性こそが複雑な人種・民族的構成を持つメキシコにおいてナショナル・アイデンティティの象徴とみなされ，普及していった理由であったことを明らかにした。またこの調査を通して，人類学者ガミオが，民衆芸術に関わる様々な人々を結びつける媒介者であっただけでなく，人類学およびインディオ研究専門家として，民衆芸術の再評価を担う人々に多大なインスピレーションを与えたことを明らかにした。筆者はこれらの研究成果を修士論文「国民国家編成期メキシコにおけるArte Popular」としてまとめ，1999年にお茶の水女子大学に提出した。

　2）の期間は，主に国立人類学博物館の文書館においてマヌエル・ガミオ・アーカイブの調査および分析を行った。ガミオ・アーカイブについて知ったきっかけは，メキシコ学院での筆者の指導教官であり，歴史学科教授で，ガミオに関する論文も執筆していたG. セルメーニョ教授が，ガミオに関するアーカイブが国立先住民局管轄の図書館に存在するはずであるということを助言してくれたことであった。その後の調査により，同アーカイブは国立人類学博物館に収蔵されていることがわかった。これらは，ガミオの伝記を執筆したゴンザレス・ガミオが整理・寄贈した諸資料と，国立人類学博物館が収蔵していた写真資料等から成るものであった。持ち出しやコピーが許可されないため，筆者は約1年をかけて同アーカイブを筆写し，そのデータ化および分析を行った。なお写真資料に関しては，文書館および写真館の好意によりデジタル化を許された。

　また同期間中にガミオの実の甥でガミオと共に米州先住民局で活動した経験

を持つ国立自治大学の歴史学教授 M. レオン・ポルティージャ教授にインタビューをした。同教授から生前のガミオについて，またガミオと他の知識人との関係についての話などを聞くことができた。

　3)の期間は，国立人類学博物館，国立文書館(El Archivo General de la Nación)，国立写真館（La Fototeca Nacional）での資料収集と，テオティワカン盆地での聞き取り調査および資料収集を行った。国立人類学博物館では，ガミオ・アーカイブの写真資料のデジタル化をさらに進めた。また博物館内の未整理の歴史資料を担当者の好意により閲覧することができた。これにより，ガミオが国立博物館の学生であった時代の資料数点を調査することができた。国立文書館および国立写真館では，19世紀の終わりから20世紀初めにかけて撮影されたインディオの生活に関する写真資料の収集を行った。両機関では，筆者が以前より関心を持っていたメキシコ初のインディオ女性の美人コンテスト「インディア・ボニータ（La India Bonita）に関する写真資料も収集することができた。

　ガミオが芸術産業奨励活動を行ったテオティワカン盆地での調査では，ガミオが導入し現在も同地域で継続している黒曜石芸術産業について調べた。この調査の中で，ガミオが組織した芸術産業奨励活動のリーダーであったという人物の未亡人から話を聞くことができた。

米国での調査　　筆者は，以下の5回にわたり米国での調査を行った。
1)　1999年7月～9月
2)　1999年12月～2000年1月
3)　2000年7月～9月
4)　2003年12月～1月
5)　2004年8月

　これらの米国滞在における主な調査内容および調査機関は以下の通りである。

　ガミオの調査を始めたことで，筆者はガミオとボアズの関係に関心を抱き，ボアズに関する文献収集を行ううちに，スタンフォード大学にボアズの書簡をマイクロフィルム化したものがあると知り，1999年の米国滞在期間中に同大学図書館において同マイクロフィルムからガミオとボアズの書簡を抽出・収集した（先に述べたPPFB）。

　またガミオの論文はメキシコ内には残っておらず採集困難なものが多いが，

それらのいくつかは，カリフォルニア大学バークリー校の図書館に併設されている特別コレクションおよびロサンジェルス校の特別コレクションから収集することができた。これにより，ガミオ・アーカイブの中で執筆年の特定が困難であった資料のいくつかを特定することができた。またメキシコ芸術および米墨芸術家の文化交流に関しては，カリフォルニア大学サン・ディエゴ校とサンタ・バーバラ校の美術図書館で貴重な資料をいくつか見つけることができた。この中には，メキシコ内では収集できなかったメキシコ民衆芸術に関するカタログの初版等も含まれる。

　筆者は米国内の公立・私立図書館での資料検索も行ったが，その中でもチカノ・センターを併設する東ロサンジェルス公立図書館には，メキシコ関係の雑誌および新聞がマイクロフィルム化されて多数収蔵されていることを知った。筆者は同センターにおいて，メキシコ国立図書館では紛失等により全巻収集することができなかった *Mexican Folkways* や，革命期の米墨関係を知る上で重要な新聞記事などを収集することができた。

　本研究ではこれらの収集資料のすべてを活用することはできなかったが，今後米墨両国の文化関係に関してさらなる研究を進める際に活用していきたいと考える。

第 3 章

ガミオによるメキシコ人類学の組織化

写真8　1906年頃のボアズ

はじめに

　本章では，ガミオとボアズが交わした往復書簡の分析を通して，1909 年から 1925 年の期間に両者が置かれていた社会的・政治的文脈，およびその中でガミオが試みたメキシコ人類学組織化の様相を明らかにすることを目的とする。具体的には，ガミオがボアズと出会うきっかけとなるアメリカ考古・民族学国際学院（EIAEA）の創設，およびそれがメキシコ革命の勃発により閉鎖状況に至る経緯を検証することを通して，メキシコ革命という政治的・社会的変動の中で，ガミオがメキシコ人類学を「国家統治の学」として制度化していく様相と，そこで築かれるボアズとガミオの相互補完的関係を明らかにする。

── 第1節　アメリカ考古・民族学国際学院（EIAEA）の設立 ──

　本節ではまず，ガミオとボアズの出会いのきっかけとなったボアズの研究領域拡大案「南方戦略（Southern Strategy）」を検証する。さらにこの「南方戦略」の一環としてメキシコに開校されたアメリカ考古・民族学国際学院（EIAEA）創設の経緯を見ることによって，革命勃発直前のメキシコにおいてガミオとボアズが置かれていた政治的・文化的文脈を明らかにする。

ガミオとボアズの出会い

　ガミオとボアズの出会いは 1909 年に遡る。当時ガミオは，考古学と人類学を学ぶ学生としてメキシコ国立博物館に所属していた。前述のように，ガミオはメキシコ市にある鉱業技術学院を退学後，家族が所有するベラクルス州の農場に滞在し，そこでの体験をきっかけに人類学に関心を抱いた [González Gamio 1987 : 21-23]。

　人類学を志すことを決意したガミオは，1907 年から国立博物館に学生および補助教員として所属し [*ibid.* : 24]，当時国立博物館で教鞭をとっていた歴史家ヘスス・ガリンド・イ・ヴィジャ（Jesús Galindo y Villa）や，形質人類学者で国立博物館長でもあったニコラス・レオン・カルデロン（Nicolas León Calderón）らからメキシコ考古学と人類学の手ほどきを受けた。また詩人で作

家でもあったホセ・フアン・タブラダ (José Juan Tablada) による先スペイン期芸術を含む芸術の授業からも大きな影響を受けたとされる [ibid.: 25]。入学6年後の1913年にガミオは国立美術アカデミーにおいて芸術史の講師の職についているが，本研究で着目する芸術に対する彼の関心は，すでにこの時期から芽生えていたものと思われる[1]。

ガミオが博物館において館長レオン・カルデロンの信頼を得ていたことは，この時期にレオン・カルデロンの勧めで彼が様々な活動に携わっていることからも明らかである。1907年，博物館の歴史学講座の助手を務めていたガミオは，レオン・カルデロンと共に「メキシコの遺跡ガイド (Guía Arqueológica de México)」という冊子の制作に携わっている。本冊子の制作はディアス体制下で教育大臣を務めたフスト・シエラ (Justo Sierra) の依頼を受けて行われたものであった。レオン・カルデロンとガミオに宛てた手紙の中でシエラが，ガイドブックの図表をもっと目立つようにしてほしいなどの細かな指示を与えていることから，シエラがこのガイドブックの作成をいかに重視していたかがわかる [AMGH 1907/10/11]。後述するようにこの「メキシコの遺跡ガイド」は，この3年後の1910年に開催されるメキシコ独立100周年祭の来賓に配付する目的で作られたものであった [ibid.]。また翌1908年には，ガミオはレオン・カルデロンの勧めでサカテカZacateca州のチャルチウイテスChalchihuitesの遺跡発掘調査に参加し，1910年に開催される第17回国際アメリカニスト会議 (XVII Congreso Internacional de Americanistas) でその成果を発表するよう奨励された。しかしながらゴンザレス・ガミオによれば，本調査へのガミオの参加は，当時考古遺跡監査・保護委員長 (inspector y conservador de monumentos arqueológico) であったレオポルド・バトレス (Leopoldo Batres) の「心情を害し」，「学生は機関の許可なく調査を行うことはできない」という理由から中断されたという [González Gamio 1987: 25]。バトレスは，フランスで人類学を学び，ディアス体制下で進められた国立博物館の組織化およびメキシコ考古学の創成

---

1) ガミオのアーカイブには，彼が芸術史を教えていた際に用いたものと思われるメモ書きやイラストがいくつか残っている。それらは，「考古学的芸術の始まり (Génesis del arte arqueológico)」[AMGA s/f: 341]，「芸術表象について (Aspecto de las representación artística)」[AMGA s/f: 343]，「芸術生産の心理的プロセス (Proceso psíquico de la producción artística)」[AMGA s/f: 344] などである。

に大きく寄与した人物であった。他方，後述するようにディアス体制末期において，彼の権威主義的な姿勢は内外の人類学者から非難を浴びていた。

　1909年，ガミオとボアズを結びつける書簡が，ボアズと彼の友人である米国の考古学者セリア・ナタル（Zelia Nuttall）との間で交わされていた。ナタルは，1884年から85年にかけてサン・フアン・テオティワカン San Juan Teotihuacan 遺跡の調査を行い，その研究成果を1886年に論文として発表するなど世界的にも著名な考古学者であった。彼女は1908年からメキシコ市南部のコヨアカン Coyoacan にコロニアル建築の邸宅を構え，それがメキシコ内外の人類学者や考古学者の交流の場となっていた［González Gamio 1987：30；Delper 1992：91-92］。当時コロンビア大学に在籍していたボアズは以前から，メキシコ国内に人類学の研究機関を設立したいという希望をナタルに伝えていた。1909年，彼女に宛てた手紙の中でボアズは，メキシコ人の若者で人類学の訓練を受けるのに適した人物がいるかどうかを尋ね，ナタルはチャルチウイテスの発掘調査で面識のあった当時26歳のガミオを紹介した［ibid.：30］。これが2人の最初の出会いをつくることになった。

　さらにナタルは友人で当時教育副大臣であったエスキバル・チャベス（Ezquival Chávez）と交渉し，ガミオのためにコロンビア大学留学のための奨学金を調達した。ただし，メキシコに人類学研究機関を設立したいというボアズの希望に対しては，その案自体には賛同しながらも，国立博物館内での設立は避けた方が良いと助言し，その理由を「ディアス大統領のお気に入りでメキシコの遺跡を全てコントロールしているバトレスの影響力が強いから」であると述べた［ibid.：32］。

　奨学金を得たガミオは1909年，ベラクルス港からコロンビア大学のあるニューヨークに向けて出発した。到着から6ヶ月後の1910年7月にガミオは，メキシコ国立博物館で面識のあったコロンビア大学考古学教授のマーシャル・サヴィル（Marshall H. Savill）と共に，アメリカ・インディアン博物館（Museum of the American Indian）とコロンビア大学の後援で行われたエクアドルでの調査に参加した。同年7月4日，ガミオはボアズに宛てて，エクアドルでの調査状況を書き綴った手紙を送っている。そこには，ボアズが出発するガミオを見送る際に「英語を忘れないように」と告げたことを受け，調査隊に加わったもう1人のメキシコ人と共に一生懸命英語の練習をしている，という近況が記さ

れている。「ニューヨークにいた6ヶ月間よりもずいぶん英語が上達しました」と誇らし気にボアズに告げている部分からは，すでに両者がかなり親しく交際していた様子がうかがえる [PPFB 1910／7／4]。

ボアズとガミオとの初期の交流については，デ・ラ・ペーニャも指摘している。デ・ラ・ペーニャによれば，1911年6月にボアズは当時の国立博物館館長ヘナロ・ガルシア（Genaro García）に宛てて，ガミオを非常に気に入っているという主旨の手紙を書き，「これまで接してきた若いメキシコ人の中で最も期待できる人物だ」と述べているという [De la Peña 1996：46]。ここでのボアズの期待とは，後述するように，彼が構想していた人類学研究機関の運営を担う研究者へとガミオが成長していくことであった。

ガミオはコロンビア大学で主専攻として人類学を，副専攻として言語学と考古学を学んだ後，1911年4月にメキシコで最初の米国における修士号取得者となった。ガミオは翌1912年初頭に帰国したが，その後ガミオとボアズの交流は，ボアズが当時メキシコにおいて準備していた人類学研究・教育の場を通してより密接なものとなっていった。それが1910年に創設が批准され，翌11年に開校したアメリカ考古・民族学国際学院（Escuela Internacional de Arqueología y Etnología Americana：EIAEA）である。

EIAEAの設立とボアズの「南方戦略」

EIAEAは，メキシコ初の大学院教育機関であり，メキシコで初めて世界各国の専門家および学生を受け入れた国際学術機関であった [De la Peña 1996：46]。その創設には，米墨両国政府をはじめとした諸機関が関わっている。しかし創設の直接のきっかけとなったのは，ボアズの「南方戦略（Southern Strategy）」と呼ばれる研究領域拡大案であった。以下では，EIAEA創設の経緯を辿ることで，ボアズの南方戦略の内容とその背景を明らかにし，それがボアズの人類学制度化への関心にとっていかなる位置づけにあったのかを考察する。

メキシコにおける人類学の制度化過程について述べるフアン・コマスによれば，EIAEAを設立するという案を公式の場で最初に提示したのは，当時のコロンビア大学学長 N. M. バトラー（Nicolas Murray Butler）であった [Comas 1948：203-204][2]。EIAEA設立の提唱者がコロンビア大学学長であったという事実からは，同時期同大学で人類学教授の座にあったボアズの存在が浮上する。彼は

1896年からコロンビア大学で教鞭をとり，89年からは人類学教授に昇進している。草創期の米国人類学に関する著書があり，ボアズについても多くの記述を行っている歴史家・人類学者のG.ストッキングによれば，ボアズは当時研究活動と並行してボアズ派（Boasian）人類学の普及と組織化のために多大な労力を注いでいた。その過程においてボアズが関心を抱いたのが「南方戦略」とストッキングが呼ぶプロジェクトであった［Stocking 1989 : 283］。「南方」とは，メキシコ，中米，南米を含む地域を指している。ストッキングによれば，このような戦略をボアズが発案する背景には，当時の米国人類学界において彼が直面していた以下のような困難な状況があった。

当時米国人類学の権威の中心は，ワシントンに拠点を置くアメリカ民族学事務局（Bureau of American Ethnology）にあった。しかし同時期のボアズは，ニューヨークでのアメリカ民族学協会（American Ethnological Society）の復活，さらにはニュー・イングランドにおけるアメリカ民俗学協会（American Folklore Society）[3]の創設など，中心地ワシントンからは常に距離を置いた独自の基盤づくりを試みていた［ibid. : 283］。この背景には，米国人類学界において人類学的方法論や進化主義的解釈をめぐってボアズが起こした論争などにより，当時の有力な人類学者グループからは彼が孤立する傾向にあったという事情が関係していた。

当時の米国人類学界では，ワシントンの有力な人類学者との結びつきを持たない場合，活躍を大きく制限されるという状況があった［ibid. : 284］。ストッキングは，この点から言えば，ボアズがコロンビア大学の職を得るまでの以下のような道のりは極めて例外的なものであると同時に，ユダヤ系ドイツ人としての彼の出身背景を反映するものであったと述べる。

ボアズの叔父にあたるエイブラハム・ジャコブ（Abraham Jacob）は，ニュ

---

2) バトラーによる提案の後，1904年と1908年の2度にわたりフランス，ドイツ，米国，メキシコの大学機関および政府代表者との間でEIAEA開校についての話し合いが行われた。メキシコ代表は歴史家アルフレード・チャベロ（Alfredo Chavero）であった。1906年には財務大臣ホセ・イベス・リマンチュール（José Ives Limantour）によりメキシコでの開校が認可され，1909年には教育大臣シエラが年間60,000ペソの予算の提供および国立博物館の設備使用許可を申し出た［Comas 1948 : 203-204］。

3) 1887年にボアズ，F. J. チャイルド（Francis James Child），W. W. ニューエル（William Wales Nuel）によって創設された［エイブラハムズ 1996 : 66-67］。

ーヨークのユダヤ系ドイツ人コミュニティの有力者であり，彼の妻は出版会社を経営するジョージ・プトナム（George Putnam）の娘であった。ボアズはドイツから米国へ渡ったあとすぐに職を得たクラーク大学で，ニュー・イングランドに住むプトナムの親族でハーバード大学のピーボディ考古・民族学博物館（Peabody Museum of American Archaeology and Ethnology at Harvard）に所属するF. W. プトナム（Frederick Ward Putnam）と親交を深めた。プトナムは，ワシントンの外に拠点を置く人類学者の中では当時最も著名な人物の1人であった。プトナムは1890年代，ボアズが経済的，精神的に多くの困難を迎えていた時期[4]に彼の後見人となり，シカゴ万国博覧会（Chicago World's Fair）やアメリカ自然史博物館（American Museum of Natural History）での仕事を紹介しただけでなく，彼がコロンビア大学で職を得られるよう便宜をはかった。ストッキングは，これらのプトナムの支援は，ボアズ派人類学が米国において制度的基盤を確立していく上で極めて重要な意味をもったと述べる［*ibid.*: 283-284］。前述の「南方戦略」も，プトナムの計らいでボアズがコロンビア大学に職を得たことで可能となった構想の一つであったといえる。

　コロンビア大学に職を得てから10年後の1906年にボアズは，米国の有力な鉄道会社セントラル・パシフィック鉄道（Central Pacific Rail Road）の創設者の1人であり，アメリカ・ヒスパニック協会（American Hispanic Society）の関係者であったコリス・ハンティントン（Collis Huntington）に宛てて，人類学研究に対する財政支援を依頼する手紙を送っている[5]。この中でボアズがメキシコ，中米，南米での研究目的，さらにそのために必要な予算について言及していることからは，彼の「南方戦略」案がこの時点ですでに具体化しており，財政支援者を募る段階にあったことを示している。ボアズのハンティントンへの手紙がその後十分功をなしたことは，EIAEAの創立がこの4年後に実現したこと，さらにその創立メンバーの中に，メキシコ政府，プロシア政府，米国コロンビア大学，ハーバード大学，ペンシルバニア大学に加え，アメリカ・ヒスパニック協会が名を連ねていることからもわかる[6]。

　他方，ボアズのEIAEA創設が実現に至ったのは，受け入れ国であるメキシ

---

4) ボアズは1894年，フィールド・コロンビア博物館（Field Columbian Museum）で働いていたが，期待していたシカゴ大学での職が得られなかったために18ヶ月ものあいだ失業状態にあった。

第3章　ガミオによるメキシコ人類学の組織化

コ側の事情とも大きく関係していた。すなわち，ディアス体制下の当時のメキシコが，近代国家としてのイメージを対外的に発信するための国際的拠点の確立を欲していたという事情である。

EIAEA創設時のメキシコの状況

ボアズにとって人類学の制度基盤の確保と研究領域の拡大を意味したEIAEAの創設は，受け入れ国となるディアス体制下のメキシコにとっても重要な意味をもっていた。それはEIAEAが，近代国家にふさわしい国際性や文化レベルをメキシコが獲得していることを対外的に発信するための重要な拠点となり得たためであった。以下では，1910年のEIAEA創設時にメキシコで行われた綿密な準備や演出の様相を考察することで，当時のメキシコの状況およびそこでのEIAEAの位置づけを明らかにする。

メキシコ独立100周年祭におけるCIACAの調印　EIAEA創設に向けての調印式が行われた1910年9月14日，メキシコは約1ヶ月間に及ぶ盛大な祝祭のさなかにあった。この年メキシコでは，旧宗主国スペインからの独立運動開始より100周年を迎え，それを記念するイベント，学術会議，パーティなどの様々な

---

5) ボアズがハンティントンに宛てた手紙の内容は，以下のようなものであった。1) 自分はこれまで多くの人類学者を育成してきたが，学生の養成訓練はこれまでアメリカ自然史博物館とスミソニアン研究所（Smithonian Institution）を通してのフィールド・ワークの実施にかかっていた。ところが両機関の方針の変化によりそれが困難となることが予想され，別の手段を考える必要がある。2) その一つがバトラー学長にも提示済みの，研究の基盤を南へ移すという案である。具体的にはメキシコ，中米，南米に人類学の学校を設立し，同地域の言語および文化研究を行いたいと考えている。3) 学校経営，フィールド・ワークの実施，出版などのために合わせて年間約10,000〜12,000ドルはかかるであろうが，先週ハンティントンが自分に述べた「スペイン語圏で行われた研究が存在しないことを残念に思う」という言葉を思い出し，アメリカ・ヒスパニック協会の活動にこの計画が適合するのではないかと思った［Stocking 1989 : 301-302］。

6) EIAEA参加機関は，持ち回りで予算を負担し，創設者および保護機関が学長を任命することを決定した。なお各機関が選出したのは以下の代表者であった。すなわちプロシア政府から考古学者 E. セラー（Eduardo Seler），フランス政府から L. カピタン（L. Capitan），コロンビア大学からボアズ，ペンシルバニア大学から G. B. ゴードン（G. B. Gordon），ハーバード大学から R. B. ディクソン（Rolando B. Dixon），メキシコ政府から教育副大臣・メキシコ大学学長エスキバル・チャベスである［Comas 1948 : 204-205］。

催しが行われていた。EIAEAの調印式は，まさにこの祝祭を権威づけるイベントの一つとして行われた。

　テノリオ・トリージョが述べるように，この独立100周年祭の主眼は，ディアス体制期のメキシコが，進歩と近代化を達成し，政治・経済的成功を収めつつあることを誇示することにあった［Tenorio Trillo 1996］。祝祭に向けてオペラハウスや英雄の像が建立され，メキシコ市は衛生的で美しい「理想都市」へと変貌した。しかし一方でこの都市整備は，刑務所や精神病院などの建築物，そして都市の内部から移動させられたインディオや農民から成る都市の「外部」をも産み出した。祝祭期間中，外国人要人が多く訪れる理想都市を「白色化」する目的から，貧しい身なりのインディオは排除され，身なりを整え勤労できる者のみが留まることを許された［ibid.：82-91］。このような都市の景観整備の様相には，落合一泰が指摘するように，この祝祭の目的が，それまでメキシコが抱いてきたヨーロッパへの劣等感を払拭し，国際社会の一員であることを内外に示すことにあることが現れていた［落合1998：218］。

　EIAEAの調印式は，この「ディアス体制34年間の総決算」［同前］としての独立100周年祭の中で行われた。そして調印式が行われた国際アメリカニスト会議は，100周年祭を権威づけるための以下のような綿密な計画と演出のもとに開催されたものであった。

　歴史家ヘナロ・ガルシアが1911年に編纂した独立100周年祭の公式記録『メキシコ100周年祭公式記録（*Crónica Oficial de las Fiestas del Primer Centenario de México*：以下公式記録）』には，EIAEAの調印式が行われた第17回国際アメリカニスト会議の様子が詳細に記されている。

　第17回国際アメリカニスト会議は，祝祭期間中に開催された5つの学術会議の一つであった[7]。公式記録内の国際アメリカニスト会議の項には，ボアズを含めEIAEAの調印式に立ち会ったとされる人物すべてが出席者として名を連ねている。会議に関する記述の中にEIAEAへの直接の言及は見られないものの，調印式は9月8日から14日にかけての会議日程の中で行われたものと推測される。

---

7) それ以外の学術会議は，第1回初等教育会議（Primer Congreso Nacional de Educacción Primaria），第4回全国医学会議（IV Congreso Medico Nacional），第1回インディアニスト会議（Primer Congreso de Indianistas），全国学生会議（Congreso Nacional de Estudiantes）であった。

公式記録によれば，国際アメリカニスト会議の準備委員会は当時の国立博物館館長フランシスコ・デル・パソ・イ・トロンコソ (Francisco del Paso y Troncoso) と前述の考古遺跡監査・保護委員長バトレスの2名であった．両者は教育省と何度も交渉を重ね，「インディオ (las razas indígenas) の起源，言語，習慣およびアメリカの考古遺跡，新大陸の発見などに多大な関心を抱いて世界中から集まる各国出席者」が，「考古遺跡の視察，祝祭期間中に行われる文学，科学，芸術などの様々なイベントおよびパーティを存分に楽しめるよう」に綿密な準備を行ったという [García 1911 : 228]。

　国際アメリカニスト会議が始まる前日の9月7日には，会議理事の選出が行われ，会議のパトロンとしてディアス大統領，名誉会長として教育大臣フスト・シエラが選出されたほか，会長としてベルリン帝国博物館員で後にEIAEA校長を務めるドイツ人考古学者エドアルド・セラー (Eduardo Seler) が選ばれた．同日午後4時には教育大臣シエラにより出席者全員に対する歓迎の挨拶があり，それを受けてボアズ，そして後にEIAEA関係者となるフランス代表者L. カピタン (L. Capitan)[8]による英語とフランス語による返礼が行われた [ibid. : 228-229]。

　公式記録には，9日から14日にかけて朝10時から午後4時まで行われた会議の内容や出席者の様子が記録されているが，それによれば，会議期間中の最大のイベントは，10日のプログラムに組み込まれたテオティワカン遺跡への視察旅行であった．この視察旅行で，ガミオがシエラの依頼でレオン・カルデロンと共に作成した前述の冊子「メキシコの遺跡ガイド」が資料として配付された．1907年つまり祝祭開催の3年も前からガイドブックの体裁が入念に打ち合わせされていることからは，関係者にとってのこの視察旅行の重要性がうかがえる．

　公式記録によればこの視察旅行には国際アメリカニスト会議出席者のほか，メキシコ政府から外務大臣，教育大臣，さらに米国大使 C. ギルド (Curtis Guild)，日本大使 (Yasuya Uchiya)，中国大使 (Chang Ying Tang)，スペイン大使 (Margu De Palavieja)，そして各国の外交官などを含めた総勢200人が参加した．一行は朝の9時に特別列車に乗り込み，約1時間の旅の後，未だ掘削作業の続くサ

---

8) 9月7日の *El Imparcial* 紙の記事には，その他のEIAEAの代表者2名 G. B. ゴードンと R. B. ディクソンも国際アメリカニスト会議に参加していたことが示されている [Lombardo de Ruíz 1994 b : 622]

写真9 テオティワカン遺跡内に設けられた「ポルフィリオ・ディアスの間」（食堂）の様子

ン・フアン・テオティワカン遺跡内の散策を楽しんだ。さらに，この「偉大なる古代遺跡のベールを剥がすべく結成された視察団」[*ibid.* : 230] は，遺跡内の博物館を訪れ，石の偶像，オニキス石の碑銘，首飾り，修飾品や家財道具，装身具の破片などの貴重な考古学資料に驚愕し，熱心にノートをとったり意見を交わしたりした [*ibid.*]。

博物館見学の後，一行は遺跡内の洞窟に設置された「ポルフィリオ・ディアスの間」と名づけられた食堂へと招かれた。そこには来賓者のために手配された，首都で最も評判の高いレストランの食事が準備されており，各国大使をはじめとする錚々たるメンバーが，洗練された飾りつけの施されたテーブルにつき食事を楽しんだという [*ibid.* : 230-231]。

14日まで続いた国際アメリカニスト会議は順調に進み，セラーにより次回の会議をロンドンで行うことが取り決められた後，参加者からメキシコ政府と運営委員に対する感謝の挨拶，そしてカピタンとボアズが音頭をとっての返礼の辞で幕を閉じた [*ibid.* : 231]。これによりEIAEAは，ディアス体制が目論む近代国家メキシコのイメージ発信の拠点として誕生することとなった。

ディアス体制期の新聞 *El Parcial* に見る EIAEA の位置づけ　　以上のように華々しく行われた国際アメリカニスト会議での調印の後，翌1911年1月20日，国立

博物館内の会議室においてディアス大統領、教育大臣、外務大臣および各界の著名人出席のもとで EIAEA の開校式が行われた。ここにメキシコ初の国際的学術機関が活動を開始した。

EIAEA の創設は、ディアス体制下でのメキシコ社会、とりわけメキシコ知識人界には大きな関心を持って迎えられた。それは当時のメキシコ内の主要紙が同学院に関する記事を調印式以前から多数掲載していることにも示されている。以下では、これらの記事を分析することで、当時のメキシコにおいて EIAEA がどのように受容されていったかを考察する。なお、ここで依拠するのは、芸術史家・人類学者で国立人類学博物館館長であったソニア・ロンバルド・デ・ルイス（Sonia Lombardo de Ruíz）が、1877 年から 1911 年にかけてメキシコで広く流通していた 2 つの新聞、*El Monitor Republicano*（1877-96）と *El Parcial*（1897-1911）から[9]、先スペイン期の遺跡・遺物（Antiguedades Prehispánicas）に関連する記事を抽出・目録化した『国民文化における先スペイン期の過去（*El Pasado Prehispánico en la Cultura Nacional*）』（1994）全 2 巻である[10]。

El Parcial には、1910 年 9 月 7 日の国際アメリカニスト会議の前夜祭パーティにおいて、コロンビア大学代表のボアズが会議中に EIAEA 創立について触れたことに関する記事 [Lombardo de Ruíz b : 619 : 1911／9／7] を皮切りに、1911 年 5 月に至るまで EIAEA に関して約 20 の記事が寄せられている。それらは、EIAEA の開校に合わせメキシコ大学内の国立高等研究学院（La Escuela Nacional

---

9) ここで主な分析対象とする *El Parcial* の創刊経緯と紙面の特徴について、ロンバルド・デ・ルイスは以下のように述べている。*El Parcial* はラファエル・レジェス・エスピンドラ（Rafael Reyes Espíndola）により 1896 年に会社が設立され、翌年新聞の発行を始めた。同紙はイラストや写真を多用したことにより人気を博し、メキシコで広く流通した新聞の一つであった。ディアス政権は、新聞各社に対する経済支援を行うことで政権イメージの宣伝をはかると共にメディア統制を行ったが、*El Parcial* も支援を受けていた一社だった [Lombardo de Ruíz 1994 a : 24-25]。

10) *El Parcial* には、革命の勃発により休刊する 1911 年の 5 月 29 日までと限定されたものではあるが、EIAEA 調印から開校、そして初期の活動の紹介などが記事として掲載されており、ディアス政権が EIAEA を通して普及しようとしたイメージを分析するのに有効であると思われる。*El Monitor Republicano* に現れる革命以前の遺跡・遺物の位置づけについては本書 p.132 以下を参照。なお、Lombardo de Ruíz（1994）は 2 巻構成となっており、*El Monitor Republicano* と *El Parcial* をそれぞれの巻で扱っている。本書では前巻を a、後巻を b とし、その中でも特定の日付の新聞を取り上げる際には、a もしくは b の表示と文献のページ数の後に各紙の日付を記す（例：[Lombardo de Ruíz b : 619 : 1911／9／7]）。

de Altos Estudios）でボアズら外国人研究者により開講される講義への参加者募集 [*ibid.* : 671 : 1910／12／23 ; 672 : 1910／12／28] やその講義内容，EIAEA の評判 [*ibid.* : 673 : 1911／1／1 ; 699 : 1911／2／7 ; 706 : 1911／2／15]，EIAEA 研究者と学生による研究旅行の模様などに関するものである [*ibid.* : 707 : 1911／2／21 ; 708 : 1911／2／23 ; 718 : 1911／4／11]。

　1910 年 12 月 23 日と 28 日には，ボアズが 1911 年から 12 年にかけて人類学の講義を行うことが紹介され，コースのプログラムと募集要項が記されている。それによるとコースは 1) 総合人類学，2) 統計と人体測定との関係，3) インディオ言語の研究方法，の 3 部から構成され，毎週火曜日から金曜日の午後 5 時半から 6 時半までスペイン語で行われることが記されている。受講対象者は高等教育を受けた者，博物館で開講された授業を 1 年以上受講あるいは聴講した者とされている。また，この記事の数日後の 1 月 6 日には，開校式を翌週に控えた EIAEA が「世界でも最初の試みのひとつ」として紹介され，注目が高まっていることが記事になっている[11]。しかし，当時のメキシコにおいて受講対象者としての条件を満たせる人員は決して多くはなかったものと推測される。当時のメキシコの識字率は極めて低く，読み書きができるのは全人口の 20％にも満たなかったとされるからである [国本 1990 : 100][12]。

　1911 年 1 月 1 日付の *El Parcial* には，ボアズの講義内容の詳細なプログラムが掲載されている [Lombardo de Ruíz b : 673 : 1911／1／1]。そのプログラムは，ボアズが 1911 年に初版を刊行した主著の一つ『未開人の心性（*The Mind of Primitive Man*）』とほぼ同じ内容である。本書は，当時の人類学界で広く見られた潮流，すなわち形質的な差異と心性の違いとを関連づけ，そこに優劣を付与するとい

---

[11]　実際に講義に登録した学生が非常に意欲的であったことを示すエピソードが，募集締め切りが迫った 1 月 11 日の *El Parcial* に記事として掲載されている。「EIAEA の時間割」という副題が付されたこの記事には，「インディオ言語の研究方法」のクラスに登録した学生が他の授業への出席も希望しているにもかかわらず，時間割の構成上それが不可能であるのを嘆いていること，それに対しボアズとセラーが時間割の改善を約束したことが記されている [Lombardo de Ruíz b : 673 : 1911／1／11]。その後 1911 年 2 月 5 日の記事では，時間割が変更されただけでなく，ボアズの授業時間数が増加されたことが記されている。なお，ボアズの講義の受講者数は聴講生も合わせて，「総合人類学」61 人，「統計と人体測定との関係」25 人，「インディオ言語の研究方法」15 人であった [*ibid.* : 697 : 1911／2／5]。
[12]　1876 年の時点でスペイン語話者はメキシコ人口全体の 61％ であった [Lombardo de Ruíz 1994 a : 22]。ただし読み書きのできる人口はその中の一部でしかなかった。

う議論の体系に対し，初めて科学的論拠を示して反旗を翻したものとして知られる。この中でボアズが展開した議論は，その後各地で反人種主義運動を担った人々に参照されるなど，米国のみならず世界的にも多大な影響力を持つこととなった [Boas 1963: 9]。しかし一方で同書は，ナチス・ドイツ政権のもとで1933年5月に発禁処分となるなど，人種的優位性の存在を唱える論者のターゲットともなっていた [ibid.]。

同書の1963年度版に序文を記したハースコビッツによれば，本書の中心テーマは，ボアズが1894年に執筆した論文「人種により決定される人間の能力 (Human faculty as determined by race)」において最初に現れたものであるという[13]。また，ここで注目すべきは，ハースコビッツが同論文での議論をボアズがさらに発展させた時期と場所を明示していることである。ハースコビッツによれば，ボアズが『未開人の心性』と直接関係する議論を最初に展開したのは，1910年，ボストンで行われたローウェル財団 (Lowell Institute) での講演，そして同年メキシコ大学においてスペイン語で行われた講義においてであった [ibid.: 8]。

メキシコ大学でのボアズの一連の講義は，彼が当時温めつつあった最新の理論をさらに精緻化し，初めて具体的な議論として紹介した場であった。ここには，当時のEIAEAおよびメキシコ大学という空間が，第一線の研究者による最新の理論を，それらが産出される欧米先進国の研究者と同じ時期，同じレベルで吸収することを可能とする国際性と同時代性を得ていたことを示している。

このような環境の中で行われたボアズの講義は，ガミオをはじめとするメキシコ内外の研究者にも強い印象を与えていたことがいくつかの書簡に示されている。例えばテキサス大学の地質学者でガミオと共に発掘調査を行っていたG. エンジェランド (George Engerrand) は，ボアズへの手紙で本書のスペイン語訳の可能性を尋ねており [PPFB 1913/8/18]，またガミオも，ボアズがメキシコを去った後，自分が行っている人類学の講義の中で本書を用いていることを報告している [PPFB 1917/4/3]。

一方で，ボアズは分析結果の科学的実証性を向上させるために限り無く記述

---

[13] 同論文は，1894年米国ブルックリンで行われたアメリカ科学発展協会 (American Association for the Advancement of Science) で最初に発表された。また『未開人の心性』という言葉自体は，すでに1901年アメリカ民俗学協会での講演において用いられている [Boas 1963: 9]。

を修正していったことでも知られる。例えばハースコビッツはその例として，1911年の時点においてボアズの主要な関心のひとつであった，遺伝が各人種に及ぼす影響に関する議論が，後の版ではさらに強調される傾向にあったことを挙げている [Boas 1963：9]。同様のことはストッキングによっても指摘されており，彼はボアズが長期にわたり行った同書の加筆修正により，彼の人種決定論における文化の位置づけが曖昧になったと指摘している[14] [Stocking 1989 (1974)：219]。

　これらの指摘は，メキシコと米国でほぼ同時に展開していった人類学の制度化を考える上でも極めて重要であると思われる。すなわち，EIAEA創設準備のためにボアズがメキシコに滞在した時期は，米国人類学およびメキシコ人類学がその後発展していく上で核となる「文化」や「人種」といった諸概念が生成される重要な起点の時期に当たっていた。他方，ボアズは決して自身の理論を固定化することはなかった。EIAEAを通してメキシコに移植されたボアズの理論とは，その後ボアズが加筆修正を行い何年もかけて完成に近づけていった議論の，最も初期の段階のものであった。

　このことは，ガミオを論じる際に多く見られる指摘，すなわちガミオはボアズの弟子でありながら彼の理論を十分理解していなかったといった指摘が必ずしもあてはまらないことを示しているように思われる。なぜならメキシコに受容された段階のボアズの理論は，それ自身未完成なものであり，修正・精製される余地を多分に残していたからである。このような未だ原石としてのボアズの理論は，この直後のメキシコにおける革命の勃発や，米国での人類学発展の経緯の中で，両国において極めて異なる洗練化の過程を辿ることになったといえる。

第2節　EIAEAへの革命の影響とボアズとガミオの対応

　EIAEA創設時の状況，およびそれがメキシコ社会に受容される過程からは，EIAEAがボアズ，そして受け入れ国メキシコにとって持ち得た意味が示されて

14）ストッキングによれば，『未開人の心性』の現在入手可能な最も古い版は1938年版で，ボアズが25年もかけて大幅に修正したものであるという [Stocking 1974：219]。

いるといえる。ボアズの側にとってそれは，人類学の制度化および研究領域の拡大を目指す際の足がかりとなる重要な拠点であった。一方メキシコの側にとっても，それは近代国家にふさわしい文化レベルおよび国際性を獲得，あるいは発信するための重要な拠点であった。しかしながら，このようなボアズとディアス体制との利害の一致により可能となった協調関係には次第に陰りが見え始めた。革命という，当時のメキシコで起こりつつあった急激な社会的変動の中で，EIAEA の活動は次第に継続不能となっていったからである。

以下ではまず，EIAEA の活動が実際にいかなるものであったかを考察するとともに，それが 1910 年に勃発したメキシコ革命により影響を受けていく様相，およびそれに対するボアズとガミオの対応を見る。それにより，ボアズにとっての EIAEA 存続の意義，およびそこでのガミオの存在の重要性を指摘するとともに，普遍的科学の発展のためには政治と科学とは峻別して捉えるべきとするボアズの人類学研究に対する姿勢を明らかにする。

EIAEA の活動

1911 年，メキシコ大統領や閣僚，各国知識人，そして世論の注目も存分に集めながら EIAEA の活動がスタートした。メキシコ各地の言語やフォークロアの調査および遺跡・遺物の発掘などの研究活動，そして各国から集まる若手人類学者の養成という二つの分野を併せ持つ EIAEA は，ボアズにとって理想の人類学研究・普及の場であった。しかし順風満帆で始まったかのように見える EIAEA にも，開校直後から革命の影響が徐々に現れ始めていた。

以下ではまず，EIAEA の実際の活動とそこでのガミオの位置づけを考察する。さらに *El Parcial* 紙の記事の分析を通して，EIAEA をとりまく同時期のメキシコの状況を検証する。

ボアズは 1912 年に雑誌 *American Anthropologist* に EIAEA での活動報告を寄稿している。それによれば，1911 年から 12 年にかけての EIAEA における主要メンバーは，ペンシルバニア大学から A. J. メーソン（Alden J. Mason），アメリカ・ヒスパニック協会から W. H. メチリング（Williams H. Mechiling），メキシコ政府奨学生としてガミオとイザベル・ラミレス・カスタニェダ（Isabel Ramírez Castañeda）であった[15]。彼らを主軸に EIAEA では主に以下の二つの研究活動が行われていた[16]。

1）メキシコの諸言語間の類似性およびその区分に関する調査
  2）メキシコ盆地における文化タイプの発展に関する調査 [Boas 1912 : 192]

　これらの活動のうちガミオは，2)のメキシコ盆地アツカポツァルコ Azcapotzalco の発掘調査に従事した。ガミオはこの調査で発掘された遺物の研究を通して，それまで発見されていた地層の下に，テオティワカン・タイプの層および未だ不明の層があるという仮説を導き出した[ibid. : 192]。

　ガミオが担当したメキシコ盆地での調査の目的は，セラーとボアズが以前より関心を寄せていた，メキシコ盆地における文化的連続体（Cultural Sequence）に関する問題を明らかにすることにあった。ガミオをメキシコ考古学の先駆者として位置づけるメキシコ人考古学者エドアルド・マトス・モクテスマ（Eduardo Matos Moctezuma）によれば，ガミオが行った調査の重要性は，メキシコで初めて層位学（estratigrafía）の手法を取り入れたという方法論的先進性に加え，メキシコ盆地における文化層が「アルカイカ層（Cerros o Arcaica)」，「テオティワカン層」，「アステカ層」の順で連続していることを発見したことにあった[Matos Moctezuma 1973 : 959-961]。後述するようにこの発見は，ガミオが先スペイン期の遺物に見出した特殊な意味を通して，独自の nation 概念を醸成する上で極めて大きな役割を果たすこととなった。

　ガミオによるアツカポツァルコでの調査をボアズが重視していたことは，彼が書簡の中でガミオに対し「仕事に集中し調査結果を早く論文の形にするよう」繰り返し助言していることにも現れている[PPFB 1912／10／15]。「仕事に集中し」という言葉には，当時ガミオが調査の途中でありながらベラクルスに滞在し，そこからボアズに手紙を書き送っていることを諌めたものと思われる[ibid.]。デ・ラ・ペーニャによれば，ガミオと共にアツカポツァルコでの調査

---

15) プロシア政府代表であった W. フォン・ホーシェルマン（Werner von Horschelmann）は，ベルリン国立民族博物館の職に任命されたため 1911 年 11 月にメキシコを去らなければならなかった[Boas 1912 : 192]。
16) 具体的な活動としては，メチリングがオアハカ州の諸言語分布図の作成を行っていること，メーソンがハリスコ州北部のサン・フアン・デ・トゥレス San Juan de Tules での言語調査を行い，同地の土着言語がメキシコ語（mexican＝ナワトル語）にとって代わったという植民地期のフランシスコ会修道士の説を実証したほか，同地の陶器の破片や骨などの調査を行っていることが記されている。その他にも，ラミレス・カスタニェダがメキシコ盆地における民族学的・言語学的調査を行っていることが記されている[Boas 1912 : 192]。

に従事していたエンジェランドは,同時期のボアズに宛てた手紙の中で,ガミオが職探しに忙しく,調査を中途で放置していることを非難しているという [De la Peña 1996:50]。またボアズとガミオの書簡の中には,EIAEA のポストをめぐりガミオと他の関係者との間で対立があったことが示されている [PPFB 1913/2/5 ; 1913/6/15]。そこには,人類学の研究機関の中に確固としたポストを得たいというガミオの焦燥感がうかがえる。このようなガミオの行動は,EIAEA の運営に携わるメキシコ人関係者との対立をも生んでおり,ボアズがその間を取りなしている様子がうかがえる。ボアズはガミオに注意を促しながら,調査結果を論文やカタログの形で発表するようガミオを動機づけ,励ましている。

> エンジェランド博士が,[発掘した遺物の]カタログのプレートを記述するのに君が十分能力があると言っていたよ [...]。去年の夏のように遅れたりせずに,落ち着いて書いてくれることを願っているよ。学院のためにもこのカタログを出版することが非常に大切なのだ。頼みがあるのだが,プレートの記述が終わったら一度ゲラ刷りを送ってほしい。なにか付け加えるものがないか確認したいんだ。もちろんカタログの表紙には,君の名前が掲載されると思うよ [PPFB 1913/2/5]。

エンジェランドとの間を取りなす目的をもっていたと思われるこの手紙には,同時にガミオによる調査結果の公表をボアズがいかに重視していたかが示されている。また,ボアズの言葉に現れている一種の切迫感は,当時ボアズが置かれていた以下のような状況によるものであったと思われる。すなわち,開校以来 EIAEA が新聞紙上で何度も取り上げられるなど世論的にも注目された存在であり,「南方戦略」の足がかりを必要とするボアズにとってはその成果が非常に重要であったこと,ところが一方で,開校後間もなく勃発したメキシコ革命が,EIAEA での研究に影響を及ぼす可能性があったことである。ただしこの時点でボアズは,メキシコ革命が EIAEA の存続自体をも危機に追いやるとは未だ考えてはいなかった。しかし革命の波は EIAEA の開校時から迫っていたことが,*El Parcial* 紙の記事にすでに見られる。

1911年1月22日付の *El Parcial* の記事には EIAEA の開校式に関する報道があり,この中で「EIAEA は,アメリカの考古学,民族学,人類学研究の発展,

特にメキシコおよび隣接する国々においてのそれらの前進を目的とする」[Lombardo de Ruíz b : 687 : 1911／1／22]とEIAEAの設立目的が記されている。また同記事には以下のようにEIAEA理事会での決定事項も並記されているが，それは他の記事と比較しても極めて詳細であり，さらに以下のような記述があることからも注意を引くものである。

> […]考古学的発掘調査は，それが行われる国［メキシコ］の法律および公的監査に則った形で厳密に行われなければならない。調査の過程で発掘されたもの（los ejemplores）は，必ず国に属することとなる。発掘物が属する政府が所有を辞退した場合，あるいは発掘物が複数にのぼる場合，それらは順番にEIAEAの創設メンバーおよび発掘作業の費用を負担した機関の所有となる。EIAEAの学長が考古調査の実行を求めた場合，メキシコ政府は遺跡の監査を行った上で許可を与える。EIAEA学長および教授は発見された物品の写真撮影および出版の権利を持つ［ibid.］。

上記の記事には，遺跡・遺物の所属およびその扱いが極めて詳細に述べられている。この記事に続いて *El Parcial* には，直接EIAEAに関わるものではないが博物館内に「技術部局」を設置すべきであるという記事が掲載されている。そこでは遺跡監査を行う部門の中に「技術部局」を設置すべきであるという主張の理由として「アメリカ大陸のエジプトである我々の地が，現在研究の焦点となっており，知識人巡礼のメッカとなっていること」が挙げられている。記事の筆者はさらに以下のように続けている。

> 人類の歴史にとって計り知れない価値を持つメキシコは，芸術の進化という観点からいえば人類最大の勝利に満ちている。[…]このような名を抱く国の責任は重大である。我々の祖国に存在する宝物（urna）は，専門家や教養ある人々によって扱われなければならない。過去を我々に結びつけるこの契約の箱[17]をアジアのレビが守ったのと同様，政府はそれらを守らなければならない。[…]考古遺跡監査・保護委員の指示のもとで遺跡保護が完全に組織化

17）傍点は引用者による。

されることにより，我々の国は世界の文明［を保持する国］に求められる大いなる義務を果たすことができるのである［*ibid.*:687:1911／1／23］。

ここで述べられている「契約の箱」とは，ユダヤ教で祭司レビが守るとされる，神がイスラエル人に与えた十戒を入れた箱である［キリスト教大辞典 1981:386］。このような比喩を用いながら記事の筆者は，メキシコの遺跡・遺物が世界的価値をもつことを認めた上で，レビ＝政府によるその保護を求めている。メキシコ領土内に存在する文化遺産に対して国家がその管理を強化すべきことを訴えるこれらの文章は，ディアス体制が目指したメキシコの「国際化」が変質する様相を示しているといえる。それは，遺跡・遺物が国際社会の目にさらされ流出することを，メキシコ人が保持すべき「我々の過去」に対する脅威と結びつけつつ危惧する言葉であった。そしてこのような危惧は，この直後に起こった革命闘争の中に収斂されながら，様々な形をとって表出することとなった。

革命の EIAEA への影響

1910 年 11 月に勃発したメキシコ革命は，次第に目に見える形で EIAEA 関係者に影響を及ぼし始めた。デ・ラ・ペーニャによると，EIAEA の開校からわずか 7 ヶ月後の 1911 年 8 月，ボアズはメキシコ大学の職を突然解雇された。その理由は，彼がスペイン語を十分に話さず，学生が彼の授業を理解できないというものであった［De la Peña 1996:49］。ボアズは生涯にわたり母語であるドイツ語の影響を強く残していたとされる。しかし新聞報道に見られるボアズの講義に対する注目の高さおよびその受講者数の多さからは，それが唯一の解雇理由であったとは考え難い。また同様のことがもう 1 人の外国人教師であったエンジェランドにも起こっている。この背後には，EIAEA を強力なイメージ戦略のもとに展開したディアス体制の崩壊，およびメキシコ革命勃発を機に起こった EIAEA を取り巻く環境の変化が存在したものと思われる。

EIAEA の調印式から 2 ヶ月後にあたる 1910 年 11 月 20 日，「自由な選挙と大統領再選反対」をスローガンとした，北部コアウイラ Coahuila 州の地主フランシスコ・マデロ（Francisco Madero）率いる蜂起により，ディアス体制は崩壊した。これにより EIAEA の重要な支持基盤であった教育省，外務省をはじめとするメキシコの諸機関では混乱や改変が起こった。さらに 1911 年 5 月の

ディアス大統領のパリへの亡命を受け，同年11月にマデロ政権が誕生した［国本1990：113］。

しかしながら，メキシコ革命の始まりが資金難と弾薬装備の不足に苦しむ一連の小規模なゲリラ的活動であったため［増田1968：109］，EIAEAの関係者は当初はそれほど深刻に受け止めてはいなかった。それは1913年に至るまでEIAEAにおいて通常通り研究が継続されていることからもうかがえる。H. デルパーによれば，ボアズは1912年に至っても，*New York Times*誌にメキシコが安全であることを報告する記事を寄せているという［Delper 1992：96-102］。

しかし1913年に入り，戦況は次第に激化していった。2月9日には，メキシコ市内で「悲劇の10日間」と呼ばれるクーデターが起きた。これは当初独裁者ディアスを追放するという共通の目標を抱いてマデロのもとに集結した国内の諸勢力が，マデロが遅々として具体的改革に着手しないとして反旗を翻し始めたことに起因したものであった［増田1968：113-114］。18日まで続いたこの市街戦は，メキシコ市の中心部で起こったためにメキシコ市民を含めた多くの死傷者を出し，「死体をいちいち処理できないのでその場で油をかけて燃やしたため，ひどい悪臭が町の中に充満した」［前掲書：114］という悲惨な状況を呈した。このクーデターは，米国W. H. タフト（William Howard Taft）政権（1913-21）下のメキシコ大使であったH. L. ウィルソン（Henry Lane Wilson）の仲介により，マデロ政権の軍人ヴィクトリアノ・ウエルタ（Victoriano Huerta）とディアス大統領の甥フェリス・ディアス（Felix Díaz）とが「大使館の協定」と呼ばれる密約を交わしたことで一時沈静化したかに見えた。しかしその直後の22日にマデロは暗殺され，ウエルタが実権を掌握するという結果をもたらした［前掲書：115-117］。この一連の過程において米国がマデロ政権打倒に関与したことは，後の両国関係にも深刻な影響を及ぼすこととなった［高橋1993：177］。

EIAEA関係者の中で，メキシコ市を離れ各地で調査研究を行っていた研究者も，革命が現実的に彼らの生活および調査に支障をきたしつつあることを記している。同年8月13日，エンジェランドはボアズに「メキシコの状況は我々にとって満足の行くものではない」とする手紙を出し，「昨日もサパタ派があまりに多かったためにウエウエテカ Huehueteca での調査を中断せざるをえなかった」と伝え，「危機が近い」ことを予測している［PPFB 1913／8／13］。

エンジェランドの予測通り，元ディアス体制下の軍人であったウエルタがマ

デロに代わり実権を握るやいなや、反マデロ運動を展開していた革命諸勢力は反ウエルタ運動へと再結集した。これらの諸勢力の中で主なものは以下の三つの勢力であった。一つは最強勢力であり、マデロの出身地コアウイラ州の知事であったカランサを擁する「護憲派」と呼ばれる集団である。彼らが中心となりウエルタ打倒運動が展開したことで、1914年7月15日にウエルタ政府は崩壊するが、その後革命諸勢力はウエルタ政権崩壊後のリーダーの座をめぐって再び分離対立した［国本 1990：112-113］。その際浮上したのが残りの二つの勢力である「サパタ派」と「ビジャ派」であった。サパタ派は、農地改革を唱えモレリア Morelia 州の農民を結集したエミリアノ・サパタ（Emiliano Zapata）を擁立する集団で、1909年から次第に頭角を現していった。一方のビジャ派は、チワワ Chihuahua 州の牧童出身で、大土地所有者、銀行、工場などを強引に接収し、メキシコ最大の革命軍事勢力を築いたパンチョ・ビジャことフランシスコ・ビジャ（Francisco Villa）を擁立する集団であった［前掲書：115-119］。これら三勢力が三つ巴となってそれぞれの利害を主張し、エンジェランドがボアズに手紙を書いた4年後の1917年のカランサ政権成立および憲法制定に至るまでメキシコを動乱の地と化した。

　一方1913年の時点では、EIAEA関係者は現実的危機を感じながらも、革命がそれほど長期化することは予測していなかったようである。それはエンジェランドがボアズへの手紙の中で、以下のように戦況安定後の教育省および博物館における変化に希望を託していることからも推測される。

　　教育省に新しい大臣が就任しました。それが有利になるのか不利になるのかはわかりませんが、私はこの大臣とは良好な関係にありますので、私達［学院］を正当に扱ってくれるとは思います［…］。これで少しは私も学院のための影響力を持つことができます［PPFB 1913／8／18］。

　以上の記述には、革命による政治的混乱を背景とした人事異動を肯定的に受けとめる一方で、EIAEA関係者がこれまで「正当に扱われてはこなかった」ことを不満に思うエンジェランドの心情を読み取ることができる。これは同年、エンジェランドがメキシコ人でないという理由から、教育省管轄の博物館を突然に解雇されたことに関係していると思われる。また彼には自分が「正当に扱

われないこと」に苛立ちを感じる事情があった。彼はフランス生まれでその後メキシコに帰化しており，当時すでにフランス国籍を失っていた [De la Peña 1996: 50]。彼はメキシコ政府による突然の解雇を「人類の進化において大きな役割を果たした国［フランス］を尊敬しながらも，新たな人生を生きるため，より若い国民［メキシコ人］の中に混ざろうとした」自分に対する不当な仕打ちであると考えていた [ibid. 58]。それに対してボアズは，現在のメキシコの状況が特殊なものであること，またエンジェランドが自分の研究をどれだけ重要に思っているかを十分承知していることを述べた後，以下のように記している。

　　　　［…］ひとつだけ言わせてほしい［…］。君も承知の通り，私はこの国［米国］に30年も住んでいる。しかし時々自分が米国に生まれたのではないことを思い知らされる瞬間がある。例えば前回ロンドンで行われた国際アメリカニスト会議でのことだ。米国の人類学者がみな米国政府の公式代表となっていたのに，私はその中にはいなかった［Boas a Engerrand 1914／3／10, De la Peña（1996）から再引用］。

　これらの言葉からは，苦労の末に人類学者として成功を収めながらも，常に外国人であることを意識せざるを得ない自分の姿をエンジェランドに重ね合わせるボアズの心情がうかがえる。また米国に渡った後，人類学の権威の中心ワシントンに対して常に疎外感を抱き，そのためにユダヤ系ドイツ人コミュニティを通しての人脈を作り，ワシントン以外の各地に中央とは異なった独自の制度的基盤を築かざるを得なかった周縁の人類学者としてのボアズの一面を垣間見ることができる。
　しかし戦況はエンジェランドをはじめとする外国人研究者やボアズにとっては悪化しつつあった。ボアズとエンジェランドがEIAEAの研究の滞りに関して書簡を交わした1ヶ月後の1914年4月，ベラクルスにおいて米国政府によるメキシコ領地占領という事件が起こった。この事件は，タフト共和党政権に代わったW．ウィルソン（Woodrow Wilson）政権（1913-21）による以下のような一連の対メキシコ政策の矛盾を反映したものであった。
　ウィルソン大統領は当初，当該国の憲法と国民の意志に反して成立した政府は承認しないとする姿勢を打ち出した。したがって，クーデターによりマデロ

政府を駆逐したウエルタ政権を承認せず，それに対抗する護憲派への歩み寄りさえ見せた。これはメキシコに石油採掘権をはじめとする多大な利権を有する英，仏，独 3 国が利権擁護のためにウエルタ政権を早急に承認したのとは大きく対照をなす行動であった［高橋 1993：79］。ところが 1914 年 4 月，メキシコ革命の油田地帯への波及を懸念して米，英，仏，独，西 5 カ国の艦隊がメキシコ湾の重要港タンピコ沖に詰めるなか，メキシコ革命軍とアメリカ兵士の接触という小事件が起こると，ウィルソンは急遽全大西洋艦隊をメキシコ湾岸に集結させた。さらに英米と競ってメキシコへの介入を進めるドイツ[18]の商船 1 隻が武器や軍需品を積んでベラクルスに向かっているという情報が入ると，海兵隊を上陸させ税関を押さえるよう命じた。これをきっかけに起こった市街戦で米国はベラクルスを占領し，双方の死傷者は 400 人にも上った[19]［同前］。

　このようなメキシコを取り巻く国際情勢は，EIAEA の存続のみならず，メキシコにおける外国人研究者の立場にも様々な影響を与えた。その中でも最も顕著なもののひとつは，ボアズやエンジェランドの解雇に見られるように，同時期メキシコ各地で高まったゼノフォビア（Xenophobia：排外主義）であった。革命期メキシコにおける nationalism の興隆について記す F. ターナー（Frederick Turner）は，同時期メキシコで起こったゼノフォビアについて以下のように述べている。

　ターナーによれば，ゼノフォビアとは外国人に対する脅威や憎しみの感情であり，しばしば破壊的強制力を引き起こす一方で国家政体内の集団に強い結束をもたらす感情である［Turner 1968：15］。革命期のメキシコにおいてこれらの感

18）国本伊代によれば，ドイツは英米に比べ遅れて登場した列強として露骨な介入政策をとり，米国との対立を深めるメキシコに武器の提供を行ったほか，軍事顧問をメキシコに送り込むなどした。第一次大戦の勃発によりドイツも後退することとなったが，メキシコにとってはドイツの介入は米国への牽制という大きな意味を持っていた。1917 年 1 月，ヨーロッパ戦線で不利な状況に追い込まれたドイツは，米国に手を引かせるためにもメキシコが米国に戦争を仕掛けることを望み画策した。「チンメルマン電報事件」として知られるこの事件は，メキシコがドイツ，日本と結んで米国に宣戦布告すること，またその戦争に勝利した後はメキシコが 19 世紀に米国へ譲渡したカリフォルニアその他の西部諸州を取り戻すことを条件とする秘密同盟の提案であった［国本 1990：126］。
19）このベラクルス占領によりウィルソンは各方面から非難を浴び，アルゼンチン，ブラジル，チリ 3 国の仲介によりカナダのナイアガラにおいてウエルタ政権代表者と話し合いの場を持った。しかしカランサ率いる護憲派は代表を送らなかった。

情は，中国人，スペイン人，米国人などの様々な外国人集団に対して向けられたが[20]，この中でもメキシコ全域で非常に複雑な様相を呈したのが米国人に対するものであった。メキシコが国土の約半分を失った1847年の米墨戦争以降，米国はメキシコにとって近代発展のモデルであると共に大きな脅威の対象でもあった。とりわけディアス政権下で多大な経済利権を得るに至った米国人に対する鬱積した不満は，これらの脅威と複雑に絡み合いながらしばしば各地で暴発することとなった。マデロ政権下のメキシコでは，メキシコ鉄道をはじめとする諸企業において米国人雇用者がすべて解雇されメキシコ人労働者に置き換えられた [ibid. : 207]。一方米国の新聞は，連日メキシコで排斥を受けて帰国した人々に関する記事を掲載し，「メキシコ人が突然強力な愛国主義者に変貌した」と書きたてた [ibid. : 212]。

またターナーは，米国人に対するゼノフォビアがその後の米墨関係をも複雑化させたとし，その要因として以下の点を挙げている。1) 革命勢力がメキシコ民衆間における自身の人気を上昇させるために反米感情を利用したこと, 2) 米国内においても外交官や聖職者，米国市民の間でベラクルス占領に強く反対する意見が起こったこと, 3) ベラクルス占領が米国と敵対するドイツ，ロシアなどとメキシコが接近するきっかけとなったことなどである [ibid. : 225-229]。

以上のように革命期に高揚したゼノフォビアは，地域や対象となる集団の違

---

20) ターナーによれば，革命期のゼノフォビアが最も暴力的な形で現れたのは，1911年3月から5月にかけて起こった中国人移民に対する「トレオン(Torreon)の虐殺」であった。*New York Times*誌はその発端を，中国人経営のレストランで毒入りコニャックを飲まされたとするマデロ軍の申し立てであったと伝えた。メキシコ北部の裕福な中国人を主なターゲットとしたこの虐殺は，その後北部諸州に拡大し，その犠牲者は300人以上にも上った。ターナーは移民として歴史の浅い中国人がゼノフォビアの対象となった理由として以下の点を挙げている。1) 政府が対処できない欧米外国人に対する民衆感情のはけ口となった, 2) 身体的特徴やスペイン語を十分に話さないことから外国人として可視的存在であった, 3) 短期間で経済的成功を収める中国人企業家に対する競争心が存在した, 4) 大多数が男性で占められていた中国人移民に対する性的脅威が存在した [Turner 1968 : 203]。

他方，スペイン人に対するゼノフォビアは，ターナーによれば「長期にわたる闘争の記憶」に基づくものであり，革命期には，そのような感情が主に経済的理由を契機としながらスペイン人店主，土地所有者などに対する攻撃として露出したという。革命諸勢力の中でもビリャ派は1913年にチワワ州に住むスペイン人の退去を命じるなど，徹底したスペイン人の排斥を行った。またサパタ派の勢力範囲内では，米国人は問題なく通過できたが，スペイン人に対しては容赦ない攻撃が行われたという [ibid. : 205]。

いなどにより異なった様相を帯びていた。それは同時にメキシコが辿ってきた複雑な歴史背景やメキシコを取り巻く国内的・国際的状況をも反映したものであったといえる。以上のような国内外の情勢，およびその発露としてのゼノフォビアの顕在化は，異なった国籍を持つ研究者からなる EIAEA の存続を危機に陥れた。そしてこのような危機的状況に対し，ボアズとガミオは以下のように様々な対策を講じている。

メキシコ革命の影響に対するガミオとボアズの対応

　メキシコ革命の勃発により EIAEA の活動が中断されるなか，ボアズとガミオはその存続・再開のために様々な対応を迫られていた。しかし，その過程において両者の人類学の制度化案は次第に異なった方向性を示し始める。

　1914 年 10 月にガミオに宛てた手紙の中でボアズは，「科学の発展およびそれを可能とする人材の育成」という EIAEA の目的や，そのためにメキシコの協力が必要であることを強調し，それがガミオを通して訴えられることを願っている。

> 　[…] 君が学院の研究について話す機会を得る時は，どうか我々のポリシーが最初からメキシコの科学的発展のためにあるという事実を強調してほしい。つまり国籍の異なった者の協力によって，とりわけメキシコ人の協力によって [我々が] 科学の発展に寄与したいと望んでいるということを。我々が願っているのはそれを可能とする人間の集団を作り上げることであり，彼らが共同作業を通して培う友情のつながりによって，人生を通してその研究を継続するであろうことを訴えてほしい [PPFB 1914／10／29]。

　上記の文章においてボアズは，EIAEA が多様な国籍を持つ研究者から構成されており，それら諸個人が相互に協力することが科学の発展やそれを担う人材の育成に不可欠であることを強調している。ボアズにとってガミオは，EIAEA 継続の意義をメキシコ内で訴え得る仲介者として重要な存在であった。

　また，科学の発展は政治情勢に左右されるべきでないとする主張は，以下の文章にも見られるようにボアズが EIAEA との関係の中で一貫して主張しているものである。

私は君や君の兄弟，そして他のメキシコの仲間や 2 人のドイツ人，4 人の米国人が，世界の政治情勢のために学院での研究が自由にできない状態に置かれているにもかかわらず，これまでメキシコで一緒に作業したことが研究の成功に繋がっていると強く思っている [PPFB 1914／10／29]。

　ここでの「世界の政治情勢」とは，1914 年に勃発した第一次大戦を指すものと思われる。ヨーロッパ諸国からの参加者を擁する EIAEA を取り巻く状況は，これによりさらに複雑なものとなっていた[21]。他方この手紙には，そのような複雑な政治情勢にあるからこそ，国籍の異なる者同士が協力することが重要であるとするボアズの主張がうかがえる。このようなボアズの「国籍」や「政治」に対する独自の主張は，先のエンジェランドに宛てた手紙の内容にも共通する，ユダヤ系ドイツ人として米国に渡った自身の経験，および第 4 章で述べるように，それを促した当時の社会的背景と関係しているものと思われる。

　一方ガミオにとっても，メキシコ革命の動乱期にあたる 1912 年から 17 年の時期は，精神的，経済的に極めて困難な時期であった。コロンビア大学から修士号を得た後メキシコに戻ると，国立博物館において以前ガミオの後見人の 1 人であったヘナロ・ガルシアはすでに異動しており，ガミオは博物館の中に期待していた職を得ることができなかった。さらに療養中であった父親の病状が悪化し，家族のために早急に職を得ることが必要となった [González Gamio 1989：39]。このことがエンジェランドらが「常に職探しに忙しく研究に集中していない」とガミオを批判していた理由の一つでもあったと思われる。

　1912 年 2 月の教育省の改編によりフランシスコ・バスケス・ゴメス（Francisco Vázquez Gómez）が大臣に就任すると，ガミオは彼に救いを求め考古遺跡総合監査委員[22]の職を得ることに成功し，翌年には監査委員長に昇進した [ibid.：39]。これにより 1912 年から 16 年にかけて，ガミオは考古遺跡総合監査

---

21) EIAEA の前学長トツァール（A. M. Tozzer）は米国占領下のベラクルスに突然出発し不在となり，また第一次大戦の勃発により資金援助機関も多大な影響を被っていた。ボアズはこのような困難に対する対処法として，メキシコの政治に詳しい人物を EIAEA スタッフとして迎えることなどを提案している [PPFB 1914／10／29]。
22) 1911 年までは「考古遺跡監査・保護委員」であったが，省庁改編等に伴い 1912 年からこの名に改称された。

委員としての仕事とメキシコ盆地での発掘調査，さらに EIAEA での仕事という 3 つの業務に同時に携わることとなった。しかしいずれの仕事も革命のあおりによる財政難から決して安定しているとはいえず，ガミオが所属することになった教育省内の考古遺跡総合監査委員のポストも，予算の不足によりその所属が博物館と芸術・美術局との間を行き来し，定まることがなかった [ibid.: 47]。

しかし 1915 年 4 月にカランサ軍がソノラ Sonora 州出身のオブレゴンの軍勢と共にビジャ派を破り，10 月にカランサ政権が米国政府の承認を受けると，わずかながら革命終結の見通しが見え始めた。これを受けて 1915 年以降，両者の書簡には，両国での人類学研究に関する言及が再び現れ始めている。ボアズはプエルトリコなどの地域で研究を行う一方で，メキシコでの戦局が落ち着いた時に備えすでに準備を行っていた。1915 年 11 月 2 日にガミオに宛てた手紙の中でボアズはメキシコの状況を逐一書き送るように求めている。それは「メキシコがよりオープンな国になったらすぐに研究に着手できるように」[PPFB 1915/11/22] 備えるためであった。

これに対しガミオは，監査委員長の仕事に追われながらも，ワシントンで行われるアメリカ民族学会で EIAEA の研究成果を発表する学長トツァール（A. M. Tozzer）のために資料を作成するなどしている。それはガミオが「国の状況が急速に向上しており，メキシコの諸地域で人類学的調査も容易になる」という予測を立てていたからであった [PPFB 1915/12/14]。

ただしメキシコ革命が予想以上に長期化しただけでなく，第一次大戦により協力機関が撤退せざるを得なかったことが，財政上 EIAEA の再開を極めて困難にした。同時期のボアズとガミオの書簡には，このような状況下に置かれた両者が，人類学研究の継続に向けて様々な試みを模索していたことが示されている。その一つが，メキシコではなく米国においてメキシコ人人類学者を養成するというプロジェクトである。

1917 年初頭から 21 年にかけての両者の書簡には，このプロジェクトに参加し得るメキシコ人奨学生の選出や受け入れ大学に関する話題が頻出している。ボアズにとって，革命の勃発により EIAEA の継続やメキシコ大学での人類学普及の計画は滞ったものの，米国で人類学者を養成し，将来的に彼らを通して研究の中心を南方へ移すという計画は，まさに彼の「南方戦略」の一環であり，その最初のモデル・ケースとなったガミオが彼の右腕として育ちつつあった。

ボアズはガミオに宛てた書簡の中で，メキシコ政府と米国内の諸大学との提携を提案し，これがメキシコにとって「良い教育リーダーとなり得る」人材育成のために不可欠であることを述べ，そのために自分は全面的な協力を惜しまないことを約束している。

> 君も同じ意見だと思うが，メキシコがここ数年で多くの教育者を失ってしまったことは明らかだ。また教育システムの混乱で，教育を受けた人の数が減少したと思う。だからメキシコの人々は良い教育のリーダーを必要とするはずだ。求められればどんな助けも提供すべきだと思うし，私としては喜んでサポートするつもりだ [PPFB 1917/4/11]。

実際にボアズはこの書簡の直後，ハーバード大学でメキシコ留学生のための奨学金を取り付け [PPFB 1917/5/8]，コロンビア大学とプリンストン大学に対しても働きかけを行っている [PPFB 1917/5/9; 1917/5/31]。またガミオは，留学生候補者に関する詳細な情報をボアズに送っており [PPFB 1917/4/3; 1917/5/8]，そこでのガミオの記述には，優秀な人材育成への熱意と，ボアズらが去った後メキシコにおいてガミオが苦労してメキシコ人の若者を対象に人類学教育を継続している様子がうかがえる [PPFB 1917/4/3]。

他方，同時期にガミオはボアズの EIAEA 再開の意向に応える一方で，ボアズとは離れ，全く別の活動を行っていることが書簡に示されている。ガミオがボアズとの間で，メキシコ人人類学者の留学に関して手紙でやりとりを始めるのと同じ時期にあたる 1917 年，ガミオはボアズに対し，考古学・民族学研究を専門に行う研究所をメキシコ勧業省内に設置するという案について報告している。ガミオによれば，それはすでに国会の承認を待つ段階にあり，メキシコの大臣と関係者とが人類学研究に「熱意をもって賛同してくれる」のを待つばかりになっているという [**PPFB 1917/6/7**]。

そしてこの書簡の約 3 週間後の 6 月 29 日，ガミオはボアズにこの願いが叶ったことを報告している [**PPFB 1917/6/29**]。それがガミオによるメキシコ人類学制度化の出発点となった，農業・勧業省[23]内，考古・民族学局（Dirección

---

23) 1917 年の創設当時「勧業省」であったが，その後「農業・勧業省」に改称された。

de Estudios Arqueológicos y Etnográficos）の設立であった。

第3節　ガミオによる人類学局の創設

　1917年，護憲派の勝利とカランサによる新憲法制定により，メキシコ革命の動乱期と呼ばれる最初の段階は終結した。メキシコの現行法でもある1917年憲法は，革命の目標であった反教会主義，民族主義，社会改革への姿勢を成文化したものとされる［国本 1984 : 123-130］。この憲法発布により，メキシコは革命の動乱期から建設期と呼ばれる段階へと移行した。この移行期のメキシコにおいて，パストール・ロア（Pastor Roaix）が大臣を務める農業・勧業省内に考古・民族学局（後に人類学局 Dirección de Antropología へ改称）が誕生した。メキシコ人類学者フリオ・セサル・オリベ・ネグレテ（Julio César Olive Negrete）は，この考古・民族学局の誕生を「メキシコ独自の応用学の誕生」と位置づけ，ガミオを「メキシコ革命の社会改革の理想に共感し，人類学を社会的貢献を行うための学問として革新した人物」［Olive Negrete 1988 : 63］と評している。

　本節では，ガミオによる考古・民族学局創設の過程を考察し，メキシコ人類学を「国学」として組織化しようとするガミオの試みについて述べる。そしてこのようなガミオの試みが，ボアズの「南方戦略」と相互補完的関係にある一方で，両者の間には nation 概念の相違に起因すると思われる見解の違いが生じていたことを，両者の書簡に示される二つのエピソードを通して明らかにする。

人類学局創設の経緯

　オリベ・ネグレテによれば，ガミオは1914年から15年にかけてメキシコ市中心部およびテオティワカンでの発掘調査やメキシコ国内の遺跡に関する地図の作成プロジェクトなどを精力的に行っていたが，次第にカランサ率いる護憲派の活動に合流していった［Olive Negrete 1988 : 63］。護憲派はベラクルスから帰京し首都を奪回した後，国立美術アカデミー（Academia Nacional de Bellas Artes），国立図書館（Biblioteca Nacional），国立博物館を閉鎖し，それらに代わり歴史アカデミー（Academia Libre de Historia）を設置した。ガミオはこれらの活動に精力的に携わり，翌1916年1月にワシントンで開かれた第2回パン・アメリ

カ科学会議のメキシコ代表に任命された。この会議においてガミオは，アメリカ大陸の各国が，国内の住民に関する諸問題の解決に取り組むために「人類学局」を設立すべきことを訴え，その役割を以下のように述べた [*ibid.*]。

> 人類学は，真に広い意味において，よき政府がその役割を遂行するための基本的な知である。人類学を通して，統治対象であり政府の存在意義でもある住民について知ることが可能となるのである。人類学を通して人間の，そして住民の観念的・身体的性質を特徴づけ，正常な進化発展を容易にするための方法を探ることができるのである [Gamio 1960（1916）：15]。

ガミオがここで述べる人類学の定義は，彼がEIAEAを通して行ってきた活動とは以下の点において大きく異なっているといえる。第一に，統治者が施政を行うための知識として人類学を位置づけており，その研究対象は「統治対象としてのメキシコ住民」であることが明示されている。第二にその目的は，人類学研究を通して得られた知識を国内住民の「正常な進化発展」を促進するための方法の探求に生かすことにあった。すなわち，ガミオがここで提唱する人類学とは，国家とその領域内の住民のあり方を把握し，国家がより「正常な」国民国家の建設に向けて住民の統治を行う際の道具となり得る「国家統治の学」であったといえる。

オリベ・ネグレテは，以上のようなガミオの定義を，「遺跡・遺物の修復および保護という，それまでの博物館内での学術的領域に限定されてきた人類学の伝統を破り，メキシコに社会人類学が誕生した瞬間」とみなしている [Olive Negrete 1988：63]。オリベ・ネグレテが述べるように，それまでの学問領域と国家建設との分離を，人類学を「国学」として再組織化することで結合させようとするガミオの案は，革命期メキシコの施政者や内外の知識人からの大きな反響を呼んだ。1921年から24年にかけてメキシコ大統領を務めたオブレゴンも，1916年にガミオが刊行した『Patriaをつくる（*Forjando Patria*）』を読んだ感想としてガミオに以下のような手紙を送っている。

> 私は貴殿の『Patriaをつくる』を夢中で読みました。読み終えた時，私はその中に，我々が持つあらゆる短所がいかなる要因によるものなのかについて，

極めて科学的な洞察を得ました。心を込めて再度あなたを祝福します。本書を，読み書きができるメキシコ内のすべての人々に読ませたいという私の願いが叶わないことを非常に残念に思います［González Gamio（1987）から再引用］。

以上のようなオブレゴンの賞賛と共感は，大統領就任後，彼が文化政策の一貫としてテオティワカンでの調査活動を経済的に援助するなど，ガミオの活動を支援した理由の一つであった。またゴンザレス・ガミオは，革命の混乱期にあるメキシコ社会に向けてガミオが発信した主張が革命政府に影響を与えた一例として，彼が雑誌 Revista de Revista に発表した国旗の紋章（escudo nacional）に関する論文とその余波について述べている。ガミオは雑誌上で，当時メキシコで用いられていた紋章を「メキシコのものではなく，ヨーロッパの鷲の醜いコピーだ」と述べ，以下のように記した。

　　［…］我々の国の紋章は，かつては非常にオリジナルな美しさを保っていた。あの輝く時代から征服者が到着するまでのことだ。そして300年間の消滅期間を経て，［独立により］それはようやく再現された。しかしそれは，かつてのような美しさや nationalistic な様相をもはや失い，野暮で珍奇なものとなってしまった［Gamio 1960（1916）：135］。

ここでガミオが述べる「輝く時代」とは，征服者が到着する以前の先スペイン期のメキシコを指す。こうした先スペイン期における美的要素の強調，およびそれが消滅しているというガミオの主張は，後述するように彼の nation 概念の定義にも大きく反映されることとなった。またこの文章は，その後『Patria をつくる』に収録されたが，同書を読んだカランサ大統領の指令により，メキシコ国旗の紋章は現在のデザインへと変更されることとなったという［González Gamio 1987：47］。

このようにガミオが革命政府要人の注意を喚起したことは，ガミオの考古・民族学局の設立を可能とした要因の一つとなったと思われる。またガミオが自身のプロジェクトを実践に移すための人脈の確保，とりわけ政治家の支援を得るための手腕に長けていたことも事実であった。考古・民族学局が設置されたのが，鉱業技術学院時代の同窓生が大臣，副大臣を務める農業・勧業省内であ

ったことはそれを示す一例である。デ・ラ・ペーニャが述べるように，学術研究が中央政府主導のもとで発展してきたメキシコにおいて，政治との結びつきは，すぐさま職の確保や社会的地位の上昇に結びつき得た [De la Peña 1996 : 43]。メキシコの学術研究が帯びるこのような政治性は，その後のガミオの活動を大きく規定すると共に，第2章で述べたように，ボアズがガミオの政界へのさらなる参入を危惧する要因ともなり得た。

また，農業・勧業省内への考古・民族学局の設置は，ガミオの活動範囲，および後のメキシコ人類学のあり方にも大きな影響を与えたものと思われる。革命政府にとって最重要項目の一つであった農業問題を主に扱う省内に同局が配置されたことは，ガミオの人類学に当初から応用的，実践的方向性を与えることとなった。ガミオは農業・勧業省の活動を紹介する冊子[24]の中で同省の特色について以下のように述べている。

> 本省は，領土およびその住民の統計的側面だけではなく，両者の実態の諸特徴・諸側面を同時に考慮するものである。それは有機的かつ実用的な相互関係の構築を目指し，それらを向上させようとする初めての試みである [Gamio 1918 : 5]。

ここで同省の特色として強調されるのは，諸側面から住民に配慮し，その実際的「向上」を目指しているという点である。このような特色は，ガミオが述べる以下のような考古・民族学局の活動の特徴をも規定するものであった。それはまず第一に，メキシコの人種・文化・言語的多様性に対処するために，人類学のみならず，生物学，農林学，地理学，統計学などの諸分野を動員した極めて学際的，多角的アプローチを標榜していた。さらに同局の発足に伴い考古遺跡総合監査委員がその中に吸収されたことにも示されるように，その活動は，メキシコ住民を現在の状況だけでなくその背景となる歴史的「過去」の中に位置づけつつ把握することを試みるものであった。このような学際的，通時的アプローチを，ガミオは「総合的研究法（investigación integral）」と呼び，メキシコ人類学が目指すべき新たな方向性として掲げている [Gamio 1922 c : 41]。

---

24) ガミオが1917年から19年にかけて3度にわたり執筆を担当している。

さらに、「総合的研究法」を用いて考古・民族学局が行う実践活動の目的としてガミオは以下の3点を挙げている。

1) メキシコ住民、とりわけこれまでメキシコで知られてこなかったインディオ住民の実態を把握すること
2) 人種／民族的、文化的、言語的に多様なメキシコが、同質的住民により構成される他国とは異なることを理解し、それに見合った方法論を精製すること
3) メキシコ住民が相互に極めて異質な存在であることを理解し、それぞれの地域に見合ったプログラムを精製すること

ガミオはここで、これまでの施政者がメキシコ住民の実態を十分理解してこなかったことが、その統治が不十分に終わってきた原因であり、またそれが翻っては、住民の正常な発達の妨げになってきたと述べている [Gamio 1918：16；1919：19]。したがって、ガミオはメキシコ住民の実態およびその多様性を理解することの必要性を訴えると共に、それに見合った政策実践のためには、メキシコの状況が極めて特殊であるゆえに決して他国の方法論を安易に直輸入してはならないと述べる [ibid.]。このようなガミオによるメキシコの特殊性の主張は、後述するように、彼が米国との差異化をはかる際に繰り返し述べるものでもあった。

一方、ガミオとボアズの書簡からは、ガミオがメキシコ人類学の制度化に着手したことで両者の関係が新しい局面を迎えたことをうかがうことができる。ボアズにとって、革命政府の中枢にガミオが「人類学」の名を冠するポストを設立したことは、メキシコへの人類学の普及を容易にしただけでなく、今後メキシコで研究を行う際の「窓口」が確保されたことを意味した。またガミオにとっても、ボアズは人類学の制度化に指針を与え、未だ脆弱な局の活動に国際的認知と正統性を与えてくれる貴重な存在であった。しかし両者のこのような相互補完的とも呼べる関係が成立し得ない局面が存在したことも書簡には示されている。

以下ではまず、人類学の制度化の過程におけるガミオとボアズの相互補完的関係を、両者が行ったフォークロア研究を通して考察する。さらに書簡から浮かび上がる二つのエピソードを通して、両者の間に見解の相違が生じていたことを明らかにし、それがガミオとボアズの nation の捉え方の違いに起因するも

のであることを指摘する。

ガミオとボアズの相互補完的関係

　ガミオとボアズの書簡には，メキシコと米国という二つの国において，両者が相互に補完しあいながら，人類学の制度化という共通の目標に向かい邁進する姿が現れている。このような両者の姿勢は，これまで両者の関係をボアズによるガミオへの影響という一方向的なものとして捉えてきた研究者が見落としてきた側面であるといえる。

　ボアズにとって EIAEA という拠点の確立は中断したものの，ガミオの存在は，依然彼の「南方戦略」にとって重要な位置づけにあった。ボアズはガミオに対し，米国あるいは諸外国の研究者がメキシコで研究できるよう便宜をはかることを依頼する書簡を何通も送っている [PPFB 1919／12／19；1925／4／20]。それらは研究者や博物館関係者に留まらず，スウェーデンの王室関係者なども含んでいる [PPFB 1919／12／19]。これらはボアズの活動領域の広範さを物語ると共に，ストッキングが「企業家スタイル」と呼ぶ，ボアズの人類学の組織化の形態を示すものであるといえる。彼は助成金やその獲得に不可欠な人脈の確保のために米国内に限らず様々な人々と交流を結んでいた。メキシコで人類学局を率いるガミオの存在は，ボアズの人類学の組織化の基盤となる人脈づくりにとっても重要であったといえる[25]。

　他方，ガミオにとってもボアズはメキシコでの人類学制度化における貴重なモデルであった。また，研究態度を諌めつつも，博士号の取得に向けて励ましの言葉をかけてくれる「精神的な支え」[PPFB 1915／12／14] であり，自分が率いる考古・民族学局が調査研究を行うための助成団体や発表の場を提供し [PPFB 1917／7／24]，メキシコ人類学の認知度を高めてくれる存在でもあった。

　このようなガミオとボアズの相互補完的関係を最も顕著に示すものの一つに，両者が行ったフォークロア研究がある。フォークロア研究への取り組みは，ガミオにとっては，それまで知られていなかったメキシコ国内の多様な民俗・民

---

25) 両者の書簡からは，第一次大戦の勃発により，メキシコが米国にとっては交流不可能な諸外国と連絡をとるための拠点となっていたことが示唆されている。例えば1915年にボアズはガミオに対し，ロシアの帝国アカデミー博物館関係者と連絡がとれないため，国務省と関係のある EIAEA 関係者に問い合わせてくれるよう依頼している [PPFB 1915／2／14]。

族的現実にメキシコの人々が目を向ける機会を提供するだけでなく，彼が望むメキシコ人類学の内外での認知をも促しうるものであった。またボアズにとってガミオがメキシコでのフォークロア研究に着手することは，彼の「南方戦略」の目的であった研究領域の拡大を可能とするだけでなく，彼の人類学理論，とりわけ文化概念の精緻化のために貴重な資料を提供するものであった。しかし一方で，両者の相互補完的関係に基づいて行われたメキシコのフォークロア・データの収集は，以下で述べるように，米国とメキシコ，さらにはヨーロッパをも含んだ複雑な支配の構造をもあらわにしているといえる。

ボアズによるフォークロア研究の提案　1917 年から 19 年にかけて，ボアズとガミオの書簡において頻出しているテーマの一つがフォークロア研究である。1917 年 5 月 23 日，ボアズはガミオに宛てて雑誌 *Journal of American Folklore* のスペイン語版を送付し，「メキシコの人々がそれらに関心を抱いてくれたら非常に嬉しい」と述べ，「数人の仲間を集めさえすれば，君がアメリカ民俗学協会のメキシコ支部を設立することも可能になる」と記している［PPFB 1917／5／23］。

このようなボアズの提案を受け，ガミオは「非常に魅力的な申し出である」と述べながら以下のように記している。

> 去年から友人と共にフォークロア協会を創設することを考えていましたが，いろいろな理由から実現に至りませんでした。しかしメキシコでは様々な人々が調査を継続しています。残念ながら［メキシコでは現在］出版することができないので，［それらの調査結果は］外国人の間だけでなく私達の国でもあまり知られていないのです。それらのいくつかを編集して先生に送りたいと思います。アメリカ民俗学協会のメキシコ支部をつくるという先生のご提案はとても興味深く読みました。どのような手段があるか考えてみたいと思っています［**PPFB 1917／6／7**］。

以上の書簡に示されるように，ガミオにとってボアズの提案は，「メキシコのフォークロアがメキシコ内外で知られる」ためには格好の申し出であった。それはガミオが制度化を試みるメキシコ人類学が国内外で認知されることを意

味した。

　この書簡が交わされた後の 1919 年，ガミオはボアズの勧めに従い 4 名[26)]からなるアメリカ民俗学協会メキシコ支部を結成したという書簡を送っている［PPFB 1919／5／7］。これ以降，ボアズとガミオはフォークロアに関するテーマで何度か書簡をやり取りしている。それらは，ボアズによるフォークロア調査のテーマの提案［PPFB 1917／5／23；**1917／7／23**；1918／11／8；1918／11／29；1919／4／16］や，実際にフォークロア・データを記述する際の詳細な助言や注意点［**PPFB 1917／7／23**；1918／11／13；1918／11／23］，そしてガミオからボアズに対する参考文献の問い合わせ［**PPFB 1917／6／29**］やボアズの助言を求める手紙など［PPFB 1923／11／2］である。

　さらにボアズはガミオに「スペイン語版の特別号を刊行してもよい」［**PPFB 1917／7／23**］などの申し出を行っているが，これほどボアズがガミオらによるフォークロア研究を熱心に後押しするのは，以下の二つの理由によるものであったことが書簡には示されている。すなわち一つには，「これらが消滅する前に記録される必要があること」［PPFB 1919／4／21］であり，またもう一つには，「スペイン語の号をより発展させて，スペイン語圏の貢献者を募りたい」［PPFB 1919／4／16］ためであった。

　フォークロア研究とは，以上のような両者の思惑が一致する場であり，両者の相互補完的関係が形となって結実する場でもあった。しかしこのような両者の関係が結実したフォークロア研究の実践とは，メキシコと米国のみならず，ヨーロッパをも含む複雑な視線の交差によって成立していた。以下では，ボアズにとってのフォークロア研究の重要性およびその理由を検証し，両者のフォークロア研究の取り組みの背後に存在すると思われる多層的な支配の構造について検討する。

ボアズにとってのフォークロア研究の意義　ボアズにとってフォークロア研究は，以下の 2 点において重要な意味をもっていた。すなわち第一に，それによって従来の米国人類学の権威の中心から離れた独自の基盤づくりが可能となる点，

---

26) パブロ・ゴンザレス・カサノバ（Pablo González Casanova），エウヘニオ・ゴメス・メイルフェルト（Eugenio Gómez Maillefert），ポール・シルセオ・パウエル（Paul Silceo Pauer）とガミオの 4 名であった［PPFB 1919／5／7］。

第二には自身の人類学理論を精緻化し得る点においてである。

前述のように、ボアズはアメリカ民俗学協会の創設を人類学の拠点ワシントンから距離を置きつつ人類学の普及を行うための足がかりの一つとした。一方、このようなボアズの試みが可能となった背景には、以下で述べるように当時の米国において起こったフォークロア研究への関心の高まりがあった。

米国の民俗学者 R. D. エイブラハムズ（Roger D. Abrahams）によれば、米国では 1876 年の独立 100 周年祭を機に民俗学に対する関心が大きく高まった。エイブラハムズはこの理由として、米国で急速に拡大した機械化や合理化が人々に疎外感や喪失感を生み出したこと、また近代化の進行がかつて米国内に存在した「真正なる伝統」を消失させつつあることに対して危機感が広がったことを挙げている［エイブラハムズ 1996：62］。一方エイブラハムズは、当時の米国人フォークロア研究者が民俗学に取り組む際の複雑な心情として、彼らがイギリス民俗学会[27]や他のヨーロッパの学会に対抗する際には、米国が「旧世界の伝統を意識的に排除した新しい国」であることを強調する一方で、そこには「生き生きとした活力」に溢れる文化や伝統が未だ保持されていることを証明したいという、相互に矛盾した欲求を持っていたことを指摘している［前掲書：71］。

ボアズがガミオに述べた「消滅する前に記録すべき」という言葉は、このような米国におけるフォークロア研究者の複雑な心情をも反映したものであったといえる。なぜならそこには、米国が失いつつある民俗的なるものに対するノスタルジーを充足し得る場として、またさらには旧世界の民俗学会に対抗するために、米国ではすでに発見が困難となりつつある「生き生きとした伝統」を探求し得る場としてメキシコを眺める視線が存在するからである。

他方、ボアズが「スペイン語の号をより発展させて、スペイン語圏の貢献者を募りたい」と述べる背景には、スペイン語圏から送られてくるフォークロア・データの蓄積が、自身の人類学理論の一つの柱である「文化領域」の議論にとって重要であったという側面も存在していたと思われる。

人類学者堀喜望によれば、ここでの「文化領域」とは、特定の文化的特色が共通に分布し、それぞれが文化的関連を持っているとみなされている領域であ

---

[27] イギリス民俗学協会は、アメリカ民俗学協会創設の 10 年前に設立されている。

る［堀1965：216］。この概念は，ボアズが博物館における陳列のために民族／民俗学的標本の検討を行った際に，様々な地方から集められた標本が示す文化的諸要素が，一定の地域において類同性を保ちながら分布する傾向があることを発見したことから用いられ始めたものであった。このことからボアズは，これらの文化要素が示すものが，一定の複合的な密度を持って共通に分布する地理的・歴史的地域であり得るという認識を得たという［同前］。

ボアズにとって文化特色の分布およびそこから導き出される文化領域の設定は，各文化要素が分布するに至る，あるいは各領域においてそれらが選択されるに至る歴史的プロセスを考慮した，心理プロセスに対する関心と密接に結びついていた。このような関心は，後述するようにボアズが米国人類学界で当時支配的であった人種主義的傾向に対抗する際の武器となっていった。

他方，このような分布領域を明らかにするためには，フォークロア研究を通して諸地域に存在する様々な伝承のバリエーションを蓄積することが極めて重要となった。この蓄積作業の過程でボアズは以下の2点を認識していた。
1) 伝承の複合体（formula）は，非常に複雑な構成を有しており，関連のない要素が全く独立して発生したと考えることは不可能である。
2) 伝播を証明するためには，その継続的な分布図を示すことが必要である［Boas 1914：458］。

複合体とは，ボアズが神話の研究から導き出した概念で，神話内に含まれる物語の要素の結びつきを示す。ボアズは神話体系の研究から，一定の神話が単一の物語の組織ではなく，数個の要素的主題から成っていることを発見した。彼はこのような要素が複数組み合わさることによって神話が構成され，またその結びつきが非常に複雑なものであることを認識した［堀1965：216-217］。ボアズの複合体としての伝承の発見は，個々の伝統が独立に発生したとする従来の見解の否定へと結びつくと共に，物語の伝播の経路を明らかにすることを可能とした。すなわち，諸要素が分布する状態を調査し，各要素の密度の濃淡などを比較することにより，要素の一部が他部族に使用される際の経路や，それらが様々な程度で変容し，一定の地域に伝播することが明らかとなった［Boas 1891：437］。この発見は同時に，当時の人類学界で流布していた，経路を確定し得ない安易な伝播論や科学的客観性を欠く平行進化論をボアズが批判する際の論拠となっていった。

このようなボアズの関心を踏まえた上で両者の書簡を見ると，両者のフォークロア研究への取り組みは，ボアズの文化概念の精緻化とも密接な関係を持っていたといえる。すなわち，ボアズが書簡を通してガミオにテーマを提供したのは，同タイプの伝承のバリエーションを蓄積する必要性によるものであり，またデータの記述方法に対するボアズの詳細な注意・注文は，ガミオが提供するデータが他のデータと比較可能なフォーマットを得ている必要があったためである。「スペイン語圏の貢献者を多く募りたい」というボアズの要望は，彼が拡大したいと望む研究領域がスペインおよび旧植民地全域であったことから発せられた言葉であった。

また，このようなボアズの「文化領域」に対する関心は，彼にとっての「領域」の意味が必ずしも国家の枠組みとは一致していなかったことをも示している。文化要素の継続性を歴史的・地理的に実証することを試みるボアズにとって，ある歴史的地点において線引きされた領域的枠組み（すなわち国家の枠組み）は，文化要素の分布という，より広範な領域把握の前には恣意的なものでしかない。このようなボアズの国家の捉え方は，前述したEIAEAの重要性を訴える際の彼の論調，そして次章で述べる彼のnation概念にも反映されている。

他方，ボアズのフォークロア研究がガミオとの相互補完作用により可能となる一方で，それは同時にボアズとガミオ，米国とメキシコ，さらにはヨーロッパをも含んだ不平等な関係をも顕わにしているといえる。すなわち，ボアズが強調するEIAEAの国際性の利点を享受できるのは，調査する側の欧米人研究者であり，必ずしも彼らを受け入れるメキシコ側ではない。また米国民俗学の興隆の背景に示されるように，そこには米国には存在しない，あるいは消失したものを保持する国としてメキシコを特殊化する一方で，ヨーロッパとりわけイギリスと対峙する際には「アメリカ」の概念を拡張し，メキシコを同じ「生き生きとした伝統」を共有する自国の一部であるかのようにみなす視点が存在している。欧米人研究者がメキシコに向けるこのような二重の視線は，決してボアズの意図するところではなかったにせよ，当時のメキシコの文脈においては，以下で述べるようにガミオとボアズの見解の相違を生じさせる要因の一つとなったと思われる。

ガミオとボアズの見解の相違

　本項では，ガミオとボアズの書簡に現れる二つのエピソードから，両者の見解の相違について考察する。

　第一のエピソードは，EIAEA が収集した遺物コレクションの分配に関するものである。以下では，コレクションの帰属をめぐりメキシコ側とボアズの間に生じた見解の相違を指摘し，それがメキシコ内で出土した遺跡・遺物であっても科学の進歩のためには国家の枠組みを超えて研究成果を共有すべきとするボアズの立場と，革命以前に起こった列強による国家領土の支配の経験から，遺跡・遺物の国外への流出を頑なに拒むメキシコ側との立場の違いによるものであったことを明らかにする。

　第二のエピソードは，ガミオとボアズの internationalism に関する見解の相違に起因するものである。ここでは，米墨関係の緊張を背景に，メキシコと米国における人種・民族的構成の違いを強調し，メキシコが nation を形成するまでは internationalism に参与することは不可能であるとするガミオと，internationalism を nationalism に優先させ，国家の枠組みを超えた科学の発展の必要性を訴えるボアズとの間のずれを指摘する。

遺跡・遺物コレクションの分配をめぐるボアズとガミオの見解の相違　　ガミオとボアズの書簡には，両者が EIAEA の遺跡・遺物コレクションの分配をめぐり異なった見解を持っていたことが示されている。このような相違が生じる背景には，ディアス体制期におけるメキシコの近代化政策およびそこで起こったメキシコ領土内の地下資源をめぐる論争が存在しているものと考えられる。

　EIAEA の活動が中断され，ボアズや他の外国機関の代表者らがメキシコを去るなか，メキシコに残されたガミオら EIAEA 関係者には，財政問題の処理とそれに伴うコレクション分配に関する問題が重くのしかかった。

　当時のボアズとガミオの書簡からは，外国人研究者がメキシコを去っていくのに伴い，ガミオが財務省との間を仲介し EIAEA の存続および再開のための予算獲得に骨を折っていたことがうかがえる［PPFB 1916／5／18; **1917／6／29**; 1918／8／12］。

　1915 年 5 月 17 日には，ガミオが EIAEA の財政に関して書き送った手紙に対してボアズがコメントをしている。それによると，すでにメキシコを去ってい

た当時の EIAEA 学長トツァールとガミオとの間で EIAEA 運営資金についての連絡が交わされており，その結果，メキシコでの発掘調査で採掘したコレクションを，EIAEA に資金援助を行った諸政府の間で分配することで問題を解決する方向に向かっていたことが分かる。ボアズはガミオに宛てた書簡の中で以下のように述べている。

> トツァール博士が残したコレクションをメキシコから送ることができるといいのだが。そうすればいろいろな国の政府への義務を果たすことができるからね。君にいくばくかのお金を支払いたいのだが，それはメキシコからコレクションを送ることができるかどうかにかかっている [PPFB 1915/5/27]。

ボアズがガミオに支払いたいと述べる「いくばくかのお金」とは，コレクションの郵送を前提とした必要経費であったと思われる。当時 EIAEA に関与していた政府および諸機関による資金援助がどれほどのものであったかは明らかではないが，前述のボアズとアメリカ・ヒスパニック協会関係者のハンティントンとのやりとりからは，少なくとも年間 10,000 ドル以上の資金が予算として見積もられていたものと思われる。それにもかかわらず開校わずか 2 年足らずで EIAEA の活動が中断したことは，同校の提唱者であり諸政府および諸機関の誘致を行ったボアズを窮地に立たせていたものと推測される。したがって，EIAEA の活動成果である遺跡・遺物コレクションを資金援助者の間で分配することで「義務を果たす」ことは，ボアズの苦肉の策であると同時に，今後 EIAEA を再開したいと考えるボアズにとっては極めて自然なことでもあった。前述の EIAEA 設立時の規約でも，発掘遺物が複数に上った場合，資金提供機関による分配・所有を認めている。

しかしコレクションをメキシコから持ち出すというボアズの案はすぐには実現していない。ガミオはコレクション郵送の手続きを進めている旨の手紙を何通もボアズに送っているものの [PPFB 1917/4/3；1917/5/8]，その度にメキシコの状況や郵便事情から困難であることを伝えている。ボアズの提案の 6 年後の 1921 年に至ってもこの問題は解決しておらず，ガミオはメキシコ政府と国立博物館との間で調整が行われていることをボアズに告げている [PPFB 1921/3/22；1921/9/13]。しかし，両者の書簡には，これらのコレクションが実際に

分配されたことを示す記述はない。

　科学の発展に寄与した資金援助者に対するコレクションの分配を正当とするボアズと，それを拒むメキシコ側とのこのような決裂は，すでに1913年の時点で現れていた。メキシコ革命の戦況悪化によりEIAEA運営に不安を抱いたボアズは，オーストリア政府をはじめとする様々な機関に援助を求めていた［PPFB1912／12／18］。デ・ラ・ペーニャによれば，その中でロシア政府がEIAEAの陶器コレクションをロシアの博物館に郵送することを条件に財政援助を承諾した。しかしメキシコ政府はコレクションが国外に流出することに難色を見せた。ボアズはメキシコ政府の一連の対応に困惑し，「メキシコにはこれほど膨大な量の物品があるのだから，他の国にその一部を送ることには何の問題もないはずだ。とりわけメキシコ考古学を普及させるという目的のためであるならば」という内容の手紙をトツァールに送ったという［De la Peña 1996 : 56-57］。

　ここには，メキシコの豊富な遺跡・遺物を他の国に分配することで，EIAEAの存続のみならずメキシコ考古学の普及をはかることも可能であると考えるボアズと，それに躊躇するメキシコ側との対立が示されている。ボアズにとってEIAEAの学術的成果の一つである遺跡・遺物は，決してメキシコ一国が占有すべきものではなく，国際社会が平等に共有すべきものであった。他方メキシコ政府はこのようなボアズの考えに賛同しているとはいえない。この時点でガミオがどちらの立場にあったかは書簡からは明らかではないものの，メキシコ政府が遺物コレクションを買い取る意志があることなどを示唆し，遺跡・遺物の郵送を阻んでいるかのように見えるガミオの行動からは，彼が遺跡・遺物の流出に必ずしも賛成していなかったことがうかがえる。

　以下では，このようなボアズとメキシコ側との対立の背後に存在すると思われるメキシコの地下資源の帰属をめぐる議論の変遷を辿ることで，ボアズとメキシコ側との遺跡・遺物に関する見解の相違点，およびその要因について明らかにする。

メキシコにおける考古遺跡法をめぐる議論　　ガミオを含むメキシコ側が遺跡・遺物の流出を拒否する背景には，当時のメキシコにおいて遺物を含む国家領土内の地下資源を保守すること，そしてそれらのメキシコへの帰属を主張することがnation形成において持ちえた特別な意味が関係しているように思われる。

メキシコでは，独立直後の 1827 年に金，銀，遺物（antiguedades）の輸出禁止項目を含む「海上・国境税関法（Ley para las aduanas maritima y de frontera）」が制定された。しかしその実効性は極めて弱く，違反者の摘発が頻繁に起こったため，その後州や国のレベルでの法令改正や新たな規制化が行われた [Lombardo de Ruíz 1994 a : 30]。

博物館や遺跡の整備に力を注いだディアス体制下では，メキシコの遺跡・遺物に関して以下のように委員が設置され，2 つの法令が施行された。委員とは 1885 年 10 月 8 日に設置された考古遺跡監査・保護委員である。これは前述のバトレスが中心となり設置したもので（1912 年には考古遺跡総合監査委員へと改称されると共にガミオが委員長に就任した），1917 年には考古・民族学局（後の人類学局）に吸収された。また 2 つの法令とは，1896 年から 97 年にかけて公布された「考古遺跡法（Ley sobre Monumentos Arqueológicos）」と，1907 年 6 月 24 日に公布されたテオティワカン考古地域の国家による収用を定めた法令である。

このうち「考古遺跡法」の主目的は，遺跡・遺物の管理権が連邦政府に直接属すること，また遺跡・遺物が私有地で発見された際には，その保護・研究に必要な領域範囲を国が収用し得ることを定めた点にあった。これは，メキシコの遺跡・遺物が国家に帰属することを明文化した点で歴史上極めて重要な法令であるとされる [ibid. : 33]。しかし本法令は，1821 年の宗主国スペインからの独立以降，メキシコの主要な政治的綱領であった自由主義思想の理念を侵害する恐れがあったため，法案作成時より議会で大きな論議を呼んだ法令としても知られる [ibid.]。

考古遺跡法は，少なくともこの自由主義の理念のうち，1) 私的所有の権利と，2) 商業の自由という 2 つの考え方と矛盾する恐れがあった。当時の新聞 *El Monitor Republicano* には，考古遺跡法の制定をめぐる以下のような議論が掲載されている。

1) 国家による土地の収用をめぐる議論：*El Monitor Republicano* 紙の記者ルイス・デル・トロ（Luís del Toro）は，考古遺跡法の本案が 1896 年 12 月に司法省代表より提示された際に起こった論議について報告している。その内容を要約すると以下のようになる。

「考古遺跡法」反対派は，同法案が所有の権利を侵害するものであると主張し，そもそも採掘権が所有の権利を保証している以上，遺跡を保護するという名目のもとに権利を主張しても無効であると唱えた。他方法案支持者は，遺跡を国家の所有物とみなしうる根拠を，それが「慣習である」としか述べず，全く論理性に欠けていた［Lombardo de Ruíz a：299-302：1896／12／1］。

　ここで支持者の主張が論理性を欠いていることの根拠の一つとしてデル・トロが挙げている「採掘権」とは，1892年にディアス政権下において外資導入政策の一環として制定された「鉱山法」を指すものと思われる。鉱山法は，地下資源は国家に属するという従来の大原則を改め，その採掘権および私有を初めて認めたものであった［国本1990：93］。これにより促進された地下資源を含むメキシコ領土の外国人による所有は，この14年後に起こるメキシコ革命の大きな火種となった。ディアス体制下での外国人資本家の優遇，およびそれにより進んだ外国人によるメキシコ経済の所有・支配は，1910年の時点で全土の約7分の1が外国人の所有となるという結果をもたらすこととなった［増田1968：97］。

　しかし，1896年の時点で同法案の根拠を「論理性に欠けている」と述べるデル・トロの主張には，メキシコ政府は経済発展のためには地下資源の私的所有を認める一方で，同じく地下埋葬物である遺跡・遺物に関してはその私的所有を認めないという矛盾を突いたものであった。しかしながらこの法案がさらなる論議を呼んだのは，次に述べる「遺物の輸出」をめぐる議論においてであった。

　2）遺跡・遺物の輸出禁止をめぐる議論：デル・トロは，翌日継続された審議についても報告を行っている。その内容をまとめると以下のようになる。

　　法案支持者は，法案の合憲性を証明するために，過去に熱烈な憲法主義者として知られた人物が「考古遺跡法」の内容と同じ意見を持っていたことを引き合いに出すことで法案の正当性を主張した。その意見とは，「国内で発見された遺物は，法務省の許可なく発掘，採掘することは許されない。法務省は遺物が発見された場合，遺跡保護のために科学委員を任命しなくてはならない」というものであった。他方反対派は，同法令が含む以下の項目に関し

て修正を迫った。すなわちそれは第6条において記される，メキシコの遺跡・遺物の中でも「連邦行政府がアメリカ大陸の古代住民，特にメキシコの土着住人の文明や歴史研究のために重要とみなすものは法的許可なくして輸出できない」とする項目である。反対派は，このような禁止事項は憲法が保障する商業の自由を侵害するものであり，現実性を欠いているとして以下のように述べた。[…]

「このような禁止事項は馬鹿げている。なぜならそれは，綿花を生産している者が，自らは布を織ることを知らないのに綿花の輸出を禁止して，裸でいる方を選ぶようなものだからだ。」

反対派の意見は全く的を得ている。研究も行われず，何の利用もされていない以上，我々の遺跡・遺物の輸出を禁止しても全く意味を持たない。メキシコで十分研究が行われないのであれば，外国の知識人に研究をしてもらい，我々の考古学を向上させれば良いのであり，「愛国主義」のために他者が布を織ろうとするのを拒むことは馬鹿げている [Lombardo de Ruís a : 308 : 1896／12／2]。

以上のデル・トロの記事によると，法案支持者は，過去の憲法主義者の見解を持ち出すことで，法案が違憲ではなく「慣例」として正当性を持ちうることを証明しようとした。一方法案反対派は，メキシコの遺跡・遺物の価値を認めつつも，遺物の国外流出やそれらが外国人により発掘調査されることを肯定し，メキシコで研究されないのであれば，国の枠組みにとらわれず外国で研究してもらうべきであると主張した。

以上のような法案支持者と反対者の対立は，時代こそ異なるもののボアズとメキシコ政府との間の対立の構図と多くの類似点を持っているといえる。遺跡・遺物の外国政府への分配を肯定するボアズの立場は，国の枠組みにとらわれることなく研究を行うべきとする点において法案反対派の立場と共通する。このような主張は，少なくとも革命以前のディアス体制期における新聞記者の目には，遺跡・遺物の国家への帰属を「慣例」としか説明できない法案賛成者よりも説得力を持つものとして映った。ただし，ボアズがこのような自身の立場を示したのは，ディアス体制打倒を目的に起こったメキシコ革命の直後という特殊な状況下においてであった。ボアズの立場と共通点を持つ法案反対者がその主張の拠り所とする経済的自由主義の理念は，メキシコ革命勃発の大きな

火種の一つとなった。さらに革命後のメキシコでは，ディアス体制が強力に押し進めたメキシコの国際化（internationalization）が，メキシコの政治的経済的主権を脅かすものとして拒絶され，あるいはゼノフォビアという形をとって表出していった。

ボアズとメキシコ側との遺跡・遺物をめぐる対立が，革命という特殊な状況下におけるメキシコの internationalism の変容過程に起因したものであったとすれば，次に述べるガミオとボアズとの間の見解の相違は，両者の internationalism および nation の捉え方の違いに起因するものであるといえる。以下では，ボアズとガミオの書簡から，メキシコ領土の国家所有を規定するメキシコ憲法第27条をめぐる問題が，両者の internationalism および nation 観の違いとして表面化したエピソードについて述べる。

internationalism をめぐるボアズとガミオの見解の相違　ガミオとボアズの書簡に現れるもう一つの見解の相違として，当時の米墨関係を背景とした internationalism に関するものが挙げられる。以下では，両者が交わした書簡および論文を当時の政治・経済的文脈に位置づけることで，両者の internationalism および nation に関する見解の違いを明らかにする。

1919年9月6日，ガミオはボアズに対し自身が書いた小論文を送る旨の書簡を送っている。「ラテンアメリカ諸国政府の経験主義および米国との関係における経験主義（Empiricism of Latin-American Governments and the Empiricism of their Relations with the United States)」と題された論文で，この中でガミオは米国がメキシコを真に理解するための人類学者の役割を強調し，「メキシコの困難な状況，とりわけ米国との間での困難な状況を前に国内外の研究者の連帯，協力が急務となっている」と述べている［PPFB 1919/9/6］。

カランサ政権末期にあたる時期にガミオが述べる米墨関係における困難とは，以下の2点であったと思われる。一つは，1918年にウィルソン大統領が提唱した国際連盟創設に対する懸念である。ウィルソンの国際連盟構想案は，翌1919年のパリ講和会議が開始されると同時に米国の孤立主義議員らから多くの修正を迫られた。これらの修正項目の中には，メキシコ政府が脅威を抱くモンロー主義が含まれていた。草間秀三郎らが述べるように，同時期の米国議会はヨーロッパに対しては国際的紛争に巻き込まれるのを極力避けるという不介

入の方針をとる一方で，西半球についてはアメリカ圏の一体性という視点から積極介入の権利を主張した［草間 1993：62；新川 1993：4］。このような米国の態度にカランサ政権は 1918 年，財務大臣アルベルト・パニ（Alberto Pani）をフランスへ送り込みモンロー主義の確立を拒もうとしたが成功せず，それは同時期のメキシコが抱える大きな懸念の一つとなっていた［Bethell 1986：140］。

またもう一つは，1917 年憲法の第 27 条をめぐって起こった両国の対立である。憲法第 27 条とは，外国人および教会の土地所有を禁じ，土地，水，地下資源などの国家的所有を規定した条項であった。同条は，メキシコに多くの利権を保有する米国をはじめとする列強とメキシコの間に同時期生じた対立の主要な要因ともなった[28]。このような対立は，第一次大戦と自動車の普及によりメキシコ石油の需要が上昇するとさらに緊張度を増していった。

とりわけガミオがボアズに先のような書簡を送る 1919 年の春から秋にかけては，米国がメキシコに対してカランサ政権の承認撤回を示唆するほど両国の関係が悪化した時期にあたっていた。高橋均によれば，同時期にはカランサ政権が石油採掘に関して行った新たな政令[29]発布に対し，石油企業，鉱山会社，銀行家らからなる「在メキシコ米国人権利保護全国協会」が，カランサ政権の承認撤回および武力交渉を叫び，同年 5 月のメキシコ政府による石油地帯への

---

[28] メキシコ革命時の米国石油資本をめぐる紛争に詳しい高橋均［1993］によれば，米墨両国の紛争には以下の 2 つの背景が存在した。まず第一に，当時の石油市況からメキシコ石油に重大な関心が集まっていたという背景である。米国の第一次大戦への参戦と自動車の普及により，1918 年から 20 年にかけて石油価格は上昇し，1920 年代初頭には供給不足が生じていた［高橋 1993：82］。1918 年にメキシコは米国に次いで世界第二の産油国となり，この状況は石油市況が 1920 年代後半に緩和するまで揺るがなかった。第二に，当時の米国における政府・企業関係の変化があった。米国では 19 世紀後半に，州際通商委員会，反トラスト法，連邦準備制度の 3 つが制定され，米国企業は政府による上からの統制を受けると同時に，組織労働により下からも挑戦を受けた。これにより米国企業はそれまでのような無謀な市場支配競争を控え，企業広報に力を注がざるを得なくなった［前掲書：83］。第一次大戦の勃発および米国の参戦は，米国財界が戦時産業動員への積極的な協力を行うことにより，企業間および財界・政府間の協調的関係を築くきっかけとなった。このような行政府との協調関係を武器に，メキシコに利権を持つ石油企業，鉱山会社，銀行家は，「在メキシコ米国人権利保護全国協会」を結成し，第 27 条の適用を阻むための運動を展開した［前掲書：83-84］。このような運動は，メキシコ政府の承認をも撤回させるほどの威力を持ち得た。

[29] メキシコ内の未開発地で新規の掘削を行うためには政府の許可を要するというものであった。

派兵にまで発展した［高橋1993：84］。農業・勧業省という，革命後のメキシコにおける改革の基軸となる問題を扱う省庁の中で人類学局を率い，またEIAEA再開のためにメキシコ政府との交渉を重ねていたガミオが，以上のような状況に大きな関心を寄せていたことは容易に推測される。

　ボアズに宛てた書簡の中でガミオは，米墨両国が抱える具体的問題については言及していない。むしろ彼は，「米墨両国の研究者による，より高レベルでの研究実践が，両国政府のみならず両国の国民の相互理解や将来にとっても非常に重要である」と述べ，研究者間の連帯の必要性を強調している［PPFB 1919/9/6］。ここには，両国が抱える経済的・政治的問題には直接触れず，それらを「文化」の問題に置き換えようとするガミオの意図が存在するように思われる。

　彼がボアズに送付した論文の中には，ラテンアメリカ諸国はまずは自国の特殊な状況を理解しなければならないという主張と共に，ウィルソン大統領の国際連盟構想に対する以下のようなコメントが記されている。

> 件の連盟が，ラテンアメリカ諸国における極めて特殊な状況やその特徴の存在を無視することは明白である。パン・アメリカ科学会議においてさえ，それらの特徴は完全に無視されているではないか。ともなれば，今こそ新たな方向づけにより，ラテンアメリカの人々が自身の特徴を知り，さらには米国にそれらを知らしめる絶好の機会ではないか［Gamio 1919：6］。

　米国にラテンアメリカの特殊な状況を知らしめるべきとするガミオの言葉には，政治問題には直接触れないまでも，メキシコおよびラテンアメリカには米国とは異なった人種・民族的構造や歴史的背景が存在することを米国が十分理解してこなかったこと，さらには米国流のやり方をこれまで一方的に押しつけられてきたことに対する不満が示されているといえる。またこのような不満が，米国が主張するinternationalismに対するガミオの危惧につながっていたことは，この数年後の1923年にガミオが雑誌 Ethnos に執筆した論文「NationalismとInternationalism（Nacionalismo e Internacionalismo）」にも明らかである。本論文の中で彼はinternationalismの受容を「nationalityおよび領域的権利を廃棄することである」［Gamio 1923：2］と定義しながら以下のように述べる。

internationalism という言葉は，nation の連盟を意味する。メキシコや他のラテンアメリカ諸国は，真の nation でもないのに，いったいどうやってこのような連盟の部分となり得よう［ibid.］。

　ガミオはここで internationalism を完全に否定しているわけではない。しかし彼は，メキシコは何よりもまず nation を形成しなければならないことを主張し，またメキシコと米国との違いが理解されないまま internationalism が強制されることに対して反発を示している。

　ガミオは，ボアズに宛てた書簡の中で「ラテンアメリカの問題に関し，最も高い教養と権威を持つ」ボアズに同論文に対するコメントをしてくれるよう求めている。その際，コメントを人類学局ではなく自宅の住所宛に送ってくれるよう一文書き加えていることからは，必ずしも公人としてのボアズの意見ではなく，私人としてのより率直な意見をガミオが求めていたことがうかがえる [PPFB 1919/9/5]。

　これに対し，ボアズは同年 10 月 8 日付のガミオ宛ての書簡の中で，ガミオの論文を「多大な関心を持って」読んだと伝えている。しかし彼はそれに対するコメントはせず，その理由を「自分はその問題に対して確固とした主張を持っており」，「現在週刊誌に投稿するために執筆中だから」とのみ記している [PPFB 1919/10/8]。

　ガミオがボアズのコメントを心待ちにしていたことは，ガミオがすぐこの書簡に折り返し返事を送り，ボアズの論文が掲載された週刊誌を郵送してくれるよう頼んでいることからも分かる [PPFB 1919/10/22]。しかしボアズによれば，問題の週刊誌の発刊は印刷所のストライキにより大幅に遅れ [PPFB 1919/10/29]，ボアズが自身の論文が掲載された雑誌 The Nation をガミオに郵送するのは 2 ヶ月後の 12 月 19 日になってからであった。ボアズは The Nation 誌に同封した書簡の中で，「これが君の論文に対する私の答えだ」と述べながら，自分の願いがガミオ同様両国の友好的関係の構築にあり，そのための協力を惜しまないことを明言している [PPFB 1919/12/19]。

　他方，The Nation 誌でのボアズの主張は，必ずしもガミオが期待していたものとはいえなかった。まず第一に，同誌に掲載されたボアズの論文とは「スパイとしての科学者（Scientists as Spies）」というタイトルで，人類学者をはじめ

とする社会科学研究者の崇高性を謳うガミオの書簡と論文の内容からはおよそかけ離れたものであった。

このような論文をボアズが投稿する背景は、ガミオとボアズとの間で交わされた一連の書簡の中に読み取ることができる。両者の書簡には、1917年から18年にかけて、EIAEAに関わりのあった数名の米国人研究者の活動および消息に関する言及が見られる。それらはメキシコのタンピコTampicoの石油会社と米国人研究者との関わりを指摘するもの [PPFB 1917／3／16]、米国政府内で働いているはずの米国人研究者がメキシコに滞在しており、すでに関係ないはずの米国内の博物館の名を所属先として名乗っていることに関するものなどである [PPFB 1917／8／14 ; **1917／8／15** ; 1917／8／23]。ガミオは彼らに対し人類学局内での職を提供しようとしたが、彼らはその申し出を断ったとボアズに伝えている。ボアズはガミオの手紙に驚き、「彼らの現在の仕事と私は全く関係ないということを、理解しておいてほしい」と述べている [**PPFB 1917／8／15**]。ガミオとボアズの手紙に登場する研究者とは、以下で述べるようにボアズが*The Nation*誌の中で弾劾する一連の人物である。

ボアズは論文「スパイとしての科学者」で、人類学研究に従事する科学者が、外国政府に対し科学機関の代表を名乗りながらスパイ活動を行っているとし、これを「このような人間は科学者を名乗る資格はない」[Boas 1919 : 797] と糾弾し、以下のように述べている。

> 彼らは、科学の真実性に対する信頼を損ねただけでなく、科学研究自体にも多大な害を与えた。彼らの行為のせいで、各国は今後誠意ある研究を行おうとする外国人研究者に対しても、悪意を持った人々なのではないかという不信感を抱きかねない。このような行為は、国際的な友好関係の発展にも新たな障害を与えてしまったのだ [*ibid.*]。

ここでボアズが憤っているのは、米国のスパイ活動に参与した科学者の行為によって科学の真実性、およびそれにより構築されるべき国際的友好関係が阻害されたことに対してであった。ここには、科学に携わる者は、科学研究を国益重視の政治に決して利用してはならず、科学によって探究された真実の普及に心に努めるべきとするボアズの信条が見出される。このような姿勢は、

international な次元を national な次元に先行させるべきとする点においてガミオの見解とは異なっているといえる。

また，ボアズはガミオに宛てた書簡の中で，「メキシコはあまりに多くの銀と石油を持っている」上に，米国内には「自国にこそ正さなければならない問題が山積しているのにそのことを忘れて，メキシコを正すべきだと主張する強力な党派がある」として，経済・政治問題に直接言及している［PPFB 1919／12／19］。このようなボアズの言及は，ガミオが経済・政治問題を契機とした困難に直面しながらも直接それに触れようとせず，問題を人類学研究者間の連帯の必要性へと置き換えようとしていることとも大きく異なっているといえる。

この論文の *The Nation* 誌への投稿は，後にボアズに米国人類学界からの追放という大きな代償を支払わせることとなった。同誌の刊行から数週間後，米国人類学協会（American Anthropological Association）は，ボアズの責任を追及するための票をまとめ，彼を協会から除名するという決断を下した［Stocking 1989 (1974)：309］。ここには，ボアズの internationalism に関する見解が，必ずしも当時の米国人類学者に共有されてはいなかったことを示している。またストッキングが述べるように，協会によるボアズの追放の背後には，それ以前に存在したボアズとワシントンに拠点を置く人類学者グループとの確執や，米国人類学が急速にボアズ派人類学者によって編成されていくことに対する反発などがあったとされる［Stocking 1982 (1968)：273-307］。

他方，ボアズが「スパイとしての科学者」を通して訴えた人類学者の倫理に関する問題は，これより後の第二次大戦以降に脚光を浴びることとなった。人類学と政治，および人類学と nation に関する問題を米国人類学界にいちはやく提起したボアズは，その意味においても先駆的存在であり，またその舞台となったメキシコは，米国とヨーロッパの思惑が複雑に交差するという点において，まさにこれらの問題を極めて強く喚起する場でもあったといえる。そして，これらの問題に対するボアズとガミオの対処は大きく異なっていた。それは人類学の制度化の拠点，あるいは研究成果が結晶する対象としての nation の捉え方をめぐる両者の見解の相違によるものであったといえる。

小 括

　以上，主にガミオとボアズの往復書簡をもとに，両者の出会いからガミオによる人類学局設立に至るまでの経緯を，当時のメキシコにおける社会的・政治的文脈の中に位置づけながら検証した。

　ボアズとガミオの出会いを可能としたのは，「南方戦略」と呼ばれるボアズの研究領域拡大案であった。同戦略は EIAEA という，メキシコ初の国際学術機関の創設として結実したが，その創設は，ディアス体制期メキシコとボアズの利害の一致により実現したものであった。

　ディアス体制にとって EIAEA は，メキシコが近代国家に相応しい国際性および文化レベルを対外的に発信するための拠点となりえた。他方，EIAEA の調印式の様相が示すように，EIAEA のメキシコへの受容には，テオティワカン遺跡をはじめとするメキシコの古代文明を対外的イメージの向上に利用する一方で，現実のインディオは「外部」として排除するというディアス体制下における国家建設の矛盾が示されている。

　ボアズにとって EIAEA は，米国人類学界における彼の周縁的位置づけの解消および人類学理論の精緻化を行うための戦略的拠点であり，ガミオはそれを実行に移すための重要なメディアであった。以上のようなボアズにとってのガミオの存在の重要性は，両者の関係を一方向的に捉えてきた従来の研究が見落としてきた側面である。両者の書簡からは，米国とメキシコにおける人類学の制度化という共通の目標を抱くガミオとボアズが，相互に補完的な関係にあったことを示している。

　他方，ボアズのフォークロア研究の提案が示すように，メキシコと米国で同時進行していた人類学の制度化は，メキシコと米国，そしてヨーロッパ（とりわけイギリス）により構成された不平等な支配構造をも露呈させたといえる。そこには，調査する側とされる側の不平等な関係，そしてメキシコを調査対象として特殊化する一方でヨーロッパとの関係においてはあたかも自国の一部であるかのように扱う米国の視線が存在する。このような視線は，決してボアズが意図したものではなかったにせよ，革命という社会変動を迎えたメキシコにあっては，ボアズの計画実現を不可能としただけでなく，EIAEA を成立させる

力となった，学術発展の国際性に対するボアズの信念をも無効にする事態を生じさせた。ガミオはボアズの意向を受け，EIAEA 存続のために奔走しながらも，「国学」としての人類学の創設という，ボアズとは異なる人類学の制度化の道を歩み始めた。それは，EIAEA の創設を可能としたディアス体制期における internationalism が次第に変貌していく過程でもあった。遺跡・遺物，および米墨関係をめぐる両者の見解の相違は，このような変容の過程を反映したものであったといえる。ガミオとボアズは人類学の制度化という点においては相互補完的関係にありながらも，その拠点，あるいは研究成果が結晶する対象，すなわち nation の捉え方においては見解を異にしていたといえる。

第 4 章

ガミオにおける nation 概念
ボアズの nation 概念との比較を通して

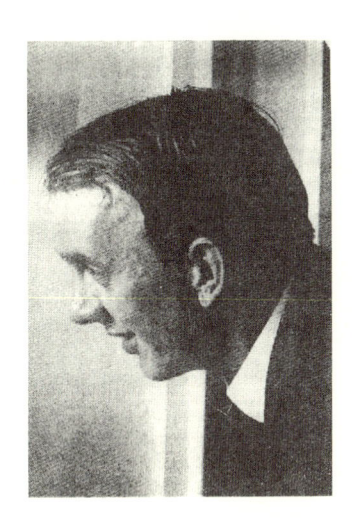

写真10　1920年代のガミオ。テオティワカン盆地での調査を行っている頃

はじめに

　本章では，ガミオにおける nation の概念をボアズのものと比較考察し，両者の nation 概念の違いおよびその要因を明らかにすることを目的とする。

　前章で見たように，ガミオとボアズは，米国とメキシコ両国における人類学の制度化という目的を共有しながらも，遺物・遺跡の帰属に関する問題や internationalism に関しては異なった見解を抱いていた。本章では，このような見解の相違の背景に存在すると思われる両者の nation 概念の違いに着目し，両者にとってそれがいかなる意味を持ち，またそこにはいかなる問題意識の違いがあったのかについて考察する。

　以下ではまず，ボアズにおける nation の定義を検証し，彼の nation 概念を理解する上で鍵となる「人種」と「文化」の概念を，19世紀末の欧米人類学界の潮流の中に位置づけながら明らかにする。さらにボアズによる nation の定義を彼のドイツでの経験と照らし合わせながら考察し，ボアズが抱いた理想の nation 像がいかなるものであったかを明らかにする。

　次に，ガミオにおける nation の概念を考察し，それが patria という言葉に置き換えられ得るものであり，成員間の情緒的つながりを求める概念であったことを指摘する。さらにガミオがボアズの「人種」と「文化」の概念を用いながらも，それらを独自に解釈していくことで，メキシコの nation 統合を模索する様相，およびそこでの先住民インディオの位置づけを明らかにする。

第1節　ボアズにおける nation 概念

ボアズ『人類学とモダン・ライフ』

　ボアズがその著作で明確に nation の定義を行っているのは，1928年に刊行された『人類学とモダン・ライフ（*Anthropology and Modern Life*）』においてである。第一次大戦と第二次大戦とのはざまに執筆された本書は，人類学者であると同時に社会活動家でもあったボアズの多様な側面のみならず，ガミオとボアズの書簡に現れているボアズの nation 概念およびそれが形成される背景を検

討する上で重要な示唆を与えるものである。

本書は以下の9章から構成されている。
1) 人類学とは何か
2) 人種の問題
3) 人種の相互関係
4) ナショナリズム
5) 優生学
6) 犯罪学
7) 文化の安定性
8) 教育
9) モダン・ライフと未開文化

これらの項目からは，当時のボアズの広範囲にわたる関心のみならず，自身の人類学的知識を当時の米国社会が抱える様々な問題に応用することでその解決を図ろうという彼の意図をうかがうことができる。ハースコビッツが述べるように，本書は初版刊行からわずか4年後の1932年に再版されるなど，20世紀初頭の米国社会において多大な反響を呼んだ書物であった［Herskovits 1953：104］。

当時の米国社会は，南部諸州においては黒人と白人の通婚禁止令が布かれ，1915年以降にはクー・クラックス・クラン（K.K.K.）が復活を遂げるという時期であった［太田 2003：80］。またインディアナ州では，1907年に世界で初めての断種法が成立し，1923年にその制定件数が第二のピークを迎えた時期でもあった。一方同時期には，北欧人種の血の優位を礼賛するM. グラント（Madison Grant）の著書『偉大なる人種の消滅』(1916) がブームとなっていたが，そこで描かれるような「米国人種の消滅」に対する危惧は，19世紀後半に始まる南欧・東欧からの新移民の大量移入と大きく関係していた。第一次大戦の余波を受け再び増加する傾向にあった移民に対し，1924年には，欧州人種間での優劣の存在を前提とした差別的要項を含む絶対的移民制限法が制度化された［米本 2000］。

本節では，『人類学とモダン・ライフ』から第4章「ナショナリズム」を取り上げる。ボアズが第1章「人類学とは何か」において，「本書での基本概念は，人種，および文化の安定性という二つの概念である」［Boas 1986（1928）：17］

と述べているように，第4の章における議論は，nation および nationality をこれら二つの概念との関係から論じたものである。ここで対立概念として提示される「人種」と「文化」とは，ボアズと米国社会の関係，祖国ドイツでの経験，さらにそれらを基盤として彼が抱くに至った nation に関する見解を明らかにする上で鍵となる概念である。また 19 世紀の欧米における人種と文化の概念を検討することは，欧米，とりわけフランスの強い影響下にあった当時のメキシコにおける思想潮流を考察する上でも重要であると思われる。したがって以下ではまず，ボアズが本書の基本概念として挙げる人種と文化の概念を，19 世紀から 20 世紀にかけての思想潮流の中に位置づけつつ概観する。さらにこれら二つの概念が混同して論じられることに対するボアズの批判，およびそこで彼が表明した独自の立場を明らかにする。第二に，以上のような立場からボアズが行った nation の定義を『人類学とモダン・ライフ』に基づき検討する。そして最後に，「人種」と nation／nationality との間にボアズがいかなる関係性を見出していたかを考察し，ボアズの主要な関心が，生得的な形質的差異と後天的に獲得される集団の心性とを混同し，文化集団を人種的特質から規定しようとする見解に反論することにあったことを明らかにする。

ボアズにおける「人種」と「文化」

19 世紀から 20 世紀初頭における人種概念　　ボアズはしばしば「人種を文化へ置き換えた人物」［Brading 1988：82］，あるいは「人種概念を文化概念から引き離した人物」［太田 2003：56］とされる。このようなボアズの貢献を理解するためには，ボアズが登場する以前にこの二つの概念が持っていた意味，および彼の登場でそれがどのように変化したのかを把握しなければならない。

　ストッキングが「人種は 19 世紀に特徴的な現象である」［Stocking 1982（1968）：xxii］とし，また竹沢泰子が人種を「近代に生まれた西欧中心的概念である」［竹沢 1999：436］と述べているように，「人種」，およびその対概念とされる「文化」は，近代西洋社会において生まれたものである。またそれは nation 概念の誕生とも軌を一にし，その形成過程と密接に関わりながら変化を遂げた概念でもある。だからこそボアズは『人類学とモダン・ライフ』で「人種」と「文化」の概念を基軸に据えたのであり，ボアズとガミオにとってこの二つの概念が共通の重大な関心事となったといえる。

「人種（race）」という語の起源については諸説あるが，この語がヨーロッパで定着するのは 17 世紀以降とされる [寺田 1977（1967）；竹沢 1999：436]。この時期「人種」は，身体的形質の差異を示す言葉ではあったが，主には血統やリネージ（lineage：明確な系譜関係に基づく出自集団）を指す場合に用いられた [Banton 1977：18]。すなわち，次世代に受け継がれるものという意味を持ってはいたが，決して永続的・固定的な性質を意味する語ではなかった [ibid.]。それが変化し始めるのは，18 世紀末から 19 世紀にかけてである。この時期に「人種」は，人間集団を区別する永続的な身体的形質的差異として，特定の文化的特質を決定する重要な要素とみなされるようになった [Stocking 1982（1968）：30]。人種を含む今日の自然分類の基盤を作ったとされる C. von リンネがすでに 1758 年に『自然の体系』第 10 版において，アフリカ人を「奇形」の範疇と並べながら人間の最下位に置き，「ずるく怠惰で，気まぐれ」と規定し，人種と「気質」とを関連づけたことはよく知られている [竹沢 1999：437]。このようなリンネの記述は，当時の「人種」概念の変化を顕著に示しているといえる。

　人種に関する著作を多く著している M. バントン（Michael Banton）は，このような変化の要因として，交通機関やコミュニケーション技術の発達により人々の接触の度合いが増加したことを挙げている [Banton 1977：18]。一方ストッキングは，これをヨーロッパの急速な産業化を契機とした文化概念の変化に関わるものとして以下のように説明している。すなわち 18 世紀後半のヨーロッパにおいて，文化・文明の概念は人種の差異を説明するものとして用いられると同時に，ヨーロッパ人だけではなく人類全体のゴールとして理解されていた。しかし 19 世紀に入るとこのような意味は大きく変化し，文化・文明とは，人類全体ではなく特定の人種のみに許された到達点としてとらえられるようになった [Stocking 1982（1968）：35-37]。ストッキングはこのような変化の要因として，18 世紀の文化・文明の概念が保持していた「人種主義への対抗機能」が変化したことを挙げている。すなわち，18 世紀における文化・文明の概念には，人間を迷信や教義や環境条件の強制力から解放し得る，「人類共通の「自然な」能力の一部」といった意味が含まれていた。この含意により，18 世紀の文化・文明の概念は，それ以前に存在した「高貴な野蛮人（Noble Savage）」の伝統を内在した原始主義的観念（primitivistic ideas）と緊張関係を保ちながらも共存することが可能であった。また，この共存関係の基底には原始主義的能

力に対するある種の肯定的評価が存在していたために、人種主義への対抗機能としても作用し得ていたのである。ところが19世紀に入り、社会的・物質的変化に伴って文化・文明の概念が洗練化されるにしたがい、原始主義的観念との共存関係は次第に困難となっていった。それは、産業文明の拡大により「野蛮人」と「文明的ヨーロッパ人」との視覚的ギャップが明確化したために、両者の共存関係や、野蛮人の「遅れ」を「神秘なる歴史」として説明することが不可能とみなされていったためであった。ストッキングは、このような原始主義と「文化・文明の進歩」の概念との分離を、後者が人種的解釈を求めるようになるきっかけとなったと述べる [ibid.: 37-38]。すなわちこの分離は、人種概念と文化・文明概念との合体関係を成立させていくこととなった。

以上のような経緯を経て形成された人種の概念がさらなる転換を迎えるのが、19世紀中葉におけるチャールズ・ダーウィンによる『種の起原 (The Origin of the Species)』の刊行であった。その初版は、ボアズ誕生の1年後にあたる1859年で、1871年にはその議論を人間社会に応用した『人間の由来 (The Decent of Man)』が刊行された。ダーウィンの理論は、人間進化の一斉性と人間の差異を生物学的語彙によって説明することに「科学的」な論拠を与えると共に、西洋社会全体に「文化・文明の進化」モデルを広く普及させることとなった。これ以降、人種的差異は文化的差異を説明する要素となり、また人種の純粋性を主張することが文化的アイデンティティ防御の砦として政治的強制力を帯びていくようになった [Kuper 1999: 11]。

ただし、19世紀の西洋世界においてダーウィンの理論は必ずしも新奇なものだったわけではない。竹沢が述べるように、ヨーロッパの世界観においては、この世に創造されたあらゆる存在は神を頂点とした階層序列のもとに連なっているという「存在の大いなる連鎖 (Great chain of being)」の観念がすでに存在し、19世紀に至ってもヨーロッパ世界を支配していた [竹沢1999: 437]。またA. クーパーが述べるように、ダーウィンの理論は、宗教的権威の絶対性を斥け、人間の合理的理性の優位を唱えた啓蒙主義者がすでに主張していた「人類の一体性 (Unity of humankind)」の観念を確認する役割をも果たしていた [Kuper 1999: 11]。

また、ダーウィンの理論はすぐに浸透したわけではなく、批判も数多く存在した。その背景には、19世紀中葉以降も人類の多元論を支持する見解が存続

したという事実がある。ダーウィン以前には，人種をめぐる考え方として，人類が単一の祖先から生まれたとする単元論（monogenism）と，人類は祖先を異にするいくつかの群＝集団からなるとする多元論（polygenism）の二つの立場が，キリスト教の教義（人類はすべてアダムを祖とする同胞である）とからみ合いながら対立を深めていた［寺田 1977（1967）］。ダーウィンの著作刊行後，多元論者は，確かに人類は共通のルーツから派生しているが，進化の期間は極めて長く，人類派生の時期には自然選択によりルーツとは完全に異なった人種が生じていたと主張した［Stocking 1982（1968）：47］。寺田和夫が指摘するように，多元論が奴隷問題を抱えた米国で発達したことは，人種に関わる様々な議論が生物学的知見とからみ合いつつ，米国社会の権力構造と深く関わっていたことを示している［寺田 1977（1967）：81］。また前述のように，19世紀後半は南欧・東欧からの新移民が米国に大量流入した時期でもあった。これと時期を同じくして，多元論と単元論との対立を中心とした異人種間の混血に関する論争が起こったことは，米国社会において移民の流入が既存の人種的支配構造を揺るがすことに対する脅威が高まっていたことを示していよう。

　異人種間の混血に関する問題は，ストッキングが述べるように米国において多元論者，単元論者の双方が関心を抱いていた。多元論者にとっては，「種」としての人間の複数性を支持するためには，異人種間の通婚が不可能であることを証明しなければならなかった。したがって身体的に類同的ではない人種間の混血は，「弱く短命」であり，「知的，倫理的，身体的にその両親よりも劣性」であることが強調された［Stocking 1982（1968）：47-78］。一方単元論者は，多元論者に比べ混血を肯定的に捉える傾向があったものの，「人類の一体性（Unity of humankind）」を支持するためには「より優性な人種の融合」を行う必要があるとした。したがっていずれの立場にとっても，米国への大量移民の波は「人種の純粋性（racial purity[1]）」およびそれが可能とする「高文明への到達およびその保持」に対する脅威とみなされた[2]［ibid.：50］。

1）同時期の文脈においては，racial purity は ethnic purity と混同して用いられており，特に区別されていない［Stocking 1982（1968）：50］。
2）例えば 19 世紀末，熱心な純粋人種信奉者として著名だった米国人類学者 J. ノット（Josiah Nott）や D. G. ブリントン（Daniel Garrison Brinton）は，「高文明は，高レベルの血と同様保持されるべきである」と訴えた。

また注目すべきは，米国での混血をめぐる議論において，しばしばラテンアメリカの例が取り上げられたことであった。これらの議論においては，ラテンアメリカで進行した混血はその社会的後進性を説明するものとみなされ，ラテンアメリカのヨーロッパ人は，その人種的自由主義（racial liberty）の帰結として「不幸な人種混合（unhappy mixture of race）の代償を支払っている」とされた [ibid.: 50]。これらの論調は，後述するように当時のラテンアメリカの知識人層の人種観にも様々な影響を与えることとなった。

以上概観してきたように，19世紀から20世紀初頭にかけての欧米社会は，旧来の価値意識と産業・科学の進展とが錯綜しながら，次第に生物学的思考カテゴリーが社会・文化領域へと侵入していく時期にあり，またこのような状況は，ストッキングらが述べるように，欧米社会における権力構造およびその帝国主義的拡大とも密接なつながりを持っていた [ibid.: 51]。そしてこのような人種・文化概念の変化・変質の過程は，次に述べるように，ヨーロッパの視線を通して自身の自画像を描いてきたラテンアメリカの知識人にも多大な影響を与えることとなった。

ボアズによる進化論および伝播主義への反論　欧米社会において人種主義的観念が次第に浸透していく中，人類学者の中には，生物学的思考カテゴリーを社会・文化の領域に応用することに対して懐疑を抱く研究者も存在した。その中でもとりわけダーウィンの理論が含む人種決定論に対し強硬な反論を行ったのが，ベルリンの人類学サークルの中心人物であった形質人類学者R. ウィルチョウ（Rodolfo Virchow）と民族学者A. バスティアン（Adolfo Bastian）であった。ウィルチョウは，人間の身体形質的特徴が形成される際の環境要素の影響を強調し，さらに文化の違いは人種的差異とは無関係であると訴えた [Kuper 1999: 12-13]。またバスティアンは，人種と同様に文化は極めてハイブリッドな産物であるために，「より純粋でより優れた文化」など存在しないことを主張した [ibid.: 13]。ボアズがドイツ時代彼らのもとで学んだことが，彼の独自の人種・文化概念の形成に多大な影響を与えたことはすでに多くの研究者により指摘されている [Stocking 1982（1968）; Massin 1996; Bunzel 1996]。ボアズが彼らから得た様々なアイデアは，彼が米国において人種と文化に関わる議論を展開し，社会活動家として活動していく際の強力な武器となった。

ただしボアズは，米国への移住後すぐに人種と文化に関して直接的発言を始めたわけではない。ストッキングが述べるように，社会活動家としてのイメージとは裏腹に，彼が社会問題に関して明確な姿勢を打ち出し始めるのは人類学者としての基盤を固める時期すなわち1896年のコロンビア大学着任以降であり [Stocking 1989（1974）: 307]，それ以前のボアズがその著作で主に展開していたのは，既存の人類学理論およびその方法論に対する痛烈な批判であった。

　ここでの既存の人類学理論とは主に，19世紀後半から20世紀初頭にかけて主流を占めていた以下の二つの立場によるものであった。一つはH. スペンサー（Herbert Spencer），E. B. タイラー（E. B. Tylor）などのイギリスの人類学者およびL. モーガン（Luis H. Morgan）ら米国の人類学者に代表される進化論者（evolutionary theorist）で，彼らは人間精神が普遍的な性質のもとで同一の法則に支配され，一定の条件のもとでは全く類同的な過程を辿り変化するという考えを基本的前提としていた。この前提に従えば，文化は類同の状態においては同一の要素を相互に独立的に発生させ，その変化は常に漸進的かつ向上的な過程であるということになる [堀 1965（1954）: 86]。このような前提のもとで彼らが用いる方法論は，文化現象の平行的進化に依拠した「比較法（comparative method）」と呼ばれるものであった。それは様々な部族や地方から時と場所を問わず多種多様な風習，文化的特色を収集し，それらの要素の異同を比較して，それを文化段階の例証の事例とする方法であった [ibid.: 87]。このような文化段階の頂点に西洋文明が，そして最も幼稚な段階として未開文化が置かれたことはいうまでもない。

　以上のような進化論者の立場に対抗して現れたのが，ドイツの人類学者F. グレーブナー（Fritz Graebner），イギリスのE. スミス（Elliot Smith）らが，地理学者F. レイツェル（Friedrich Ratzel）の流れを受け継ぎながら発展させた伝播主義（diffusionism）であった。これは文化の接触・伝播に着目することにより，進化論者が主張する独立的な平行発展論に反対し，文化がある地点や集団を基点としつつそこから移住・交流することにより分布・発展したことを主張するものであった [ibid.: 189]。この立場の特徴は，類同的とされる文化は模倣と受容により伝播したことを強調した点，またそれにより人間精神の独立的な創造性（independent invention）を認めなかった点にあった [ibid.: 189]。いずれにせよこの立場においても，文化伝播のルートは常に「西洋の高文明から創

造性を持たない劣性の未開文化へ」という一方向のみが想定されていた。ボアズはこれら二つの立場を共に受け継ぎながらも、その方法論と前提を痛烈に批判しつつ独自の見解を発展させていった。

　このような進化論者および伝播主義者に対するボアズの批判が明確な形で表明されているものの一つが、1920年に執筆された論文「民族学の方法（The Method of Ethnology）」である。ボアズはここで、未開芸術（primitive art）の修飾形態に関する進化論者・伝播主義者の観点を例に挙げながら、双方の主張を以下のように批判した。すなわちボアズは進化論者の観点に対しては、「彼らが根拠とする世界各地の文化現象に見られる類同性は、その分布があまりに不規則であり」[Boas 1996（1920）: 131]、その根底に存在する近代西洋文明を頂点とする単線的進化の想定も、「異なった最終点、あるいは文明の共存があり得るとすれば、その推定は成り立たない」[ibid.]とした。これらの主張に見られるように、進化論そのものではなく、その方法論の非論理性を指摘することで批判するというやり方は、ボアズに極めて典型的なスタイルであるとされる [MacGee, Warms 1996: 132-134]。

　またボアズは伝播主義者に対しても、彼らがその論拠とする各文化現象のつながりが歴史的・地理的に証明されていないと述べ、進化論者と同じく彼らも「理論の首尾一貫性を求めるあまり前提そのものの検証自体を行っていない」[ibid.: 131]として批判する。

　このようなボアズの見解は、地理学者としてドイツで受けた訓練やフィールド・ワークを通して得た詳細なデータを根拠としたものであった。またボアズが進化論者および伝播主義者を批判する際の例証に用いる資料の中には、メキシコでの研究調査や他の研究者によるメキシコ研究のデータも含まれていたことを付け加えなければならない。

　以上のような当時の主流理論に対するボアズの見解は、米国人類学界に対しては博物館展示をめぐる論争や、フォークロアおよび物質文化の扱いをめぐる論争の中で表明されていくこととなった。またボアズは1896年に執筆した『人類学における比較法の限界（The Limit of the Comparative Method in Anthropology）』の中で、進化論と伝播主義に代わる独自の方法論を考案しつつあったことを示している。ボアズはこの中で、文化は伝播や交易などの様々な理由により類同的な特色を備え、さらに環境や歴史的偶然により、普遍的進化とは独立した類

同的文化特色を産出し得ると述べる。すなわちボアズは，進化論者が比較法を用いる際に根拠とする独立的平行進化および単線的進化論を否定しただけでなく，各文化が環境条件や歴史の中で独自の文化的特色を創造しうると唱え，伝播主義者とも対峙した。さらにボアズはオルタナティブとして自らの立場を以下のように提示する。

> 諸慣習を部族の全体文化に関連させ，近隣諸部族間のそれらの地理的分布の研究とも合わせて詳細に研究すれば，われわれはほとんど常にそれらの慣習の形成と発達に関わる心理学的仮定を生ぜしめた歴史的原因をかなり正確に決定できるようになる［Boas 1940（1896）: 276］[3]。

ここでボアズは，諸慣習を単に抽出するのではなく，それらを地理的分布に配慮しつつ全体文化の中に位置づけて理解することにより，それらの慣習を生じさせるに至った心理的・歴史的要因を明らかにしうると述べる。すなわちそれは現在ボアズ派人類学に特徴的とされている，対象文化に対するホーリスティック（全体的）なアプローチであり，文化現象の起源ではなくそれぞれが形成される歴史プロセスの重視，およびそれを生じさせる内的心理要因を解明しようとする立場であった。そこで想定されているのは単線的発展進化モデルではなく，環境や心理，歴史的要因等が複雑に絡み合い，収斂されることにより可能となる多系的な発展モデルであり，そこから導き出される文化の複数性の認識は，ボアズ派人類学のもう一つの特徴とされる文化相対主義的観点を生み出すこととなった。

ただしボアズは当初からこのような文化の複数性の認識や文化相対主義を表明していたわけではないことはすでに指摘されている［Stocking 1989（1974）；益子 1985：89］。ボアズは米国への移住後，米国人類学界における進化論的伝統に驚きながらも，当初はそうした議論を妥当なものとして受け入れていた［益子 1985：89］。ストッキングによれば，ボアズがその著作において初めて「文化の複数性」に言及するのは1911年になってからのことであり，さらに彼が人種決定論を文化決定論へと明確に置き換えるのは1914年以降であるという

---

[3] 益子（1985）を参照。

[Stocking 1989（1974）: 218]。この時期は，まさにボアズが EIAEA を通してメキシコと深い関わりを持ち，歴史主義的観点から文化の動態性に関心を移行させる時期でもあった。また前述のように，ボアズは自ら提示した理論を長期にわたり修正していったが，その過程で得た様々な着想はむしろ彼の弟子達に引き継がれることで完成されていった［渡辺 1978：103］。ガミオがそのような弟子の1人であったとすれば，ガミオの思想の源や独自性を明らかにするためには，むしろ完成体としてのボアズの理論ではなく，彼の着想の混沌とした状況，およびそれが『人類学とモダン・ライフ』へと結実していく過程を概観する必要があると思われる。

そのような意味において，第1章で触れた『未開人の心性（*The Mind of Primitive Man*）』は，1894年から1911年にかけて25年間にもわたり，何度も加筆修正された作品であり，思想形成の軌跡を示すボアズの主著の一つである。本書でボアズが主張する論点は，主に以下の3点である。

1) 人種間の明確な線引きの不可能性
2) 人種的特徴への環境要素の影響の大きさ
3) 人種の違いと心性との無関係性

これらの論点は，ボアズがドイツにおいてウィルチョウから手ほどきを受けた人体測定法等を生かしつつ米国の諸機関で行った身体計測[4]や，米国移民局との関わり[5]，そして数度にわたる北西海岸でのフィールド・ワークなどを通して発展させた理論である。1) の人種カテゴリーによって人間を区分することは不可能であるとする指摘は，自身が行った一連の身体計測の結果があまりに多様なバリエーションを示しており，それらの分類項目を言語で設定することは不可能であるという結論を踏まえたものであった。このような異人種間に見られる数値のオーバーラップは同時に，米国内で多元論者が主張する「純粋人種タイプ」の推定をも拒絶するものであった。当時米国内で主流であった形質人類学の推定とは，詳細な身体測定，とりわけ頭骨（傾斜）指数（Cephalix

---

4) ボアズはクラーク大学勤務時代に行った，ウォーチェスター Worcester 学校の児童の身体測定を皮切りに，カリフォルニア州やカナダのトロントなどで測定を行っている［Stocking 1989（1974）: 189］。
5) ボアズは1908年から10年にかけて，米国移民局の依頼により南欧・東欧からの新移民の身体測定を行っていた［Stocking 1989（1974）: 189］。

index) の計測により視覚的に識別可能な純粋人種の本質的特徴 (essence) を見出すことが可能であるというものであった [Stocking 1982 (1968) : 55-60]。

　一方でウィルチョウの影響下にあったボアズが，人体測定学 (Anthropometry) に多大な関心を持っていたことは当時彼が執筆した諸論文にも示されている。ストッキングが述べるように，ボアズは少なくとも 1894 年の段階においては，人種間の差異を詳細に検討することにより何らかの心的差異の存在を発見できるものと考えていた [Stocking 1989 (1974) : 220]。1899 年には，優生学の始祖と言われる F. ガルトン (Francis Galton) の統計値の人体測定への利用を人類学に応用すべきことを主張していることにも同様の傾向が見られる。ボアズは，測定調査技術の発達や統計処理により，人種間の血縁関係 (blood-relation)，および人種タイプの混血の歴史 (history of the mixture of human types) を明らかにし得ると述べ，それが永続的な「よき人種タイプ (good types)」の設置を可能にし得ると述べている [Boas 1982 (1899) : 171]。これらの言葉からは，ボアズが未だ人種決定論から文化決定論への転換を完全に行っていないことが見て取れる。ただしボアズがガルトンの方法論に関心を抱きながらも優生政策自体には疑問を抱いていったことは，1902 年の「人体測定学の統計学的研究 (Statistical Study of Anthropometry)」において示された危惧，すなわち統計値から得られる中間値を理想値とすることへの疑義に表明されている [Boas 1982 (1902) : 131]。そして 1928 年の段階では，『人類学とモダン・ライフ』に収録された「優生学」の章において，「その力に頼ることは，人間に有害なものを除くというよりは，逆に危険な刃を自身に向けることである」[Boas 1986 (1928) : 121] と明確に優生学を批判しているのである。

　また 2) の環境要素の影響に関する指摘は，同じくウィルチョウの見解や，ボアズが収集した測定データ，とりわけ新移民と呼ばれる南欧・東欧からの新移民を対象とした測定データから導き出されたものであった。ボアズは 1908 年から 10 年にかけて，米国移民局の依頼を受け，新移民の身体計測を行った。彼はその調査結果に関して，同じく移民局の調査に関わっていたコーネル大学の経済学者 J. W. ジェンクス (J. W. Jenks) と書簡を交わし，その中で環境の変化により移民の形質的特徴に変化が見られること，その傾向が第一世代以降になるとより顕著であることから移民先 (米国) への同化の傾向があること，そして混血の進展によりさらなる同化が起こるであろうという見解を示してい

る［Boas 1989（1908-1910）: 202-214］。

　移民の同化傾向を強調するボアズの見解は，米国移民局が発表した報告書の多くが移民を制限すべきと結論づけていたことを考えると，当時としては特異なものであったと思われる。このような詳細な身体計測へのこだわり[6]や，身体形質は環境に順応するという同化傾向の主張には，後に述べるように彼の同化ユダヤ人（assimilated Jews）としてのドイツ時代の体験が何らかの形で影響しているものと思われる。

　以上のような発達プロセスと環境要素への注目は，3）の論点である，人種と心性とは無関係とする見解，すなわち人種と文化の分離へと至るものでもあった。ボアズは「人類学における心理学的問題（Psychological Problem in Anthropology）」において，ある外的類同性（形質的特徴）は，心理学的法則には全くあてはまらず，人間の心性や行動は，形質的特徴というよりは，その個人が属する社会やそこでの慣習的反応により決定されると述べる［Boas 1989（1909）: 244］。ボアズは外的類同性と内的心性とが無関係であることを説明するための例として，当時彼が米国先住民のフィールド・ワークや博物館展示などを通して接していた未開芸術家とその産物の関係を挙げる。ボアズによれば，芸術家はある素材を扱うための技術を習得することで美的産物を得る。もし別の芸術家がその産物を模倣し類同的な美的結果を得たとしても，そこでの両者の心理プロセスは全く異なっているという。つまりボアズが重視するのは，外的類同性ではなく内的心性のプロセスであり，またある現象が収斂と分離によ

---

[6] 米国内の形質人類学者へのボアズの批判には，彼らが用いる人体測定データが「成長（growth）」の観点を考慮していないことも含んでいた。ボアズは1892年から1939年にかけて執筆した論文「成長（Growth）」において，好成績を獲得する子供は成績の悪い子供より身長や体重が大きいとする調査結果を批判し，これらの調査では子供の成長が考慮されていないと述べると共に，子供の発達過程を無視したこれまでの dull（鈍い，遅鈍な）という言葉の代わりに，retarded（知的発達の遅れた）という言葉を用いるべきであると主張した［Boas 1982（1892-1939）: 103-104］。以上のような議論の背景には，IQテストが導入された当時の米国社会に対するボアズの危惧が存在したものと推測される。ゴダード（H.Goddard）らにより米国に導入されたIQテストは，知能は生得的かつ遺伝的に決定されるという前提のもとに，知的障害者や犯罪者を遺伝的にIQが低い者とみなすものであった。IQテストに対するボアズの批判は，『人類学とモダン・ライフ』の「犯罪学」の章における「遺伝と環境要因とを区別すべき」［Boas 1986（1928）: 131］という主張，および身体的あるいは心的側面を測る際には，現状だけではなくその成長発達プロセスをも考慮すべきとする主張へと発展していくものであった。

り複数の現象へと展開する際の内的原理であった。

　以上のようなボアズにおける文化現象の歴史プロセス，およびそこに内在する原理への注目は，文化が静的なものではなく，常に変容の過程にあることの認識へと発展していった。マクギーとワームス（R. J. MacGee & R. L. Warms）は，ボアズによるこのような文化の動態性への関心には，彼が研究対象としていた米国やカナダの先住民の慣習が生活体系の急激な変化に伴い変容や消失の過程にあったことと関わっていたと述べ，これらを目の当たりにしながらボアズは，「すべての文化現象は常に変化や修正の状態にある」という見解を強めていったと指摘する［MacGee & Warms 1996 : 133］。このような文化の動態性の認識は同時に，文化を人種と混同させながらそれを先天的・固定的なものと捉えてきた従来の米国人類学，およびそれを根拠に移民や社会的弱者を排斥する風潮への非難へとつながりうるものであった。

　以上のような人種および文化に関するボアズの広範な関心は，しばしば彼への批判において言及されるように，一貫した統一理論を導き出すものではなかった。しかしこれらの議論を当時の米国社会の文脈に位置づけた時，その時々の社会状況に敏感に反応し，常に批判的視線を持ち続けたボアズの研究態度が浮かび上がってくる。またこのような着想の広がりは，ボアズとは出身背景を異にするガミオが，彼独自の視点からボアズの議論を修正・応用し得た所以であったといえる。両者の見解の接点と相違，さらにはその背景の違いは，次に述べるボアズの nation 概念の記述において極めて顕著に現れることになる。

ボアズによる nation の定義

　ボアズが nation の定義，およびそれに関する見解を明確に述べているのが『人類学とモダン・ライフ』の第4章「ナショナリズム」である。本章の中でボアズは，人種と文化の概念が nation, nationalism, nationality などの諸概念を規定する上でいかなる位置づけにあるかを明らかにし，さらに人種と文化の概念が混同されることによって起こる虚構の nationality の創出に対し警鐘を鳴らしている。

　ボアズはこの章の冒頭で，nation を以下のように定義する。

　　［…］nation は，一般的に政治単位，国家（State）を指す。ただし時には政

治的帰属（political affiliation）に関係なく，nationality の成員を集合的に指す場合もある。国の政治的統合以前，イタリア人とドイツ人はしばしばイタリアあるいはドイツの nation と呼ばれていた［Boas 1986（1928）: 81］。

ここでボアズは nation を一義的には「国家」として，そして副次的には「nationality の成員」として定義する。何よりも政治的機能を備えた単位＝国家とみなす点において，ボアズは極めて明快に nation を定義しているといえる。他方彼が副次的意味として挙げる「nationality の成員」は，日本語に訳す際には困難を伴う。ボアズによれば，nationality とは以下の二つの意味を持つ。

> nationality は，一つの国家の市民を集合的に指す。我々がある人物の nationality をアメリカ人，フランス人，イタリア人などと呼ぶ場合は，彼がアメリカ，フランス，イタリアの市民であることを意味する。また nationality は，共通の言語・文化集団に属する人々に対しても用いられる。それはバルカン半島に散らばる共同体に属する人々をブルガリア人，セルビア人，ギリシャ人，トルコ人などと呼ぶ場合である［ibid.］。

ボアズが nationality の第一の意味として挙げる「国家の市民」とは，日本語では「国民」あるいは法的概念としての「国籍」と訳しうる。ボアズによる前述の nation の一義的定義に従えば，それは政治単位としての国家に属し，その国政に参与する地位を与えられた人民であるといえる。一方，第二に挙げる「共通の言語・文化集団」とは，日本語の「民族」に訳しうる。ただしボアズは，言語・文化集団としての nationality の定義には常に曖昧さが伴うと指摘し，それが本章のタイトルでもある nationalism の定義をも困難なものにしていると述べる。ボアズによれば，nationalism とは以下のように説明される。

> nationalism は，nationality 同様曖昧な言葉である。それは国家的利害に対して市民が示す連帯意識，あるいは献身［的感情］を表現する際に用いられる。また文化的紐帯を政治・経済的組織への連帯と結びつけようとする nationality の欲求としても示される［ibid.］。

ここでボアズは，nationalism に二つの意味を付与する。それは市民による国家的利害への連帯意識と，文化によるつながりを政治・経済的結びつきに一致させようとする nationality の欲求である。ボアズによれば，nationalism は第一の意味である「国家的利害に対する連帯意識」として定義される限りにおいては明確な概念であるにもかかわらず，そこに nationality の概念が関わることで曖昧な概念となる［ibid.: 82］。

　ボアズによる nation の定義は，ガミオが「nation の不在」を訴える際とは異なり，極めて明瞭である。むしろボアズがここで問題とするのは，nation の意味自体ではなく，文化・言語集団としての nationality であり，ボアズはこの概念が曖昧さを孕むのは，彼が一貫して批判してきた人種概念と文化概念との混同と関わっているとする。このような曖昧さをボアズは，nationality が国家の枠組み内での生活および諸制度との関わりの中で各個人によって形成されていくものであるにもかかわらず，それがあたかも血や言語という，つながりが実証され得ないものとしばしば同一視されることから生じていると主張する。ボアズは，nationality を規定する，あるいはそれと同一視されるこれらの指標の虚構性を以下のように指摘する。

　　血のつながりも，言語によるつながりも，それだけでは nationality を形成し得ない。nationality を形成するのは日常生活における習慣や思考様式，感情や行動などから沸き起こる情緒的生活の共同体（the community of emotional life）であり，それは各個人の自由な行動を可能にする媒体を構成しうる［ibid.: 92］。

　ボアズにとって nationality とは，日々の生活の中で個人が身につけていく感情や習慣からなるものであり，それにより形成される共同体は「個人の自由な行動を可能にする媒体」をも構成しうるものである。このような媒体とは，後に述べるようにボアズにとっての nation のあるべき姿であった。したがってボアズは，彼にとっての個人と nation との理想的関係の構築に向けて，nationality を血と言語にのみ依拠するものとみなす前提を痛烈に批判していく。
　まず第一にボアズが批判するのは，人種と nationality とを関連づけ，人々の心性あるいは文化生活がその形質的特徴に依存しているかのように主張し，さらにはそれを根拠に形質的差異を備えた集団を劣性とみなしたり，排斥する行

為であった [*ibid.*: 82-83]。ボアズはこのような主張が依拠する人種と nationality との関係性が決して実証され得ないものであることを，様々な例を用いながら論じていく。

　ボアズはそのような例の一つとして，北西ヨーロッパにおいて金髪や青い瞳をエネルギーや知能の保持と結びつけ，そうした形質を持つ人々の集団が高文化を体現し得る nationality の代表格であるかのようにみなす見解が実証不可能であることを挙げている [*ibid.*: 83]。またこのような人種と文化の混同が極めて広く浸透していることは，キリストがユダヤ人ではなくアーリア人，つまり北ヨーロッパ人であったという主張や，コロンブスは金髪であったに違いないとする著名な科学者の主張にも現れていると述べる [*ibid.*: 84]。ボアズはこれらの主張に対し，集団内において心的特徴が遺伝するか否かが証明され得ない以上，特定の人種の優秀性を唱えたり，特定の人々を nationality の体現者とみなすような論調は誤謬でしかないとして強く反論する [*ibid.*: 83]。

　またボアズは，このような人種と文化との混同が，米国社会やドイツでの「純粋な人種タイプ（pure racial type）」に対する「信仰（belief）」として浸透していることにも危惧を抱いている。ボアズは，nationality が極めて多様な人種から構成されていることは明らかであるにもかかわらず，「純粋な人種タイプ」への信仰，あるいは「劣性人種の侵入が人種の純粋性を消滅の危機に陥れている」といった誤った認識が存在すると述べる [*ibid.*: 84-85]。こうした「信仰」は，ドイツにおいてユダヤ系住民ボアズを排斥し，また米国においては新移民の移住を制限する際の根拠となるものであった。ボアズは，このような「信仰」が全く根拠を持たないことは，ヨーロッパにおいて歴史的に展開した諸集団の移動や混血の浸透を考慮すれば明らかであり [*ibid.*: 88]，またヨーロッパに存在するとされる特定の nationality が決して国家の領域に合致した形で特定の心性や文化的特性を保持するものでないことは，身体的形質タイプの地理的分布が国境を越えて層を成していることでも証明されていると主張する [*ibid.*: 85-86]。

　またボアズは，以下の理由により言語共同体を nationality と同一視することにも疑問を唱える。まず第一に，言語の共通性がこれほどまでに強調されるようになったのは，実は最近 [近代以降] のことである [*ibid.*: 92]。第二に，各言語内には方言の多様性や社会階層による違いが存在しており，例えば教育を受けた米国人，フランス人，イギリス人，ドイツ人，イタリア人，スペイン人，

ロシア人などは，国内の教育を受けていない階層の人々とよりも他国の教養人との方がコミュニケーションが容易であると感じることがしばしばある [*ibid.*: 91]。さらに言語によって nationality の境界を規定することが不可能なことは，例えば地域によってはイタリア語とフランス語の間の境界が段階的なものにすぎず，イタリア人かフランス人かを決定するのは言語ではなく政治的境界や文化的関係であることからも明らかである [*ibid.*: 92]。

　他方，以上のように述べながらも，nationality を「共通の言語・文化集団」と定義しているように，ボアズは言語を nationality の重要な構成要素とみなすだけでなく，言語が「人々の心の琴線に強く訴え」[*ibid.*: 91]，「国の独立闘争においては愛国心を発動するための重要な要素となりうる」[*ibid.*] ことを認めている。しかしそれだからこそ彼は，言語の共通性のみを根拠に虚構の nationality が捏造され，権力支配の道具に用いられることを懸念する [*ibid.*: 94]。ここでボアズが念頭に置いているのは，「帝国主義的野心の追求」のために，「虚構の人種的つながり，あるいは根拠のない国家単位を創出した」[*ibid.*: 94] と彼が批判する汎ゲルマン主義，汎スラブ主義などである。ボアズはこれらの単位は，過去の言語学・文献学的研究に依拠してはいるものの，現存の文化とは全く関係がないと述べる [*ibid.*]。ボアズにとって血統や言語の系図を辿ることで創造・捏造される単位を近代生活に拡大することは，「権力追求の野心」を象徴する行為でしかなかった。

　このようにボアズは，nationality の構成要素が捏造されることや，それを規定するとされる人種と文化とが混同されることに対し明快な反証を展開する。しかし一方で，nation 内において，複数の集団が実際に接触する現実の場面においては，人種と文化が分かち難く結びついていることに対しても自覚的である。すなわちボアズは「nationality を規定するのは文化である」という主張を繰り返しながらも，人々の相互作用においては，「nationality を規定するものとしての血のつながりが重要になる場合がある」[*ibid.*: 89] と述べ，それまでの主張とは矛盾するような議論を行っている。

　ボアズはまず，髪や瞳の色，顔の形や身長などの身体的外見は個人を特定する要素ではあるものの，実際に個人の印象を決定するのは，髪型やひげ，身体的動作などの多種多様な要素であると述べる。例えば，米国においてフランス系，イタリア系，ドイツ系などの住民が「米国人」として特定されるのは，必

ずしもその外見からではなく，彼らの振る舞いや総合的な文化的生活（cultural life）［*ibid.*］の様態，すなわち後天的に獲得される文化によると述べる。

一方，ヨーロッパ系米国人に関するこれらの主張は，米国内の他の集団，すなわちメキシコ人，ユダヤ人，黒人，アジア人などが相互に接触する場面についての記述では以下のように変化している。

> 人種的血統や系図（descent）が nationality を規定する際に重要となるのは，根本的に全く異なった人種が隣り合って存在するような国においてである。米国内の白人，黒人，現地生まれのアジア人はみな同じ nation に属する成員であるとみなされている。しかし必ずしも彼らは同じ nationality に属する成員とはみなされない。なぜなら彼らの間の社会的障壁は大きく，また未だ異なった人種に属するという意識（consciousness）が存在するからである。彼らは形質的相違のため離れて存在しており，それが当面の分離の原因となっている［*ibid.*: 89-90］。

ボアズはここで，「人種が nationality を規定する要素として重要となる場合」を米国内の例から述べ，それぞれ異なる nationality を形成する集団の分離を，人種そのものの違いというよりは，それぞれが他の人種に対して持つ差異の「意識（consciousness）」の問題によるものとして捉えている。

ボアズは複数の集団が接触する場面において，対面する集団同士が未知であればあるほど，こうした集団間の「差異の意識（consciousness of contrast）」は高まり，それが人種的反感（racial antipathy）として発揚することが多いと述べる。ここでの「差異の意識」とは，ボアズが「米国内の白人，黒人，アジア人」を例に挙げているように，視覚的な形質的差異，すなわちボアズが述べるところのストレンジネス（strangeness：異質感）を相互に抱いている状態を指す。ボアズによれば，それにより生じる違和感は，人々が未知のものに遭遇した際に発動する「ある種の美的標準（esthetic standards）」［*ibid.*: 66］との照合により決定されるものであるが，「継続的に異なったタイプと接することでこれらの標準は大幅に修正され，差異の意識も次第にわずかなものとなる」という［*ibid.*］。

ここでボアズが強調するのは，相互に異質な集団同士の接触で生じる人種的

偏見は決して生得的なものではなく,「子供時代に身につく習慣」[ibid.: 64] であるため,修正が可能だという事実である。そしてこのような修正の手段の一つとしてボアズが挙げるのが異人種間の混血の進展であり,それは彼にとって「人種感情の強まりを和らげるための望ましい手段」とされている [ibid.: 78]。ここでボアズが例として挙げるのがメキシコの状況である。

> インディオと白人との混合が多くの混血人口を生んだメキシコでは,社会的障壁による永続的な分離は起こっておらず,インディオ,メスティソ,スペイン人,クリオージョとの間の差異は弱い。彼らはみなメキシコの nation の成員であるだけでなく,メキシコの nationality の成員でもある。彼らはこの事実により,総じて国の社会的・政治的生活に参与することが可能となっている [ibid.: 90]。

ボアズはこのようにメキシコを人種的差異の意識が弱い国の例として挙げ,その理由を混血の進展としている。このようなボアズの見解は,後に述べるガミオの混血に関する見解とは大きく異なっているといえる。なぜならガミオは,インディオ,メスティソ,白人といった多様な人種から成るメキシコ社会内部の差異や,それにより引き起こされる断絶の存在を強調していくからである。ただし両者は,nationality の成員が nation の成員としての立場を最大限に享受するための手段の一つとして混血を挙げる点においては意見を同じくしている。つまり,両者ともに混血を集団間の社会的障壁を取り除く方策として提示したのである。

ところでこのようなボアズの混血に関する観点は,現代においてボアズを論じる研究者が彼の同化主義的見解として批判の対象とする場合がある [Visweswaran 1998: 71 et. al.]。しかし前述のように,この時期の欧米社会は「劣性人種」による「優性人種」への同化は不可能であり,異人種間の雑婚は「劣性人種」を生じさせるに過ぎないとみなす思考様式が疑問の余地なく浸透した状態にあった。したがって当時の文脈に留意すれば,ボアズの主張は混血による同化の積極的な奨励というよりは,むしろそれを不可能とみなす見解の非論理性に対する異議申し立てであったといえる。

ボアズが問題としたのが必ずしも異人種間の混血自体ではなく,非科学的な

理由に基づいて諸規制が布かれることで nation 内の障壁が増強されることであったことは，次のような記述にも示されている。

> nationality が人種的意味ではなく，社会的意味を持つ概念であることを示すよい例がユダヤ人である。ユダヤ人がユダヤ人コミュニティ内での同族結婚やユダヤ人独自の慣習，職業，服装などを保持している限り，彼らは nation の成員ではあっても，完全には nationality の成員ではない。なぜならこのようなユダヤ人は，ユダヤ人コミュニティの利害に見合った範囲でしか［nation に］参加しておらず，同族結婚が彼らをそこから永遠に乖離させるからである。彼らが nationality の成員となるのは，nation に完全に同化（assimilate）した時である。こうしたケースは北ヨーロッパのユダヤ人人口が少ない国々に見られ，これらの国ではユダヤ人は混血し，急速な同化が起こっている［ibid.: 90］。

ここでは，形質的差異意識が弱いにもかかわらず社会的障壁が築かれるケースとしてユダヤ人の例が挙げられている。ボアズはユダヤ人の間で行われる同族結婚が彼らを nationality から「永遠に乖離」させていると述べるが，この記述は以下の点においてボアズが挙げる米国やメキシコの例と異なっているといえる。すなわち米国とメキシコの例がそれぞれ，nation 内の集団に国家が一方的に課す規制（異人種間の雑婚禁止）により生じる社会的障壁の存在（黒人の例）や，逆に混血によって障壁が生じない状態（メキシコの例）を説明するものであるのに対し，ユダヤ人の例は，国家からの規制ではなく，ユダヤ人自身がその集団内で行う規制慣行によって生じる障壁に関する説明である。さらには，ここでは否定はしないまでも，それらの慣行が nation へのユダヤ人の社会的・政治的参与を妨げているという批判的ともいえる見解が示唆されている。このようなボアズの見解は，個々の文化の独自性を尊重する文化相対主義の創始者としての彼のイメージとは一見矛盾するものにも見える。

以下では，このようなユダヤ人および彼らの慣行に対する見解の要因となったと思われるボアズのユダヤ系ドイツ人としての出自，とりわけ同化ユダヤ人としての出身背景について述べる。なぜならそのような出自が，彼の人類学との関わりや，人種と文化を基本概念としつつ nation を論じる際の彼の問題意識に少なからぬ影響を及ぼしているものと思われるからである。

ドイツ時代のボアズ

　ボアズによる nation の定義，およびそこでの多人種間の相互作用に関する言及には，出身地ドイツにおける彼の経験が影響しているものと思われる。その経験とは，大きな変動の中にあった 19 世紀中葉以降のドイツ社会におけるユダヤ系ドイツ人としての出自に関わるものであった。また以下で述べるように，ボアズにおける nation の定義は，この変動の中で彼の家族が抱いた「知的自由 (intellectual freedom)」の至上性という信念に深く根ざしたものであった。

　ボアズは 1938 年に「人類学者の信条 (An Anthropologist's Credo)」という論文を The Nation 誌に寄稿した。そこでは，「公の場においてユダヤ系ドイツ人と名乗ったことがない」[Glick 1982: 554] とされる彼が，ユダヤ系ドイツ人としての自身のあり方や，自分の教養形成に深く関わったドイツでの家庭環境について述べている。本論文の最後でボアズは以下のように述べる。

　　　私が自分の理想（ideal）を持ち得たのは，私という人間のあり方，そしてこれまで生きてきた道のりがあったからだ。私がその理想に向かい取り組むのは，私の性質のなせるところであり，また私の理念に反するような文化状況が私を行動へとかき立てるからだ [Boas 1938: 204]。

　80 歳のボアズが記したこの文章には，自身の置かれた状況に大きく翻弄されながらも理想を追求しつづけた闘争者としての彼の側面が示されている。そしてそのように彼を闘争へと駆り立てた状況の一つとして，ユダヤ系ドイツ人としての生い立ちがあったことは，すでに多くの研究者により指摘されている。以下では，L. B. グリック（Leonard B. Glick [1982]），J. リス（Julia Liss [1996]），G. フランク（Gelya Frank [1997]）らに依拠しながら，19 世紀中葉以降のドイツ社会におけるユダヤ系ドイツ人の位置づけ，およびそこでのボアズの葛藤について述べる。

　ボアズは論文「人類学者の信条」において，彼の初期の思索に影響を与えたものとして，ドイツにおける 1848 年革命の理念，そしてその影響を強く受けたリベラルな両親の存在を挙げている。

　1848 年革命とは，パリでの同年の 2 月革命を経た共和制樹立に刺激されドイツ全土で起こった民衆蜂起を指す。3 月革命（Marzbewegung）と呼ばれるこ

の蜂起は，ナポレオン支配下のドイツに芽生えつつあった自由主義運動を弾圧したオーストリア宰相メッテルニヒを失脚させ，さらにはプロイセンにおける自由主義内閣組閣を促すこととなる，ドイツ初の国民的性格を帯びた革命であった［加藤 1998：5］。他方，この革命は結果として大ドイツ主義の確立に失敗したことから「挫折した革命」という評価も下されている［ダン 1999：93］。しかしいずれにせよ，1848年革命がボアズとその家族にとって大きな意味を持ち得たのは，この革命がもたらした一連の経緯が一時的にせよドイツにおけるユダヤ系住民の「解放（emancipation）」を促したからであった。

村山雅人が述べるように，キリスト教国における伝統的なユダヤ人への敵視や憎悪は，ユダヤ人が「神を殺した民」であるという聖書の記述に根ざしており，このような感情は歴史の中でたびたびユダヤ人の迫害として表出した［村山 1995：72］。このような反感は，日常的には単に感情のレベルにとどまらず，ユダヤ系住民に対する様々な公的規制の形でも存在してきた。したがって，ユダヤ系住民にとって1848年革命が大きな意義をもったのは，一つにはそれがそれまで布かれていた彼らに対する市民権や職に関する規制の撤廃をもたらしたためであった［Glick 1982：546-547］。そしてさらに重要だったのは，この革命が自由の名のもとにドイツの国民すべてを包摂した運動となったという事実であった。それはユダヤ系ドイツ人にとっては，ドイツ史上初めて自分達が自由を求める同志として認知されるという画期的な出来事であった[7]［ibid.：547］。

ボアズによれば，リベラルな企業家の父，そして理想主義者で政治意識の高い母は，このような自由主義的環境の申し子ともいえる存在であった。とりわけボアズの学問的傾向には，後に述べるように，ミンデン（ドイツ北西部，ノルトライン・ヴェストファーレン州の都市）初のフレーベル幼稚園の創設者でもあったという母親の影響が大きいとされる［Liss 1996：163；Frank 1997：733］。

---

[7] オットー・ダン（O. Dann）が引用する以下の詩歌は，自由の名のもとにユダヤ系住民をも「国民」として平等に認知した1848年革命の精神を示している。
　　自由――それは国民（nation）
　　全ての人々に平等に認められるべき要請
　　自由――それは三十の王冠を競売にかけること
　　自由――それはとりもなおさず共和制！
　　なんといっても共和制！
　　（後略，傍点引用者）［ダン 1999：86］

また以下のようなボアズの文章は、彼の家族がどのように1848年革命の精神を実践していたかを示すものである。

> 私の両親は教義の足枷（shackles）を克服していた。父は、宗教的儀礼に関しては、親族間のものであれば情緒的愛着を感じてはいたが、それが知的自由（intellectual freedom）に影響しないよう配慮した。したがって私は多くの若者の人生に課された宗教的教義との闘いから免れることができた［Boas 1938 : 201］。

こうした述懐からは、ボアズの家族がユダヤ系住民でありながらユダヤ教の儀礼実践とは距離を置く「同化ユダヤ人（assimilated Jews）」であったことを示している。グリックが述べるように、ボアズの家族に代表されるこの「同化ユダヤ人」は、宗教実践の改革、職の多様化、ドイツへの忠誠心の表明などを通して、長年にわたり自身を「見栄え良く（presentable）」していくことで「ユダヤ人も同化可能である」ことを示してきた人々であった［Glick 1982 : 548］。ボアズの文章によれば、彼の両親がとりわけ重きを置いたのは、ユダヤ教の伝統的宗教儀礼が「知的自由（intellectual freedom）」に影響を及ぼさないよう配慮することであったという。教義が「足枷」と表現されているように、ボアズの家族にとって、自由主義的精神の意義とは何よりも宗教教義に左右されることなく知的欲求を存分に開花させることであった。

他方、ボアズ一家を取り巻くユダヤ系コミュニティの成員がすべてこのような思考法を持っていたわけではなかった。同論文には、リベラルな家庭に育ったボアズが他のユダヤ系住民と自分との差を驚きをもって発見した様子が述べられている。

> 私が人生で最初に感じた衝撃は、神学者でもあった学生時代の友人が、伝統の権威への信念について語り、過去が我々に継承せしめるものに対して疑念を抱く権利は我々にはない、という確信を表明したことであった。このような思考法における徹底した自由の放棄は、私の人生の中で決して忘れられない出来事として記憶に残ることとなった［Boas 1938 : 201］。

写真11 ボアズとその家族（1882年頃）。左からボアズ、母ソフィ、父メイエル、姉アントワネット、妹ヘドウィグ

　ボアズが友人から受けたというショックは，同じユダヤ系住民であっても宗教や戒律，「伝統の権威への信念」について全く異なった世界を持っていることを知ったためであった。このようなボアズの驚きは，彼の両親のリベラルな教育方針を示すと共に，19世紀のドイツ語圏におけるユダヤ系社会の複雑な様相をも表しているといえる。村山によれば，当時のドイツ語圏においてはユダヤ教の戒律を厳守する「東方ユダヤ人」と呼ばれる人々と，西洋化した「同化ユダヤ人」と呼ばれる人々が存在していた。これら両者の間では，すでに言語，宗教，風俗，習慣は大きく異なっており［村山1995：20］，同化ユダヤ人の未同化のユダヤ人に対する偏見や敵意はしばしば非ユダヤ人によるものより強かったという［前掲書：242-243］。すなわち当時のドイツ語圏ユダヤ・コミュニティは決して一様ではなく，そこには経済的格差や同化の度合いによる断絶や様々な確執が存在していた。このような当時のユダヤ系社会を取り巻く環境は，ボアズが友人の言動から受けた衝撃や彼がユダヤ教の教義を「足枷」と呼んだ事実とも関係しているように思われる。

　またボアズは，友人の教義の絶対視を「自由の放棄」と捉えている。自由主義的な家庭環境で育ったボアズにとって何よりも理解しがたかったのは，知的欲求を自由に開花させることなく，宗教的権威の囲いの中に自身を閉じ込めようとする友人の思考法であった。このような知的欲求の自由な発露へのボアズのこだわりは，後述するように彼のnation概念およびnationの成員の心構えとして繰り返し言及されていくものであった。

しかし，ボアズが青春期を迎えるドイツは，「知的自由」を重視するボアズと家族にとって，多くの矛盾や葛藤を強いる環境であった。1848年革命後のドイツでは，ユダヤ系市民の権利が拡大される一方で，同時期に起こった急速な産業化の恩恵を受けた，都市中流階級に属するユダヤ系市民に対する攻撃が増加した［Glick 1982 : 547-552 ; Frank 1997 : 733-734］。ユダヤ人の社会進出を可能にした自由主義への批判は，その反動として反自由主義的環境をドイツにもたらし，反自由主義が反ユダヤ主義とほぼ同義語として用いられることさえあった[8]。

　このような状況下でボアズはギムナジウムに入学した。リスによれば，彼はここでドイツ古典芸術と呼ばれるものの習得に努め，「正しい趣味と判断」の獲得を通して主流文化の一端を担う欲求を示したという［Liss 1996 : 169］。当時のドイツ中流家庭にとって，ギムナジウムで子弟を学ばせることがエリート社会参入の登竜門であったことを考えれば，ボアズの両親が息子の教育にかけた熱意，そしてその期待に応えようとしたボアズの勉励は想像に難くない。ボアズはこの時期，ギムナジウムでの生活を通して自身を「見栄え良く(プレゼンタブル)」することを目指したのである。しかし彼の努力も虚しく，ユダヤ系ドイツ人を取り巻く状況はさらに悪化していった。もはや宗教ではなく，社会経済的要因に基づいた当時の反ユダヤ主義は，次第に血や人種の観念の装いのもと，同化／非同化を問わずユダヤ系住民への攻撃の形となって強まっていった。ボアズの大学時代には，故郷ミンデンにおいても「ユダヤ人との混血の危険から我々を守らなければならない」と論じるA. ストーカー（Adolfo Stoeker）をはじめとする反ユダヤ主義政治家が輩出されるなど，ユダヤ系ドイツ人排斥の気運が高まった[9]［Glick 1982 : 556］。このような中でユダヤ系ドイツ人の多くは，宗教や伝統を捨て，ドイツ社会へのさらなる同化を図っていったが，ユダヤ人は「唯一無比の民族集団（unique ethnic group＝Volk）たるドイツ人には決してなれない」

8）同様の現象は，当時の文化概念の使用法にも見られたという。ドイツ語で通常「文化」を指す場合には，安定や牧歌的単純さ，伝統などの意味もあるKulturが用いられたが，「ユダヤ人の文化」を指す際には，Kulturと対比して用いられ，近代的日和見主義などの意味を持つZivilizacionが用いられた［Glick 1982 : 549］。
9）宮廷牧師でもあったストーカーは，当時の反ユダヤ主義運動の中心人物の1人であった。彼は1881年，ドイツ帝国議会の議席を獲得したが，その際ストーカーに対抗して出馬したのが，ボアズに大きな影響を与えた形質人類学者ウィルチョウであった［Frank 1997 : 733-734］。

として一蹴された [ibid.: 548]。ボアズはこの時期，このような気運に反発してしばしば喧嘩をし，怪我を負うようなこともあったという [Liss 1996: 168]。

　他方，リスはこのようなボアズの怒りや抵抗は，必ずしも彼のユダヤ性に対する愛着あるいは嫌悪にはつながらなかったと述べる。ボアズにおいてこれらの経験はむしろ，エスニシティが外的措定の結果として生じているということの認識につながると共に，人種的特徴の一般化から派生する偏見への抵抗へと結晶していったという [ibid.: 169]。リスが述べる以上のようなボアズの認識は，彼が 1931 年に執筆した以下のような文章にも明確に示されている。

　　集団の中には，特定の状況や選択，あるいは支配集団が異なったシンボルを課したことにより，服装で特定されるようになった集団がある。それは中世のユダヤ人の衣服，囚人のストライプのシャツなどである。各個人の性質がどのようなものであれ，集団に [ある指標が] 割り当てられるや否や [彼らは] そのようにしか扱われなくなるのである [Boas 1982（1931）: 15]。

ここでの「服装」とは，ボアズの経験からいえば必ずしも実体的なものではなく，ユダヤ系ドイツ人に課された血や人種の特異性といったレッテルのように，観念的刷り込みによって生じる指標ともいえる。このような外から課された差異，あるいは観念的に捏造される指標が割り当てられることにより，nation 内で排斥されるべき個人および集団が産み出されることについて，ボアズは以下のように述べている。

　　我々の中に存在する集団とはしばしば主観的構築物である。そこに割り当てられた人々は自分をその集団の成員と感じていない場合がある。彼らに対する不当な扱いは文明の汚点の一つである。ある特定の人々に対して，彼ら一人ひとりを個人とみなさず，黒人やユダヤ人としてのみ認識したり，あるいは自分達とは関係のない nationality の成員としてしか考えられない人がほとんどである [Boas 1938: 203]。

　ボアズがここで「黒人とユダヤ人」というように，彼が述べるところの視覚的異質性（strangeness）の度合いの高い集団である黒人と，そうではない

ユダヤ人とを同列に扱っていることは一見奇異に思える。しかし『未開人の心性』および『人類学とモダン・ライフ』に収録された論文「人種の相互作用（The Interrelation of Races）」でのボアズの議論によれば，人種間の違いはグラデーション状であり，そこに明確な区分が存在するわけではない。それが差異として認識されるのは，多人種間接触の中で生じる意識の作用による。したがってボアズにとってユダヤ系住民，とりわけ同化ユダヤ人に対する差別は，必ずしも実体のない指標が捏造され，あたかも差異が存在するかのように意識レベルにおいて可視化されるという意味においては，黒人とユダヤ人は同列に扱い得る集団であったといえる。さらにこのような「主観的構築物」としての集団に関して，ボアズが最も懸念するのは，外的指定およびそれに伴う差別により個人が個人として扱われないことにあった。ボアズは，それが彼と家族が重視した「諸個人が存分に享受すべき知的自由」の妨げとなり得ることを危惧したのであろう。以下で述べるように，ボアズのこのような危惧は，彼にとっての理想のnation像に関する議論にも反映されている。

ボアズにとっての理想のnation像

ボアズのドイツでの経験は，nationの概念化においてメキシコ人ガミオとは全く異なる方向に向かう契機を作った。また両者のnation概念の方向性の違いは，それぞれの出身国を取り巻く当時の国際情勢によってさらに増幅されたといえる。とりわけボアズにとって祖国ドイツと米国との対戦，そしてドイツにおいて自身の親族をも巻き込んだナチスの勃興は，彼のnation／nationalismの概念化に大きな影響を与えた。

ボアズにとって米国は，彼のユダヤ性を不可視にし，ドイツ系アメリカ人として知的自由を開花させうる場所であった。しかし第一次大戦以降，ボアズにとって理想の国であった米国は次第に変貌していった。ボアズはこの時期，米国政府の反ドイツ主義的政策に対して抗議声明を発表したり，ドイツの文化事業を支援するなどの政治的・社会的活動を行ったとされる［Stocking 1989（1974）: 308-309 ; Glick 1982 : 554］。ボアズによるこれらの活動は，彼がドイツ系アメリカ人として同胞ドイツ人に向けて行ったものであった。しかしドイツにおけるナチスの勃興およびユダヤ人に対する迫害，そして第二次大戦の勃発という激動の中で，ユダヤ系ドイツ人であると同時にドイツ系アメリカ人でもあったボア

ズが多大な葛藤を抱えたであろうことは容易に推測される。この時期米国での反ドイツ主義的気運の高揚により，米国在住のドイツ系住民の多くは，自身がドイツ系であることを隠蔽する必要に迫られた。ボアズは同時期コロンビア大学で教えることは許されず，唯一その姉妹校バーナード大学（Bernard College）での授業を担当できただけであった［Frank 1997 : 734］。

他方，ハースコビッツによれば，同時期は学問研究の世界において，生物学をはじめとする諸科学の政治権力への悪用が問題視されていた。科学の一分野として人類学もその議論の例外ではあり得ず，人類学者が自らの身を守る必要に迫られる中，ボアズは自身の立場を以下のように明快に公言していたという。

1) 科学者は，データの導くところいずこにおいても研究の遂行および公表の自由を与えられなければならない。また研究を通して得られたデータを使用する場合，あるいは他者の研究を批評する場合はいずれも科学的原理に則って行わねばならない。
2) 科学者はその義務として，自身の研究成果の応用には責任を持ち，その成果を市民と共有し，また市民が自由に使えるように普及しなければならない［Herskovits 1953 : 104-105］。

ボアズのこうした科学者としての立場表明は，いかなる政治権力も知的自由を侵すべきではないという彼の理念を反映していると共に，第一次大戦とほぼ時を同じくして起こったメキシコ革命についての彼の見解とも密接に関わっている。上記の1) は，革命期のメキシコで nationalism 勃興に伴い外国人教師の排斥が始まった際のボアズの対応を想起させる。ボアズはガミオへの書簡で，様々な国籍の研究者集団からなる EIAEA の重要性を宣伝してほしいと頼んでいた（前章 p.114 参照）。その際ボアズの念頭にあったのは，研究者が国籍に関わりなく研究に専念できる学問の自由であったといえよう。また科学者の倫理意識を強調する2) は，論文「スパイとしての科学者」における糾弾を想起させる（前章 p.139 参照）。ボアズにとってこれらの科学者は，研究成果の応用に責任を持たないばかりか，偏狭な nationalism のためにそれらを悪用するという間違いを犯していた。それは同時に，市民との知識の共有を目指すボアズの，政治権力による知識の占有への警鐘でもあった。

このように偏狭な nationalism，あるいは人種と文化の混同や虚構の nationality の捏造を批判するボアズにとって，nationalism とは，何を前提とするかによっ

て有益にも有害にもなりうる概念であった。ボアズは現代の nationalism が本来持つべき前提を以下のように述べている。

　　現代の nationalism は，集団が nationality により結びつき，それによって［諸個人が］共通の社会生活をより充実させ，自身の行動決定に対する欲求を促進させることを前提としている。言い換えれば，自身の運命をコントロールする力を持つ nation［nationality を備えた人間］となる欲求の促進である［Boas 1986 (1928)：94］。

　ボアズにとって nationalism とは，社会生活を充実させるという目的のもとで集団に紐帯をもたらし，諸個人がその中で自身の運命を自由にコントロールできる手段あるいは道具として表れる場合においては有益なものである。そしてこのような nationalism は，ボアズがユダヤ人や黒人の例を挙げて述べたように，外から課された指標によって自身をコントロールする権利を剥奪された状態や，権力や利害のために愛国的シンボルを用いて特定の集団への強い情緒的価値を刷り込むような行為とは全く異なるものであった[10]。ボアズは人種問題の専門家として講演する際にも度々この点について言及した[11]。
　また先の文章の中でボアズが「現代の」と強調しているように，ボアズにとって nation の単位は，その時々の人間の要請に従い変容すべきものであった。

　　国家的理念（National ideal）の実現が人類の利益を前進させると認識している人々は，現在の我々の課題が，より大きなスケールでの nationalization のプ

10）ボアズは，権力や利害のために外集団を敵対視することによって高められる紐帯，およびその結果としてもたらされる nationalism を「政治的 nationalism（political nationalism）」と呼び，「文化的 nationalism（cultural nationalism）」とは区別すべきとしている。ボアズによれば，nationalism は教育により強化され得るが，国益増強のためにシンボルを用いて情緒的愛国心を強制的に植えつけたり，国家を神聖化することは決して許されてはならないという。ボアズにとって教育とは，nation 内の成員の自覚を持たない人々が自発的に nation につながりを持てるように配慮し，できるかぎり個人を自由にするための手段でなければならなかった。
11）ボアズは，1906 年に黒人大学アトランタ大学で行った講演「米国黒人の前途」（The Outlook for the American Negro）において，ユダヤ人の歴史的経験を引用しながら，偏見を経済的・教育的向上によって払拭し，nation での位置を認識すると共に nation に適合することの重要性について述べている［Stocking 1989：314-315；太田 1998；大村 2003a：22］。

ロセスを進展させることにあることを自覚している。それはローカルな差異を薄めることではなく、それぞれの個人を同じ目的に向かうよう促進することを意味する。国際連盟 (The League of Nations) は、人間の発展に不可欠な次のステップなのである [*ibid.*: 96-97]。

ボアズにとって「現代の nation」の単位は、彼が理想とする nation 像へと至る経過点であり、最終的ゴールではない。nation の枠組みは現在のスケールにとどまることなく、人類全体へと拡大しなければならない。ボアズによれば、このような構想は、現在我々が自明視する nation 概念 (nation は国境線で区切られた領域から成る主権国家を指し、その内部に居住する住民は nationality を共有するという考え方) が過去においては想像も及ばないものであったことからもわかるように、決して夢物語ではないという。人間は集団化の過程においてその規模を拡大し、平和な時期と境界外の集団との抗争の時期とを繰り返してきた。したがってボアズが述べる「より大きなスケールでの nationalization」とは、いうなればこのような集団間の抗争の原因となる境界の存在自体を消失させるべきとする主張であり、ボアズにとってそれは歴史の自然な進展プロセスの一つであった [*ibid.*: 101]。そしてこのような進展プロセスの大きなステップとなるのが国際連盟の創設であった。

このようなボアズにとっての理想の nation 像は、ガミオのものとは大きく異なっているといえる。ガミオは nation の形成を第一とし、ラテンアメリカの知識人に対して訴えたように、その次の段階として人種的・文化的共通性を保持する汎 (ラテン) アメリカ主義を唱えた。しかしボアズにとっては、汎アメリカ主義は汎ゲルマン主義同様に虚構の nationality に依拠した枠組みでしかなかった。ボアズが掲げる人類全体を包含した nationalization とは、そのような虚構の単位を脱し、個人同士、そして彼らが向かうべき「同じ目的」とが垂直に結びついたものである。ここで述べる「同じ目的」とは、後述するようにボアズにとって「人類共通の倫理」と呼びうるものであった。

他方、ボアズはここで nationalization に伴う拡大が「ローカルな差異を薄めることではない」と断っている。それはまさしく国際連盟を、各 nation の差異を抑圧し独自性を消失させかねないと考えていたガミオとは逆の見解であった。ボアズは nationalization に伴うローカルな差異の普遍化について以下のように

述べる。

　　そのような普遍主義が nation の個別性の発展に反すると理解すべきではない。より大きな政治単位は，ローカルな文化間においては差異を保ち，決して単一化を促すような力を加えることはない。異なった文化間の接触による刺激は消失することはない。異なった観点は，常に人間の知的・感情的生活を生き生きとさせる力であり続ける [ibid.: 103]。

　ボアズはここで，普遍主義は各 nation，あるいはその内部のローカルな文化が持つ個別性とは対立しないことを強調する。ここには，nation の規模を拡大しても様々な歴史発展の帰結としての文化の多様性は尊重されるべきとする彼の相対主義的観点が反映されているといえる。ボアズにとっての普遍化とは，多様な差異を保持する文化の単位がゆるやかにまとまった状態であり，そのまとまりの中の差異の存在こそが，文化間接触の際の相互刺激を促し，それぞれの文化を活性化させるのである。
　ただし，1928 年の時点でのボアズのこうした主張は，第二次大戦目前の 1938 年に執筆された「人類学者の信条」では若干変化していることにも留意しなければならない。ボアズは同論文において，各文化の独自性は尊重されるべきという主張を繰り返す一方で，相対主義が決して侵すべきではない「倫理 (ethic)」の領域についても述べている。ボアズによれば，人間社会には二種類の倫理基準が存在する。一方は集団内，そしてもう一方は集団外に対して適用されるものである。集団内の成員に向けられる倫理基準は，「殺人」「窃盗」「虚偽」などの言葉がどの言語においても禁止の意味を含んでいるように，形態に多少の違いはあれどそこには必ず一定の普遍性が存在する。他方，集団外に向けられる基準は集団によって大きく異なる。殺人の場合のように，平時には集団内の防衛のため禁止事項とされた行為が，戦時になると集団外に対しては逆に奨励すべき行為へと転じる場合もある。ボアズは，内外の区別なく，集団内における倫理基準が全人類に拡大されるべきこと，さらにこのような倫理基準については，たとえそれが人間に関する研究という名目に基づいているとしても，決して相対主義的態度を取るべきではないことを強調する [Boas 1938: 202]。以上のようにボアズが相対主義的態度の限界を指摘した背景には，ドイツにおける

ナチスの勃興があったことは容易に想像されよう。

またグリック，フランクによれば，ボアズがここで述べる「倫理基準」とは，当時の彼にとっては特別な意味を持っていた。ボアズは 1876 年に F. アドラー (Felix Adler) によりニューヨークに設立された倫理文化協会 (Society of Ethical Culture) のメンバーであった。この協会は「特定の宗教や教義の普及ではなく，諸個人の権利の尊重を基盤とした地球規模での人道主義的共同体の構築をめざすこと」を目的に発足し，米国の教養層に属するユダヤ系ドイツ人会員を多く獲得した組織であった [Glick 1982 : 556 ; Frank 1997 : 734]。グリックは，倫理文化協会がボアズを惹きつけた理由として，協会の理念が 1848 年革命の精神に通じるものであったことを挙げている [Glick 1982 : 556]。またフランクは，倫理文化協会の理念は，彼に大きな影響を与えた母親が経営するフレーベル幼稚園の方針と理念に共通するものであったと述べる[12] [Frank 1997 : 734]。またグリックとフランクが共通して指摘するように，ボアズの倫理文化協会への関心は，ユダヤ系ドイツ人，とりわけ同化ユダヤ人としての彼の経験に根ざしたものであった。

自身の出自に関わる経験を経てボアズが抱いた理想の nation 像とは，各個人が国境や外的措定による偏見に妨げられることなく，自由にその才能を開花せうる場であった。またそこにおいて多種多様な文化は，倫理という全人類共通の基準を犯さない限りにおいて，保持され，尊重されるべき対象であった。

---

12) フランクは，倫理文化協会の設立理念がフレーベルの理念と結びついた瞬間を，ボアズの思想形成における重要な局面とみなしている。フランクによれば，1914 年にボアズが息子に宛てた手紙には，ボアズにおける二つの理念の一致が示されているという。手紙の内容は，倫理文化協会が運営する私立学校に通う 15 歳の息子ヘンリーが，第一次大戦についての意見を求めたことに対する返答である。以下がその文面である。
　［…］私が［戦争について］どう思っているのかを説明するのは難しい。
　君が野球をするとしたら，自分のチームに熱中するだろうし，自分のチームが負けたら悲しいと思うだろう。倫理文化学校で君が学ぼうとしているのは，自分のチームにだけ関心を持つのではなく，対戦相手のプレーを認めて，それがすばらしいものだった時は一緒に喜ぶことなんだ。同じ学校にいつも同じ仲間といるのは偶然であって，明日は別の子と一緒にいるかも知れない。学校の中で良いプレーヤーと一緒にいるからといって，別に自分が良いプレーヤーになれるとは限らない。唯一重要なのは，君自身が良いプレーヤーになることなんだ。君はできる限り良いプレーヤーにならなければならない。
　そして，自分の学校じゃないからというだけの理由で他の学校に嫉妬したり，敵対したりするのは悪い学校のしるしだよ [Frank 1997 : 734 からの再引用]。

第2節　ガミオにおける nation 概念

　本節では，ガミオにおける nation の定義を考察する。従来の多くの先行研究においては，彼の nationalist あるいは統合主義者としての側面が強調されてきたにもかかわらず，実際に彼の nation 概念がいかなるものであったかについては明らかにされてこなかった。以下では，ガミオの nation 概念を，ボアズのものと比較検討し，さらにそれを当時のメキシコの社会的文脈に位置づけることで，その特徴を析出する。それにより，ガミオの nation 概念がしばしば patria という概念に置き換えられている点にボアズとの違いが存在すること，またこのような二つの概念の使用がガミオの文化相対主義，および nation 内の住民の把握においてボアズとは異なった見解を生じさせていることを明らかにする。

ガミオにおける nation と patria

　ガミオはボアズとは異なり，著作において nation を明確に定義していない。したがって本項では，彼が 1916 年から 20 年の間に執筆した著作の中で用いている nation という言葉の用法を検討することで，彼の nation 概念の考察を試みる。

　本項で主な分析対象とするのは，ガミオの代表作とされる『Patria をつくる (*Forjando Patria*)』である。本書は先に述べたように，1916 年に初版が刊行され[13]，ガミオの亡くなる 1960 年には，彼が 1942 年と 45 年に雑誌 *América Indígena* に寄稿した論文を増補して再版されたが，この論文はここでの分析対象とはしない。なぜならガミオにおける nation 概念は，1920 年代以前と以降とでは変化しており，1942 年と 45 年の主張を同列に分析することはできないと思われるからである。

　本書のタイトルにも用いられている patria とは，ガミオとボアズの nation 概念の相違を象徴する言葉である。ボアズは nation を，一義的には政治単位＝国家 (State) と定義し，さらに副次的には nationality を備えた人間と定義した [Boas

---

[13] 雑誌 *Ethnos* において，ガミオは本書が 1920 年にはさらに 25 の新たな論文を収録し再版されるという宣伝を行っている [Gamio 1920 広告欄]。しかし実際には 1920 年版は実現していない。

1986（1928）: 81］。一方ガミオは，nation がメキシコに存在しないことを問題とし，『Patria をつくる』において nation を patria に置き換え，まずはメキシコ人が強化すべき patria の観念について問題提起を行っている。このような彼の patria という言葉の提示は，植民地化の遺制として固有の領土と人口を確保しながらも，近代国家の成立要件たる対外的主権および領域内居住民の紐帯が確保されなかったというメキシコの歴史的経験を踏まえたものであった。

　patria とは，日本語では「祖国」や「郷土」を意味する言葉である。ガミオによる patria の提唱は，彼が nation の形成を訴える際に，国家内の成員が情緒的な愛国心により結ばれるべきという主張を含意していたことを示す。このようなガミオにおける愛国意識による紐帯は，しばしば血や肉といったメタファーと共に表現されるが，このような言葉で描写される nation 概念は，科学的客観性の重要性を訴える際の彼の主張とは相反し，またボアズの nation 概念とは大きく異なるものであったと言える。

　本項では，まず第一に『Patria をつくる』から nation という言葉を抽出し，ガミオによるその3つの用法をそれぞれの文脈に位置づけながら考察する。第二に，ガミオにおいて nation と置き換え可能な概念として提示される patria の概念を考察し，その使用がガミオにとってメキシコの独自性を反映した nation 創出の原理を模索する際に不可欠な要素であったことを明らかにする。第三に，ガミオにとって patria の祖型でもあった先スペイン期の描写に始まるラテンアメリカの変遷に関する記述を検証し，それが彼が nation 形成の重要な要素の一つとした「共通の記憶」創出の模索であることを明らかにする。第四に，ガミオにおける patria の概念が，メキシコ国内に存在する多様な地縁的・血縁的集団の領域においても「小さな patria」として適用されていることに着目し，ガミオが目指す「唯一の明確な Patria」形成が，これらの「小さな patria」が強固に結びついた集合体を国家の領域へと拡張することであったことを明らかにする。

ガミオにおける nation の用法　　『Patria をつくる』において，nation という言葉が用いられるのは，以下の3つの場合である。

　1）大文字の Nation として「国家」を示す場合
　2）既存の国民国家を指す場合

3）既存の国民国家と対比させ，現在のメキシコにおけるnationの不在を主張する場合

1）の用法で使われる大文字のNationとは，政治権力や行政機構を指す場合として比較的明確である。それは例えばメキシコ大統領を「国家の統率者（Jefe de la Nación）」[Gamio 1960（1916）: 175]と呼ぶ場合や，メキシコにおけるキリスト教のあり方に関して見解を述べる論文「我々のカトリック教（Nuesto católico）」の中で，宗教を隠れ蓑としながら自己の政治的・経済的利益の追求を行うカトリック教徒を批判し，「教会と国家（Iglesia y la Nación）」[ibid.: 91]に対してこのような功利主義的カトリック教徒の処罰を求める場合などである。また現代のメキシコの統治体制を批判する文脈においても用いられる。ガミオは「我々の法律と法制度（Nuestras leyes y nuestros legisladores）」および「政治とその価値（La política y sus valores）」という2つの論文において，メキシコのNationのあり方を批判し，国内の多様性を尊重し，すべての社会集団に相応しいNationへと向上させるべきことを訴えている[ibid.: 77, 81]。

いわばガミオにおいて大文字のNationが表すものは，政治権力および行政機構として自明の存在ではあった。しかし彼が問題とするのは，このようなNationの機能が，国内の一部の住民によってしか享受されていないことであった。

また2）の用法として既存の国民国家を指す場合には，以下のケースが挙げられる。ガミオは「スペインとスペイン人（España y los españoles）」と題された論文において，メキシコにおけるスペインおよびスペイン人の排斥運動を批判し，読者に対して，個人的恨みをスペイン人あるいはスペイン全体に拡大して攻撃を行うことは間違いであると訴えている[ibid.: 153-155]。そして，たとえメキシコを征服したのがスペインではなかったとしても，現在のメキシコの状況はそれほど好転してはいなかったとする。ガミオはスペイン以外に当時メキシコを征服し得た国として，フランス，ポルトガル，イギリスの3つのnationを挙げている。ここでガミオが用いるnationとは，すでに確立し，長年にわたり対外的認知を得ている「国民国家」を意味するものと捉えることができる。ボアズに送った論文では，米国をnationとして述べる場合には国民国家として確立した国とみなしており，これも同様の用法といえる。

他方，米国とは対照的にメキシコはnationを形成していないと述べる場合は，

メキシコにおける nation の不在を強調する 3) の用法である。『Patria をつくる』においても、ガミオは「ラテンアメリカにおける patria と nationality（Las patrias y las nacionalidades de la América Latina）」と題された論文の中で、ラテンアメリカ全般における nation の不在を訴え、それを自身が強く認識した出来事の一つとして、アメリカ大陸の国々を対象にした2つの国際会議[14]の様子を記している。すなわち両会議に出席した各国の代表者は、それぞれの国の全人口の25％にも満たない人種（raza）、言語、文化に属するヨーロッパ系の人々であり、残り75％にあたるインディオ（raza indígena）は、人口の大多数を占めるにもかかわらず参加していなかった。さらに両会議では様々な興味深いテーマに関し意見が交わされたが、インディオを対象とした民族学的研究は見られず、いわゆる「文明世界（mundo civilizado）」に関わる研究がほとんどであったという [ibid.: 7]。

ガミオはこうした国際会議や研究の状況を批判し以下のように述べる。

> 住民を構成する二つの大きな要素が、すべての側面において根本的に異なっていたり、お互いに無視しあっているような国（países）を patria あるいは nation とみなしうるだろうか [ibid.]。

ここでガミオは nation をラテンアメリカの現状では存在し得ないものとしている。またここでガミオが「patria あるいは nation」と言い換えていることに注目しなければならない。タイトルにも表れているように、本書においてガミオが多用するのは、nation ではなく patria である。『Patria をつくる』に一貫しているのは、ガミオの nation 形成に対する展望あるいは熱望であるが、以上の文章からは、インディオの存在に目を向けるべきとする彼の主張において、nation は patria と置き換え可能な言葉であったことが示されている。

他方、ガミオがインディオの存在を即 nation 形成と結びつけていたわけではないことは、前述の論文「スペインとスペイン人」において、今後も決して存在し得ないという文脈において「インディオの nation（nación indígena）」とい

---

14) 第2回パン・アメリカ科学会議（1915年12月）および第19回国際アメリカニスト会議（1916年1月）を指す。

う用法が見られることに示されている。ガミオはそこで，インディオはnation形成にとっての不可欠な要素ではあるが，その存在を誇張あるいは歪曲すべきではないと主張する。

　また，スペイン人に対し攻撃的な態度を剥き出しにする者の中には，メキシコにおける先スペイン文明との継続性を強調し，スペインによる征服さえなければメキシコには強力なインディオのnationが存在したのだとする「えせ愛国主義者（patriotero）」がいると述べる。ガミオは彼らの無知を批判しながら以下のように述べる。

　　　もしも［メキシコが］今日に至るまで奇跡的に地理的征服を免れていたとしたら，確かに彩鮮やかで，芸術文化や神話など非常に興味深い様々な要素を備えたすばらしいnationとなっていたであろう。しかしそのようなnationは，征服者が誰であろうと1521年に起こったのと同様に崩壊するであろう。それが備える美は，自身を防御するには十分ではなく，その弱さはおそらく今日とは比較にならない［ほど深刻なものとなろう］［ibid.: 154］。

　ガミオはここで，インディオのnationがもし存在したならば，それが美的に優れたものであったろうことを認めている。しかしそれは，外的脅威に対し十分な抵抗力を備えていないために，現実的には存在し得ないと彼は言い切る。ここには，インディオ文明の至上性を根拠にスペイン人に対する排斥運動を展開する人々を牽制するガミオの意図が見られると共に，インディオの存在に目を向けるべきことを訴え，その美的要素に大きく心を惹かれながらも，スペインの要素を排除したnation形成は不可能とするガミオの現状認識が現れている。

　以上のようなガミオにおけるnationの3つの用法からは，以下の点を指摘することができる。
　①　ガミオにとって大文字のNationとは，ボアズの定義と同様政治単位＝国家を示す。しかしそれらが用いられるのは，多くの場合現行の国家制度とメキシコの現実との乖離を指摘する文脈においてである。
　②　ガミオはイギリス，フランス，ポルトガルなどの既存の国民国家を指す場合にnationを用いる。ただしその際の文脈とは，必ずしもこれらのnationをメキシコが倣うべきモデルとするものではない。彼はこれらの

nationがスペインに代わってメキシコを征服したとしても状況は好転しなかったと述べ，スペインによる植民地化を経てメキシコに生まれた独自性を肯定しようとする。このようなメキシコの独自性の強調は，ガミオがボアズに宛てたinternationalismに関する論文の中で，米国をnation形成のモデルとなり得るとしながらも，同時にメキシコと米国との違いを強調する際の彼の論調にも見られるものである。

③　ガミオがメキシコにnationという言葉を付す場合，それは現在の段階では存在しないが，今後創出されるべきものとして用いられる。唯一，決して誕生しないものとして「インディオのnation（nación indígena）」という用法が存在するが，いずれにおいても共通するのは，スペインの要素，インディオの要素のどちらが欠けてもメキシコにおけるnation形成は不可能とする彼の見解である。また本書においてはnationに代わりpatriaが多用される。インディオとスペインの2つの要素の存在を指摘する際に，nationがpatriaと置き換え可能な概念として用いられていることは，ガミオのpatriaの概念とボアズのnation概念との相違を検討する上で極めて重要な点と思われる。

ガミオにおけるpatriaとnationality　　以下では，『Patriaをつくる』におけるガミオのpatriaの概念について考察する。本書においてガミオはpatriaを，「patriaの顕現（encarnación patria）」[Gamio 1916(1960): 167]，「patriaの発展（engrandecimiento patria）」[ibid.: 159]，「未来のpatria（futura patria）」[ibid.: 169]など様々な文脈で用いている。patriaという言葉の多用は，彼のnation概念とボアズのnation概念との違いを示すと同時に，ガミオが描く理想のnation像がpatriaが喚起せしめる情緒的愛国心によって紐帯を強めるものであったことを示している。

　本書に収録された論文「ラテンアメリカにおけるpatriaとnationality」では，ガミオにおいてpatriaと並び重要概念とみなされるnationalityが形成されるための条件が提示されているが，そこにはボアズとガミオのnation概念の相違が明確に示されている。ここでガミオが述べるnationality（原語はla nacionalidad）は，ボアズによる定義とは強調点を異にする。nationalityとは，前述のように国籍という意味のほか，民族／国民，民族的／国民的帰属などと訳し得る言葉であるが，主にドイツ，米国の例を示しながらnationを論じるボアズにおいて

は，nationality とは多くの場合，具体的な国民／民族を指す[15]。他方，メキシコにおける nation の不在を論じるガミオにとって nationality は，実体としての国民／民族の意味は持ち得ず，それを創出すべき国民／民族的アイデンティティの問題という意味が強い。ガミオにおいて nationality は，patria と共に論じられるべき概念であるだけでなく，patria を規定するための重要な要素でもあったといえる。

「ラテンアメリカにおける patria と nationality」においてガミオはドイツ，フランス，日本などの例から patria および nationality が醸成されるための条件として以下の4点を挙げる。

1) 人種（raza/étnica）的統合性：個人が同じ人種（raza）か非常に近接したエスニック・タイプ（tipo étnico）に属している状態
2) 共通の言語：大多数が共通の言語を保持し，使用し，他者の異なった言語や第二言語に対して偏見を抱かない状態
3) 共通の文化：特定の社会集団が経済状態や身体的・知的発展の状況により何らかの差異を示していたとしても，その大多数の住民が観念，美的感覚および表現，倫理，宗教，政治概念などにおいて基本的に同じ特徴を備える文化的表現を示している状態
4) 共通の過去の記憶：すべての「栄光」や「苦しみ」が残物として胸の中に共通して収蔵された状態 [Gamio 1916: 7]

ここで人種（raza/étnica），言語，文化，過去の記憶という4つの要素を挙げながらガミオが問題とするのは，ラテンアメリカは，まさにこの4つの要素を満たすような条件を備えておらず，したがって「明確で統合された固有の性質としての nationality」や「すべてにおいて一致した唯一の patria という概念」が存在しないということであった [ibid.: 8]。

ここで注目すべきは，ガミオがドイツ人，フランス人，日本人などの「真の

---

15) ボアズの nationality の定義を原文で示すと以下の通りである。The term "nationality" has two meanings. It is applied to designate collectively the citizens of one State, as when we describe a person's nationality as American, French, or Italian, meaning by this that he is a citizen of the United States, France, or Italy. It is also used to designate persons who belong to one linguistic and cultural group, as when we say that the many irregularly distributed communities of the Balkan Peninsula are of Bulgarian, Servian, Greek, or Turkish nationality [Boas 1986 (1928): 81].（和訳は本章 p.158 を参照）

nationality を獲得した人々」を描写する際の以下のような言葉であろう。すなわち彼はこれらの人々を，「一つの大きな家族の子供達（los hijos de la gran familia）」［*ibid.*］であり，「同じ血と同じ肉から荘厳なる叫びを挙げ」，それにより「分裂に抵抗する神秘的力を保持する」［*ibid.*：8-9］と描写する。さらにガミオは「このように生きてこそ Patria を持ち得るのだ（Cuando así vive se tiene Patria）」［*ibid.*：9］と述べる。

　これらの言葉に示されるのは，ガミオにとっての patria が，血と肉とを分け合った「一つの大きな家族」のイメージで捉えられるものであったということである。以上のようなガミオにおける patria のイメージは，ボアズの nation 概念とは大きく異なっているといえる。ドイツにおいてユダヤ系住民に対する排斥を体験したボアズには，nation 概念に血と肉といったメタファーを用いることは決してない。ボアズが nation に言及する際に試みたのは，血あるいは人種（race），言語といった要素を nationality あるいはその基層とみなす見解が決して実証され得ないことを提示することであった。一方ガミオがこの時期 nation ではなく patria を多用したのは，彼にとっての nation が，まさに〈Patri ＝父親〉から派生した家族的愛着心を想起しうる言葉によって表現し得るものだったからである。

　他方，メキシコではガミオの理想とする，いわば家族的国家としての patria 形成において，「純血」の原理が機能し得ないことは明白である。このようなメキシコの歴史的宿命を乗り越え，patria 形成を可能とする独自の原理創出を模索することこそガミオが『Patria をつくる』を通して試みたことであったといえる。このようなガミオの思索が，ボアズによる nation への言及とは全く別の方向性を持っていたことは，『Patria をつくる』の結論部の以下のような言葉にも示されている。

　　人種の融合，文化表現の収斂および融合，言語の統合，社会要素の経済的均衡，これらが本書を要約し得る諸概念であり，唯一の Patria および統一的かつ明確な nationality を構成し体現するための条件である。これらがメキシコ住民を特徴づけるものとならなければならない[16]。これが我々の主張するところである［*ibid.*：183］。

ガミオはここでドイツ，フランス，日本などの例から導き出した nationality および patria 形成の条件を繰り返す。前述のようにガミオは，メキシコにおいてこれらの条件が存在しないことを問題とした。しかしここでガミオが主張するのは，人種，文化，言語の融合という3つの要素が存在するか否かではない。ガミオはスペイン語で「義務」を意味する "deber" という言葉を用いながらそれらを新たに創出しなければならないと述べているのである。つまりガミオにおいてこれら3つの要素は，patria および nationality を形成する条件のみならず，メキシコ住民が達成すべき義務，あるいはゴールへと転化している。ここには nation を規定するとされる要素の虚構性を糾弾するボアズと，それらの要素の不在を問題とし，新たな創出を試みるガミオとの間の大きな隔たりが示されている。このような隔たりは，両者の出身背景および問題意識の違いを反映すると共に，後述するように両者の「人種」「文化」の概念化の違いをも顕著に示すものである。

ガミオにおける patria の祖型　ところでこの結論部では，ガミオが先に挙げた patria および nationality 形成のための4つの条件のうち「共通の記憶」という要素は提示されていない。しかしそれがガミオの patria の概念にとって極めて重要な位置づけにあったことは，本書の巻頭論文「Patria をつくる（Forjando Patria）」に明示されている。本論文は，ガミオによる patria の模索の輪郭を示すと共に，patria および nationality 形成の条件の一つである「共通の記憶」への読者の参与を訴えるものである。

　ガミオは「Patria をつくる」の中で，アメリカ大陸における patria と nationality の形成過程およびその変化を 1）スペインによる征服まで，2）植民地期，3）独立運動期，4）独立以降現在まで，という歴史的段階に分けて以下のように述べる。

　第一の段階であるスペイン人による征服以前のアメリカ大陸には，ガミオによれば，アステカ族（Azteca），マヤ＝キチェ族（Maya-Kiche），インカ族（Inca）などの小さな patria が多数存在していた。そこではペルーに繁栄したインカ王国の王アタワルパ（Atahualpa）とメキシコのアステカ王国の王モクテスマ

---

16) 傍点は引用者による。原語は，"deben caracterizar a la población mexicana" である。

(Moctezuma) によって，小さな patria が次第にインディオの大きな Patria へと併合されるプロセスを迎えつつあった [Gamio 1916 (1960) : 5]。ガミオはそれを同時期の日本や中国の状況を引き合いに出しながら，「同じ血がアメリカ人の血管を膨らませ，彼らの知性が同じ道を通り流れつつあった」[ibid.] と述べる。この「知性の道」とは，思考あるいは意識の回路と解釈しうるものであろう。いわばそれは多様な民族の人種的，思考的融合のプロセスであった。

しかしそのような統合は結局起こらなかったとガミオは述べる。スペイン人の到来が，アメリカ大陸でゆっくりと起こりつつあった混合プロセスを中断させたからである。ガミオはこの中断を「型の破壊」[ibid.] という表現を用いながら以下のように述べる。

> コロンブスの到来は，別の人間，別の血，別の観念の到来を意味していた。それは民族 (la raza) を統合していた坩堝 (el crisol) を不幸にも転倒させ，nationality を形成し，Patria を結晶化させつつあった型 (el molde) をバラバラに破壊してしまったのだ (cayó en pedazos el molde) [ibid.]。

ガミオはこのようにスペイン人の征服がアメリカ大陸に与えた衝撃を描写する。ガミオにとってスペインによる征服は，多様なインディオ集団の血と意識の融合プロセス，およびその産物となるはずであった nationality と patria の破壊を意味した。上記の文章に示されているように，先スペイン期のインディオ世界とは，ガミオにとって patria を語る際の祖型であったということができる。そしてその型の破壊とは同時に，スペイン人に対峙する多様な先住民集団を一括した「インディオ」という民族 (la raza) の誕生でもあった。

第二の段階である植民地期のアメリカ大陸において，patria を生成しようという衝動が存在したとガミオは述べる。しかしそれは高尚な試みであったにもかかわらず，不完全に終わってしまったという。なぜならそれは「強固なブロンズを融合しないまま，鉄のみから形成されたものであったから」[ibid.] である。ここでの「強固なブロンズ」，「鉄」がそれぞれインディオ，スペイン人のメタファーであることはいうまでもない。ガミオが古来芸術や貨幣に用いられたブロンズをインディオに，そして鉄道に代表される近代化の象徴としての鉄をスペイン人にあてはめていることからは，固有の歴史や美をインディオに，

そして近代性をスペイン人に重ね合わせていることがうかがえる。しかしガミオにとって植民地期のpatriaは，このような貴重な2種類の素材を保持していたにもかかわらず，一方を排除して建設されたために極めて不完全なものでしかなかった。

　第三の段階である19世紀初頭の独立運動期におけるアメリカ大陸とは，ガミオによればシモン・ボリバル（Simón Bolívar）らの英雄がアメリカ大陸のすべての民族（raza）を統合した「偉大なるアメリカのPatria（Gran Patria Americana）」を創造しようとした「光り輝く夜明け」[ibid.: 6] であった。しかし「時は熟していなかった」[ibid.]。彼らの崇高なヴィジョンは霧のごとく消えていき，また独立を経てpatriaに関する観念自体も変化していった。それはもはや大陸全体の人々を刻み込んだものではなく，植民地期における政治区分に従ったより強固な型をつくることが目指されるようになったからであるという [ibid.: 5-6]。

　ガミオにとって独立運動期のアメリカ大陸とは，patriaへの衝動が高まったという意味において，そしてpatriaの概念が現在の国家領域の区分へと変化したという意味において注目すべき時期であった。しかしガミオは，それにより各国が得たNationとはあくまで植民地期の遺制にすぎず，その枠組みを充当すべきpatriaの概念形成という課題はこの時期全く理解されていなかったと述べる [ibid.: 6]。

　そして彼は第四の段階である独立以降現在に至るまでの状況を以下のように描写する。

　　ラテン起源の民族的要素（elementos raciales de orígen latina）によりpatriaの影像がつくられるが，そこではインディオが忘れ去られ，あるいはそれらは哀れなブロンズの礎石の地位におとしめられた。したがって影像は不調和で脆く，何度も倒れたために礎石が広がるばかりであった [ibid.]。

　ガミオはpatriaを彫像にたとえながら，その脆弱性を指摘する。ガミオにとってその弱さの要因は，「鉄＝ラテン民族」と「ブロンズ＝インディオ」が融合することなく，インディオが常に礎石の状態におとしめられていることであった。「礎石が広がるばかり」という表現には，それが植民地期同様不完全な

patria であるだけでなく，おとしめられた状態のインディオが現在も増加しつつあるという彼の危惧が示されている。

　ガミオによれば，このような patria の分離状態は，独立以降1世紀もの間にわたり，ラテンアメリカ諸国で継続する諸抗争の主要な要因であった [*ibid.*]。そして彼が本書を執筆するきっかけともなったメキシコ革命の勃発は，ガミオにとってはこの抗争を終結させるための重要な転機であった。彼はメキシコの革新を求める人々に対し以下のように呼びかける。

　　　　メキシコの革命家達よ，大槌を摑め，前掛けを締めよ。奇跡の鉄床から，
　　　　鉄とブロンズが融合した新たな patria をつくる時が来た。さあ鉄だ！　さあブ
　　　　ロンズだ！　さあ打つのだ兄弟達よ！ [*ibid.*]

　メキシコの革命家達に向かい，鉄とブロンズを共に打ち鍛えることを呼びかける以上の文章においてガミオは，2つの金属の融合が新たな patria を誕生させ得ることを訴える。それはまさにガミオにとってそのタイトルが示すごとく，〈Patria をつくる（forjar Patria）〉という共同作業であった。

　以上のような叙事詩的とも言えるメキシコの patria 変遷に関するガミオの記述は，家族としての国家の成員に，彼らが共有すべき新たな記憶，あるいは新たな系図を提示しうるものであったといえる。その記憶とは，スペインによる植民地化以降ではなく，多様なインディオ集団が割拠した先スペイン期のアメリカ大陸の描写から始まっている。ガミオはこのような描写を通して，メキシコ人共通の記憶の中に「インディオ」の存在を位置づけるだけでなく，彼らが保持する固有の歴史および領土を「メキシコの歴史および領土」として獲得することを目指したといえる。他方，現在のメキシコの patria の型としてガミオが求めるのは，インディオの大きな Patria ではない。なぜならそれは美しく栄光的な「ブロンズ＝インディオ」の要素に，近代性を備えた「鉄＝スペイン」の要素を混合したものでなければならないからである。インディオの patria を祖型とし，スペインの近代性を取り入れることで生成する国家，すなわち，固有の美しい歴史と領土を備えつつも対外的強さを備えた近代国家こそガミオが求めた理想のメキシコの Patria であったといえる。

小さな patria から大きな Patria へ　　スペインによる征服以前のメキシコを祖型とした近代メキシコの patria 形成を模索するガミオにとって，現在のメキシコとはその理想とは大きくかけ離れた状態にあった。ガミオによれば，そこには多数の小さな patria や地域主義的 nationalism が存在するものの，全体のまとまりとしての唯一の Patria は存在しなかった［Gamio 1960（1916）: 7］。

　他方，彼は小さな patria の存在を否定したわけではなかった。むしろそれらは彼にとって，「言語，文化表現，身体的特性において，明確な nationality が保持されている」［*ibid*.: 12］という意味において大きな Patria を創出する際の貴重なモデルであった。

　ガミオは「ラテンアメリカにおける patria と nationality」の中で，小さな patria がいかに明確な nationality を保持しているかを認識したきっかけとして，ユカタン Yucatan 州で遭遇した出来事をなかば自嘲を込めて回想している。それは以下のようなエピソードである。

　ガミオはユカタン州に滞在した際に，首都メリダ Merida で昼食をとるためレストランに入った。ビールを注文すると，ウェイターはガミオに外国産（extranjera：輸入品）がよいか，国産（nacional）がよいかを尋ねた。ガミオは外国産を注文し，当然ドイツ産か米国産のビールが出てくるものと思い待っていた。ところがしばらくしてウェイターが盆にのせて運んできたのは，メキシコのベラクルス州，オリサワ Orizawa 産の XX（ドス・エキス）ビールであった。ガミオはその時のウェイターとのやり取りを次のように描写している。

　——外国産と言ったじゃないか。

　　苛立ちながら私が文句を言うと，褐色の肌をしたウェイターはあどけない表情で驚きを示しながら言った。

　——うちには外国産はこれしかないのですが，もし国産がよろしければユカタンのものをお持ちします。

　　極度の nationalist で，えせ愛国主義者（patriotero）であった私は，攻撃的にさえなりながら，呆然とするウェイターに向かってユカタンとメキシコの地理的関係を並べ立て，さらに彼の言っていることがいかに間違っているかを分からせようと議論をぶつけてしまった。恥ずかしいことに，私は都市出身者のエゴ（mi amor propio metropolitano）のために，あの哀れなウェイターが

はっきりと，そしてきちんとした道理と共に何度も説明してくれたことを，理解はしていたのだが決して認めようとしなかったのだ。それはオリサワのビールをユカタンでは外国産とみなすということであった [*ibid*.: 12-13]。

ガミオはウェイターの対応に最初は苛立ち，彼の「nacional（国産）」と「extranjera（外国産）」の定義を頑固なまでに認めず，都市出身の nationalist という自分の観点から議論を支配しようとした。ガミオにとって national な領域とは，メキシコの国土全体を指すものであり，ベラクルス州内のオリサワ産ビールはユカタン産と同様 national なビールである。州外のオリサワをあたかも national な領域外に属するかのように述べるウェイターの主張はガミオにとっては認め難いものであった。しかしガミオは，次第に自分の住むユカタンを national な領域とみなすウェイターの主張には彼らなりの論理が貫通していることに気づく。その主張は，彼らがユカタンを一つの確固とした patria とみなすことから派生しており，彼らが他の patria と自身の patria とを明確に区別していることを示すものであった。それはまさにその独自性から，また他の論理を寄せつけないという意味において，ガミオが理想とする nationality および patria の観念のモデルとなりうるものであった。

以上のようなエピソードは，ガミオがメキシコの諸地域における多様な価値観に接する際の相対主義的立場を示すものと言える。ガミオはユカタンの人々の patria の概念を間違いとはみなさず，そこに存在する論理を理解しようと試みる。しかしこのような見解は，これに続く分析において別の方向性を辿っていく。

ガミオは，ユカタンの人々が独自の national な観念を保持する理由を，自身の patria 形成の論理に従って以下のように説明する。すなわちガミオによれば，ユカタンでは被征服者インディオと征服者スペイン人が，メキシコの他の地域よりも調和的に融合するに至った。インディオや白人も存在するものの，住民の大部分が混血であることは，丸みを帯びた頭蓋骨と頭短という彼らの多くに特徴的な身体タイプなどに明らかである。また住民の多くはマヤ語，スペイン語のどちらかを話すため，相互のコミュニケーションが可能である。さらにガミオは彼らの衣服や慣習について，老若男女，あるいは階層に関係なく誰もが同じように白い衣装と麦わら帽子という服装をしており，日々の沐浴やハンモ

ックの使用，独特の音楽や舞踊などを共有していると述べる [ibid.: 13-14]。

　以上のような説明が，ガミオが patria および nationality 形成の条件と主張する人種，言語，文化の融合に従って論じられたものであることは明白である。ただしそこでガミオがそれらの要素に言及する際に，人種を身体的タイプと，そして文化を慣習と言い換えながら，身体，衣装，舞踊等の視覚的要素に着目していることは，後に述べるように，ガミオによる nation 創出の模索を特徴づけるものでもある。

　他方，以上の文章に続けて，ガミオはさらにユカタンの状況を説明するが，そこでの論調は大きく変化する。すなわちガミオによれば，外国人居住者が少なく，また交通の便の悪さから，ユカタン州はメキシコ内の他の地域から孤立した状況にある。ガミオはこのような状況がユカタンにおける強固な nationalism 醸成の要因の一つであると述べた後，この点に関しては至急是正されるべきことを訴えている。彼はユカタンの孤立を招いたとして，都市部のメキシコ人を批判しながら以下のように述べる。

> メキシコの資産家や専門家，そして芸術家達はユカタンに注目したことがあったろうか？　確かにユカタンを金の卵を生む鶏と考えたかもしれない。しかしそこには共感は全く含まれていなかった。そこには兄弟や同胞としての愛情や物的・知的支援は存在しなかったではないか [ibid.: 14]。

　ガミオは以上のように述べ，これまでユカタンに経済的関心以外を向けてこなかった都市部の資産家や知識人にユカタンへの支援を訴える。その支援とは，ユカタンにおける小さな patria 成立の要因であったその孤立性を排除するためのものであり，その際ガミオは，都市部とユカタンの人々が，物的・知的つながりのみならず，兄弟愛や同胞愛により結ばれることを願う。この「愛による支援」が常にユカタンを受け入れる側による「救済」という様相を帯びていることは，後述するようにガミオの人類学の大きな特徴である。

　ガミオにとって小さな patria であるユカタンは，人種，文化，言語的融合を遂げているという点において，彼が抱く patria のモデルとなりえた。しかし同時に唯一の Patria 形成のためには，小さな patria の存在基盤である孤立性は解消されなければならなかった。なぜなら，ガミオが求めた patria とは，小さな

patria の内実はそのまま残しつつ，その外枠を大きな Patria たるメキシコの領土枠へと拡張・拡大したものだったからである。

ガミオにおける人種と文化

　ガミオがメキシコ人類学の制度化およびそれを通してのインディオ政策を展開する上で，ボアズにおける人種と文化の捉え方に多大な影響を受けていたことはすでに先行研究において指摘されている [Brading 1988 ; Nahmad Sittón & Weaver 1994 ; Lemperiere 1995 et.al.]。ただしそこでのガミオに対する評価は，研究者の問題意識やその研究の時期により極めて多様である。例えば文化の捉え方に関して，ガミオはメキシコに文化相対主義を導入した人物とみなされる一方で [Lemperiere 1995]，逆にボアズの影響下にありながら nation 統合という目的を前に文化相対主義を導入できなかった人物とみなされる場合もある [De la Peña 1996]。また人種の捉え方に関しては，1970年代以降の批判的人類学の潮流がガミオの人種主義的側面を指摘する一方で，ガミオを人種主義に対する闘争者として位置づける研究も存在する [Nahmad Sittón & Weaver 1994]。

　以下では，ガミオにおける人種と文化の概念を19世紀後半以降のメキシコにおける思想潮流の中に位置づけながら考察することで，ガミオにおけるボアズの影響を明らかにするとともに，ガミオがそれを nation 形成という自身の問題意識に照らして変更・翻訳していく様相，さらにそれらの概念が当時の国内外の状況を反映しながら変化を遂げたことを指摘する。

19世紀メキシコにおける人種　　A. イワンスカ (Alicia Iwanska) が述べるように，スペイン語の raza (ラサ) とは，形質的差異により人間を区分する指標としての人種という意味に加え，文化的指標としての意味が強いとされる [Iwanska 1964 : 531]。それらはしばしば日本語の「民族」に近い含意を伴って用いられる。ガミオにおける人種の概念，およびそれがボアズの影響を受けながら変化していく過程を理解するには，本来この概念が持つ多義性や当時のメキシコが置かれた国内外の状況，およびそれがフランスをはじめとする西洋諸国から導入された実証主義思想や社会ダーウィニズムの影響と絡み合いながら独自の発展を遂げる様相を把握する必要があると思われる。

　1821年の独立を機に，スペインによる植民地化以降メキシコに移植された

「人種」的カースト区分は公的には姿を消すこととなった。さらに翌 1822 年には，全てのメキシコ人は法のもとに平等であるという原則に従って，「インディオ」という言葉を公文書で用いることが禁止された [Knight 1999 : 72-73；ファーヴル 2002（1996）: 36]。しかしながら，独立以降革命へ，あるいはそれ以降現在に至るまで，メキシコにおいて「人種」とは，特権階級層を頂点とした政治・社会的ヒエラルキーを支える概念として極めて重要な意味を持ち続けている。

19 世紀初頭の独立直後のメキシコにおいて，自由主義思想家ホセ・マリア・ルイス・モラ（José María Luis Mora）は，「メキシコにはもはやクリオージョもインディオも存在せず，あるのは富める者と貧しき者のみである」と述べた [Favre 1994 : 34]。ここでルイス・モラが述べる「クリオージョ」とは，メキシコ生まれのスペイン人，あるいは白人全般を指す言葉である。しかしルイス・モラが指摘するような，人種から階層へという指標の変化は，必ずしもその最底辺に位置づけられたインディオの解放を意味するものではなかった。むしろインディオは，植民地期にスペイン王室により付与された法人格や法的保護が独立によって解除されたことにより，土地を消失し大土地所有者への隷属を強いられることとなったからである。独立以降半世紀にわたりメキシコでは，インディオや下層農民の抵抗や反乱が各地で多発した。このような状況の中，メキシコでは「人種」区分は廃棄されるどころか，国家建設を阻む元凶としての「インディオ問題」という含意と共にむしろ顕在化することとなった。

ただしここでの「インディオ問題」という言葉は，決して現実のインディオ住民の姿を反映したものではない。A. ナイト（Alan Knight）らが述べるように，「インディオ問題」とは，施政者や土地所有者が反抗する多種多様な住民を一括した総称にすぎず，実際のところ 1 年のうち多くを主要都市や外国で過ごす彼らにとって，これらの集団は未知の存在でしかなかった [Knight 1999 : 76-77]。このような富裕層と他の住民との乖離は，メキシコ在住の外国人が，自国の大土地所有者がインディオ労働者を大勢抱えているにもかかわらず彼らについてあまりにも無知であるのに驚愕したという事実にも示されている [González Navarro 1994 : 61]。

他方，「人種」およびそれがしばしば指し示すこととなった「インディオ」に対する認識は，19 世紀後半のディアス体制下において大きな変化を遂げる。このような変化の要因としては以下の点が挙げられる。まず，メキシコ史上初

めて達成された国内情勢の安定によりインディオや農民の反乱が一時減少したこと，また同時期メキシコにおいて C. ルンホルツ（Carl Lumholts）ら外国人によるメキシコ諸地域に関する著作が刊行され，翻ってはそれらがコスモポリタンなメキシコ知識人にそれまでとは異なるインディオへの関心を喚起したことなどである［Nahmad Sittón 1973 : 1172］。このような傾向がディアス体制下における博物館の制度化や古代遺跡の発掘を促進させたことについてはすでに述べた通りである。

またもう一つの点として，1860年代以降メキシコに導入された実証主義思想の影響が挙げられる。フランスのオーギュスト・コントの流れを受け継ぎながら独自の展開を遂げたメキシコ実証主義は，「人種」問題をメキシコの発展を左右する最重要問題の一つとして掲げ，その「科学的」解決に専心した。とりわけ米西戦争をはじめとする隣国米国の脅威の拡大は，「人種」問題を極めて差し迫ったものとしてメキシコ知識人に認識させることとなった。

また H. ファーヴルは，19世紀中葉以降の知識人によるこのような人種に対する関心が，同時期メキシコが置かれた国内外の状況に影響を受けつつ nation の捉え方にも変化を促したことについて述べている。すなわち，フランス革命の影響を受けた19世紀初頭のリベラルな知識人層にとって，メキシコの nation とは，「自発的に定められた法律に従って暮らす自由で平等な個人が，契約に基づいて形成する単一の組織」であった［ファーヴル 2002（1996）: 36］。しかしこのような nation の定義は，19世紀後半に入り次第に変化していくという。それらはもはや「契約に基づく連合体」ではなく，「共通の信仰を奉じ，同じ思想に支配され，同じ目的を志向する人々の集合体」，すなわち「互いに強く結ばれた同質」の「一つの有機体，一つの精神共同体」を意味するようになったという［前掲書 : 42］。さらにファーヴルは，このような nation 概念の変化の中で，インディオ性と国民性は併存し得ない関係を築くこととなったと述べる［同前］。このような両者の相容れない関係を反映した，あるいは緩和する方策の一つとして登場したのがメキシコにおける混血論であった。

前節で述べたように，欧米の人種論において，混血の存在およびその進行がラテンアメリカの後進性を説明するものとみなされたことは，ラテンアメリカ諸国の知的エリートを長期にわたり悩ませる要因となっていた［松下 1993 : 63］。これらの知的エリートに対して大きな影響力を持ったのは，社会・政治と人種

との密接な関係を説くフランスの作家A．ド・ゴビノー（Arthur de Gobineau）による『人種不平等論』(1853-55) や，混血を嫌悪しアングロ・サクソンを人種ヒエラルキーの最上位に位置づけ，ラテン系を堕落しつつある劣等人種とみなしたル・ボン（Gustave Le Bon）の説などであった［前掲書: 62-63］。

　他方，T．G．パウエル（T. G. Powell）らによれば，メキシコの思想家の中には，西洋の人種理論を吸収しつつも当時の知識人に多く見られた悲観論からは一線を画し，混血を肯定的に評価する傾向が見られた［Powell 1968；Stabb 1959］。それは，メキシコ知識人による実証主義思想の独自の解釈に加え，メキシコにおいては混血メスティソが人口の半数以上を占め，すでに中間層として経済的進出をも果たしつつあったことが関係していた。ディアス体制下の教育大臣フスト・シエラは，メスティソをメキシコ社会におけるダイナミックな要素と捉えていた。また歴史家・社会学者でガミオの人種理解にも多大な影響を及ぼしたとされるモリナ・エンリケス（Molina Enríquez）は，メスティソが抵抗力や適応力において白人やインディオに勝っているとした。メキシコ知識人の中には，インディオの劣性に関しても，それが生得的なものではなく環境や教育により変化し得ると主張する者も存在した［松下 1993 : 68-69；Favre 1994 : 54］。このようなメキシコ知識人の傾向は，松下マルタらによれば，メキシコで革命と共に力を得たインディヘニスモが，革命以前との断絶というよりもその延長線上にあったことの証左である［松下 1993 : 69］。

　他方，M．S．スタブ（M. S. Stabb）らは，ディアス体制期の知識人の中には，インディオの教育や生活向上の必要性を訴えた者が存在したことを指摘するものの，ディアス政権下での経済発展を前にそれらの声が具体的政策に結びつくことはなかったと述べている［Stabb 1959 : 30］。ナイトらが革命以前の知識人のインディオに対する擁護は「レトリック」に過ぎなかったと指摘する［Knight 1990 : 79］のは，たとえ革命以前の知識人が個別的には人種決定論の支持に傾かなかったとしても，実際の日常生活や諸政策においてインディオの立場を擁護するような実践を行ってはいなかったことに基づいている。

　ファーヴルが指摘するように，メキシコにおいてメスティソ化（混血化）を支持する知識人の大部分は，結局のところそれをメキシコが「白色化」するまでの移行的段階とみなしているに過ぎなかった。知識人の中には，メスティソ化が進むことにより，インディオの身体的特徴は退化し，優性である白人の性

質に取って代わることを信じる者が多かった。メキシコが完全に「白色化」するまでにかかる時間について、歴史家リバ・パラシオ（Riva Palacio）が1世紀か2世紀と主張すれば、思想家フランシスコ・ピメンタル（Francisco Pimental）は即時にも可能であると主張した [Favre 1994：57]。またパウエルは、ディアス体制期メキシコの日常レベルに見られる白人至上主義の現れとして、当時の上流層がインディオを「みにくいエビ（ugly shrimps）」[Powell 1968：30-31] と呼んで嫌悪したり、上流層の女性が肌をより白く見せることに固執していたことを指摘している [ibid.]。E. クラウゼ（Enrique Krauze）らが指摘するように、このような肌の色に対する執着は、メスティソ出身のディアス大統領が写真撮影の際に肌を白く見せる工夫を必死に行ったとされる逸話などにも示されているといえる [Krauze 1987：52-53]。

　この時期のメキシコにおいて「人種の融合」が意味するものとはいわば、インディオの人種的痕跡を消失させるための方策、すなわちファーヴルが述べるところの「ソフトな虐殺（genocidio *soft*）」[17]にすぎなかった [Favre 1994：57]。このような言葉が指し示す状況は、同時期、先スペイン期の古代文明がメキシコの優秀性を誇示するための重要な資源とみなされたことと大きな対比を成していた。「最もよいインディオは、死んだインディオである」とは、このようなディアス体制期のインディオ政策を揶揄する表現として広く知られていた。

　現実の、生きたインディオの窮状は、大土地所有の拡大および外国資本の誘致策を推進したディアス体制下における上流層の経済的繁栄の影でさらに悪化した。メキシコ革命勃発の1910年の段階において、人口4,000人以下の村落69,549のうち、その約82％にあたる56,825の村落が大土地所有者や中規模農園に吸収されていたとされる [初谷 1993：177-178]。ディアス体制下においてこのような状況が拡大した背景に、「大衆の貧困を自然淘汰の結果とみなし、その責任を大衆の無知と無能力に帰した」[国本 1990：192] 当時の施政者や知識人の発想があったことは否定し得ない事実であった。このような状況は、ガミオら革命後の知識人がメキシコにおける欧化政策および白人至上主義に批判の矛先を向ける契機となっただけでなく、以下で述べるように、ガミオが実証主義の流れを受継ぎながらも、ディアス政権下の政策やそれを支えた思想とは異な

---

17) 傍点、強調は引用者による。

ガミオにおける人種の定義　ガミオは『Patria をつくる』に収録された論文「インディオ人種とその歴史に関する偏見（Prejuicios sobre la raza indígena y su historia)」の中で，ボアズの『未開人の心性』を参照しながら以下のように述べる。

> 人間の様々な集団の知的能力に対してしばしば偏見の目が向けられる。ボアズ教授によれば，他の集団との関係において付与される生得的劣性など存在せず，それらは歴史的，生物的，地理的など様々な要因によってつくられるものである。すなわち教育や環境が原因なのであって，それらを変更しさえすればそのような劣性は消滅するのである［Gamio 1960（1916）: 23］。

ガミオは以上のように，インディオに付与された「劣性」が決して生得的なものではなく，教育や環境の違いによるものであることを強調している。ここでのガミオの言葉には，ボアズが『未開人の心性』の中で行った議論のうち，人種的特徴への環境要素の影響，および人種と心性あるいは文化とを区別すべきとする主張が引用されている。

　前述のように，メキシコでは混血メスティソがすでに社会的進出を果たしていたという実情により，ガミオがあえて強調するまでもなく，人間の能力を左右する環境や教育の重要性は革命以前からすでに指摘されていた。しかし，ガミオにとってボアズを参照しながらこのような人種の定義を提示することの意義とは，一つにはそれが科学的論拠に基づいた定義であることをメキシコ社会に訴える点にあった。それは，実際に接することのないまま他の人種に偏見を抱くようなそれまでのメキシコにおける人種把握とは異なる視点を与えるものであった。このようなボアズの視点は，当時ガミオが関わっていた人類学局の，多様なメキシコ住民を実態に即して把握するという目的とも通じるものであった。

　また，ガミオがここであえてボアズの名を挙げるもう一つの理由は，当時すでに人種論の専門家として国際的認知度の高かったボアズの名を掲げることが，ディアス体制期の知識人と自身との差異化をはかるためにも有効であったこと

が挙げられる。ディアス体制から革命国家建設期へと至る過度期にあったメキシコにおいて，ディアス政権下で勢力を得ていた思想潮流である社会ダーウィニズムに反旗を翻すためには，自らの主張を支える確固とした論拠が必要であった。とりわけそれが「人種」という19世紀のメキシコ知識人の中心的関心事であればなおさらであった。ガミオは前政権下の知識人に対して，新聞や雑誌などのあらゆるメディアを駆使して痛烈な批判を行った。1921年に新聞 *El Universal* に掲載した論文において，ガミオはディアス体制期に社会ダーウィニズムの熱烈な支持者として著名であった政治家・社会学者フランシスコ・ブルネス（Francisco Bulnes）を激しく批判し，インディオを「劣性人種」とみなす彼の主張が，すでに科学的に反証された時代遅れのものであるとした［Gamio 1921：3］。

　他方，ガミオはボアズにおける人種の概念をそのままメキシコに移植したわけではない。ガミオは前述の論文「インディオ人種とその歴史に関する偏見」を以下の言葉で締めくくっている。

　　　要約すると，どんな人間集団も同様の教育および環境に置かれれば同様の知的能力を得るに至るということである。したがって個人，あるいは集団に特定の文明あるいは文化を持たせるためには，普及しようとする文化に固有の教育および環境を提供しなければならないのである［Gamio 1960（1916）：24］。

　ここでガミオは，ボアズの議論を参照しながらそれをさらに展開させている。上記の文章を通してガミオが確認するのは，環境や教育を提供することにより，特定の文化・文明を保持する個人，あるいは集団を創出することも可能であるという事実である。ガミオは人間集団が形質的差異とは関係なく，それぞれの環境や教育に見合った能力を保持するのであれば，それらを操作し同一化することで，均質的文化を保持する人間集団を形成することも可能であると述べているのである。

　ガミオは個人や集団の心性を決定するのはその形質的特徴ではなく，文化や環境や教育であるとみなす点においてボアズと見解を同じくしていた。しかしガミオにおける人種と文化に関する見解は，以下の点においてボアズと異なっていた。すなわち一つには，ガミオにおいて「ある個人，あるいは集団」とは，

nationを構成すべきメキシコ人であり,「固有の文化」とはメキシコ独自の文化としてすでに特定されている点である。ガミオにおいてボアズの人種の概念は,均質的な文化や文明,およびそれを保持した個人や集団からなるメキシコのnationをいかに創出するかという問題意識へと転じている。

　また,ここでガミオの人種に関する議論が文化に関する議論に置き換わっていることにも注目しなければならない。ガミオが均質的nationの創造に向けて前提としているのは,必ずしも形質的均質性ではなく文化的均質性である。それはファーヴルが述べるように,ガミオにおける「人種」から「文化」への移行を示すものであるといえる［ファーヴル2002 (1996):55］。ただし,ここでのガミオの主張がボアズの文化に関する議論と異なるもう一つの点を指摘しておかなければならない。ガミオにおいて,文化とは現象として観察・分析するものであるだけでなく,理想のnation像の創出に向けて能動的に操作し変容させるべきものであった。ガミオにおける人種は,ファーヴルが指摘したようには完全に文化へと置き換えられてはいない。それは以下で述べるように,ガミオにおける人種概念のもう一つの用法にも明らかである。

メキシコ住民の識別概念としての人種　　人間集団の能力を決定するのが形質的差異ではなく教育や文化や環境であるとみなすガミオにおいて,人種は文化へと置き換えうる概念であった。他方,ガミオは逆に,形質的差異に依拠した人種の概念を積極的に用いるべきと主張する場合もあった。それは人口調査の必要性を訴える以下のような文脈においてであった。

　ガミオは,1918年と19年に相次いで発行された人類学局の活動プログラムにおいて,これまでメキシコで行われてきた「人口調査」を極めて不適切なものであったとして批判している［Gamio 1918:33;Gamio 1919:11］。その批判の理由は以下の2点にあった。第一に,調査結果に現れるメキシコ人口が現実に即しておらず,実際よりも過小評価されていること[18]［Gamio 1919:11］,第二に,これまでの人口調査が,調査対象となった個人を過ったカテゴリーに区分したことである［ibid.;Gamio 1920:20］。第二のカテゴリー上の間違いとは,「純粋な,

---

18) ガミオによれば,1910年の国勢調査の結果は以下のようなものであった。すなわち,メキシコの人口15,160,369のうち,白人は13,143,372人,インディオは1,960,306人,外国人は56,691人であった［Gamio 1920:45］。

あるいはそれに近いインディオの血をひく者 (puros o bien predominando en ellos la sangre indígena)」が「白人」として区分されていることであった。ガミオは，このような人口調査が行われてきた要因として，その調査が都市や交通の便の良い地域に限定され，それ以外の遠隔地には浸透していないこと，さらに住民を区分するカテゴリー項目自体が，メキシコの特殊な人口構造を把握したものになっていないことを挙げている［Gamio 1919 : 11］。

　人口調査に対するこのようなガミオの批判は，彼が人類学局の目標として掲げるメキシコ住民の実態的把握という問題意識に即したものであったといえる。人類学を「国家統治の学」として位置づけるガミオにとって，「メキシコ人とは誰なのか」を明確にすることは，住民に対する諸政策のより有効な成果を左右する重要な要素であった。

　このようなガミオの人口調査に対する関心は，1920 年にガミオが雑誌 *Ethnos* に掲載した論文「人類学的観点に見るメキシコ住民の人口調査 (El censo de la población mexicana desde el punto de vista antropológico)」においても示されている。この中でガミオは，他国で一般的に用いられる人口調査の方法およびカテゴリーでは，多種多様な要素が混在したアメリカ諸国の人口を調査することは不可能であると指摘する［Gamio 1920 : 44］。さらにガミオは，従来の人口調査の欠点を補い得る独自の代替案を提示している。それが，住民の「人種的特徴」と「文化的特徴」という 2 つの要素を取り入れた新しい方式である［*ibid.* : 45］。「人種的特徴」を新たに取り入れることの重要性に関しガミオは，これまでの人口調査が言語項目のみにしか注目してこなかったために，「人種としてはインディオ (indios de raza)」である住民を，すでに土着言語を話さないという理由から「白人 (raza blanca)」として区分するという間違いを犯してきたためであるとする［Gamio 1919 : 11］。さらにガミオは，このような方式がメキシコの現実に即していないことは，「たとえ何百万人ものインディオや混血がスペイン語を話したとしても，彼らが人種的にはインディオや混血であることは明らかである」［Gamio 1920 : 45］と述べる。

　他方，「文化的特徴」の項目を設定することの必要性についてガミオは，スペイン語を使用するために「白人」と区分される者の中には，生活様式においては完全にインディオであったり，また一方で都市に住むインディオの中には「文化的特徴」においては近代文明に属する生活様式を持っているような例が

見られるためであると述べる［*ibid.*: 46］。

　以上のようなガミオの代替案は，メキシコの多様な住民の実態を把握し，その実際的必要性に応えたいという彼の願いを反映したものであった。しかし，メキシコ住民を人種的特徴と文化的特徴の双方から把握しようとする案は，すでに当初から矛盾を抱えることとなった。アンダーソンが述べるように，「人口調査のフィクション」とは，「全ての人が，ひとつの，そしてひとつだけのきわめてはっきりした場所を持っていることである」［アンダーソン 1998: 277］。人口調査において「アイデンティティが複数ある」［同前］ような状況はあり得ない。ガミオの代替案は，人種的にはインディオに属する人物が文化的には白人に属するという，人口調査のフィクションとは矛盾する状況を生み出しうるものであった。

　このような矛盾を解決するために，ガミオは1917年から22年にかけて人類学局が調査を行ったテオティワカン盆地における人口調査の実践においてある方策を試みた。ガミオは，同地域で「人種」項目に関する調査を実施するにあたり，当時の「最新の科学的方法」であるジェンクス方式を用いたことを記している。前述のように，ジェンクスはボアズと共に1908年から10年にかけて米国移民局の依頼を受けて新移民の調査を行った。ジェンクス方式とはこの調査で用いられた詳細な身体計測の方法であった[19]［Stocking 1982（1974）: 190］。

　ガミオがこのジェンクス方式を用いながら導き出した人口調査の結果は，ガミオの予測通り，住民の多くを「白人」として区分していた従来の調査結果とは大きく異なるものとなった[20]。ガミオは，これまでの人口調査との違いが生じた要因を，従来の調査が住民の人種的特徴や文化的特徴を考慮せず，言語項目によってのみ把握しようとしたためであると述べる。しかしガミオによれば，テオティワカンの住民は「たとえスペイン語を話したとしても，その外見を観察しただけで[21]，インディオ，メスティソ，白人によって構成されており，インディオがその大部分を占めることは明白である」と述べる[22]［Gamio 1922c: 26］。

19）移民の調査結果をもとに，ボアズは1912年「移民子孫の身体的変化」と題する論文を記し，遺伝的形質への環境の影響を明らかにすることで，新移民は米国に同化し得ないとする当時の常識を覆した［竹沢 2000: 14-15］。

20）人類学局の調査で，テオティワカン盆地の住民は，インディオ5,657人，メスティソ2,137人，白人536人と区分された［Gamio 1922c: 27］。

ここには，ボアズにおける人種の定義を文化変容の文脈の中で議論する際とは異なるガミオの側面が示されている。それはガミオが，統治対象であるメキシコ住民の「識別」という文脈においては，「人種」をボアズとは異なる角度から理解していることによるものであった。

　ボアズは人体計測法について，その結果の数値指標があまりに多様なバリエーションを示すことから，人間を人種のタイプによって区分することは不可能であることを結論づけた。一方，ガミオがここで用いる人体計測法は，人間をあらかじめ設定された「インディオ」「白人」「混血」という区分に，それぞれのバリエーションを切り捨てながら振り分けていくものであった。すなわち人類学局の調査とは，まず住民の身体的特徴に基づき3つのカテゴリーへの初歩的区分を行い，ジェンクス方式をはじめとする科学的方法論を駆使しながら初歩区分の有効性を確認するという作業であった。

　しかしながら，ガミオは結果としてこのような方法は「調査者の多大な努力にもかかわらず様々な困難が生じ，それらを乗り越えることができなかった」と述べている［*ibid.*］。この背景には，詳細な身体測定の結果がガミオらが予想した以上のバリエーションを示したこと，調査者の認知レベルに依拠した初歩的区分が，調査者が抱く「インディオ的なるもの」「白人的なるもの」「混血的なるもの」といった文化的区分を介在させることなしには有効性を示さなかったことなどが推測される。ガミオの試みは，その意図が全く異なっていたにもかかわらず，結局のところボアズが提示した人種項目による人間区分の不可能性およびその矛盾を証明することになったといえる。

　ただし，このような1920年代におけるガミオの人種と文化に関する観点は固定的なものではなく，国内外の人類学の潮流や当時の国際情勢の影響を受けながら変化していくことを付け加えておかなければならない。

　テオティワカンでの調査から約10年後の1930年から32年の間に書かれたと思われる論文「純粋なインディオ人種とは何であり，またどのようなものなのか？（Cuáles y Cómo es el indio de raza pura?）」の中でガミオは，人口調査の重要性について論じながらも，米国の人類学者や移民局等が用いてきた最新の

---

21) 傍点は引用者による。
22) 原文は以下の通り。［…］con sólo observarla superficialmente se comprende que está formada por indígenas, mestizos y blancos, constituyendo aquellos la mayoría.（下線は引用者による）

方法論がどれも「科学的に」人種の差異を確証するには至っていないとして，人種項目の有効性に疑問を投げかけている [AMGA s/f: 194]。

またガミオは，農業・勧業省内の農村人口・国土・開拓局局長であった1934年前後に書いたと思われる論文「住民の諸問題における文化要因の存在 (La presencia del factor cultural en los problemas de población)」において，「住民の総合的向上は，それを取り巻く様々な要因（歴史的，生物的，人種的，文化的，心理的，地理的，気候的要素等）との関連から考慮される必要がある」と述べながら，この中でも最も重要なのが「文化」であることを強調している。同論文の中でガミオは，ここで用いる「文化」があくまで「社会科学における文化」[23]であって，「啓蒙主義や哲学などにおける文化を指すのではないこと」，さらには「人種」の特定は「将来国民性を構築する際に必要」ではあるものの「それほど急を要さない」のに対し，「文化」はその特定が極めて急務であることを強調している[24] [AMGA s/f: 359]。

ガミオの人種概念の位置づけが変化したことを明確に示すのが，1942年前後に書かれた論文「我々の社会環境におけるエスニック要素の価値 (El valor del factor étnico en nuestro medio social)」である。この中でガミオは，人種とエスニック (étnico) という語の双方を用いながら，「メキシコにおける社会進化は，

---

23) ここでガミオが述べる「社会科学における文化」の概念とは以下のものである。「文化とは，個人あるいは社会グループに固有の物的・抽象的特徴の集合体である。前者［物的特徴］は，物質的あるいは実体的な指標であり，食料，住居，家具，家財道具，衣服，農具，産業用具，科学的機器などの様々な物品を含む。後者［抽象的特徴］は，倫理観，美意識，宗教的観念や家族制度，民事的・軍事的制度，科学的知識等，人間の精神が生み出した抽象的観念を含む」[AMGA s/f: 359]。
24)「人種」と比較して「文化」の特定が「急を要する」理由についてガミオは，彼が実際に見知ったベラクルス州のウワステコ族 (Huastecos) が住むある村落の状況を例に説明する。ガミオによれば，この村では多くの工芸品が生産されていたが，住民は決して豊かではなく，月50ペソ程度のわずかな収入で生活を営んでいた。ところが近年，村の近隣で油田開発が始まったことにより，住民の生活は劇的な変化を遂げた。ところが，経済状況が向上したにもかかわらず，住民は多くの点において従来の生活体系を変化させなかったばかりか，以前は村落共同体内において存在しなかった諸問題を抱えることとなった。例えば，収入が格段に増加したにもかかわらず，住民の食生活は基本的に変化することがなかった。また村落内には以前見られなかったアルコール中毒者が頻出するようになり，村の生活に様々な支障をきたすこととなった [AMGA s/f: 359]。以上のような状況を，ガミオは「文化要素への配慮が足りなかった例」として挙げながら，「たとえ経済状況が向上したとしても，その活動に文化的な向上が伴わなければ不十分である」[ibid.] と述べる。

他国の住民（pueblos）におけるのと同様に，自然，気候，歴史，身体－生物，人種（étnico o racial），経済，文化，心理などから直接的影響を受けて決定されるが，これらの要素の中で人種的なもの（el racial）は，メキシコの社会発展にとって最も意味を持たないもの[25]であることは疑いようがない」と述べる [AMGA s／f: 188 ; s／f: 380]。

　ガミオがこの論文の中で，「「人種（raza）」，「人種的（racial）なもの」，「人種主義（racismo）」などの定義が曖昧なままであること，あるいはそれが恣意的に用いられていることが，多くの矛盾や誤解を生じさせている」[ibid.] と論じているように，この背景にはナチス・ドイツの台頭およびそれに対する米国人類学の反応などが存在していたことが推測される。

　このように，1918年に人種的特徴を文化的特徴と同様に重視したガミオの見解は，1930～40年代にかけて大きく変化している。すなわち，ガミオにおける人種・文化の概念とは決して固定的なものではなく，nation形成という彼の問題意識に即して様々な側面を現し，また国内外の状況と相互に影響し合いながら変化していくものであった。このことは，ガミオを論じる際に両概念の推移を配慮すべきこと，さらには両概念を用いる際にガミオが直面していた国内・国際的状況を踏まえる必要があることを示しているといえる。とりわけ以下で述べるように，ガミオにおいて「文化」は，彼がそれらを国内・国外に向けて用いる際にそれぞれ極めて異なった意味を付与されているだけでなく，そのような「文化」の使い分けが，彼の「芸術」の位置づけとも大きく関わっていることに注目すべきであろう。

ガミオにおける「文化」の二重基準　　ガミオは，『Patriaをつくる』に収録された「文化の定義（El concepto cultural）」と題された論文において，従来の「文化」「文明」「進歩」などの定義を批判している。ガミオによれば，それらはどれも「スペインやヨーロッパのアカデミーによって形成されたものに過ぎず」，「我々の基準（nuestro criterio）にとっては珍奇なものでしかない」[Gamio 1960 (1916): 103] という。以上のようなガミオの従来の「文化」概念に対する批判は，メキシコに対するヨーロッパの視線のあり方，そしてそれを感じとった際

---

[25] 傍点は引用者による。

の彼自身の経験に基づいたものであった。

　ガミオは同論文の中で,「ヨーロッパや米国に滞在したことのあるメキシコ人であれば，私と同じような経験を持つであろう」としながら，そのような人々がしばしば感じる差別的視線に対する不快感を例に出している。すなわちこれらの国において，メキシコ人は誰であろうと「ヨーロッパの基準」によって「教養なき人々」とみなされてしまうことである。ガミオは，このような「基準」は，「文化の定義」がすでに「近代化」された今となっては「時代遅れなものに過ぎない」と訴える [ibid.]。

　ここで用いられる「近代化された文化の定義」とは，ガミオによれば以下のようなものである。

> 近代人類学においては，文化は人間集団を特徴づける物的・知的表現の総体である。しかし近代人類学は文化の優性についてあえて段階化を行ったり，人々を教養のある／ないで分けるような古臭い言い方をしたりはしないのである。文化は住民の集合的心性により形成され，彼らが置かれた歴史的・環境的状況に直接的に影響を受ける。つまりそれぞれの住民は，彼らが置かれた人種-社会的 (étnico-social) 性質，そして身体的および生物的 (físicas y biológicas) 性質に固有の文化を持つのである [ibid.: 103-104]。

　ガミオはここで,「文化」を人間集団に固有の物的・知的表現の総体とみなす「近代人類学」の定義を用いることで，メキシコを常に「劣位」に位置づけてきた「ヨーロッパの基準」を無効にしている。文化が住民の置かれた歴史や環境に固有のものであるとすれば，西洋の文化との比較から安易に導き出される優劣は意味を持たない。ガミオがここで述べる人間の心性を決定する要因としての環境要素の強調や，生得的差異を心的・文化的劣位に結びつけることに対する批判は，ボアズが当時欧米人類学界において強く訴えていた主張であった。また「人種的劣性」という，「(疑似) 科学」に基づいてメキシコに付与されてきた劣位を払拭するボアズの理論が，EIAEA における講義を通してガミオらに大きなインパクトを持って受け入れられたことはすでに述べた通りである。ボアズの文化の概念は，メキシコの未来を模索する上で，ヨーロッパが辿った進歩への道のりとは異なった別の道があり得ることをガミオらに示唆するもの

であった。それは翻っては，ガミオらメキシコ知識人にヨーロッパとは異なる異質な存在として自己を認識することをも要求するものであった。ガミオが人類学局の使命を，メキシコに存在する多様な要素を認め，その向上に向けて外国の模倣ではない独自の方法論を精製することにあると述べた言葉は，このような要求に対する彼独自の応答であったといえる。

一方，実際にガミオがメキシコ内に存在する多様な要素に対峙した時，彼の「近代人類学における文化概念」が異なった様相を帯びていることにも注意しなければならない。彼がヨーロッパからメキシコ国内に目を向けた時，彼における「文化」の用法は大きく変化しているからである。

『Patria をつくる』に収録された「我々の知的文化 (Nuestra cultura intelectual)」と題された論文においてガミオは，「メキシコの文化表現は貧しい」と断定し，その原因がメキシコの「人種・民族的多様性 (la heterogeneidad étnica)」にあることを指摘する。さらにこれらの「多様性」の存在が，メキシコにおいて芸術（美術）や社会科学 (ciencias sociales) などの知的文化が生産され得るための「national な環境 (el ambiente nacional)」の生成を阻んでいると述べる [*ibid.*: 93]。

ここには，ガミオが西洋に対峙する際とは全く異なった「文化」の用法が現れているといえる。西洋に対峙する時，ガミオはメキシコが西洋とは異質な存在であるが故に「劣性」とみなされることに反発し，「近代人類学」の「文化」の定義をもってそうした見方を批判する。しかし彼がメキシコ国内に存在する相互に異質な諸要素に向かう時には，その「多様性」はメキシコが獲得すべき「national な環境」，そしてそれが醸成すべき知的文化の障害とみなされている。

以上のようなガミオによる文化の2つの用法には，国の内と外とで大きく異なる，文化の二重基準とも呼びうるものが示されている。そこには，未だ生成途上にあった文化の概念を，ガミオが自身の問題意識に照らし合わせながら使い分け，操作する姿勢が示されているといえる。

nation の「融合」とインディオ

ガミオにおいて人種と文化の概念は，西洋に対峙する際と国内の諸要素に対峙する際とでは異なった用法で用いられていた。それは，メキシコが西洋とは異なる独自の存在であることを主張し，またそのような存在として認知せしめたいという欲求と，その独自性の根拠そのものであるメキシコの多様性を捨象

し，均質的なメキシコ固有の文化・人種を再創造したいという相反する2つの欲求に根差したものであったといえる。

　このような欲求は，必ずしもガミオに限られたものではなく，当時のメキシコ知識人の間で一定程度共有されていた。ただし，西洋に対峙し得る均質的なメキシコ固有の文化・人種を創出する際の方策，およびそこでのインディオの位置づけは，知識人の間でも一致していなかった。

　そのような知識人の1人に，オブレゴン政権下で行われた教育改革の強力な推進者であり，またそのカリスマ的統率力によりメキシコの文化・芸術運動を国内外に知らしめたとされる公教育大臣ホセ・バスコンセロス（José Vasconcelos）がいる。バスコンセロスは，ガミオらメキシコ知識人が抱える欲求を，混血＝メスティソを革命後の新生メキシコの担い手の中心に据えることで充足し，さらにはメスティソをメキシコのみならずラテンアメリカ全体が誇るべき資産として積極的に評価した人物であった。

　ガミオとバスコンセロスは，革命期メキシコでしばしば勃興した nationalism およびその結実としての文化運動のイデオローグとして並び称される。両者はメキシコの「融合」を nation および nationality 醸成の要件とみなす点において意見を一致させていた。しかしそのような融合の結果得られる nation の基層をどこに置くのかという点において，両者の見解は分かれていた。以下では，ガミオとバスコンセロスが nation 形成の要件として唱えるメキシコの「融合」に関する言及を比較検討することで，ガミオの nation 概念の特徴，およびそこでのインディオの位置づけを明らかにする。

バスコンセロスにおける混血国家メキシコ　　バスコンセロスが彼の混血国家論ともいえるそのメスティソ観を明確な形で提示しているのがその代表的著書『宇宙人種（*Raza Cósmica*）』[26]である。同書の中でバスコンセロスは，社会の発展を以下の3つの段階を経るものとして説明する。すなわち1）暴力と力が支配する物質的段階，2）理性と科学的公式が支配する知性的段階，そして3）創造的感情と美が支配する精神的段階である。バスコンセロスによれば，ラテン

26）原題 *Raza Cósmica* は，『世界人種』『普遍人種』『世界人』など様々に訳されているが，ここでは高橋均の訳語に従い『宇宙人種』とした。

アメリカは人類がその最終到達点である精神的段階に達するために極めて重要な位置づけにある。なぜならラテンアメリカこそその特性により，現在支配的位置にあるアングロ・サクソン（＝白人）に代わる人種，すなわち第三の段階を担う「宇宙人種（raza cósmica）」を産み出し得るからである。バスコンセロスによればその特性とは「異人種と共感する能力」である。すなわちアングロ・サクソンである米国人が，アメリカ・インディアンを絶滅させ，黒人や黄色人種を差別し，白人種の純粋性を守ることに躍起になってきたのに対し，ラテン人はインディオや黒人などの異人種とも大規模な混血を遂げてきた。したがって「宇宙人種」は，経済的繁栄を現在享受している米国人ではなく，「ラテン人の手」で産み出されるという［バスコンセロス 1988（1925）：106-107］[27]。

　以上のようなバスコンセロスの議論は，「混血」の存在を肯定的に捉えるという点においてガミオの主張と共通している。ただしバスコンセロスの主張は，それをメキシコのみならずラテンアメリカ，さらには人類の未来にとって来るべき新しい社会の担い手として据える壮大な構想であった。それは，白人（アングロ・サクソン）による支配を社会発展の頂点とみなし，混血をその最下位，あるいはその外側に位置づけてきたそれまでの人種ヒエラルキーを大きく揺るがすものであった。

　またバスコンセロスが『宇宙人種』の中で強調するのは，理性や公式すなわち科学のみでは人類はその最終段階に到達することが不可能であり，そこに創造と美という，科学が持たない側面を補充する必要があるということであった。高山智博が述べるように，バスコンセロスによるこのような科学に対する懐疑あるいは批判には，革命以前のメキシコにおいて支配的であったコントやスペンサーの実証主義がメキシコを良い状態には導かなかったばかりか，それが大多数の民衆を悲惨な状況に追い込んだことに対する批判が含まれていた［高山 1973：65］。バスコンセロスによれば，第三の時代すなわち精神的段階において，「人間の立ち居振る舞いを方向付けるものは，理性の内には求められず」［バスコンセロス 1988（1925）：114］，「美の感覚によって洗練された共感の法則」［前掲書：116］に求められるしかないという。そしてこのような「美による共感」を得るために，アングロ・サクソンではなくラテン人が居住するイベロアメリカは

27）以下の日本語訳はバスコンセロス（1988（1925））の高橋訳に依拠した。

重要な位置づけにあるという。

　　人類が徐々にその運命の第三の時代に近付きつつあることを承認するなら，イベロアメリカ大陸で実現されるであろう諸人種の融合［混血］という事業が，人間のもっとも高い機能を享受することから派生してくる一つの法則に基づいて成就することが理解されるだろう。情動と，美と，歓喜の法則が配偶者の選択を支配するだろう。そのことで科学的理性に基礎を持つ例の優生学によるよりも無限に優れた結果が産み出される。優生学は，愛という事件の一番重要でない一部分にしか注目したことがないのだ。科学的優生学の頭上はるかな領域で，審美的趣味の神秘的優生学が勝ちを占めるのだ［前掲書：115］。

　バスコンセロスはここで，科学的法則ではなく，イベロアメリカが達成するであろう「情動と美と歓喜に基づいた優生学的法則」によって行われる「混血」が第三の時代を到来させるであろうと主張している。以上のようなバスコンセロスにおける科学に対置される，あるいはそれを補足するものとしての美と情動の重視は，革命期に起こった芸術・文化運動を支える思想の一つでもあった。そこには，ディアス体制期に科学主義者（実証主義者）により主導された経済重視の近代化政策や，そのモデルであった西洋社会における産業化や機械化が，必ずしも利点をもたらしただけでなく，貧困や差別，人間疎外といった様々な悪疫をもたらしたことに対する批判が含まれていた。したがってバスコンセロスにとって芸術とは，このような科学を優先させてきた近代社会が顧みなかった「愛」や「美」あるいは人間の情動などの諸価値を回復するための鍵となる要素であった。

　他方，人類の未来を左右する「諸人種の融合」が「ラテン人の手」で産み出されることを強調するバスコンセロスにおいて，ラテンアメリカのもう一つの特性とは，それがラテン人の社会であるということにある。バスコンセロスにとって，メキシコの歴史的起点とはメスティソが創出される時点，すなわちスペインによる植民化にあった。したがってその人種的・文化的伝統の源はスペイン，あるいはラテンに求められるべきものであった。以上のようなバスコンセロスにおけるラテン礼賛は，彼が公教育大臣として推進した文化・芸術運動にも反映されていたとされる［Fell 1989：553-556］。C. フェル（Claude Fell）は，

バスコンセロスが公教育大臣として文化運動を推進する際に，芸術家に対してメキシコがスペインの伝統を受け継ぐ洗練された嗜好と芸術創造における卓越した本能を持っていることを力説したと述べている [ibid.: 382]。

このようなメキシコの文化的基層をラテンに求める傾向は，隣国米国の脅威に悩む当時のメキシコ知識人に広く見られたものであった [Rojas 2003]。R. ロハス（Rafael Rojas）によれば，1898 年の米西戦争以降メキシコでは，「アングロ・サクソンとラテンのどちらの人種が優勢か（Qué raza es superior?)」といった優生学的論争が活発化し，米国の帝国主義的拡大に対抗するためにはラテン人種の団結が必要であるといった議論が行われたという。またこの議論の中でしばしば強調されたのは，「物質主義的でエゴイスティックなアングロ・サクソン」に対し，ラテン人種はモラルや精神性を備え，芸術的感性において秀でているといった主張であった [ibid.: 613]。いわば，米国の拡張主義の脅威は，その反動としてのラテン＝スペイン文化の再評価，そして米国との差異化の指標としての「芸術」への注目を促したといえる。

また青木利夫は，バスコンセロスに見られる「ラテン対アングロ・サクソン」という二項対立的捉え方を，彼の幼少期の体験から論じている。幼少期に米国とメキシコとの国境の町で過ごしたバスコンセロスは，リオ・グランデ川を挟んでの諍いを目の当たりにし，学校での授業中に「メキシコ人は半文明人だ」といった中傷を受け，アングロ・サクソンに対する憧憬と劣等感の双方を感じて育ったという [青木 1994: 65-67]。一方，バスコンセロスがメキシコに対する脅威としてみなしたのはアングロ・サクソンだけではなかった。彼は国境での生活を通して，アングロ・サクソンとラテン人（メキシコ人）にとっての共通の敵であったインディオ（およびアメリカ・インディアン）を野蛮な存在とみなすようになったという [前掲書: 67-70]。

『宇宙人種』の中でバスコンセロスは，ラテン人にとってのインディオは米国人にとっての黒人に比べ，形質的な差異が弱いために，「混血のための格好の橋渡しである」[バスコンセロス 1988（1925）: 112] と述べる。このようにバスコンセロスにとってのインディオの位置づけは，白人（スペイン人）との融合により混血を創出するための，もう一方の人種としてのものであった。すなわち彼が文化・芸術運動を通して称揚するインディオの文化とは，まずは文明国家としての威信をメキシコに付与しうる古代文明である。他方，現在のインディ

オは，それがメスティソ化へ向かう人種であることにおいては価値を持っていた。ただしそれ以外の，目前に存在するインディオおよびその文化は必ずしも価値を持つものではなかった。以上のようなバスコンセロスにおけるインディオの位置づけが顕著に示されているものの一つが，彼が推進したメキシコ農村におけるインディオ教育政策であった。

　バスコンセロスは，1921年の公教育省創設に伴い，国家予算の約10%という前政権の4倍にもあたる予算を獲得し，大規模な教育キャンペーンを展開した。この教育キャンペーンにおいてインディオ教育は，学校建設，図書館の設置，芸術教育，識字教育と並ぶ5つの柱の一つに位置づけられていた[Loyo 1999 : 183]。バスコンセロスは，公教育省内にインディオ文化局（Departamento de Cultura Indígena）を設置すると共に，文化使節団と呼ばれる教師団を派遣して，当時のメキシコ人口の約80%が居住していたとされる農村地域における識字教育および地域共同体の開発教育政策を実践した。

　教育史家エングラシア・ロヨ（Engracia Loyo）によれば，このような革命期の教育政策においてはインディオに対する教育をめぐって以下の2つの立場が存在していた。すなわち第一に，バスコンセロスに代表される，階級や肌の色の違いにより教育機会を区分すべきではないとし，インディオ特別学校の設置に反対する立場である。これらの主流派は，インディオ文化局をインディオの教育機関としてよりは，インディオに国民言語（idioma nacional）としてのスペイン語を短期間で集中的に習得させるための準備機関として捉えていた[Loyo 1999 : 169-171]。またこのような主流派の立場を象徴するものとしてしばしば挙げられるのが，インディオに対する識字教育の方法論である。当時のメキシコにおける識字教育の方法は，インディオの母語を媒介させない直接スペイン語化法と，インディオの母語を媒介とする間接スペイン語化法の2つに大別されていた［小林 1982 a : 83][28]。1921年以降，バスコンセロスの強力な主導のもとで採用された方式はすべて直接スペイン語化法（さらにその中でも直接識字法）に限られていた。教育史家J. ソライダ・バスケス（Josefina Zoraida Vázquez）によれば，このような識字法の採用には，インディオ的要素とスペイン的要素との融合によるメスティソ国家の創出を謳う一方で，インディオがメキシコ社会に同化するためにはインディオの言語が完全にスペイン語に置き換えられなければならないとする思想が根底に存在したという[Vázquez 2000

(1970): 183-188]。すなわちバスコンセロスにおけるメキシコの「融合」とは，インディオがスペイン化することにより達成される同化という一方向のみを想定したものであり，彼にとってそれ以外の方法はあり得なかった。

　一方，当時のインディオ教育をめぐるもう一つの立場は，それまでのメキシコにおける教育制度がインディオにとっては不十分であったとし，彼らを対象とした特別な教育センターが必要であるとする立場であった。ロヨらはガミオをこの立場を代表する者として位置づける。それは彼がインディオの実情を把握し，それに見合った実践的政策の必要性を唱えたことからであった[Loyo 1999; 168-172]。バスケスらが述べるように，ガミオらの立場は，1920年代における主流派に比べ少数派に過ぎなかった。また公教育省辞任により彼の立場が実際の教育政策に直接反映されることはなかった[Vázquez 2000 (1970): 183]。しかし，前述のように彼が設置した地域学校がその後のメキシコにおけるインディオ教育のあり方に影響を及ぼしたことが指摘されており，その点からもガミオとバスコンセロスの違いを検討することは，インディオの「統合」が意味する様々な観点を明らかにする上で意義あることのように思われる。以下では，ガミオにとってメキシコの「融合」が意味するものを，バスコンセロスと比較しながら考察することで，ガミオにおけるインディオの位置づけの独自性を明らかにする。

ガミオにおけるインディオの位置づけ

　ガミオは，メキシコにおける人種的・文化的融合を肯定的に捉え，それをnation創出にとって不可欠であるとみなす点においてバスコンセロスらと見解を共有していた。しかしその融合におけるインディオの位置づけやその起点において両者の意見は大きく異なっていた。両者が1926年にシカゴ大学で行った講演会のタイトルには，このような両者の違いが顕著に示されている。バス

---

28) スペイン語識字教育法は，さらに以下の4つの方法に区分された。直接スペイン語化法には，全国共通の教材を利用してスペイン語の読み書きを修得させる直接識字法と，教材によらず口頭会話によりスペイン語を習得させる直接口頭法の2種類があった。また間接スペイン語化法には，スペイン語教材の説明等をインディオの言語で行う間接識字法と，インディオの言語で読み書きを教えながら口頭会話法によってスペイン語教育を行う母語識字平行法の2種類があった。これらは実際の教育場面においては，学習の進行に応じて方式を変えるなどいくつかのバリエーションがあったとされる [小林 1982：83]。

コンセロスの講演タイトルは「メキシコ文明のラテンアメリカ的基盤(The Latin-American Basis of Mexican Civilization)」であり，ガミオのものは「メキシコ文明のインディオ的基盤 (The Indian Basis of Mexican Civilization)」であった。ここには，両者がnationの基盤をどこに，あるいは誰に置くかという点で異なった見解を抱いていたことが示されている。以下では，従来のインディオ政策およびメキシコ史におけるインディオの位置づけに対するガミオの批判を通して，彼のnationの基盤およびそこに見られるインディオの多義性について明らかにする。

ガミオにおけるインディオ救済思想としての人類学　　ガミオは『Patriaをつくる』の中で，メキシコにおいてこれまで試みられてきたインディオ統合政策の失敗について言及している。ガミオによれば，これまでメキシコにおいては，キリスト教化にせよスペイン語化にせよ，インディオに対する「文明」の一方的な押しつけが行われてきた。しかしながらこのような強制的な文明の押しつけは，決してインディオの「表皮を通ることはなかった」という。なぜならスペインに征服される400年前と変わらない生活体系を保持するインディオに，突然全く異質な近代文明を強制しても，それを吸収することは不可能であるばかりか，強固な抵抗を引き起こすためであるという［Gamio 1960（1916）: 96］。ガミオがそのような従来の政策に代わるオルタナティブとして提示するのが以下のようなものであった。

　　　インディオを統合する（incorporar）ために，力でヨーロッパ化するのではなく，反対に我々が少しインディオ化しようではないか。我々が少し薄めた形で我々の文明を彼らに提示しさえすれば，それほど彼らにとって奇妙でも残酷でも理解不可能でもないであろう。もちろんインディオにむやみに近づくというような誇張はよくないが［ibid.: 96］。

ガミオはここでインディオのヨーロッパ化のみならず，「我々のインディオ化」を提唱する。このような両要素が相互に接近することにより達成される「融合」は，インディオをスペイン化するという一方向性のみを提示するバスコンセロスのものとは大きく異なっているといえる。ここでガミオが「インディオ

化」という言葉で述べるインディオへの接近とは，インディオの実情を把握し，彼らにとっても理解可能な形でのインディオ政策の実践，すなわち人類学の知を用いての政策実践を意味した。ガミオにとって人類学とは，以下で述べるように，相互に無知であるために恐れを抱き，敵対関係にある集団を和解させ，まとまりのあるメキシコ国民（raza nacional）を形成するためには不可欠な知であった。

> 問題は，インディオ集団に妄想的な恐れを抱いたり，それらを避けることではなく，現在分散した状態にある彼らのエネルギーをいかに善誘するかである。それまでは敵同士であった個人を，社会集団として引き寄せながら，統合・融合すること。言語の統合と文化の収斂へと向かいつつ，同質的でまとまりのあるメキシコ国民（la raza nacional）を最終的につくりあげることを目指すべきである［*ibid.*：10］。

ここでガミオが述べるところの raza nacional とは，生物学的意味での人種的混血によるものではなく，言語と文化の融合により獲得される「メキシコ国民」を指している。ガミオがインディオに接近することの動機およびそれによって達成される最終的なゴールとは，まさにこのような，同質的でまとまりあるメキシコ国民の創出であった。

また，ガミオがインディオを「善誘」するという表現を用いているように，ここには導く側と導かれる側との明確な区別が存在する。前述の「我々のインディオ化」の必要性を説く言葉において，ガミオが「我々＝ヨーロッパ」，「彼ら＝インディオ」を区別するように，接近による両者の歩み寄りは決して平等なものではない。また「インディオにむやみに近づくというような誇張はよくない」というガミオの言葉には，文明を持つ者と持たない者との区別が現れているといえる。

他方，バスケスらが述べるように，まずはインディオとの接近および彼らの実情を理解することの必要性を強調するガミオの見解は，当時としては少数派であり，メキシコにおけるインディオを捉える視線の大きな転換を示していた。ここでガミオが用いる「彼らのエネルギー」という言葉には，インディオが本来保持する能力に対する彼の確信が示されている。同様の確信は，インディ

のエネルギーの活用を nationality の創成に結びつける以下の文章にも示されている。

> ここで述べてきたような総合的手続きに従い，我々のインディオ家族が国民生活（vida nacional）に統合される時，国において今日潜在し，消極的状態に置かれてきた力が，即生産に結びつくようなダイナミックなエネルギーへと変化し，真の nationality の感覚が強化され始めるだろう［ibid.: 18］。

ガミオはここで，インディオの「潜在し，消極的状態に置かれてきた力」という表現を用いている。ガミオにおいてインディオとは，本来「ダイナミックなエネルギー」を保持しながら，環境や歴史的背景によりそれが発揮できない状態に陥っている存在であった。したがって彼にとって人類学とは，インディオを救済するという任務に加え，そのような能力を「発見」あるいは「回復」するという使命をも負っていた。

以上のようなガミオにおけるインディオの潜在的な能力に対する確信の背景には，すでに研究者が指摘するように，メキシコ内の各人種が持つ適応力を指摘した M. エンリケスら 19 世紀メキシコ人思想家の影響が見られる。ただしここでガミオが問題とするのは，インディオが生活環境への適応や順応という観点からいえば白人よりも優位にあるにもかかわらず，それを目に見える形で示すこともせず，停滞した状態に留まっていることであった。

ガミオは，これらの「潜在的な力」あるいはインディオが保持する「ダイナミックなエネルギー」をしばしばメキシコの古代文明に重ね合わせつつ論じている。それは，インディオの過去を「回復」することが，メキシコの未来における「nationality の感覚を強化し得る」というガミオの信念に基づくものであった。そこには以下で述べるように，ガミオにおいてインディオが，救済されるべき対象でありながら nation のモデルでもあるという多様な意味づけを付与された存在であったことをも示している。

ガミオにおけるインディオの多義性　　ガミオにとってメキシコにおいて最も悲惨な状態にあり，救済されるべき対象であるインディオは，一方で全く異なった意味を付与されている。すなわちメキシコの nation の祖型である先スペイン

文明の後継者としての意味であった。ガミオにとってインディオは，本来祖先から受け継いだ偉大な能力を備えているにもかかわらず，征服，そして独立後の収奪や差別の経験によりその能力を示すことができず，400年以上の遅れを示しているかのように見える存在である。しかしガミオは，古代メキシコにまで遡るその能力の命脈は現在でもインディオの中に保たれており，現在のインディオの悲惨な状況を改善しさえすればそれらは回復し得るとみなす。ここには，ガミオの視線が過去のインディオを理想化しているという意味において，ディアス体制期におけるインディオの位置づけ，およびバスコンセロスの見解と同様である一方，彼がそのような理想的インディオ像を現在のインディオと結びつけるための方策を模索していたという点においてはそれらと異なっていたことが示されている。

一方ガミオはインディオに先スペイン期との継続性のみを見出したわけではなかった。すなわちガミオにおけるインディオの過去に対する認識は，同時にメキシコの歴史的起点の複数性という独自の視点を形成するに至っている。

バスコンセロスにおいてスペインによる植民地化という一点に見出されるメキシコの歴史的起点は，ガミオにおいては必ずしも単一ではない。それはガミオがメキシコにおけるnation創出にとってスペイン人（白人）とインディオの人種的・文化的融合が重要であるとみなす一方で，先スペイン期をpatriaの祖型として重視していることに起因していた。

ガミオは『Patriaをつくる』に収録された論文「歴史の諸側面（Los aspectos de la historia）」において，メキシコにおける従来の歴史叙述のあり方を批判している。ガミオによれば，これまでのメキシコ史の多くはスペインによる征服を起点とし，メキシコの大多数の民衆や彼らの多彩な活動を記述してはこなかった。しかしガミオによればメキシコの歴史とは，設定される起点や場所によって異なる側面を持つ極めて多様なものであるという [ibid.: 62-63]。

ガミオはここでスペインによる征服を起点とする歴史叙述を否定しているわけではない。ここでガミオが強調するのは，それがメキシコ史の一部に過ぎず，メキシコを構成する多種多様な人々の歴史を網羅するには至っていないという事実であった。

以上のような，インディオの歴史的継続性の指摘やそこからガミオが導き出すメキシコの歴史的起点の複数性には，彼がボアズと共に行った層位学を用い

ての考古学的調査から得た知見が関係しているものと思われる。そこでのメキシコの文化層の発見は，メキシコの歴史的起点が植民地化のはるか以前に遡る先スペイン期にあること，さらにはメキシコの文化的基層が単一のものではなく，時代や空間により異なった層を見せる複合的なものであることを物的証拠と共に明らかにすることとなった。

　他方，革命以前から内外の研究者によりメキシコの遺跡・遺物の国際的価値が認識されながらも，それは一般のメキシコ人には共有されていなかった。とりわけガミオは，インディオの文化や歴史の価値がメキシコ人，そしてインディオ自身にも認識されておらず，またそれらに対して人々が無知なまま偏見を抱くことを批判している。

　ガミオは前述の論文「歴史の諸側面」において，メキシコにおける歴史教育が征服以前のインディオ世界に関する間違ったイメージを普及していることを以下のように憂慮している [ibid.: 25]。ガミオによれば，メキシコにおける歴史教育は，古代文明を混同したり抽象的概念を羅列するだけで学生の益には全くなっておらず，むしろ混乱を招いているという。ガミオはこのような状況は，前述の地理的・歴史的起点の複数性に対する無知に加え，以下の2点が考慮されていないためであるとする。その一つは，メキシコの歴史が持つ「美的側面 (el bello aspecto)」と彼が呼ぶものである。ガミオによればメキシコの歴史は，研究者にとってだけではなく，「過ぎ去ってしまったものが持つ，神秘的美しさを愛してやまない人々」にとっても魅力的で美的な「栄光ある過去」を備えているという [ibid.: 65]。ここでガミオが述べる美的側面への配慮とは，具体的には歴史を記述する際に読者のイメージを喚起させるような記述手法を用いる努力をすることである。ガミオはこのような側面を強調し過ぎることが，歴史記述ではなく文学作品へと転じてしまうことを危惧しつつも，このような側面が生かされてこなかったことは，メキシコの歴史に対する偏見を生み出す要因の一つであったと述べる [ibid.]。

　またもう一つには，ガミオが「観察的側面 (el aspecto objetivo)」と呼ぶものである。ガミオによれば，抽象的概念が羅列されたこれまでの歴史記述は，「色褪せ，活気がなく，表現に乏しい」ために，「歴史の講義を聞き終えた学生が教室を出た途端にすべてを忘れてしまう」要因となっていた。しかしながらガミオは，歴史は十分人々に「生き生きとした世界」を感じさせることが可能で

あり，それは「観察的側面」に配慮し，歴史を再現することを通して実現されるという。ガミオによれば，それは以下のような活動からなるものである。

> 写真，絵画，彫刻，建築物などのオーセンティックな諸物品，寺院のモデル，忠実に修飾を施された宮殿，君主をはじめ貴族，僧侶，兵士，職人，奴隷等の衣装や生活用具，儀礼道具，当時の景観や儀礼の様子などを再現することを通してである [ibid.: 69]。

ガミオは，「オーセンティックな諸物品」を用いたこれらの活動により人々は歴史を「生き生きとした世界」として可視化し，具体的なものとして観察できるようになると述べる。すなわち，ガミオが求めるメキシコの歴史とは，メキシコに存在した多様な人々をガミオが描く理想的な古代文明に相応しい姿で視覚化したものであった。ただしここでガミオが求めるのは，インディオの歴史の回復だけではなかった。ガミオがこれらの活動を通して試みるのは，メキシコの住民がインディオやその文化・歴史に対する偏見を捨て去り，その歴史を自己の歴史として共有することであったからである。

小 括

以上，ガミオとボアズの nation の概念をそれぞれ考察した。両者の nation に関する見解は，その定義，問題意識，背景，そしてその理想の形態において異なっている。

ボアズは nation を一義的には政治単位＝国家として極めて明快に定義する。しかし彼の問題意識は，nation の派生語でありしばしば nationalism と結びつけて論じられる nationality の定義，およびそれらが現代社会で用いられる様相に向けられていた。nationality は，しばしば形質的特徴や言語と同一視されることにより，それらを共有しない集団外あるいは集団内の弱者を差別する際の論拠として用いられる。ボアズは，進化論と人種主義に反証する過程で，nationality が他者から強制的に規定されるものではなく，日々の生活の中から個人が身につけていく感情や習慣，すなわち文化からなることを論証していった。

以上のようなボアズの nation の定義および人種と文化の概念には，ユダヤ系

ドイツ人であった彼の体験が反映されていた。ドイツでの差別的体験は，諸個人の行動決定を規制し，個人が追求すべき知的自由を剥奪する偏狭なnationalismに対する批判へと結びついた。他方，ボアズにとってnationは，必ずしも否定すべきものではなく，諸個人がより良き生活を求めて能動的に働きかけるべき枠組みでもあり，そうであればこそ，そのような枠組みは人類全体を包含したより大きな規模へと拡大される必要があった。ボアズにとっての理想のnation像とは，nationの枠組みを人類全体へと拡大し，個人が倫理基準という共通の理念により垂直に結びついた状態であり，このようなボアズにとって国際連盟の創設は，彼の理想的なnation像へといたる第一歩に過ぎなかった。

　ただしボアズは，混血をnationalityが醸成されるための一要素となり得るとみなす点においてガミオと見解を共有している。ボアズは，視覚的異質性(ストレンジネス)の度合いの高い成員が共存するnation内での人々が接触することにより起こる分離の意識についても自覚的であった。実際の差異であれ観念的刷り込みによる差異であれ，それらが現実社会において人種的偏見を生じさせることは，ドイツ時代に自身をプレゼンタブルな存在とするための努力を惜しまなかったボアズが身をもって体験したことであった。このようなボアズにとってメキシコは，異人種間の混血の進展という欧米とは異なった歴史的背景を持つゆえに分離の意識の生じにくいnationの例とみなされている。

　このようなボアズの見解は，混血の進展を社会障壁を取り除きうる方策とみなす点においてガミオと共通するものの，メキシコ内の成員がnationalityを共有するか否かという点において両者は全く異なった見解を持っていた。両者の相違は，メキシコにおける混血の度合いの認識の違いや，ガミオがメキシコの状況を内側から眺めているという点だけでなく，ガミオがnationをボアズとは異なった問題意識によって捉えていることに起因していた。

　ガミオの問題意識とは，まさにメキシコにはnationが存在していないということにあり，今後いかにそれを構築するかにあった。ガミオはこのような状況にあるメキシコがnation形成へと至る過度的段階に獲得すべきものとしてpatriaの概念を提示する。ガミオにとってpatriaとは，その内部の成員が，人種，文化，言語，歴史を共有・融合することにより獲得されるnationalityによって結びつくことで獲得されるものであった。ガミオが目指すpatriaとは，すでにメキシコに存在する地縁・血縁で結びついた小さなpatriaの内実はそのま

まに，その範囲をメキシコの国家領域の外側へと引きのばしたものであったといえる。

またガミオにおける patria-nation，すなわち patria に介在された未来の nation 構築には，その内部の個人の働きかけに加え，それを牽引すべき存在が暗示されている。第2章で述べたように，それは統治者＝革命政府であり，その知的基盤となる人類学であった。したがってガミオとボアズが共有していたかに見える混血に関する見解も，ボアズがそれを米国社会における偏見の非論理性を指摘する文脈で用いているのに対し，ガミオがそれをメキシコ内におけるnationality醸成のための国家統合政策と考えた点において違いが存在していたといえる。

以上のような patria-nation の概念およびその融合の所産としての nationality の必要性をガミオが訴える背景も，ボアズとは異なっていた。ガミオの internationalism に関する議論に見られるように，ガミオにとって internationalism とは，列強が欧米諸国とは異なった個性を持つ，あるいはその個性の確定途上にある nation を飲み込み，同化させる運動とみなされる。このようなガミオの internationalism に対する危惧は，メキシコが直面してきた状況すなわち，西洋のメキシコに対する視線や米墨関係の悪化によるメキシコ政府の承認撤回などの国際情勢を背景にしたものであった。他方そこには，nation としてのメキシコが international なレベルで認知されることに対するガミオの欲求が見られる。ガミオがボアズの概念を独自に解釈することで「文化」に付与する二重の基準は，このようなガミオの心情を示すものであったといえる。

ガミオはボアズの文化概念を用いながら，これまでメキシコを劣位に置いてきたヨーロッパの基準に反旗を翻す。他方，ガミオが欧米の模倣を強要されることに反発しながらも，国内に向けて求める一体化・融合化したメキシコとしての個性の確立は，nation としての認知に対する彼の欲求の現れであった。ガミオがインディオに付与する両義性も，彼のこのような複雑な心情を反映した例でもあったといえる。国内では救済と統治の対象であるインディオは，メキシコに関心を抱くボアズら外国人の注目を集めうるという点において，対外的にはメキシコが独自の文化を保持する nation として認知されるための最も有効な媒体であった。

すなわちボアズにとっての nation が「個人」と「nation の枠組み」，そして

「倫理基準」という3つの要素を主体として構成されるのに対し，ガミオにとっての patria-nation は，「統治者＝革命政府」「被統治者＝インディオおよびメスティソ」，そして「メキシコの patria-nation を認知する者＝欧米人」という3つの要素からなり，人類学はこれらを結びつける役割を帯びていた。そしてガミオにとっての patria-nation を視覚化・現前化させ，nationality の基盤となるのが，次章で述べる芸術であった。

第 5 章

ガミオにおける nation の表象と「芸術」

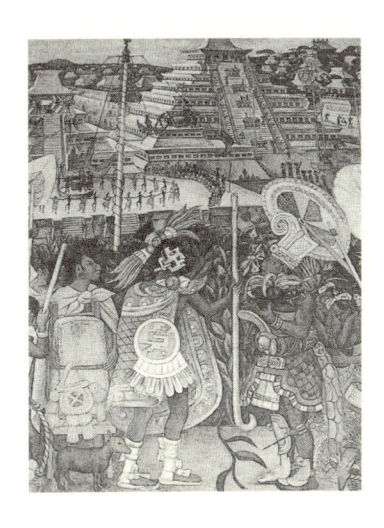

写真12　ディエゴ・リベラが描くアステカ帝国の情景

はじめに

　本章では、ガミオにおける nation 概念を強く反映した、彼の芸術奨励活動について考察する。

　前章では、ボアズとガミオの nation 概念が大きく異なっており、ガミオにとっての nation が、単なる枠組みというよりはメキシコの土地や風土と一体化した「郷土（patria）」と呼びうるものであったことを明らかにした。ガミオはメキシコにおける nation 創出の要件として、その内部の成員が人種・文化・言語・歴史の共有・融合により獲得される nationality によって結びつくべきことを訴えたが、同時に彼はそれが現在のメキシコにおいては「不在」であり、今はまだ未来に向けて創出すべき理想像でしかないことに対しても自覚的であった。それがボアズと同様に、ガミオが人種と文化の概念に注目しつつも、それらを nation 形成という自身の問題意識に照らし合わせながら修正・再構築を試みた所以であった。

　ここで取り上げる芸術とは、まさにこのようなガミオの nation 形成に対する憧憬、およびそれを基調としつつ彼が行うメキシコの人種・文化概念の編成と大きく関係している。しかし、これまでの先行研究においてガミオと芸術との関係に言及したものは限定されており、またそれを彼の nation 形成への関心との関わりから論じたものはほとんどない[1]。

---

1) ガミオに関する先行研究の中で彼と芸術との関わりに触れているものは極めて限定されており、その論じ方は以下の2種類に分けられる。すなわちガミオを先スペイン期の遺跡・遺物の美的価値を認知した人物とみなす研究［Fernández 1990；Eder 1998］、そしてガミオをインディオの芸術産業奨励者とみなす研究［Rubín de la Borbolla 1956］である。芸術史家 J. フェルナンデス（Justino Fernández）はメキシコにおける先スペイン芸術の受容過程を論じた大著の中で、ガミオを先スペイン期のインディオ芸術の価値の転換に貢献した人物として位置づけている［Fernández 1990：44, 99］。一方メキシコの民衆芸術（arte popular）研究家 D. ルビン・デラ・ボルボージャ（Daniel Rubín de la Borbolla）は、ガミオがテオティワカンで行った芸術産業奨励活動について述べ、それが地域住民の生活レベルの向上という肯定的側面と、地域の独自性が活動の過程で消失するという否定的側面の両方を備えていたことを指摘している［Rubín de la Borbolla 1956：448-450］。1980年代以降には、これらの研究に加え、ガミオと先スペイン芸術との関わりと現在のインディオに対する芸術産業奨励とを同時に論じるものも存在するが［Brading 1988］、そこでは二つの要素がガミオにおいてどのように結びついていたのかは述べられていない。

本章ではまず，ガミオの思想における芸術の位置づけを検証することを通して，それがガミオにおいて以下の関心と結びついていたことを明らかにする。すなわち，1) メキシコを劣位に置く西洋の基準自体を無効とすること，2) メキシコに nationality を醸成すること，3) メキシコを殖産化すること，の3点である。

　第2節ではさらに，ガミオが実際に行った芸術奨励活動を分析し，彼が芸術との関わりを通して描き出そうとしたメキシコの nation 像とはいかなるものであったのかを明らかにする。ここで対象とするガミオの活動は，後述するように，1920年代にメキシコで高揚した民族主義的文化・芸術運動の一端を成すものである。本章ではガミオがこれらの活動を通じて，メキシコの民族・民俗的独自性を反映した芸術創造を通して nation 像を模索した様相，そしてそこに現れる彼の矛盾と葛藤を浮かび上がらせることができればと思う。

第1節　ガミオの思想における nation と芸術

　本節では，ガミオの諸論考およびアーカイブの中から芸術に関するものを抽出し，それらを分析することでガミオの芸術観，およびそれが彼の nation 形成への関心といかなる関係にあったかを考察する。それにより，ガミオが見出す芸術の特殊な位置づけが明らかになるであろう。それは第一に，芸術が「美」という絶対的基準とは無縁の概念からなる故に，メキシコの nation の独自性を表象する上で有効であると彼がみなしていたこと，さらに芸術への関心が，nation をメキシコ人の心象風景として視覚化することと結びついていたことである。次に，芸術と nationality の創造という観点からは，ガミオが芸術に対する感性や嗜好の共有・融合がメキシコにおける nationalism の基盤につながるとみなしていたことについて述べる。最後にガミオの芸術創造に対する関心が，メキシコが独自の nation としてメキシコ以外の人々に認知され得るかという関心と結びついていたことを指摘し，そこで生じる「典型なるもの（lo típico）」と「国民的なるもの（lo nacional）」との使い分けが，ガミオの nation 創造に対する言及とアナロジーの関係にあることを明らかにする。

ガミオにおける芸術の特殊な位置づけ

　「芸術」は，ガミオの思想において，メキシコを「劣性」とみなす根拠となる単線的進化論の枠組みに収まらない点で特殊な位置づけにあったといえる。

　第4章で述べたように，ガミオの思想には，西洋に対峙する時とメキシコ国内に対峙する時とではそれぞれ別の「基準」が存在する。ガミオはメキシコ人が「ヨーロッパの基準」から外れているが故に「教養なき人々」と呼ばれることに対して，近代人類学の「文化」の定義をもって対抗した。しかし彼はメキシコ内の多様な要素に対しては，それらがメキシコにおける「文化」の発展に不可欠な national な環境を生成する妨げになっていると指摘する。このようなガミオにとって「芸術」とは，そもそもヨーロッパとの比較においてメキシコを「劣位」とする論理，すなわち単線的進化論の枠組みを無効にするための重要な要素であった。

　ガミオは『Patria をつくる』において，芸術とは「一つの規則やロジックでははかりきれない」[Gamio 1960 (1916) : 103] という意味で，「ある民衆が他より優れているとかその逆である」[ibid.] といった主張がそこでは成り立たないことを強調する。ガミオによれば「芸術」は，「国民 (un pueblo)」を特徴づけるモラル同様，直線的な進化を遂げるものではなく，上昇と下降を繰り返し，いわば「循環的 (periódico)」に発展するものである [ibid. : 105]。彼がこの芸術の「循環的進化」を示す例として挙げるのは，『Patria をつくる』の中で繰り返し述べられている，以下のようなメキシコの芸術発展の経緯であった。

　ガミオによれば，先スペイン期メキシコでは，羽毛細工，黒曜石の彫像，多種多様な鉱物を用いた宝石細工など様々な芸術作品が生産されていた。ガミオは征服直後のメキシコについて報告した歴史資料が，それらの中には「当時のヨーロッパで生産されていた芸術よりも優れたものがあった」と記していることを強調する [ibid. : 144]。さらにガミオによれば，植民地期メキシコの芸術は，メキシコを訪れた探検家 A. フンボルト (Alexander Humboldt) が表現したように，スペインをはじめとする多様な文化圏の文化要素を融合させつつ極めて高度な水準に達していた [ibid. : 47]。例えば建築を例に挙げれば，ロマン主義，プラテレスコ様式[2]，バロック様式，チュリゲラ様式[3] などの新たな様式が創造され，メキシコの気候や地域性に順応しつつ独自のメキシコ的景観を産み出していたという [ibid.]。またスペイン文化の影響を受けながら植民地期にイン

ディオにより生産された陶器，漆器，金銀細工，刺繍などは，その素晴らしさから「スペイン王の賞賛を浴びたほどであった」とガミオは述べる [ibid.]。以上のような記述には，先スペイン期および植民地期がメキシコの芸術興隆にとっての理想的な時期であったというガミオの認識が示されている。

他方，このように植民地期を通じてスペインの要素とインディオの要素が融合することにより発展したメキシコ芸術は，独立後急速に衰退した。このような経緯は，植民地期には低迷していた「科学」の導入が，独立以降急速に進展したこととは大きく対照を成すものであったとガミオは述べる [ibid.: 48]。以上のような芸術と科学の対比には，革命以前のメキシコにおいて進展した欧化主義政策に対するガミオの批判が込められている。ガミオによれば，独立以降メキシコは，ヨーロッパの知識の模倣により「フランス科学の正統なる娘（hija legítima de la ciencia francesa）」となる一方で，メキシコ独自の景観や典型性（lo típico）を失っていったという [ibid.: 48-49]。

ところが，ガミオはこのようなメキシコ芸術の発展経緯は再び大きく変化していると述べる。それは，フランスを中心としたキュビズムなどの潮流がテオティワカンやアステカ彫刻の中に独自の美を見出したり，マヤ文明の様式美を修飾として取り入れるなど，先スペイン期の芸術が再び脚光を浴びているからであった [ibid.: 106]。このようにメキシコ芸術の発展経緯を辿った上で，ガミオは以下のような結論を下す。すなわち人間の多様な文化表現において芸術は，「常に上昇に向かう科学」とは異なり，「開花しては枯渇し，再び開花する」特殊な存在であるというものである [ibid.]。

ガミオによる芸術の特殊性の主張には，メキシコに「文化的劣性」の刻印を付与したヨーロッパや独立以降メキシコの欧化主義者が，ヨーロッパ的価値観

---

2) ルネサンス修飾様式のスペイン的表現で，後期ゴシック様式が次第にルネサンスの修飾モチーフを取り入れて変容していったものとみなされる [横山 1991: 68]。スペインから新大陸に渡った建築職人や宣教師が先住民の職人を指導して造らせた，石彫修飾群テキキ芸術（Tequiqui）の中に混在する様式の一つとされる [ibid.: 67-68]。
3) 横山和加子によれば，「エスティピテ」と呼ばれる逆台形壁柱を建築や修飾彫刻に多用する造形意匠を指し，それを生み出したスペインの建築家チュリゲラ一族にちなんでこう呼ばれた。1730年代にメキシコに伝えられた後にその華麗さから人気を博し，メキシコ市や鉱山都市で数多く採用されたことからメキシコの後期バロック美術を代表する修飾様式へと発展したという [横山 1991: 93]。

をメキシコに直輸入することで西洋世界の文化的ヒエラルキーの下位にメキシコを位置づけたことへの反発が表れている。ガミオはメキシコ芸術の興隆史を示すことで，メキシコには単線的進化の枠組みにはあてはまらない「別のロジックが存在する」ことを示す。その際ボアズの相対主義は，たとえメキシコがヨーロッパと異なっていたとしても，必ずしもそれが「劣性」を意味しないことを示すための重要な武器となり得た。

他方，ガミオの議論における科学と芸術の区別は，ガミオとボアズの観点の違いを示していると言える。両者の違いは，以下で述べるように科学的知識とnation形成に関するガミオの言及にも示されている。

> 科学的知識の保持は，人々の文化的優劣を示すわけではない。しかしそれを保持する個人は，彼が属する階層の人々と共に別のカースト（casta）を形成し，他の階層とは精神的に非常に離れてしまう。一方で科学的知識を保持する人々の間では，他の国の（同様の階層の）人々と，共通の観念（を持つ人々）によるコミュニオンや普遍的友愛（fraternidad universal）が築かれている [*ibid.*]。

ガミオがここで述べる，「科学的知識を保持する人々」の間で築かれる，国家の枠組みを超えたコミュニオンや普遍的友愛とは，ボアズにとっての理想的nation像と似通っているといえる。しかしここでガミオが問題とするのは，そのような国家を超えた普遍的結びつきが築かれる一方で，科学的知識を保持する人々としない人々との間に断絶が生じることであった。ガミオ自身は，経歴を見れば「科学的知識を保持する階層」に属することは明白である。しかしガミオは「ヨーロッパ＝科学」と「メキシコ＝芸術」を対比させながら，ヨーロッパの拒絶ともとれる主張を展開している。ガミオは，メキシコの多くの人々に科学的知識が不足しているのは，メキシコが置かれてきた歴史背景のためであると述べながら，「メキシコ人の多くは読み書きを知らないかもしれない。しかし文芸作品や音楽など別のものを創造することを知っている」と述べる。さらに科学や産業の効率性において秀でるヨーロッパ人と，文芸や音楽の創造能力を持つメキシコ人とを対比させながら以下のように述べる。

> 我々は，ヨーロッパの芸術を理解することはない。それを「感じない」と

私は告白せねばならない。ヨーロッパ人もまた，我々の芸術を理解しないし感じないのだ [*ibid.*: 107]。

以上のようなガミオの言葉は，芸術を用いることでヨーロッパとの違いを訴えるとともに，その違いがヨーロッパの人々に理解されないことに対する憤りをも表している。一方でガミオがメキシコの芸術発展の特殊性を示すためにヨーロッパ人による評価を参照していることからは，芸術がガミオにとって，メキシコがヨーロッパの認知を受けるための重要な要素であり，また両者を介在するための重要な言語でもあったことを示しているといえる。

ガミオにおける芸術と nationality の醸成

1914 年から 24 年にかけてのガミオのアーカイブに含まれる芸術に関する論考には，先スペイン期芸術に関するものが多数存在する。これは，彼がボアズとの関わりを通して同時期に行った EIAEA での考古学的調査およびそこから彼が得たメキシコの文化的母体（the mother culture of Mexico）に関する見解，さらにはそれを彼がメキシコの nation 表象にとって重要な要素とみなしたことが関係しているものと思われる。以下ではまず，ガミオの記述から彼がボアズと共に先スペイン期芸術に関わる経緯を読み取り，さらにそれが先スペイン期芸術によって表象されるメキシコの「美的情念（la emoción estética）」という，彼の新たな問題提起となっていく様相を明らかにする。

写真 13　テオティワカン遺跡で発掘作業を行うガミオ

ガミオによる発掘調査と「メキシコの文化的母体」の発見　ガミオは，亡くなる1年前の1959年，*American Anthropologist* が編纂した特集号『フランツ・ボアズの人類学（*The Anthropology of Franz Boas*）』に，ボアズと共同で行ったEIAEAでの考古学的調査に関する小論を寄せている。「陶器および地質学とボアズ（Boas sobre cerámica y estratigrafía）」と題されたこの小論の中でガミオは，ボアズの助言を機にメキシコ盆地の調査に従事することになった経緯を記している。このことからは，ガミオにとってボアズと共に行ったEIAEAの発掘調査がいかに重要であったかがうかがえる。

　ガミオによれば，当時のメキシコでは，メキシコ盆地にかつて存在していた多様なインディオ集団に関する歴史資料や言語資料は存在したものの，それぞれの集団の文化的特徴に関しては全く知られておらず，その住民たちはテオティワカン人（teotihuacanos），トルテカ人（toltecas），アステカ人（aztecas），オトミ人（otomies），テスココ人（tescocanos），テパネカ人（tepanecas）など様々な呼び方がされていた [*ibid.*: 117]。EIAEAに携わる以前から同地域の遺物収集に関心を持っていたガミオは[4]，メキシコ盆地遺跡でそれまでに発見された陶器などの物品の特徴について，メキシコを訪れたボアズと議論を交わした。そこでボアズは，EIAEAの調査の一環としてメキシコ盆地の層位学的調査を行うようガミオに勧めたという[5] [*ibid.*]。

　1912年から14年にかけてのボアズとガミオの往復書簡には，この発掘調査に関わる内容のものがいくつか残されている。ボアズはベラクルス州に滞在するガミオに宛てた1912年10月15日付の手紙の中で，ガミオが当時担当していたメキシコ市北西部の「アツカポツァルコでの仕事」を継続してくれることを願っていると述べ，その成果に関して「今年度中にそのテーマで論文を書くように」と助言している [PPFB 1912/10/15]。当時ガミオはメキシコ市を離れ，調査でベラクルス州に度々滞在していた。ボアズの言葉は，そのようなガミオ

---

4) ガミオは国立博物館の学生時代（1908-09年）に行った遺物収集から得た知見を「テパネカ文化の遺物（Restos de la Cultura Tepaneca）」（1909）としてまとめた。後にガミオが回顧しているところによれば，当時はそれが「テパネカ文化」であるかどうかもまだ証明されていなかった [Gamio 1959: 117]。

5) 1912年の *American Anthropologist* に掲載されたEIAEAの活動紹介記事の中で，ガミオのメキシコ盆地での調査報告が行われていることから，ガミオが同地での調査を開始したのは1911年から12年にかけてのことであると思われる。

の研究調査の進展を憂慮したものであったと思われる[6]。ガミオに成果の発表を促す手紙の言葉からは，ボアズにとってもメキシコ盆地の調査が極めて重要なものであったことがわかる。

　メキシコ革命およびその過程で起こった外国人教師排斥によりEIAEAの活動が不可能となった後も，ボアズはガミオに同地での調査を継続するよう手紙で要請している。ボアズは，「メキシコの政治状況は必ずしも我々の調査にとって良いとはいえないが，何度も言うように，我々が行っていることは非常に重要なことなのだ。君もメキシコ盆地［の調査］で大きな貢献をしているが，文明に関する我々の研究の進展は，メキシコの遺物の収集にかかっているのだ」[PPFB 1914／10／29] と述べている。

　以上のようなボアズの言葉には，ボアズにとってメキシコ盆地の調査およびメキシコの遺物の収集が，ひとりメキシコのみに関わる問題ではなく，より普遍的な文明研究への貢献としての意味を持っていたことが分かる。

　ガミオはその後もアツカポツァルコとテオティワカンにおける層位学的調査の状況についてボアズに報告を行っているが[7][PPFB 1914／11／4]，このようなガミオの調査は，その後メキシコ盆地に存在した「古代層（arcaica）」「テオティワカン層」「アステカ層」という連続する3つの文化層の発見へと結びついた［Gamio 1959：117-118］。前述の考古学者マトス・モクテスマが述べるように，ガミオの調査結果は，当時のメキシコ考古学において極めて大きな意義を持つものであった。

　以上のようなガミオとボアズの研究成果は，『フランツ・ボアズ博士により抽出・整理された遺物コレクションのカタログ（*Texto para el Album de Colecciones arqueológicas Seleccionadas y Arregladas por el Dr. Franz Boas*）』として1921年に刊行されたほか，1924年には *American Anthropologist* に「メキシコにおける文化の連続体（The sequence of cultures in Mexico）」として発表された。前者にはガミオも論考を寄せているほか，メキシコ人画家アドルフォ・ベスト・マウガード（Adolfo Best Maugard）が収集陶器の模写図を担当している。マウガードは，後

---

6) ガミオのベラクルス州滞在およびそれがEIAEA研究者の批判を招いたことについてはp 105-106 参照。
7) ガミオは同時期国立博物館およびテオティワカンにおいて，バトレスが建設した博物館に残存する遺物コレクションの分類整理を行っている［PPFB 1914／11／4］。

に述べるように,ボアズとガミオとの交流から得た陶器のモチーフに関する知識をもとに,メキシコの芸術教育の教科書を執筆した人物である。

また「メキシコにおける文化の連続体」においてガミオは,アーカイックと呼ばれてきたメキシコ盆地に存在した文化が,メキシコ国内で最古の文化であり,おそらく「メキシコの文化的母体」であるという見解を発表している。以上のようなガミオの調査結果およびその発表は,ボアズの期待に応えうるものであったといえる。他方,「メキシコの文化的母体」の発見およびその過程で行われる先スペイン期の遺物の収集は,ガミオにとっては別の意義をも持っていた。ガミオは「メキシコの文化的母体」を明らかにすることの重要性を以下のように述べる。

> それにより我々は,先スペイン期のインディオ (indigenous race) の文化的達成を知ることができるのです。さらに我々は植民地期,そして現代において彼らが消極的な退化 (degeneration) の中にあることの要因を推測することができるでしょう。それは現代生活 (modern life) への彼らの参与を促し,彼らの利益となるより効果的な救済 (redemption) のシステムの実践へとつながることでしょう [Gamio 1924 : 322]。

以上のようなガミオの言葉には,彼にとって「メキシコの文化的母体」の探求が,インディオのメキシコ国民生活への参与という,より実践的な動機を伴っていたことが示されている。またここでガミオは,先スペイン期のインディオの文化的達成度を明示することの重要性を論じるが,それは必ずしも「インディオの利益」のみを考慮したものではなかった。ガミオは,先スペイン期芸術の収集の意義を以下のように述べている。

> 実際に歴史的資料は,倫理,神話,年代学等々,社会的規範の特徴に関する知的表現 (la manifestación intelectual) を我々に知らせてくれる。しかし物的表現については何も分からない。芸術や産業からは,[当時の] 人々のより広範な側面を理解することができる。遺跡,陶器,彫像などを直接研究するだけでよいのである。それ以外の方法では,今までのように先スペイン期の過去は我々の目には抽象的で,途方もなく昔の,実体のないものに映るだけで,

本当に存在したのか捏造されたのか判断できないだろう［Gamio 1923：7］。

　ここには，「メキシコの諸側面を理解すべきである」という彼の主張が繰り返されているといえる。ガミオにとって芸術や産業は，歴史をより具体的に理解するために不可欠な物的表現であった。そしてここには，ガミオにとって「文化的母体」の探求がインディオの利益のみを考えたものではなかったことが表れている。ガミオの関心とは，先スペイン文化をいかに「我々の目」に具体化し，実体として把握するかということであった。すなわち先スペイン期芸術や産業は，インディオのみならずメキシコの住民すべてが，「我々メキシコ人の過去」である先スペイン期の文化を自分たちの文化として共有するための重要な媒体であった。

先スペイン期芸術による「美的情念」の喚起　ガミオにとって，ボアズらと共に行ったメキシコの考古学的調査およびそこで彼が明らかにしつつあった「メキシコの文化的母体」は，スペインによる植民地化のはるか以前に遡るメキシコ独自の歴史と文化の存在を現前させた。それがボアズら世界的な研究者の注目を浴びうることを知り，ガミオは西洋とは異なるメキシコ独自の文化を広く知らしめることで，nationとしての国際的認知を獲得しうることを再認識したものと思われる。他方，メキシコの人々が現存する遺跡・遺物を自身の文化とみなし得るか否かは別の次元の問題であった。ガミオはこの問題を，人々が遺物に見出す「芸術性」という観点から論じている。以下では，遺物の「芸術性」を自分たち独自の過去としてメキシコ人が獲得し得るかというガミオの議論，およびそこから明らかとなるガミオ自身の矛盾，そしてそれを説明するために彼が行った「科学的実験」について述べる。

　ガミオは「先スペイン期芸術の概念（El Concepto del arte prehispánico）」と題された論文の冒頭において，「先スペイン期の遺物における芸術性とはいかなるものなのだろうか」，「なぜそれらは，［西洋］古典芸術や近代芸術と同様の美的情念（la emoción estética）を我々に喚起しないのだろうか」［Gamio 1960（1916）：41］と問いかけている。こうした問いかけは，先スペイン期芸術の遺物が美的か否かを論じるのではなく，すでにそれらを美的物品とみなした上で，それらがメキシコにおいては美的対象として認知されていないことを問題としたもの

であった。ガミオがここで遺物の芸術性について，単なるその「理解」ではなくそれによる「美的情念の喚起」という言葉をもって論じるのは，そのような捉え方こそ，メキシコの人々が共通の精神的基盤を得られるか否か，すなわちnationalityを左右するものだと彼が考えていたためであろう。しかし当時はメキシコ考古学の草創期にあたり，遺物の存在すらほとんど顧みられることはなく，ましてやガミオが述べるような美的観点をそこに見出す人々は極めて少数であった。

ガミオは，メキシコの先スペイン期芸術は西洋や東洋の諸芸術に決して劣らぬ，非常に興味深いものであるにもかかわらず，当のメキシコではそれらに関する知識が不足しているどころか，多くの場合知りもせずに偏見や先入観を抱いてしまうことを以下のように批判する。

> [...] 現在の我々がこれらの物品が形成された背景を知らないからといって，それらを芸術とみなさなかったり，過去の人々にとっては美的であったものを我々の観点に照らして美的でないとみなすのはおかしい [*ibid.*]。

ガミオはここで，遺物がたとえ先スペイン期という過去に創造されたものであったとしても，その当時美的価値を持っていたものは，現在でも同様の価値を持つべきはずであると述べる。彼は，「芸術の前にはいかなる人間も排斥されたり偏愛されたりしない。芸術は場所や時代を問わず，すべての人の心の中にあるべきものである」[*ibid.*] と述べる。ガミオにとってこのような芸術の持つ普遍的価値は，国境という空間的境界のみならず，先スペイン期と現代という時間の隔たりをも超えて有効であり得るものであった。ここには西洋中心主義的尺度に基づいた単線的進化とは無縁の芸術創造という営みにおいて，過去の創造物と現在の創造物との間に優劣は存在せず，また過去の創造物に価値が見出せないのは，物品自体ではなくそれらを見る者の知識の欠如のせいであるとするガミオの見解が示されている。そこにはメキシコの先スペイン期芸術の普及を目指す人類学者としての使命に加え，芸術物品に関する知識の獲得がいかに重要であるかを訴えるガミオの熱意が読み取れる。彼はそれこそが，美術品を生み出した国や地域の諸観念や情景をも自己のものとして感受し得る方法であることを，身をもって体験していたのであった。

ガミオによれば，メキシコでは歴史資料や文学の授業，博物館展示などを通して，人々はヨーロッパの芸術遺産に触れることが可能であり，また西洋のアカデミーを模した美術教育カリキュラムによって，ヨーロッパ芸術が創造された背景を知識として獲得することが容易にできる [ibid. 42]。このような芸術環境ゆえに，ガミオ自身を含めた多くのメキシコ人は，ヨーロッパ芸術であれば制作年代がはるか昔であろうとも美的価値を見出してしまう。彼らの魂は「いつでもギリシャやローマ，ビザンティンの芸術を感じ」，「その感性は常にヨーロッパの国々のそれぞれの時代の人々と同じように揺れ動いてしまう」[ibid.]のである。ガミオはこのような美的情念の「揺れ」を，ラテン人，サクソン人，スロヴェニア人を問わず，「美の守護神（patrón de estética）」たるヨーロッパ芸術の影響下にある現代西洋文明に属する人々（los hombres de civilización contemporánea occidental）が共通に経験しうるものであると述べる [ibid. : 41-42]。

　ガミオのこれらの言葉には，ヨーロッパの基準によってメキシコの文化を裁定されることに反発し，「我々はヨーロッパの芸術を理解しないし感じることはできない」と述べる際の見解との矛盾，あるいは彼の引き裂かれた心情をうかがうことができる。その矛盾とは，メキシコには西洋の基準では測れない独自の文化が存在することを認識し，発掘調査を通して実際にそれを目の当たりにしつつも，ガミオ自身が西洋の基準の中に生きており，それなしにはメキシコ独自の文化さえも知ることができないというジレンマであった。ガミオが「芸術の前には何人も排斥されない」と述べる言葉は，メキシコの先スペイン期芸術に偏見を抱く人々に対する批判であると同時に，メキシコの遺物同様にヨーロッパ芸術にも美的情念を喚起されてしまう自分自身に対する，いわば慰めの言葉でもあった。そして以下で述べる遺物の芸術性を証明するための「科学的実験」は，この論証への彼の執念と切迫感を示すものである。

「メキシコ的なる美的情念」証明のための実験　　メキシコの遺物と美的情念との関係を論証するためにガミオが行った実験とは，先スペイン期の遺跡や遺物をそれまで一度も目にしたことのない人物に観察させ，この人物がそれらに対しいかなる美的判断を下すかを検証するというものであった。その方法は，観察者が遺物を「美的と感じないもの」と「美的と感じるもの」に分けるというもので，ガミオはその2種の美的判断に対しそれぞれ以下のような考察を行って

いる。

　　1) 先スペイン期芸術を「美的でない」とみなす判断：先スペイン期芸術が観察者にとって全く未知のものである以上，観察者がこれらの物品によって美的情念を喚起されないのは，極めて妥当かつ論理的である [*ibid.* : 44]。

　　2) 先スペイン期芸術を「美的である」とみなす判断：観察者が先スペイン期芸術によって美的情念を喚起されたのは，観察者がその中に自身が親しむ西洋芸術との形態上の類似を見出したためである [*ibid.* : 45]。

　ガミオによる 1) の考察は，物品の形成された背景を知らないことが，その中に美的価値を見出す際の障害となり得るという理論に基づいている。そこには，遺物は本来美的価値を持つものであるというガミオの前提が存在する。一方 2) における観察者の判断は，ガミオの前提とは一致するものの，1) における彼の理論との矛盾を引き起こす。ガミオはそれを「西洋芸術との形態上の類似」という概念を導入することにより説明する。一方で，ガミオは 2) の判断は以下のような問題を孕んでいると指摘する。

　ガミオによれば，先スペイン期芸術を観察したこの人物が，その形態上の類似からヨーロッパ的観念を想起することによってメキシコの先スペイン期芸術を美的と判断したならば，そこには「心理的間違い（un fraude psicológico）」が生じているという [*ibid.*]。ガミオにとって人々が芸術作品を創造あるいは鑑賞する際の心的状態は，その時代，あるいはその時代を育んだ前史から続く身体＝生物的・社会的環境（el ambiente físico-biológico social）によって規定される。ガミオはそれを，観察者が「美的」とみなしたアステカ文明期に創造された「鷲の騎士（Caballero de Aguila）」の彫像を例に挙げながら説明する。「鷲の騎士」はアステカの貴族階層に属する崇高で力強い戦士であり，彫刻家は「鷲の騎士」の勇姿や彼が味わう苦難や勝利の喜びの情景を作品に託した。このようなアステカの価値を反映した彫像に対して観察者が「美的」と判断する際に，「実際に彫像が創造されたメキシコ高原ではなく，ローマの都市を思い描き，アステカの魂を感じる代わりにギリシャ人やローマ人の魂を感じている」とすれば，それはアメリカ的形態の観察によってヨーロッパの情景を喚起するという「極めて分裂的（híbrida）な感情」でしかないとガミオは述べる [*ibid.*]。

　ガミオにとって美的情念の喚起とは，ある芸術形態を目にした際に，そこに託された諸観念やそれらが創造された時代の情景が心の中に即座に広がる状態

を指す。ガミオはそれを「正統で唯一の美的情念（la legítima, la única emoción estética）」と呼び，「物質の形態とそこに表現される観念に対する理解が調和し統合されたことにより起こるものである」［ibid.: 46］と述べている。すなわちガミオが求めたのは，メキシコにはるか昔から存在し，最もメキシコ的な芸術であるはずの先スペイン期芸術を目にした際に，人々の心の中に当時のメキシコの風景や作り手の魂が自身の心象風景として広がることであった。それは同時に人々がメキシコの過去を自身のものとして獲得し，ガミオにとっての nationality の重要な構成要素である「歴史の共有」が達成される瞬間でもあった。このような「メキシコ的なる美的情念」の希求，およびそれを獲得することの困難さは，次に述べるようにガミオが同時代の芸術について述べる際の議論にも反映されている。

ガミオにおける「国民芸術」の創造

　ガミオによる遺物の芸術性をめぐる議論とは，先スペイン期の文明をメキシコの文化的基層として認知することを提唱し，さらにそれに対して人々が情緒的つながりを感じ得るか否かを問うものであった。しかしそれは同時に，ヨーロッパの美的基準を否定しつつも，その基準なしには遺物の芸術性を判断することができないというガミオの引き裂かれた立場をも明らかにした。ガミオによる先スペイン期芸術をめぐる「実験」は，そのような自身の葛藤を「科学的」議論の俎上に乗せることにより解決しようとする試みであった。他方，この実験の結果は，既存の遺物から「メキシコ的なる美的情念」を喚起することの困難を露呈すると共に，そうであるならば，そのような情念の喚起を可能とする芸術形態を新たに創造すべきという発想へと結びつき得るものであった。ただし先スペイン期芸術がメキシコ的形態として現存するのに対し，「新たに創出すべき芸術」はその形態さえも極めて不明瞭な未然のものであった。以下では，ガミオによる新たなメキシコ芸術創造の模索，およびその際彼が不可欠とみなした芸術局創設の提案を検証することで，ガミオにとってのメキシコ芸術のあるべき姿を明らかにすると共に，彼が見出すメキシコの「国民芸術」創造の方策および nation 創造におけるその効用について明らかにする。

ガミオによる「芸術局」創設の提案　ガミオは，『Patria をつくる』に収録された論文「芸術局（La Dirección de Bellas Artes）」の中で，メキシコには国家による科学研究機関は存在するのに，芸術を専門に研究する機関が存在しないことを指摘し，他国では芸術表現が人間活動の重要な部分を成すものとして認知されているにもかかわらず，メキシコではそれがないことを批判している［*ibid.*: 51］。

　R. ロペスによれば，芸術局の創設は，ガミオに限らずメキシコ革命に関わった当時の知識人および施政者の多くが提案していた。その1人であるフェリス・パラヴィチーニ（Felix Palavicini）は，1915年のカランサ政権下で教育大臣を務め，後に新聞社 *El Universal* 社長となった人物であるが，彼は民衆階層にとって有益となる芸術創造の重要性を訴え，芸術総本部（La Dirección General de las Bellas Artes）の創設を提言している［Lopez 2003 : 299］。

　パラヴィチーニらの訴えは，C. フェルによれば，カランサ政権下で芸術局法案として作成された。この法案は，メキシコ芸術と文化の外国支配からの解放，および革命勃発のきっかけとなったディアス体制期における文化行政の腐敗に対する批判の過程で成立したものであった［Fell 1989 : 393］。ディアス体制期には，その質やレベルに関係なく，海外からの芸術家や演劇団招聘およびメキシコ人芸術家のヨーロッパへの派遣のために多額の公費が捻出された。しかしそれらは芸術振興に寄与するどころか，メキシコの後進性を強調する論調や，メキシコ人芸術家が技術修得後も帰国せずヨーロッパに残留するという結果しかもたらさなかった［*ibid.*］。カランサ政権下での芸術局法案は，ディアス体制期における腐敗的な文化行政や欧化主義と決別し，自国内の芸術・文化の価値に対する意識を高めるという，メキシコ革命の理念を反映したものであった。しかしながらこの法案は，革命の混乱による財政難などのため成立には至らず，その実現は1921年のオブレゴン政権まで待たなければならなかった。

　1916年に執筆されたガミオの芸術局創設を求める論文には，カランサ政権下の困難な状況に対する以下のような悲観的見解が示されている。

　　メキシコは正統なる芸術作品をつくり出さない。なぜなら正統なるものとは，固有の（el propio），そして国民的なるもの（el nacional）であり，それは国民（el pueblo）の喜びや苦痛，その生や魂を強く，美しく反映したものであ

るべきだからである。画家，彫刻家，音楽家，文芸家などの芸術創造を担う者が，ひどく分散した道を歩んだり，排他的基準の中に留まっていては［芸術作品の創造は］ありえない［Gamio 1960（1916）: 52］。

　芸術局の不在をメキシコに「正統なる芸術」が生まれない理由とする以上の文章には，ガミオが芸術に求める「正統性」が，外国の模倣や直輸入でなくメキシコ「固有」のものであり，また国民の生活や魂を反映した，まさにメキシコ的な美的情念を喚起しうる形態であったことが示されている。一方，同論文の中でガミオは，メキシコにおける国民芸術創造の障害として，メキシコ人芸術家の志向の分散および彼らの排他的基準を強調している。ガミオによれば，彼らの間には「西洋古典芸術を好む者もいればルネサンス期の芸術に同調する者もいる。またコロニアル芸術の美を熱愛する者，先スペイン期芸術の中に感動を見出す者など，そこには一定の方向性が存在しない」という［*ibid.*: 51］。以上のような，依然として芸術家を芸術創造を担う主体として位置づけるガミオの主張は，彼の芸術局創設における問題意識が，前述のパラヴィチーニらとは完全には一致していなかったことを示しているといえる。パラヴィチーニらの芸術総本部創設の目的は，メキシコにおける芸術の民主化であり，その主眼は芸術創造の主体を，一部の欧化主義者やエリート芸術家から大多数の民衆へと置き換えることにあった。一方ガミオは，芸術家の欧化主義的傾向や排他的基準の保持を批判しつつも，メキシコ人芸術家を芸術局の主体および国民芸術創造を牽引するための重要な存在とみなしている。

　以上のような両者の違いは，当時のメキシコ知識人や施政者の間に存在した，nation 創出の多様な方向性およびその表現方法の違いを反映しているものと思われる。パラヴィチーニにとって，当時のメキシコ芸術の状況とは外国や一部の上流層による独占支配を象徴するものであり，したがって芸術の「質の低下は避けるべき」［Lopez 2003: 299］ことが強調されながらも，芸術がより多くのメキシコ民衆の手にわたることで問題は解決するものとみなされている。他方ガミオは，パラヴィチーニらと一部見解を共有しつつも，その関心は芸術の民主化とは別の点にあるように思われる。すなわち，ガミオが一貫して問題としたのは，そもそもメキシコには「メキシコ民衆」と呼べるまとまりある主体自体が形成されていないことであった。したがって彼はメキシコの分断した状況を

国民芸術の不在という問題を通して論じ，またそのような状況を改善するための方策の一つとして芸術を位置づけている。したがって彼にとって同時代のメキシコ芸術とは，分断されたメキシコの状況を体現するものであり，また将来目指すべき「固有の」「正統なる」メキシコの nation 像が反映されるべきものであった。そして芸術は同時に，「メキシコ的なる美的情念」を共有するというメキシコの nation 創出に不可欠な nationality を提供しうるものでもあった。ガミオによる芸術の創造と nation の創造との同時性，あるいは両者のアナロジーは，国民芸術の創造をメキシコの nationalism の基盤とみなす以下の議論においても明らかである。

nationalism の基盤としての芸術　ガミオは「メキシコの芸術作品 (La obra de arte en México)」と題された論文において，メキシコに存在する芸術作品をその起源，特徴，用いられた技術，象徴的価値により分類し，それらの中でも最も興味深いものとして「継続性のある芸術作品 (obra artística de continuación)」を挙げる。ガミオによれば「継続性のある芸術作品」とは，スペインによる征服以降，スペイン芸術と先スペイン期芸術が相互に浸透しあい融合することで生まれた芸術を指す。したがってそれらは，たとえ征服以降流入したものであっても，インディオの芸術から影響を受けていない「外国芸術 (el arte extranjero)」とは区別される［Gamio 1960 (1916): 38］。

ガミオはこれらの「継続性のある芸術作品」を「国民的作品 (la obra nacional)」と呼ぶ。ただしこれらの作品はそれぞれあまりに異なった発展過程を辿ったために，全く異質な 2 つの芸術が出来てしまっているという。すなわち一方には，スペインの征服以降インディオが保持していた先スペイン期芸術の中にスペイン的要素が吸収されつつ進化した「インディオ芸術産業」が存在する。またもう一方には，スペイン人がインディオ芸術の影響を受けることにより開花した教会建築や修飾芸術が存在する。ガミオは，メキシコにおいて自然発生的に生じたこれらの芸術は，国民的作品には違いないものの，両者の方向性はあまりに異なっていると述べる。したがって彼はそれらを「進化的統合による (por incorporación evolutiva)」芸術と呼び，彼が国民芸術の理想とする「体系的統合による (por incorporación sistemática)」芸術とは区別している。さらにこのような芸術における方向性の違いは，メキシコにおいて以下のような乖離の原因

となっているという。すなわちインディオはヨーロッパ芸術の修正を受けた先スペイン期芸術に固執し,中間層は先スペイン期芸術の修正を受けたヨーロッパ芸術を保持しようとし,上流層は自分達の芸術こそ純粋芸術であると主張している。ガミオは,このような異なった方向性がメキシコの社会階層を分断する一因となっていると述べる [ibid.: 39]。

　以上のようなメキシコにおける芸術の「進化的統合」やそれにより生じた芸術観の違いは,そのままガミオがメキシコ内に存在する多様な住民間の差異を論じる際のパターンと一致している。芸術の分類とそれが抱える問題は,メキシコ内の住民の人種的・階層的乖離を示すものと捉えられ,両者はアナロジーの関係にある。

　一方,ガミオが進化的統合による芸術作品に対比させるのが,「インディオの芸術と中間層の芸術とをその生産方法やシステムにおいて体系化し」,「両者がそれぞれの芸術の背景や歴史を把握した状態」で生み出された芸術,すなわち「体系的統合を経た (por incorporación sistemática)」芸術作品であった。ガミオは,「我々の関心は,[ヨーロッパ芸術に固執する] 上流層の純粋主義ではなく,インディオと中間層にある」と述べながら,彼らと芸術との関係をメキシコにおける nationalism の基盤として位置づける。

　　　インディオと中間層が芸術素材 (el material del arte) において同じ基準を持った時,我々は文化的に救われるのである。それによってこそ,nationalism の大きな基盤の一つであるところの国民芸術が存在しえるであろう [ibid.: 39-40]。

　ガミオは,インディオと中間層が芸術という素材における基準あるいは美的志向を共有することを国民芸術創造の条件とみなし,さらにそれをメキシコにおける nationalism の基盤として位置づける。他方,それにより可能となる「我々」の文化的救済とは,インディオと中間層との文化的融合を前提としたものであった。

　　　二つの社会階層を隔てる民族的 (étnica)・経済的差異は非常に大きい。時間の経過とインディオの経済状況の向上により両者が民族的に融合することは可能であろう。しかし両者を接近させるという目的のためには,両者の文化

的融合が効果的に行われることが伴わなければならない [...]。そのためには，インディオの芸術生産と中間層の芸術における方法，システムを可能な限り体系化しなければならない。まずは前者をヨーロッパの側に近づけ，次に後者をインディオ芸術へと押しやることだ [ibid.: 39]。

ガミオにとって芸術は，インディオと中間層の文化的融合がより効果的に行われるための方策，あるいはその効果を測るための指標であった。他方，ここでのガミオの言葉には，両者を文化的に接近させ，その芸術を体系化する第三者の存在が暗示されている。すなわちガミオにとって，芸術を体系化するのは，実際にそれらを生産するインディオでも中間層でもなくメキシコ人芸術家であり，自分たち人類学者であった。それが芸術局という国家機関の創設を彼が不可欠とし，メキシコ人芸術家をその牽引者として位置づける理由であると思われる。ガミオが体系的統合による芸術創造に向けて，芸術家に対して示した様々な具体的提言については，第2節で述べる通りである。

他方，メキシコ住民の分断の一因とされる進化的統合による芸術は，完全に排除されるわけではない。ガミオは将来的にはインディオの芸術と中間層の芸術を相互に近づけ，融合・一体化することを目指したが，その過渡期にあっては進化的統合による芸術こそがより相応しい場合があるということを提示している。それが以下で述べるメキシコの殖産化に関する議論である。

メキシコの殖産化と芸術——「典型的国民産業」と「真の国民産業」

ガミオにおいて，メキシコで自然発生的に生み出された芸術は，その体系化の不足により国民芸術としては不十分とされながらも，メキシコの殖産化にとっては，西洋との差異ゆえに不可欠な要素とみなされている。そこにはガミオが芸術に関する議論を通して批判したのが，メキシコにおける欧化主義であり近代化ではないこと，さらにメキシコの土着芸術と新たに創出すべき国民芸術とを対象や文脈によりガミオが使い分けていることが示されている。

以下では，革命以前のメキシコにおける殖産化＝産業化に対するガミオの批判から，彼が目指すメキシコの殖産化の方向性，およびそこでの国民芸術の位置づけを検証する。

ガミオによるメキシコの殖産化に対する批判　ガミオは「国民産業（La industria nacional）」と題する論文の中で，メキシコは近代産業の要となる2つの要素を備えていると述べている。すなわち鉄鉱石や燃料，繊維などの原材料，そして国内外でその能力の高さを認められた労働者の存在である。これらを備えているにもかかわらずメキシコ産業が停滞している理由として，ガミオはこれまでメキシコにおいて推進された殖産化の方向性を挙げる [ibid.: 144]。

ガミオによれば，革命以前のメキシコの殖産化の方向性とは，奨励すべき典型的国民産業（industria nacional típica）を蔑ろにし，メキシコに進出する外国産業に対して無条件に投資を行うというものであった [ibid.]。しかしそのような方向性がメキシコにもたらしたのは，典型的国民産業の衰退のみならず，誘致した外国産業さえ十分定着しないという結果であった。ガミオは，外国産業のあまりにも急速な導入は，結局のところこれらの産業に携わった経験のないメキシコ人労働者の理解を得ることがなかったために，十分な生産や消費に結びつかなかったことを指摘する [ibid.]。

一方ガミオが本来奨励すべきであったとする典型的国民産業とは，彼が繰り返し述べる，インディオの芸術産業とスペイン文化が植民地期に融合・混合したメキシコ独自の芸術産業である。ガミオは，植民地期を通してメキシコを「アメリカ大陸における産業貿易の中心地（primer emporio industrial de América）」の地位にまで高めたという，これらの「典型的で力強い国民産業が発展していれば，メキシコは今頃産業国となっていた」と述べる [ibid.: 145]。

ガミオは前述の論文「メキシコの芸術作品」において，これらの物品はその体系化の不足ゆえに真の国民芸術としては不十分であると述べた。しかしメキシコの殖産化の文脈においてはこれらこそ産業として促進すべき対象とみなしている。このような一見矛盾した自身の見解について，ガミオは以下のような説明を行っている。

ガミオによれば，殖産化とはまず第一に，「メキシコ住民の嗜好（gusto）や必要性を充足し得る」[ibid.: 134] ものでなければならない。メキシコに導入された外国産業の中で比較的成功したものの例に，カシミヤと靴の生産がある。しかし彼はこれらが国内産業へと転換するには，それらの消費が国内の下流層にまで浸透する必要があると述べる [ibid.: 140]。そのためにはまず「住民の経済的向上をはかると共に，彼らの嗜好や生産のスタイルを産業化の過程に順応

写真14　19世紀末から20世紀初めのメキシコの帽子売り

させる」という課題がある［*ibid.*: 146］。一方，典型的国民産業は，インディオやメスティソの生活の中で自然に発生し，すでにそれぞれの嗜好や必要性に見合ったものとしてある。したがって国内需要という観点から見れば，これらの産業はおろそかにすべき対象ではなく，国内需要を考慮せずに導入された外国産業は，決して「我々の国境を越えるには至らない」［*ibid.*］とガミオは述べる。以上のようなガミオの主張には，彼にとっての殖産化が上流の人々のみならず，メキシコ住民全体を視野に入れたものであったことを示している。

　一方ガミオは，外国産業に対して排他的ともいえる見解を唱えつつも，その国内への導入を完全に否定してはいない。彼は国内需要を無視した外国産業の導入は，メキシコにおける典型的国民産業という「正統的（los legítimos）なるものと競合するという馬鹿げたこと」［*ibid.*］に過ぎないと批判する。しかし彼はやり方さえ誤らなければ，外国産業の導入は可能であるばかりか不可欠であるという立場に立つ。ガミオにとってメキシコ産業が本来進むべき方向性とは，安易な外国産業の模倣ではなく，それらをメキシコに過去から存在する典型的国民産業と徐々に融合させ，彼が「真の国民産業（verdadera industria nacional）」と呼ぶものを形成することにあった。

　以上のような現在の典型的国民産業と本来目指すべき「真の国民産業」とい

写真15　19世紀末から20世紀初めのメキシコのマット売り

う対比は，ガミオの言う「進化的統合」により形成された芸術と，今後目指すべき「体系的統合」による芸術との対比とアナロジーをなしている。すなわちここでの議論は，ある物品を文化（＝芸術）の枠組みから経済的枠組み（＝産業）の中に据え直したものであり，「典型的なるもの」から「真正のもの」を創造するという論法は同じである。

　他方，論文「国民産業」では，国外でのメキシコ産業に対する需要およびメキシコ産業の輸出が言及されている。ここでガミオは，典型的国民産業と外国産業とを融合しつつ「真の国民産業」へと発展させるという一方向のみならず，両者を共存させ使い分けながら産業促進を図るべきことを主張している。ガミオはメキシコが進むべき殖産化の方向性を以下のようにまとめている。

メキシコが進むべき殖産化の方向性　　ガミオは，本論文の中でメキシコが進むべき殖産化の方向性，およびそこでの留意点として以下の5点を挙げている。

1) 無条件に外国産業を優遇し，典型的国民産業を蔑ろにするような「馬鹿げた」傾向をなくす。
2) まずは典型的国民産業を奨励し，国内消費を拡大するのみならず，外国において常に存在してきた需要の充足と拡大に努める。

3) 外国産業の技術を典型的国民産業に応用し，植民地期に起こったような自然（espontánea）で輝かしい両者の融合が起こるよう促す．
4) 我々の労働者を外国産業のセンターに送ることで，［国内の］伝統的能力と外国の特質および経験とを合体させる．
5) 外国でメキシコの典型的国民産業の展示会を行い，また一方でメキシコでは未だ知られていない新しい外国産業の展示会を行う［*ibid.*: 147］．

ここには，西洋をモデルとし，メキシコの典型的国民産業を蔑ろにしてきた革命以前の殖産化政策に対するガミオの痛烈な批判が見られる．ガミオによれば，カシミヤや靴の例のように，メキシコへの定着に成功する外国産業は存在し得る．しかしそれらは結局のところ外国産業の模倣に過ぎず，ロンドンのカシミヤ市場やボストンの靴市場などの本場では全く競争力を持ち得ない．一方で，「メキシコの陶器，藁の帽子，植民地期や先スペイン期のモチーフが表現された布，金銀細工などの多種多様な我々の典型的国民産業は，外国市場で十分認知され得る」［*ibid.*: 146］とガミオは述べる．なぜならそれらの物品は，「その質，価格そしてそれが備えるオリジナリティにより競合可能である」［*ibid.*: 146-147］ためである．

写真16　19世紀末から20世紀初めのメキシコの籠売り

ここには，国内消費という観点のみならず，外国においてこれらの産業への需要が常に存在してきたという彼の確信が示されている。このような確信は，彼が実際に接した外国人企業家の率直な意見を参考にしたものであった。メキシコを訪れた外国の企業家は，メキシコの典型的国民産業に大きな関心を抱く一方で，メキシコに導入された外国産業に対しては滑稽にさえ見えると評し，前者は外国市場を十分開拓し得るが，後者は不可能であるとガミオに語ったという [*ibid.* : 147]。

　このような外国人企業家の意見は，メキシコの産業が欧米とは異なっていることに劣性を見出し，西洋の産業を模倣するのではなくむしろその違いをメキシコの独自性として強調しつつ，外国産業との競合を図るべきとするガミオの見解を補強するものであった。このような見解をガミオに抱かせるに至る，外国とりわけ米国におけるメキシコ芸術産業への関心の高まりについては次節で述べる。

　他方ガミオは，外国産業とメキシコの典型的国民産業との「融合」の奨励，およびその具体的方策として，メキシコ人労働者を外国産業センターに派遣し研修を受けさせることや展示会の実施を挙げている。ガミオは，これらの方策を「真の国民産業」育成に不可欠なものとみなしてはいたが，その育成の過程において「典型的なるもの」が消失し得る可能性については述べていない。

　先に挙げた殖産化の方向性を示す論点の中では，「典型的なるもの」は，メキシコの独自性を対外的に表象し，外国と対等に競合するための重要な媒体で

写真17　19世紀末から20世紀初めのメキシコの水瓶売り

第5章　ガミオにおけるnationの表象と「芸術」

あることが示されていた。また，一部の特権階級ではなくメキシコの全住民がその恩恵を受け得る殖産化を求めるガミオにとって，典型的国民産業は，未だメキシコ産業の根幹を成すべきものであったといえる。しかし一方でガミオは，「典型的なるもの」が重きを占めるメキシコの産業化の状態を決して固定的なものとして捉えてはいない。彼は典型的国民産業の重要性を唱えつつも，将来的には外国産業同様の技術や体系性を備えた産業へと変化させるべきという見解をも唱えているのである。すなわちガミオが考えるメキシコが進むべき殖産化の方向性とは，対外的には「典型的なるものを」表象しつつ，国内ではその典型性を徐々に「国民的なるもの」へと変化させていくという二重構造を成していたといえる。そしてそのような二重構造を構成する「産業」と「芸術」という語彙や，それらの修飾語である「典型的なるもの」と「国民的なるもの」は，次節で述べるように，ガミオの実践においては対象や文脈によって細かな使い分けがなされているのである。

写真 18　民芸品を作る男性

第2節　ガミオによる「国民芸術」創造の提言

　本節では，ガミオの1920年から24年にかけての芸術に関する諸論考を分析することを通して，彼の思想における芸術の位置づけがいかなる形で，誰に向けて発信されたかを考察する。具体的には，1) メキシコ人芸術家，2) 米国知識人に対する言及を比較考察し，彼が「芸術」という語彙を多義的に用いながら提唱していったメキシコにおけるnation像の表象について明らかにする。

　ガミオにとってメキシコ人芸術家は，メキシコ内の多様な美的要素を国民芸術へと昇華させることで，分断状態にあるメキシコにnationalityの源となるべき感情（＝美的情念）を喚起する役割を担っていた。革命後のメキシコにおいて盛り上がった民族主義的気運は，ガミオがメキシコ人芸術家に付与するこのような役割を実現していくための格好の時代を形作っていた。

　本節で対象とする1920年代初頭は，1917年の憲法制定を経てメキシコが革命国家建設期と呼ばれる段階へと移行した時期にあたる。1920年に大統領に就任したオブレゴンは，前述の公教育大臣バスコンセロスらを登用することで，農民や労働者，知識人，芸術家らを巧みに組織化しながら教育政策，インディオ政策，農地改革など革命理念の実現に着手していった。また同時期は，「メキシコ・ルネサンス」と呼ばれる文化・芸術運動が開花した時期でもあった。バスコンセロスは，欧米留学中のディエゴ・リベラ（Diego Rivera）らメキシコ人芸術家を帰国させ，インディオやメスティソの生活や歴史をテーマとした壮大な壁画運動を展開させるなど，民族主義的気運を盛り上げていった。

　このような新生メキシコの幕開け，およびそこでのメキシコ人芸術家の役割が最も象徴的に示されたのは，同政権下で1921年に開催された独立成就100周年祭においてであった[8]。この祝祭は革命の混乱により規模を大幅に縮小されたものの，その10年前にディアス体制下で開催された独立100周年祭を強く意識したものであった。1921年9月，メキシコ市およびその近郊では，民族舞踊や盛大なパーティ，民衆芸術の展示会，インディオ女性の美人コンテス

---

[8] 1910年にディアス体制下で祝われた独立100周年祭が1810年の独立運動開始を記念したものであったのに対し，これは1821年の独立達成を記念した祝祭であった。

ト[9]などの様々なイベントが開催された。この祝祭の企画・運営において中心的役割を果たした芸術家たちが一貫して強調したのは，それがディアス期のように外国人や少数の白人エリート層ではなく，「革命を勝利に導いたメキシコ民衆」を主役としていることであった。本節ではまず，このようなメキシコにおける文化・芸術運動を主導した芸術家に対し，人類学者としての立場からガミオが行った「提言」について考察する。

　一方ガミオの実践は，メキシコ国内にのみ向けられていたわけではなかった。ガミオは欧米，とりわけ米国の知識人に向けてメキシコの典型的国民産業，特にインディオ芸術産業の宣伝を行っている。このような米国知識人に対するガミオの広報活動の進展は，当時のメキシコ－米国関係における政治・外交，文化などの分野の変化と関わっていた。

　政治・外交の分野では，ガミオが訪米した1924年はブカレリ会議の翌年にあたっている。ブカレリ会議とは，前述の憲法第27条をめぐり，オブレゴン政権が米国に大幅な譲歩を行うことで米国政府の承認を得たものであった[10]。同政権がこのような妥協を行ったのは，次期大統領選出をめぐりメキシコ国内で政治的緊張が高まったこと，またそれにより米国の承認が早急に必要となったことからであった。しかしこの譲歩は，逆に国内の反対勢力との反目をも生じさせることとなった。

　一方，このような政治・外交分野での混乱とは逆に，文化の領域において両国は交流を大きく進展させた。メキシコを訪れる米国人の数はそれ以前の約3倍に上ると共に，その層も大きく変化した。1920年代以前にメキシコを訪れる米国人は，石油産業や鉱山産業の拡張に関心を抱く企業家がほとんどであった。しかし1920年代以降には，メキシコ革命の成果である文化・芸術運動に関心を抱くジャーナリストや芸術家などの知識人層，さらには一般観光客の数が増大した[11] [Schumidst 1978：338]。H. デルパー（Helen Delper）らが述べるよう

9）ガミオはこの美人コンテスト（インディア・ボニータ：India Bonita）の審査員として重要な役割を果たした。インディア・ボニータについては，Lopez（2002），大村（2005）を参照のこと。

10）オブレゴン政権が行った譲歩とは主に以下の2点であった。すなわち1) 1917年憲法発効以前に取得された米国資本は国有化を免れること，2) 米国人所有の農地をメキシコが国有化する際には賠償金が支払われること，である［国本 1990：138；鈴木 2003：70-71］。憲法第27条に関しては本書 p.136 参照。

に，この背景には第一次大戦終結以降に米国で強まった文化ナショナリズムの動向があった。1920年代のメキシコは，文化的アイデンティティを模索する米国人にとってインスピレーションの源の一つであった[12]［Delper 1992 : 99］。米国人にとって最も身近な外国に関心を寄せるこのメキシコ・ブームの到来は，彼らが「メキシコ的なるもの」の神髄とみなす部分，すなわち「素朴」で，かつ「エキゾチック」なインディオの生活や文化遺産に対する関心，およびそれらを体現した民芸品，あるいはお土産品としてのインディオ芸術に対する需要を創出した［Oles 1993 ; Delper 1992］。ガミオによる米国知識人に向けての芸術に関する提言は，以上のような米墨関係，および米国人のインディオ芸術に対する関心の高まりを踏まえたものであった。

　ガミオはメキシコ国内の芸術家と国外の知識人に対して，「芸術」という語の意味を巧みに使い分けている。しかしガミオが両者に対し共通して言及するのが，メキシコの芸術創造におけるインディオの重要性についてである。ガミオはインディオへの理解を深めることを，メキシコ住民全体がnationを形成し得るか否かを左右する鍵として論じた。しかし実際に地域のインディオに向けて行われた活動実践は，ガミオにとって彼らがnation形成の基軸であるはずにもかかわらず，その身体や生活空間の修正・改良を奨励するものであった。

　本節ではまず，ガミオが国民芸術創造の牽引者として位置づける芸術家に向けて行った提言を分析し，彼がメキシコ固有の芸術を創造するために学ぶべきと考えた内容を考察する。次に，ガミオが米国知識人に向けて行ったインディオ芸術の宣伝活動を考察し，米墨両国を行き来しながら彼が担った知的仲介者としての役割，およびそこでの芸術の位置づけについて明らかにする。

11）デルパーは，これらの訪墨米国人の層の変化を，以下の2段階に分けて分析している。すなわちメキシコ革命の政治闘争に関心を抱く左翼的知識人（政治巡礼者：political pilgrim）がメキシコに押し寄せる前期（1920-27）と，メキシコの文化運動に関心を抱く知識人や芸術家（文化巡礼者：cultural pilgrim）および一般観光客が押し寄せる後期（1927-35）である［Delper 1992 : 99］。

12）デルパーが述べるように，このような文化ナショナリズムの高揚は，米国の文化的アイデンティティの鍵としてのアメリカ・インディアンに対する関心を喚起した。このような関心の高まりは，前述のコリアーらがインディアン保護政策のモデルとしてメキシコに注目するきっかけともなった［Delper 1992 : 99］。このようなインディオ／インディアン政策を介しての両国の交流が，この約20年後に米州先住民局の創設へと結実したことはすでに第2章で述べた通りである。

メキシコ人芸術家に対する「国民芸術」創造の提言

　ガミオのアーカイブには，彼が芸術家に対してメキシコ芸術が進むべき方向性を提言した論文がいくつか存在する。これまでの先行研究では，ガミオがバスコンセロスらと並び，革命期メキシコの文化・芸術運動において重要な役割を果たしたことが指摘されながらも，彼が同運動において実際にいかなる働きかけを行ったかについてはほとんど論じられてこなかった[13]。

　以下では，ガミオのアーカイブの中から，彼がメキシコ人芸術家に向けて執筆した諸論考を考察し，国民芸術創造の担い手とみなす彼らへのガミオの要望，そしてガミオが彼らと共に創造しようとした国民芸術とは具体的にはいかなるものであったかを明らかにする。

メキシコ人芸術家に対するガミオの要望　　ガミオは1921年に執筆された論文「土着芸術に関する提言（Sugestiones sobre arte vernáculo）」の中で，画家や建築家などのメキシコ人芸術家が国内に存在する民俗・民族的なものへの理解を深めることで，メキシコ独自の「国民芸術」を生み出すための条件，およびその具体的方策について述べている。ここでは1916年の『Patriaをつくる』におけるメキシコ人芸術家の位置づけが再確認されると共に，人類学の分野からメキシコに興りつつある文化・芸術運動の推進に貢献したいというガミオの心情が示されている。

　ガミオはまず本論の冒頭で，メキシコを「芸術的能力の脈打つ国（este país vibrante de potencialidad artística）」と呼びながら，「芸術作品（la obra del arte）」と「美的情念（la emoción estética）」との関係，およびそこから可能となるpatriaの創出について以下のように述べる。

[13) 当時のメディアや芸術家自身の言動からも，ガミオによる研究調査がメキシコの文化・芸術運動を担う国内の芸術家にとって大きな刺激となっていたことをうかがうことができる。1921年，メキシコの文化・芸術の動向に関する記事を多く掲載した文芸雑誌 *El Universal Ilustrado* は，ガミオによるテオティワカン盆地でのシウダデラ（Ciudadela）の発見についての記事を掲載し，「神々の都市（la ciudad de los dioses）」にメキシコのみならず世界中の関心が集まっていると述べながら，それに「素晴らしき発見（Un Maravilloso Descubrimiento）」という見出しを付けている［*El Universal Ilustrado* 1921：20］。また文化・芸術運動の主導者の1人ドクトル・アトル（Dr.Atl）ことヘラルド・ムリージョ（Gerardo Murillo）は，テオティワカンにガミオを訪れ，彼が行う芸術奨励活動を「同地域のインディオが本来有している芸術的感性を引き出すことに成功している」として賞賛した［Murillo 1921：88］。

巧みな芸術作品は、いつの時代の、どの民衆をも驚愕させるものであり、民族（raza）、国、そしてそれぞれの時代において脈打つ魂を生き生きと映し出す。美的情念は patria を持たない［…］。しかし芸術作品は patria を持つ。それは高貴な生き物のようなものだ。祖先の偉大さを蓄え、社会環境を反映する。それはある意味で芸術が育成される国の生まれ変わりなのである［AMGA 1921：3］。

　以上のようなガミオの言葉には、第1節で述べた、美的情念と芸術作品の形態との関係が繰り返されている。ガミオにとって美的情念とは、芸術作品が属する国や時代にかかわらず、普遍的に湧き起こり得るものである。他方、そのような美的情念を喚起する芸術作品、あるいはそれを創造する行為そのものは、それを育んだ国の過去や現在の状況を反映し、確固とした個別性を持つべきであるとガミオは述べる。

　このようなガミオにとって、同論文が執筆された1920年代初頭は、まさに過去と現在とを映し出す、国の「生まれ変わり」としての芸術創造を促す「新たな動き」が起こりつつある時期であった。ガミオによれば、この動きは「過去への回帰（'Ritornare al antico'）」をモットーとするものである。ただしそれは、必ずしも過去の存在からのみインスピレーションを受けたり、それらを安易にコピーすることを意味するものではなかった。なぜならガミオによれば、それは先スペイン期や植民地期といった過去、そして現在の人々の「生活やその大地に蓄えられた土着的要素を再考すること」［*ibid.*］を意味したからである。

　以上のようなガミオの言葉には、オブレゴン政権、およびそれが推進しつつあった文化政策とインディオ政策に対する彼の期待感と支持が示されている。メキシコの遺跡・遺物やインディオ文化の価値を訴えてきたガミオにとって、メキシコの過去や土着的要素を再考しようとする同時期の動向は、自身の活動が国内で認知され、それがさらに躍進しうるという期待を抱かせるものであったと思われる。実際に1921年は、オブレゴン政権が人類学局の活動支援を約束し、テオティワカン盆地での研究調査のために多大な予算を提供した年でもあった［PPFB 1921／5／3］。このような革命政権による支援は、国家統治の学としてのメキシコ人類学創設の意義を唱えてきたガミオにとって大きな成果であり、また革命プロジェクトの推進者としての意識をも高めたものと思われる。

論文「土着芸術に関する提言」は、ガミオが人類学者の立場から革命プロジェクトを解釈し、メキシコ人芸術家に対してその方向性を示したものである。同論文の中でガミオは、メキシコ人芸術家が抱える諸問題を明確化しながら、それらへの対処法および国民芸術創造に向けて学ぶべき諸事項を示すと共に、彼らが目指すべきモデルを提示している。

ガミオはまず、メキシコ人芸術家の抱える問題として、彼らの多くがヨーロッパのアカデミーの影響を強く受け、「我々（lo nuestro）」の概念に欠けていることを挙げている［AMGA 1921 : 3］。ガミオによれば、彼ら芸術家は「集合的国民の魂（alma nacional colectiva）」の外におり、「我々セミ・インディオ（semi-indígena）の人種の力強い脈を感じてこなかった」［ibid.］という。ここでガミオが「集合的国民の魂」を表現するのに「セミ・インディオ」という言葉を用いていることに注意しなければならない。ガミオは、国民の魂の基層あるいは前提として「メスティソ」ではなくあえて「インディオ」という言葉を用いている。このようなガミオの見解は、国民芸術創造に向けてメキシコ人芸術家が学ぶべきとする以下の観点においても提示されている。それらはガミオが「我々の社会や民族（étnia）を特徴づける様々な側面」［ibid.］と述べる以下の4点である。

1) 地理的側面（Aspectos geográficos）
2) 歴史的背景（Antecedentes históricos）
3) 人種的側面（Aspecto racial）
4) 儀礼的・民俗的側面（Aspecto suntuario, folk-lórico）

ガミオの記述に従いそれぞれを要約すると以下のようになる。

1) 地理的側面：メキシコ固有の国民芸術を創造するためには、メキシコ各地の地理的側面を体得しなければならない。メキシコの芸術家が描く風景画の多くは、イタリア、フランス、スペインなどの風景からインスピレーションを受けたものである。これらの作品は、技術的にも見た目にも優れており、軽卒な批評家には讃美され得るものである。またこれらの芸術家の中には、確かにメキシコ独自の風景を描こうと努力する者もいる。しかし彼らは決して成功することはないだろう。なぜなら彼らの作品は、ヨーロッパの風景を思い浮かべながら描かれたものであり、メキシコの空気、温度、湿度や光、多種多様な動

植物，土や空の色などに意識を動かされて描かれたものではないからである。メキシコ固有の芸術作品を創造するには，都市を離れ，メキシコの諸地域で長期間にわたり地域の住民と共に生活しなければならない。それにより「ヨーロッパの風景のヴィジョンによって固定化された視覚機能を癒し」，「メキシコの大地の複雑な魂や神秘」を学ばなければならない。それがメキシコ固有の国民芸術の創造に不可欠な真の視覚機能を獲得することにつながるのである。

　2）歴史的背景：メキシコは数々の伝説や冒険物語に溢れている。このようなメキシコの歴史的側面を学ぶことは，国内においてだけでなく，海外でも十分成功する可能性をもたらし得る。しかしそのためには，我々メキシコ住民の歴史的背景を十分に学ばなければならない。メキシコの過去を知る方法には以下の2つが存在する。一つは古文書やスペイン人宣教師による先スペイン期のインディオの生活の記録を学ぶことである。またもう一つは，博物館のコレクションやメキシコに多数存在する遺跡を実際に観察することである。ただしここで注意しなければならないのは，これらの方法を用いてメキシコの歴史を再構成する際には，決して異なった文明のモチーフを混同しないことである。

　3）人種的側面：芸術家は，メキシコ住民を構成する社会諸集団のエスニックな性質およびそれらの美的観点に対する注意を怠ってはならない。これまでメキシコの絵画に描かれてきた人物像は，メキシコ住民の少数を占めるに過ぎない白人に限定されてきた。しかしこれらの人物像は，解剖学的にも心理学的にもメキシコの大部分を占める住民とは大きく異なっている。白人がインディオやメスティソよりも美的であるとみなされる根拠はなく，それは排他的美的基準が押しつけられてきた結果でしかない。したがって，メキシコに存在する多様なインディオ集団やそこから生まれたメスティソとの違い，そしてこれらの多様な人種集団に関する美的研究が芸術家によって十分に行われる必要がある。それは我々の複雑な人種に関わる概念を広げる上でも極めて重要なものとなるだろう。

　4）儀礼的・民俗的側面：メキシコ固有の芸術作品を創造するには，インディオの儀礼的・民俗的側面について学ばなければならない。彼らの美的感性は，近代文明に属する人々のものよりも力強く，奥深いものである。ほぼ全てのインディオは芸術家であり，彼らは必ずその作品に独特の印を残す。それはおそらく先スペイン期の古い芸術的コンセプトを彼らが保持しているからである。

衣服，髪型，履物，住居，家財道具，儀礼道具などインディオの手から産み出されるものは，単に美的なだけでなく，彼らの宗教や世界観と深く結びついている。したがってメキシコ人芸術家は，インディオの刺繍，織物，羽細工，彫刻などの物品に反映された「民俗的・象徴的意味やその世界観」を知ることなしにこれらの物品を理解することは，とうてい不可能である［ibid.］。

　以上のような「我々の社会や民族（étnia）を特徴づける様々な側面」は，ガミオにとってメキシコ人芸術家が国民芸術を創造し，またその作品を通してメキシコという Patria を人々に喚起させるためには不可欠なものであった。それは彼らが「真の視覚機能」を回復し，真の国民芸術の創造を可能とするだけでなく，彼らがモデルとすべきメキシコ住民の人種的概念を拡大しうるものであった。またここで「ほぼ全てのインディオは芸術家である」と述べられているように，ガミオにとってインディオは芸術家が学ぶべき対象として重要な位置づけにあった。
　ガミオは同論文の中で，このような諸側面を吸収することで，国民芸術家の

写真 19　陶器を持つ少女

モデルとも呼び得る活動を行っているメキシコ人芸術家の名前を挙げている。それがフランシスコ・ゴイティア（Francisco Goitia）と前述のA. B. マウガードの2人である。後述するように，ゴイティアはメキシコ革命に参加した後，ガミオによるテオティワカン盆地での調査に長期にわたり同行し，同地域の景観や住民をモデルとした多くの作品を残した[14]。またマウガードは，EIAEAの調査で発掘された陶器の模写をボアズから依頼され，ガミオと共にEIAEAの研究成果をまとめたカタログの製作に関わったほか，遺物や民衆芸術の研究を通して得た知見をもとにメキシコにおける芸術教育に寄与した[15]。ガミオによれば，彼らがメキシコ人芸術家の模範となり得る理由は，彼らが土着のモチーフを用いて独自の作品を生み出し，またその作品により海外の鑑賞者にも美的情念を喚起し成功を収めたことである［ibid.］。

ゴイティアとマウガードを賞賛するガミオの言葉には，ガミオにとっての国

---

[14] ゴイティアは，革命動乱期にカランサ政権下で［絵画］記録係を委任されるなど，メキシコ革命に深く関わった人物であった［Reed 1960：16］。1960年に刊行された『メキシコの壁画作家（*Mexican Muralist*）』の著者であり米国へのメキシコ文化・芸術の紹介に寄与したA. リード（Alma Reed）によれば，ゴイティアは国際的芸術家として著名となった後も，革命理念への賛同から，自分の所有地を革命政府に寄付し，メキシコ市郊外のソチミルコ Xochimilco で隠遁生活を送ったという。ガミオの書簡アーカイブからは，ガミオとゴイティアがテオティワカン盆地での調査の後も親交を保っていたことがうかがえる。ガミオは生涯にわたり，ゴイティアの展覧会の紹介やギャラリーの設立などに熱心に協力している［AMGC 1957／12／11 ; 1957／6／14］。

[15] 美術史家オリビエ・デブロア（Olivier Debroise）によれば，フランス系メキシコ人であるマウガードがボアズと出会ったのは，彼がサン・カルロス（San Carlos）美術アカデミーの学生だった1910年であった［Debroise 1983：24］。マウガードは，革命の武力闘争が激しくなりEIAEAが閉鎖されるのとほぼ同じ時期に，リベラやロベルト・モンテネグロ（Roberto Montenegro）らと共にパリへ留学した。1918年にパリから帰国すると彼はバスコンセロスの文化振興政策の賛同者の1人として知られるようになった。ガミオが「土着芸術に関する提言」を執筆した1921年は，とりわけマウガードの目覚ましい活動が注目を浴びた年でもあった。彼は同年9月に行われた独立成就100周年祭の運営に携わり，祝祭中に開催された多くのイベントを成功させたほか，同時期メキシコを訪れたロシアのバレリーナ，アンナ・パヴロワ（Anna Pavlova）の舞台演出を手掛けた。パヴロワの衣装や舞台にメキシコの民族衣装やモチーフを多用したマウガードの演出は大きな話題を呼び，翌年ニューヨークでも成功を収めた。ガミオはメキシコのモチーフを用いながら国際的にも認知を得たマウガードの活躍について他の論文でも言及し，メキシコの土着芸術が世界的に認められる例として挙げている［AMGA s／f: 244］。マウガードは1923年，バスコンセロスにより公教育省内の手工芸・絵画局の局長に任命され，メキシコ陶器のモチーフをもとに考案した「メキシコ芸術のアルファベット」によって1920年代初頭のメキシコの芸術教育に影響を与えた［Fell 1989：410-412, 436-443］。

写真20 トルティージャを売る少女

民芸術の方向性が示されているといえる。それは，アカデミーやアトリエといった閉鎖的な空間ではなく，メキシコの諸地域やそこに住む人々と実際に接し，彼らが古来作り出してきた美的物品を観察することを奨励するものであった。また，それを通してメキシコ人芸術家の手により生み出される作品は，メキシコの独自性を保つことで国内の住民のみならず，他国の人々にも理解されうる普遍性をも備えたものでなければならなかった。このようなガミオが目指す国民芸術のあり方は，以下で述べるように，彼が用いる「適合」という言葉の用い方にも示されている。

ガミオにおける「国民芸術」創造の方策　ガミオが目指す「国民芸術」とは，それによりメキシコ内の人々に「メキシコ的なる美的情念」を喚起させながら，同時に海外の人々にも理解されうるものでなければならなかった。彼が目指すこのような「国民芸術」のあり様が具体的に示されていると思われるものに，「ネオ゠インディオ建築様式（Los estilos arquitectónicos neo-indígena）」と題された論文の草稿がある。人類学局局長時代に執筆したと思われるこの草稿においてガミオは，メキシコで起こりつつある建築様式革新の動きについて述べ，メキシコの建築物やモニュメントの変容・創造を通して「メキシコ的な景観」を創造することの必要性を説いている［AMGA s／f: 231］。この草稿において興味深いのは，ガミオが表題を変更したらしき跡が残っていることである。同草稿が最初に書かれた際の表題は，「国民建築（Los estilos arquitectónicos nacionales）」であった。しかしその後「nacionales」は「neo-indígena」へと書き変えられてい

る。このことからは，ガミオにとって「国民（nacional）」と「ネオ＝インディオ（neo-indígena）」とは，同義あるいは置換可能な概念であり，彼が目指す「国民芸術」とは「インディオ」を基層としてはいるが，あくまで「新(ネオ)しい」芸術であったことが推測される。

　同草稿によれば，「国民建築」とは，テオティワカンやマヤの古代建築を着想の源として創造されるべきものである。しかしながらガミオは，その際考慮しなければならない点として以下の2点を挙げている。すなわち1）心理的アナクロニズムに陥ってはならないこと，2）メキシコにおける過去の遺産を正確な知識に基づいて生かすこと，である [ibid.]。例えばガミオは，先スペイン期の建築物の内装や構造は，「現代の住人」が求める「近代の快適さ（'confort moderno'）」16)の条件に合わないため，「採用できるところはほとんどない」と述べる。それに対し「芸術表現（las manifestaciones de arte）」は，「時間にも進歩にも一掃されない」ため，「永遠に保持されるもの」である [ibid.]。「芸術表現」とは，修飾要素や色，建築全体に「神聖さ（consagrado）」を醸し出す外観の形態的要素を指す。すなわちガミオはここで，先スペイン期の建築に国民芸術の着想の源としての価値を置きながらも，現代の文脈においては，活用できる部分（修飾要素）とできない部分（内装，構造）とが存在することを指摘している。

　さらに「国民芸術」の創造に向けての具体的方策を示す用語として使われているのが，「適合（adaptación）」という言葉である。「適合」とは，ガミオによれば「考古学的に美しいモチーフを現代の志向に合わせ，美化・洗練すること」[AMGA 1921:3] である。例えばガミオは「マヤ芸術の応用（Apllicaciones del arte Maya）」と題された論文においては，マヤ遺跡を現代の芸術に「適合」する際に必要となる知識やその際の選択について詳細な注文をつけている。とりわけ彼は異なる文明要素を混合したり，文明の歴史を過度に誇張して演出を行ったような作品を強く批判し，それらが「常に奇怪で血なまぐさく，極彩色の羽やら弓矢に溢れており美的でない」[AMGA s/f: 277] と述べている。

　前述のように，ガミオはメキシコ人芸術家が学ぶべき諸側面を説明する際にも，古代文明のモチーフを混同することに対して警鐘を鳴らしていた。このよ

16）ガミオの造語。'confort'は'comfort'の誤記と思われるが，原文のままとした。

うなガミオの厳格さは,当時のメキシコおよび米国において,古代伝説をテーマとした映画や舞台が人気を博していたことに関係していると思われる。メキシコの映画研究家アウレリオ・デ・ロス・レジェス（Aurelio de los Reyes）が述べるように,ガミオはメキシコで早くから映画製作に関心を抱いた研究者の1人であるが,同時にメキシコ映画の中で多用される古代文明のイメージの誤った表現に対する厳しい批判者でもあったという[17]。

　ここには,国民芸術創造の重要な部分であるとされた「インディオ芸術」が,実際にガミオにより「国民芸術」へと転換される際の方法が現れているといえる。つまり「適合」のために選出されるのは,建築が住人のために本来持っていた機能や用途ではなく,「近代的応用」のために抽出可能な修飾要素や,メキシコの景観の中で醸成される「神聖な」雰囲気である。ガミオは「適合」が行われる際の配合および演出方法を規制し,その「美的基準」に合致しないものを厳しく批判している。ここには,ガミオがヨーロッパの美的基準への反発から行った人類学的視点からの「提言」が,新たな美的基準を捏造してしまう危険性をも孕んでいたことを示している。このような美的基準が,ガミオの活動を通してインディオに課せられていく様相については後述する通りである。

米国知識人に向けたインディオ芸術の宣伝

　ガミオの芸術への言及は,彼の視線がメキシコ国内から国外に転じた時にその強調点を異にしている。それは,諸外国からメキシコを訪れる人々がメキシコの土着的な芸術産業,すなわち体系化や近代化を施されていない,より「典型的」な産業に対して大きな関心を示したことを実地に見ていた彼自身の経験と関わっていた。

　このようなガミオの国外に向けての芸術論の一つとして挙げられるのが,彼が1924年にワシントンのカーネギー財団（Carnegie Institution of Washington：

---

[17] ガミオは,先スペイン期の伝説を映画化したマヌエル・デ・ラ・バンデラ（Manuel de la Bandera）の作品「クアウテモック（Cuautemoc）」（1919）を厳しく批判した論文を当時の新聞 El Excelsior に寄稿している。彼はこの中で,先スペイン期をテーマとした映画やオペラなどは「過去の生活や征服以前のメキシコ人の栄光や独自性を無慈悲に破壊してしまうものがほとんどだ」と述べ,「弓矢やら金剛インコの羽やらダチョウの羽」と「耳をつんざく悲鳴や騒々しい音楽」に溢れたこれらの作品を,「偽のナショナリスト（falso nacionalista）」的表現に過ぎないとして痛烈に批判している［El Excelsior 1917／4／25, cited from De los Reyes 1991：16]。

以下 CIW）で行った講演「インディオ芸術の可能性（The Possibility of Indigenous Art）」である。この中でガミオは、メキシコにおけるインディオ芸術がインディオの稀有な美的能力を体現していることを強調すると共に、人類学局によるその振興が虐げられた状態にあるインディオの精神的向上にもつながり得ることを論じている。

他方、ガミオが CIW で講演を行うことになった背景と経緯は、同時期メキシコが米国との関係において直面していた問題、およびそこでの芸術の位置づけをも示している。

前述したように、同講演が行われた 1920 年代初めは、革命終結後第 2 代大統領となったオブレゴン政権下において、国内情勢および米墨関係が緊張度を高めた時期にあたる。このような時期に、ガミオが CIW で「インディオ芸術」に関する講演を行った背景には、米国におけるインディオ芸術への注目の高まりに加え、CIW およびメキシコ政府に対して彼が積極的に働きかけたという経緯があった。以下ではまず、ガミオが講演を実現させる背景ともなった CIW との関係、および彼のメキシコ政府に対する働きかけについて述べる。

CIW での講演の背景　ガミオのアーカイブには、彼が CIW での講演に向けてメキシコ政府から訪米許可を得るために執筆したと思われるメモが残っている。それによればガミオの招聘は、この前年の 1923 年、CIW 会長 J. メリアム（John Merriam）からメキシコ農業・勧業省副大臣ラモン・デ・ネグリ（Ramón de Negri）に対し、人類学局局長ガミオを講師に招きたいという要請があったことに端を発していた［AMGC s／f（1924）：593］。

デルパーによれば、CIW とガミオとの関係は、彼女が「［第一次大］戦後最大規模の米墨考古学のコラボレーション」と呼ぶ以下のような大プロジェクトの構想に始まる。

CIW は 1923 年、マヤ遺跡チチェン・イツァー Chichen Itza の発掘調査計画、通称「チチェン・プロジェクト」に着手し、その許可を得るためにメキシコ政府と交渉を開始した。その際 CIW 側から交渉に立ったのは、考古学者で同機関の研究員であった S. G. モーリー（Sylvanus G. Morley）、そしてメキシコ側から仲介に立ったのがガミオであった[18]［Delper 1992：99］。

モーリーは、直接的な接触はそれほど多くなかったものの、ガミオとボアズ、

そして EIAEA とも極めて関係の深い人物である。彼は EIAEA 設立にも寄与したトツァールの指導のもとハーバード大学で学んだ考古学者であり，さらに1919年にボアズが論文「スパイとしての科学者」において糾弾した米国人研究者の1人でもあった[19]。

ガミオとモーリーは，1923年の2月から約5ヶ月間にわたり交渉を重ね，幾多の困難の末に同年7月，メキシコ政府からチチェン・プロジェクト着手への許可を得ることに成功した[20]。いわば，CIW によるガミオの招聘には，同プロジェクトの実現に大きく貢献したことへの返礼の意味が込められていた。

以上のような CIW とガミオとの関わりは，革命政府との重要な交渉窓口としての彼の能力や名声，国家寄りの一面を表していよう。それに対して次に述べるメキシコ政府に対するガミオの働きかけは，逆に政府とは距離を置いた，人類学者としての側面を積極的にアピールするものであった。

前述のメモの中で，ガミオはメキシコ政府に対し以下のように述べている。すなわち，訪米の主要目的である CIW での講演は，同機関と科学向上推進協会（The Society for Advancement of Science）が主催する科学会議の一環として行われる極めて公的なものであり，米国人研究者に加え，外務省をはじめとする政治・外交の専門家も参加するであろう，と [ibid.]。

ガミオがこのように会議の公的側面をことさら強調するのは，「自分はあく

---

18) ガミオがメキシコ側の仲介者となったのは，考古遺跡総合監査委員を併設する人類学局の局長であったことに加え，テオティワカンへガミオを訪れたレッドフィールドをはじめとする米国人研究者の間で当時国際的人類学者として大きな評価を得ていたという事情も関わっていた。デルパーによれば，モーリーはその中でもガミオを信奉する研究者の1人で，「アメリカ流に物事を進められる」ガミオとの交渉に大きな喜びを見出していたという [Delper 1992：99]。
19) 1907年，トツァールに随行し初めてチチェン・イツァーを訪れたモーリーは，同地域での発掘調査の実現を夢見るようになった。彼の計画は第一次大戦の勃発により一時中断され，この際彼は米国海軍諜報部員としての任務に従事した（この諜報活動に関してはボアズとガミオの書簡の中にも言及がある）[Delper 1992：99]。ガミオがモーリーの諜報部員としての経験を知っていたかどうか，またボアズがガミオとモーリーとの交流について知っていたかどうかについては，書簡からも明らかではない。
20) これにより CIW は，メキシコ農業・勧業省の監督下における10年間の発掘許可を得た。CIW はこのプロジェクトのために年間20,000ドルを支出することを約束し，メキシコ農業・勧業省は8,000ドルをかけて遺跡内の建築物の修繕を行うこととなった。また契約期間およびその後3年間に限り，CIW はその研究成果を出版する権利を保持し，メキシコ政府はそのスペイン語版を出版する権利を得た [Delper 1992：102]。

まで科学者として米国に招待されており」，したがって「自分の発言も政治的発言とは受け取られない」という自身の特殊な立場をアピールするという意図からであった [ibid.]。すなわち政治家ではなく人類学者として認知度の高い自分の訪米が，米国との政治的摩擦を回避しつつ革命政権の正統性を訴える機会となりうることを示唆したのである。ガミオは，渡米すれば現地のジャーナリストとの会合も予定されており，「オブレゴン体制が，メキシコ住民の社会的実情を理解しようとするメキシコ史上初の政権であること」を訴える好機だと述べながら，それがオブレゴン政権の正統性を主張するのに極めて有効であることをも示唆している [ibid.]。

このようにガミオは人類学者としての自身の立場を戦略的に用いる一方で，人類学の実践がメキシコにもたらし得る，米国に対する優位性という利点をも示唆している。ガミオはメモの中で，CIW で講演を行うことの意義として，それがアメリカ大陸における研究者の集結を促しうること，それによって可能となる研究プロジェクト，およびその主導権はメキシコにあることを述べている。すなわち，研究調査の規模は拡大されるものの，そのモデルとなるのは人類学局が行ったテオティワカン盆地での調査であり，さらにはそのプロジェクトを統括しイニシアティブをとるのは米国ではなく，人類学局を擁するメキシコ側である，と説いたのである [ibid.]。

以上のような言葉には，米国側，メキシコ側との巧みな交渉を通し，自身の目標である人類学局の制度化をはかろうとするガミオの意図が示されている。ガミオはこのように両国の仲介者として，政治・外交，文化の領域を横断しながら実際に訪米を果たした。次に彼の講演テーマ「インディオ芸術の可能性」の内容を見てみよう。

講演「インディオ芸術の可能性」　　1924 年，ガミオは CIW で英語による講演「インディオ芸術の可能性」を行った。本講演は，芸術を通じた外交戦略としての側面を多分に持つと同時に，彼が「インディオ芸術」に付与する意味が国外に向けて発信された際にどう変化するかを示している。

この講演の時期には，米国内の 3 ヶ所で行われたインディオ芸術に関する展示会[21]，および人類学局の活動成果に関する展示会が同時開催されていた[22] [AMGC s/f (1924)：593]。これら 2 つの展示会の性質からも明らかなように，同

写真 21　陶器を作る少女

　講演は主に，メキシコに存在するインディオ芸術の独自性，およびその振興に携わる人類学局の活動成果の宣伝を主な目的としたものであった。
　講演の冒頭においてガミオはまず，メキシコにおける人種構成を解説しながら，米国とメキシコとの差異，およびその象徴ともいえるインディオの特殊な能力について述べている。ガミオによれば，メキシコは2つのエスニック集団，すなわち国内の権力，領土，富を占有し，近代文明を享受する白人と，貧困の中にいるばかりかそれを積極的に改善しようとせず「400年の遅れの中にある」インディオによって構成されている。メキシコを「極めてバランスの悪い状態」に陥らせている両者の関係は，しかしある一点において逆転しているとガミオは述べる。つまりそれが芸術創造である。ガミオによれば，先住民インディオは，白人が決して創造し得ない「宝 (the treasure)」，すなわち陶器，織物，磁器，マット，籠などの土着芸術を創造する特殊な能力を持つという [AMGA s/f (1924): 249]。
　ガミオは，インディオ芸術が「我々を惹きつけてやまない」理由として以下の2点を挙げている。ひとつには，それらがメキシコの自然環境をインディオが継続的に静観することによって自然発生的に生じたものであること。またも

---

21) ガミオのメモによれば，展示会会場となったのは，カーネギー・ホール，在米メキシコ大使館，米国国立美術館である ［AMGC s/f (1924): 593］。
22) 資料としては残存しないものの，アーカイブ中の講演原稿からは，ガミオが聴衆に対して物品や写真資料を示しながら講演を行ったことが示されている。

写真22 布を織る少女

うひとつには，それらがマヤ遺跡やテオティワカン遺跡が創造された遥か過去から綿々と生産され続けてきたことである。ガミオは，征服者でさえも決してインディオから奪うことのできなかったこれらの芸術能力は，彼らの「正統的リネージ」をも示すものであると述べる [ibid.]。

ガミオのインディオ芸術に関する言及は，インディオの芸術能力とメキシコの自然環境との強固な結びつきを強調している点において，先に述べた彼のメキシコ人芸術家に向けた提言の延長線上にあるといえる。しかしそこには次の2点において違いがある。すなわちひとつには，ここでは「陶器，織物，磁器，マット，籠」といった具体的物品が提示されていること，またいまひとつには，講演においてはインディオ芸術の「継続性」あるいは「征服者でさえも奪うことのできなかった正統的リネージ」が強調されていることである。

第1節で述べたように，ガミオはこれらの物品について，国民芸術としては不十分ではあるものの，その「典型的」魅力によりメキシコの殖産化にとっては極めて重要な産業であるとした。1920年代にメキシコへの米国人旅行者数が増加したこと，およびそれに伴うインディオ芸術への関心と需要の高まりが，このようなガミオの見解を裏づけていたといえる。したがってガミオが同講演

において，まずこれらの物品に焦点を当てたのは，彼がインディオ芸術をメキシコの観光化・殖産化の重要な要として再認識していたことによるものと思われる。彼が提示した物品は，「提言」において例示された絵画や建築物などとは異なり，比較的小さく安価なことに加え，輸送や携行が容易であるという特徴を持っている。いわば観光客の増加によって高まりつつあったメキシコの「お土産品」への需要に応えうる要素を備えていたといえる。

また，ガミオはここでこれらの物品を「征服者でさえも奪うことのできなかった」継続的な芸術であると語っている。このようなガミオの言葉からは，米国人のインディオ芸術に対する関心を踏まえつつ，そこに古代文明との結びつきという独自の価値を付与しようという意図がうかがえる。とりわけこのようなガミオの意図は，以下で述べるようにこれらの物品が今まさに「消滅しつつある」という言葉によってさらに切迫した状況をアピールするものとなっている。

> 機械化に代表されるような近代文明の浸透は，芸術表現の「標準化（standarnization）」をもたらし，インディオ芸術が持つ個性や独自性を奪いかねません。メキシコのインディオは白人と将来的に融合し，両者は次第に同質的人種へと混合し，また彼らの芸術は近代化と標準化の波に吸収されていくでしょう［ibid.］。

ガミオはここで，インディオが長きにわたり保持してきた芸術の独自性が，近代化の波によって消失の危機にさらされていると述べる。インディオが白人との人種的融合を果たしていく過程においてそれは回避し得ないであろうとするガミオの言葉は，インディオ芸術に「今のうちに手に入れておかなければ消失」しかねない「希少性」という付加価値を付与している。J. オレス（James Oles）によれば，同時期に米国で起こったインディオ芸術の人気加熱の背景には，これらの物品が持つ「素朴さ」や「エキゾティズム」に対する憧憬に加え，近代化の波が押し寄せることで米国におけると同様インディオ芸術が消滅してしまうことへの懸念が存在したためであったという［Oles 1993：123］。これらの物品が次第に「標準化」されていくとするガミオの言葉は，このような米国人の懸念をさらに刺激すると共に，インディオ芸術の商品価値をも上昇させる効

果を持ち得たものと思われる。

　他方同講演では，このようなインディオ芸術の希少価値に関する宣伝と平行して，それとは大きく異なるテーマについて述べられている。すなわちインディオ芸術の振興を目指して人類学局が行う活動の意義についてである。

インディオ芸術の「活用」と人類学局の正当化　　ガミオは講演の中で，メキシコのインディオ芸術が近代文明の浸透によりその独自性を失いつつあると述べた。しかしながら，このような言葉に続けて彼は次のように述べている。

　　そうであるならば，現在インディオが保持するこれらの芸術表現を今のうちに活用することはきわめて論理的なことと言えるのではないでしょうか [AMGA s/f (1924)：249]。

　ガミオはまずインディオ芸術存続の危機について述べたが，彼の本来の意図はインディオ芸術の保護を訴えることではなかった。むしろインディオ芸術が変容することを前提とした上で，それが将来的に消滅しかねないのであれば今のうちに「活用」すべきであることを主張したのであった。ガミオが講演のタイトルに掲げた「可能性」とは，このようなインディオ芸術の「活用」の可能性を指す言葉であった。

　ガミオはここで写真や資料を提示しながら，インディオ芸術の具体的活用法をいくつか紹介している。それらは，人類学局がテオティワカン盆地で行いつつあるインディオ芸術産業の振興や，演劇，建築，映画などへの応用の実例であった。ガミオによれば，インディオ芸術「活用」の意義とは，インディオ自身が芸術生産やその意匠および歴史的背景などに接することを通して，「劣等意識を感じることをやめ，活動力に溢れた健康的な生活へと自身を導くための理想」を抱くきっかけとなり得ることであった [ibid.]。ただし，このような人道的側面を強調すること自体が，インディオ芸術の変容・消滅を促進しうるという事実については触れられていない。

　オレスが述べるように，インディオ芸術の希少価値を主張する一方でその変容を通して可能となる「インディオの救済」を説くこのような論調は，必ずしもガミオに限られたものではなく，インディオ芸術に関心を抱く当時の芸術家

写真23 糸を紡ぐ少女

や知識人にも共通して見られるものであったという [Oles 1993 : 123]。メキシコの文化・芸術を紹介する当時の文芸雑誌には，ガミオの活動に賛同する記事が多く掲載されている。その中でも代表的なものとして，1920年代中葉から30年代にかけて米墨両国の芸術家・知識人の交流の場となった米墨2カ国語雑誌 *Mexican Folkways* が挙げられる。同誌の編者であった人類学者F. トアーは，ガミオらのインディオ政策を誌上で支持しながら，メキシコの貴重な文化の担い手であるインディオを支援すべきであると訴えた。ただしトアーは，メキシコの近代化や観光化がインディオの文化を消失させかねないといった見解に対しては否定的であった。彼女はそのような見方は一面的に過ぎず，むしろ観光化によって市場が開拓されることこそがフォーク・アートやその作り手の存続を可能にする唯一の道であると主張した [*ibid.*]。トアーのようなインディオ問題に関心を抱く米国知識人の支持や彼らとの交流が，ガミオによるインディオ政策の推進および彼の知的仲介者としての立場の確立に多大な影響を与えたことは明らかである[23]。ガミオは講演を以下のように締めくくっている。

　　強固な意志は山をも動かすのです。そして山のように，メキシコのインディオ大衆（the masses of Mexican indigenous）は消極的で静止した状態の中に沈

---

23) ガミオがトアーのような自身の活動の「広告塔」ともなり得る存在を重視していたことは，彼がトアーに請われボアズとの交流を仲介したり，公教育副大臣として *Mexican Folkways* の刊行に資金援助を行ったことなどにも示されている。

み込んできました。偉大なる意志，多大なる愛，熱心さこそがこのような状態にある大衆をダイナミックに変化させるのです。そして私は，この変化を達成するための最初の方法こそ，ここで述べたインディオ芸術の可能性について研究を進めることにあると信じています［AMGA s/f（1924）：249］。

 「偉大なる意志」「多大なる愛」といった言葉からは，人類学局の活動が持つ人道的・博愛的側面が強調されている。このような側面は，メキシコの殖産化とインディオの救済という2つの課題を矛盾なく成立させるための重要な要素であった。ここにおいて「芸術」は，米墨間に存在する政治的問題を迂回し，両国の交流を促進させる外交大使であり，またメキシコの観光化・殖産化を促進させ人類学局の実践を正当化してくれる「広告塔」でもあった米国知識人の目をメキシコに向けさせるための重要な媒体でもあった。ガミオはインディオ芸術を介在させることで，メキシコの人種的・文化的多様性を肯定し，米国のメキシコへの差別的視線を払拭すると共に，メキシコのnationとしての認知の獲得，およびそれを支える人類学局の正当化を試みたといえる。

第3節　インディオに向けた芸術奨励活動

 本節では，ガミオのテオティワカン盆地におけるインディオに向けた芸術奨励活動を考察する。テオティワカンの人類学的調査は，考古・民族学局発足と同時期に始められ，1922年にガミオはその調査結果を『テオティワカン盆地の住民（*La población del valle de Teotihuacan : el medio en que se ha desarrollado ; su evolución ética y social ; iniciativas para procurar su mejoramiento*）』およびその「序章」「結論」を抽出し，「総括」を加えて1冊にまとめた『「テオティワカン盆地の住民」序章，総括，結論（*Introducción, síntesis y conclusions de la obra La población del valle de Teotihuacan*）』（以下『総括』）として発表した（『総括』は1921年に博士論文としてコロンビア大学に提出された）。本節ではまず，この2つの文献からガミオの芸術奨励活動の特徴を考察し，それがガミオのnation形成への関心といかなる関係にあったかを明らかにする。

ガミオは芸術家に対し、メキシコの地理や歴史およびその特殊な人種的構造に関する理解を通して、真にメキシコ的な国民芸術を創造すべきことを訴えた。その際インディオは「メキシコ的なるもの」の基層であるが故に、芸術家が学ぶべき最も重要な対象とみなされた。またガミオは米国知識人に対しては、インディオを白人が持つことのできない貴重な宝、すなわち芸術的才能の保持者であると述べ、インディオ芸術の振興が現在虐げられた状態にある彼らの救済につながり得ると述べた。

ガミオにおいてこのように「メキシコ的なるもの」の基層あるいはメキシコにおける芸術創造の要とみなされるインディオは、実際に地域での活動実践においてはいかなる位置づけにあったのだろうか。以下ではまず、人類学局が行った2つの芸術奨励活動の内容を考察し、そこでのインディオの位置づけがメキシコ人芸術家および米国知識人に向けた提言におけるそれとは異なっていることを指摘する。次にガミオがテオティワカン盆地の芸術産業の現状と問題点をどのように捉えていたかを見ることで、地域のインディオへのガミオの視点に見られる特徴を明らかにする。さらにガミオがそれに基づいて提起した人類学局の2つの活動意義を検証し、彼が芸術産業の振興によってインディオの経済的向上と精神的「覚醒」が可能だと考えていたことを明らかにする。最後に、ガミオが盆地における芸術奨励活動においてメキシコ人芸術家の役割を重視したことを指摘し、それがガミオにとっての理想のnation像の表象への関心と結びついていたことを指摘する。

テオティワカン盆地における芸術奨励活動

ガミオが『総括』の中で挙げる盆地住民を対象とした芸術奨励活動は、その性質の違いから以下の3種類に大別することができる。すなわち1）地域芸術産業の振興、2）美的プロパガンダ活動、3）メキシコ人芸術家による表象活動、である。以下ではまず、これら3つの芸術奨励活動から、その活動主体と目的において対照をなす1）と2）を比較考察し、それぞれの活動内容と特徴について述べる。また3）については本節の最後で述べる。

地域芸術産業の振興　　人類学局がテオティワカン盆地で行った芸術奨励活動の一つは、地域内に存在する諸産業の振興、および同地域内で採取される資源や

写真24　陶器を制作するテオティワカンの住民

原材料を活用した新産業の導入などである。具体的には，同地域で豊富に採れる粘土を用いて以前より行われていた陶器産業の技術改良や新技術の導入，および地域内に植生する植物の繊維を用いた織物，帽子，籠を制作するための工房の設置，そして地域学校の生徒を対象とした芸術能力の養成などが挙げられる。

　これらの諸活動の中でもプロジェクトの中心に据えられたのは陶器産業の改良であった。人類学局は同地域内から優秀な陶器職人を数人選出し，彼らに陶磁器産業で知られるプエブラ州において実地研修を行わせた。これにより釉薬の改善などによる陶器の質の向上がはかられたという［Gamio 1922c : 91］。

　また物品の生産のみならず，販売ルートの開拓にも重点が置かれた。ガミオは，同地域内で生産された物品は現在のところ地域共同体内で売買されるほか，遺跡散策に訪れる旅行者が集まる鉄道駅およびメキシコ市内においてようやく販売され始めたところであるが，将来的には生産を拡大することで，プエブラの陶磁器同様，国内のみならず国外へも販売網を広げたいと述べている［ibid.］。

　以上のようなガミオの言葉からは，テオティワカンでの芸術産業振興が，第1節で述べた「典型的国民産業」を「真の国民産業」へと転じていくという，ガミオにとっての理想の殖産化の実現を目指したものであったことを示している。それは地域内に植生する材料や既存の産業形態を生かすことで，これまでのように一握りの住民が産業を占有するのではなく，大多数のメキシコ住民の生活や嗜好に合致した物品の生産・消費，およびその体系化を目指すものであ

写真 25　テオティワカンのインディオの家屋

った。ガミオにとってはこのような方向性こそが，メキシコの物品の独自性を国内外に知らしめ，さらにはメキシコの殖産化を促進させる道であった。

　また，物品の販売拠点として鉄道駅が挙げられているように，人類学局による芸術産業の振興は，同地域の観光化をも視野に入れたものであった。ガミオは，古代文明揺籃の地というテオティワカンの特殊な歴史・景観，さらにはメキシコ市近郊という立地条件から，同地域がメキシコ随一の観光地へと発展し得ることを強調している [ibid.:77]。このようなテオティワカンの観光化に対するガミオの意欲は，前述した米国におけるメキシコ・ブーム，およびそれに伴う「お土産品」需要の高まりとも結びついていたものと思われる。陶器の輸出も，テオティワカンで生産された陶器がその「典型性」ゆえに国内のみならず海外においても十分受け入れられるであろうという確信に基づいていた。このような地域の特殊な歴史，景観，産業に対する意識，さらにはそれらを求めて同地を訪れる人々に関する認識は，後述するもう一つの奨励活動にも大きく反映されているといえる。

　他方，テオティワカンの陶器職人をプエブラで研修させる事業に見られるように，同地域における芸術産業奨励活動は，ガミオが理想とする殖産化が孕む矛盾をも示しているといえる。ガミオが目指す殖産化とは，対外的には「典型的なるもの」を表象しつつも，国内ではそれを近代的メキシコにふさわしい「国

民的なるもの」へと次第に転換させていくという二重の構造を成していた。しかしこの転換とは，殖産化の対象となった諸地域や諸集団の多種多様な典型性を「メキシコの典型性」へと統合していくプロセスでもあった。このような統合過程において，典型性ゆえに抽出されたテオティワカンの陶器は，芸術奨励活動によってその典型性の根拠であったはずの地域性や特色を消失・修正されざるを得ない。

次に述べる人類学局によるもう一つの奨励活動は，このような典型性の消失や修正という問題が，物品のみならず地域住民の身体や生活空間にも及んだという意味においてより顕著な形で示された例といえる。

美的プロパガンダ活動　ガミオが「美的プロパガンダ（Propaganda Estética)」と呼ぶ，人類学局による芸術奨励活動は，主に以下のような内容であった。
1) 地域に存在する建築物や壁画，彫刻等の破損を防ぐための地域住民への呼びかけ
2) 地域と住民の特殊な歴史や地理的環境には不相応な建築物の修正および置き換え
3) 地域社会および地形に見合った，経済的かつ衛生的居住空間を創出するための建築プロジェクトの提供
4) 先スペイン期・植民地期の修飾的モチーフの地域住民への紹介，および地域博物館での壁画制作とその現代産業への応用
5) パンフレット配布や映画上演を通しての諸産業の紹介 [*ibid.*: 92]

この活動は，地域産業の育成・振興というよりも，むしろそれらの物品を産出する地域空間や住民の生活をテオティワカンという名に相応しいものへと修正・美化することを主眼としている。また上記の多くが現在の芸術産業に関わるものではなく，ほとんど先スペイン期や植民地期の建築物や壁画に関するものであること，かつ活動の主体が住民ではなく人類学局側である点において，前述の芸術産業振興活動とは性質を異にしているといえる。いわば「美的プロパガンダ」とは，人類学局がテオティワカンという特殊な歴史を持つ地域空間の価値を住民に認識させるための活動であり，それらに相応しい生活空間や住民のあり方，そして産業形態の特徴を住民に「啓蒙」するための活動であった。

そしてこの「美的プロパガンダ」は，前節で述べたガミオのメキシコ人芸術家に対する提言とは以下の点で異なっている。すなわちガミオは，国民芸術創造の牽引力とみなすメキシコ人芸術家に対しては，「我々の社会や民族を特徴づける諸側面」を学ぶべきことを訴え，インディオをその歴史的，人種的，民俗的背景ゆえにその中核を成す存在として位置づけた。しかし「美的プロパガンダ」は，その中核であるはずのインディオに向けて行われたものである。ガミオは「ほぼ全てのインディオは芸術家である」としながら，そのインディオ自身が学ばなければならない「美」について提唱しているのである。

このような一見矛盾するガミオの活動・言動は，ガミオが現在のテオティワカンの住民や芸術産業を捉える際の視点，およびそれらを nation 形成と関連づける際の独自の原理に基づいているものと思われる。以下では，ガミオがテオティワカンの住民と産業の現状をどのように論じているかを検証し，その特徴を明らかにする。

テオティワカンの芸術産業の現状

ガミオはインディオを，メキシコの独自性を規定するための重要な要素とみなす一方で，芸術奨励活動を通して彼らの身体や生活空間の修正を試みている。このようなガミオの見解と実践には，彼がインディオを捉える際の独自の視点が関係しているものと思われる。

以下では，ガミオの地域住民およびその芸術産業への視点の特徴を明らかにするために，彼の記述を別の人類学局員，すなわち人類学局技術助手のカルロス・ノリエガ（Carlos Noriega）の記述と比較考察する。

比較する論考は，前述のガミオの『総括』「序章」と，『テオティワカン盆地の住民』に収録されたノリエガの「民族学的覚え書き（Apuntes Etnográfico）」である。両者はいずれもテオティワカン盆地での芸術産業の現状を報告する内容であり，『総括』におけるガミオの記述は，ノリエガによる調査結果をもとに執筆したものである。しかしながら両者の記述には様々な違いが存在する。これらの違いは，ガミオが同地域の芸術産業に接する際の視点を反映しているように思われる。以下では2人の記述を比較し，ガミオが芸術産業を捉える際の独自の視点を明らかにする。

カルロス・ノリエガの視点　ノリエガは，ガミオがボアズに宛てた書簡の中で，米国留学を希望する有望なメキシコ人学生として推薦した1人である。彼は米国への留学を終え，メキシコへ帰国した後に人類学局に技術助手（ayudante técnico）として参加し，テオティワカン盆地での調査活動では民族学的調査を担当した。いわばノリエガは，ガミオがボアズの助力を得ながら実現させたメキシコ人類学創設の恩恵を最初に受けた1人であった。

ノリエガによる「民族学的覚え書き」は，彼がテオティワカン盆地に存在する諸共同体（サン・セバスティアン San Sebastián，サン・マルティン San Martin，サン・フアン・テオティワカン村など）で行った参与観察をもとに，同地域の宗教儀礼や住民の私的・公的生活を記録したものである。「産業（industrias）」に関する記述[24]は末尾に収録され，以下のような構成である。

1) サン・セバスティアンの陶器
2) サン・セバスティアンの家庭用陶磁器
3) サン・セバスティアンのレンガ産業
4) サン・マルティンの織物産業（生産工程と道具，羊毛の梳き，紡ぎ，織り）
5) サン・フアン・テオティワカンの織物産業（生産工程，織り）
6) プルケ［竜舌蘭から作られるアルコール飲料］産業

上記に見られるようにノリエガの記述は，産業の種類，共同体名，生産工程と技術，の3項目によって分類されている。さらにノリエガは，テオティワカン盆地産業に関する自身の分析として，産業発展が極めて限定的な段階に留まっていると述べ，その理由として住民の大部分が日雇い，または近隣の大土地所有者の農地で労働に従事していることを挙げている［Gamio 1922b: 276］。

以下ではノリエガの記述を，ガミオとの比較を行うため陶器産業と織物産業の2つに焦点を当て要約する。

陶器産業　ノリエガによれば，テオティワカンにおいて農業以外の産業に従事する住民が過半数を占めるのがサン・セバスティアンである。住民の多くは

---

[24] ノリエガによる「民族学的覚え書き」の全体は，以下のように構成されている。①宗教的側面（El Aspect Religioso），②ラス・レラシオネス（Las Relaciones：宗教的演劇舞踊），③私的生活（La Vida Privada），④公的生活（La Vida Publica），⑤産業（Industrias）。

共同体周辺に豊富に存在する陶土を活用した陶器づくりに従事している。サン・セバスティアンでは，大きく分けて以下の2種類の陶器が生産されている。すなわちテオティワカン盆地で発掘された古代陶器を模倣した販売用，そして家庭用の2種類である。前者は実際にテオティワカンで出土した遺物をモデルに製造されたものである［ibid.］。ノリエガによれば，サン・セバスティアンの陶器産業は，数年前に人気を博したことからその模造品がメキシコ市内に多く出回ったほか，テオティワカンを訪れる旅行者らに相当数が売られていた。しかし現在は生産が縮小し，村に残る2つの工房で作られるのみとなった［ibid.］。

模倣陶器の衰退を受け，共同体内の生産者が力を入れるようになったのが，家庭用陶器（cerámica doméstica）の生産であった。その多くはメキシコ市で売られたが，ノリエガはこれらについて「モダンな修飾を取り入れながら美的進化を遂げさえすれば，認知度を十分高めることができる」と述べている［ibid.: 277］。

織物産業　　ノリエガは織物産業を営んでいる共同体としてサン・マルティンとサン・フアン・テオティワカンを挙げている。

ノリエガによればサン・マルティンの織物産業は，同共同体内において世代を超えて受け継がれている極めて歴史の古い産業である。ただしそれらは農閑期に行われる副業にすぎず，これまで独立した産業として営まれていたことはなかった。したがって住民の需要に見合うだけの量の織物は生産されておらず，多くの人々は共同体の外で手に入れたサラペ（かぶり毛布）を使用している。ノリエガは，織物工房での作業工程を詳細に記述したのちに，サン・マルティンで生産される織物の質および耐久性の高さを指摘している［ibid.: 277-280］。

一方，サン・フアン・テオティワカンの織物産業は，同共同体内で重要な位置づけにあるとノリエガは述べる。同共同体内では，織物産業を専業とする人々が存在し，産物も市場に送り出すだけの十分な量が生産されている。ノリエガによれば，その生産工程はサン・マルティンとほぼ同様であるが，生産量が多いために材料やその購入の仕方に若干違いが見られる。また同共同体には5から6の織機があり，全住民およびその周辺の需要に十分見合うだけの生産が行われているという［ibid.: 280-281］。

以上のようなノリエガの記述は，彼が住民の生活を参与観察する過程で抽出

したデータをもとにしている。その結果，ノリエガは盆地における芸術産業が決して活発ではないと結論づけている。彼はその理由として盆地住民の多くが農業に従事していることに加え，芸術産業に着手するための資本が不足していることを挙げている [ibid.]。以上のようなノリエガの見解は，盆地における芸術産業の停滞を，同地域の農業構造や資本の不足といった社会経済的要因から考察したものである。後述するようにガミオも同様の見解を述べている。しかしガミオの記述は，以下で述べるようにノリエガとは異なった視点も有している。

ガミオの視点　ガミオによるテオティワカンの芸術産業に関する記述は，『総括』の中の「文明の主要な側面（Principales aspectos de civilización）」と題された「総括」章の中にある。ガミオはその冒頭でまず同地域の陶器産業について以下のように述べている。

　　現在のテオティワカンの陶器は，先スペイン期のものが退化したものである。その中でもわずかではあるが，芸術的に極めて重要であると思われるものもあり，祖先の世襲財産を回復することさえできれば，そして近代的基準に従って少しずつ産業化することさえできれば，芸術産業として重要な部分を成すだろう [Gamio 1922c : 73]。

ガミオはここで，現在のテオティワカンの陶器の現状を先スペイン期のものが「退化」した状態と捉えている。さらにそれらが芸術産業として成立し得る要件として，住民が祖先の芸術能力を「回復」すること，さらに生産に近代的基準を導入することの 2 点を挙げている。以上のようなガミオの記述は，ノリエガのものとは大きく異なっていると言える。ガミオはノリエガ同様一業種として陶器を扱ってはいるが，共同体名にも生産工程にも全く触れていない。

　一方同地域の織物産業に関してガミオは，それらが以前はその質や価値の高さから，メキシコ市においても知られていたが，同地域の農地問題により材料となる羊毛の確保が困難となったために生産されなくなってしまったと述べる [ibid.]。

　ここでのガミオの記述は，完全ではないにせよノリエガによる同地域の織物

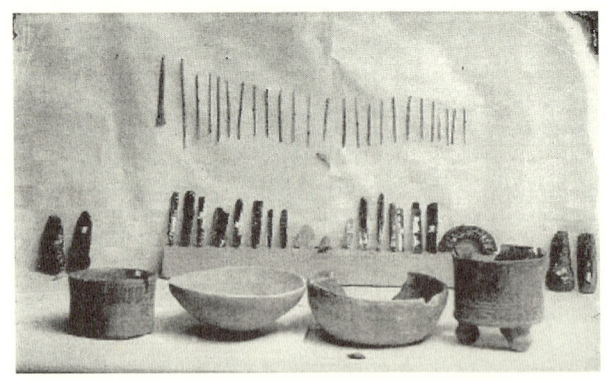

写真26 テオティワカンで発掘された先スペイン期の陶器

産業に関する指摘と一致しているといえる。しかし，ガミオはこれに続けて盆地住民の「服装（indumentaria）」に関して以下のように述べている。ガミオによれば，盆地住民の服装は，住民の文化的な「衰退（decadencia）」を最も如実に示すものであり，「美的でなく（anti-estética）」かつ「非衛生的（anti-higénico）」であるという。さらに彼は続けて盆地住民の服装を以下のように詳細に記している。

　　男性の服装はほぼ年中変わることなく，粗い綿のシャツ，ズボン，それに綿のベルトか帯をつけ，サンダルか草鞋を履き麦わら帽子をかぶる。時には羊毛か綿のサラペを身につけることもあるが，いずれも総じて美的でない。なぜならそれらの服装には典型性もオリジナリティも全くなく，工場で何百万単位で大量生産されるスタンダードな産品でしかないからである。帽子や草鞋もこの地域のものではなく，全く典型性や魅力に欠けている。サラペはこの地域で作られたものではあるものの，次第に別の地域の掛布にとって代わりつつある。
　　一方，女性の服装はレボソ［女性が用いる大判のスカーフ］，綿のブラウス，綿のペチコートがほとんどで，時折ペチコートと平織りのブラウスに靴を履くことがある。この地域では髪を結って整えるということはほとんど行われず，二つに分けて三つ編みをするだけである。女性の着衣も男性と同様に，特徴やオリジナリティに欠けている。

さらに，盆地の気候は冬季は非常に寒く，このような服装では不十分であり，これが同地域に多い呼吸器系の疾病の要因となっているものと思われる [ibid.: 75-76]。

ガミオはここで個別の芸術産業そのものではなくそれらを担う住民の姿を取り上げている。そして，住民の衣服が盆地の気候に適していないという機能性の問題よりも先に，その「美的でない」点を指摘する言葉からは，彼の第一の関心が視覚的側面にあったことを示しているといえる。ガミオが描写するこのような視覚的側面は，先スペイン期のインディオの勇姿や美をメキシコの歴史として認知すべきとする彼の論調とは大きく異なっている。さらにガミオは続けて以下のように述べる。

植民地期においてインディオの服装はすでに衰退し始めていた。しかしそれでも当時の歴史的資料や絵画によれば，当時の裕福なインディオは今よりはよほど完全な服装をしていた。先スペイン期は，地域の服装の意匠が豊かに開花した時期であった。陶器や石の彫刻の数々には，多種多様な服装が示されている。特に髪型は，単に美しく結い上げるというだけでなく，布や動物の皮革を用いて複雑に編み上げられていた。もちろんこれが当時の上流階層の服装であったとしても，それ以外の階層においても様々な服装が存在しており，今日のようにどれも同じで貧弱といったものではなかった [ibid.: 75]。

芸術産業の現状だけでなく，地域住民の身体的外見すなわち服装をも先スペイン期の「衰退」と捉えるこのようなガミオの視点は，同じ地域の芸術産業を扱っているにもかかわらずノリエガとは大きく異なっている。この違いには，両者が芸術産業を観察する際の以下のような視点の違いが関係しているものと思われる。すなわち，ノリエガは現在の盆地住民の産業を共時的視点で捉え，そこに社会経済的問題を見出している。一方ガミオは，ノリエガと同じ問題を見出しはするものの，同時に現在の盆地住民を先スペイン期に始まる歴史的経緯の中で捉えるという通時的視点を持っている。このような視点によって現在の住民は常にガミオにとっての理想的インディオ世界である先スペイン期と比較されている。

以上のようなガミオの視点は,『総括』の「序章」においても示されている。ガミオはここで,「我々が意図したわけでも,また望んだわけでもなかったのだが」という前置きの後に以下のように述べている。

　　実際に盆地における過去の住民の発展の度合いは,現在の住民のそれよりはるかに広範で,進んだものであった。[…] 盆地の住民は,先スペイン期,植民地期,現在という三つの時期において,逆の,あるいは下りの進化を遂げている [ibid.: 19]。

　ガミオはここで,現在の住民の発展を過去における同地域の繁栄と比較しながら,現在の住民の状況がむしろ逆行していると述べる。ガミオの「意図したわけではない」という言葉には,このような結果が彼の期待に反していたことを示している。このことからは,ガミオにとってテオティワカン盆地の住民が,古代文明揺籃の地の居住者として極めて特別な位置づけにあったことがわかる。
　さらに以上のようなガミオの言葉は,人類学局による「美的プロパガンダ」が目指したものをも示しているといえる。前述のように「美的プロパガンダ」は,ガミオがメキシコ人芸術家に対して学ぶべき対象としたインディオに向けられたものであった。しかしここでのガミオの言葉からは,彼が「美的プロパガンダ」を通してインディオが学ぶべきとした「美」とは,必ずしも現在のものではなく,ガミオにとって nation の祖型でもあった先スペイン期,そして芸術の創造という意味においてメキシコの国民芸術創出の時代であった植民地期の「美」であったことが見て取れる。さらにガミオは現在の陶器産業について述べる際に,それらが地域の芸術産業として成立しうる条件の一つとして,住民が祖先の芸術能力を「回復」することを挙げている。すなわちガミオにおいてインディオは決して現在の姿でのみ捉えられるべきではなく,彼らが本来受け継いでいるべき「祖先の世襲財産」と共に捉えられるべき存在であった。このような意味において,現在のインディオと彼にとっての nation の祖型である先スペイン期のインディオとは,別々の,断絶した存在ではなかった。両者の間には芸術産業という貴重な財産を通した結びつきが想定されている。その結びつきは,現在のところ可視化されていないものの,人類学局および芸術家の手によって将来的には現実化するとみなされている。以上のようなガミオの現

写真27　テオティワカンの子供

在のインディオへの視点は，以下で述べるように彼が人類学局の芸術奨励活動に見出す2つの意義において，より顕著に示されているといえる。

ガミオにとってインディオの芸術産業が持つ意義

　ガミオは，テオティワカン盆地での芸術産業の現状に関して大きく異なる2つの問題点を見出した。それは一つは，地域の経済構造に着目したことにより明らかになった社会経済的問題であり，またもう一つは彼がインディオを捉える通時的視点により明らかとなった美的問題であった。ガミオはこれらの問題点をふまえ，人類学局の芸術奨励活動に以下の2つの意義を見出していた。すなわち第一に，インディオが抱える経済的問題を解消することによりその生活を向上させることであり，第二に，彼らが抱える劣等意識を解消することによりその精神的な向上を可能とすることである。ガミオはこれら2つの意義を，地域空間および住民の現状のみならず，メキシコのnation統合と重ね合わせながら論じている。以下では，ガミオが芸術奨励活動に見出すこれら2つの意義を考察し，彼が芸術産業を通して目指したnation統合のあり様を明らかにする。

インディオの生活向上策としての芸術産業の意義　ガミオにおいて，芸術産業奨励の意義とは，まず第一にそれが盆地住民の生活を向上し得るという経済的観点によるものだった。さらにガミオは芸術産業の奨励を通してインディオの経

写真 28 テオティワカンの大土地所有者（アシエンダ）の家屋

済的向上をはかることが，同地域で隔離された状態に置かれているインディオと他の集団との接触を容易にするだけでなく，メキシコ全体の近代化を促すことにもつながり得るという見解を述べている。

　ガミオにとって芸術産業の振興は，同地域における経済問題の根源となっている農業に代わり，住民の生活向上をはかるための重要なオルタナティブであった。ガミオは，盆地で産業に従事する住民が全人口の6％と極めて少ないことを憂慮しながら，同地域における農地の分配状況の偏りを考えれば，産業従事人口はもっと増加すべきであると述べている［ibid.: 36］。同地域の農業は，土地の分配に起因する問題に直面していた。ガミオによれば，同地域には，全人口8,330人に対し10,500ヘクタールの土地があった。したがって単純計算すれば，住民1人当たり1.26ヘクタールの土地所有が可能なはずであった。しかし実際には，土地の90％が7人の大土地所有者によって占有されており，残りの10％が416人の小地主により所有されていた。そして残りの7,907人の住人は，土地を全く持たなかった［ibid.: 14, 87］。

　以上のような同地域の土地分配をめぐる不平等な状況は，ガミオによれば，独立以降ディアス期に至る共有地の解体とそれに伴う大土地所有制の拡大の過程で生じたものであった［ibid.: 14］。革命動乱の終結と共に制定された1917年憲法によって土地の再配分が開始されたものの，実行は未だ首都近郊や州都などの中心地域に限定され，テオティワカン盆地には浸透していなかった［ibid.］。

写真29 テオティワカンの住人

　人類学局は，連邦，州，地方政府に働きかける[25]と共に地域の大土地所有者とも交渉し住民の窮状を訴えたが，即時的解決法は見出せなかった [*ibid.*: 87-88]。このような状況下において，ガミオにとって同地域の産業振興は，住民の生活状況改善に向けた重要な方策の一つであったと思われる。

　他方，ガミオにとって産業振興を通して住民の経済状況を改善することは，同地域の住民の大部分を占めるインディオと他の住民との融合を促しうるという，全く異なった利点をも持ち得た。

　ガミオは，テオティワカン盆地においては白人とインディオの混血がそれほど進んでおらず，それが同地域において近代文明 (la civilización moderna) に属する住民が少ないことと関係していると結論づけている [*ibid.*: 30]。ただしガミオは，このような見解が決してインディオの能力を否定するものではないことを強調しながら以下のように述べる。

　　これは，インディオに文化レベルを上昇させる能力がないと言っているわけでも，彼らが混血しなければ絶滅してしまう運命にあると言っているのでもない。繰り返し述べているように，インディオはメスティソや白人と同様

---

25) 具体的には，人類学局は農業・勧業省，全国農業委員会 (Gran Comisión Nacional Agraria)，トルーカ農業委員会 (Comisión Local Agraria de Toluca) の3組織への働きかけを行った。

の能力を持っている。しかし彼らが置かれた悲惨な経済状況のために，彼らは文化の向上ではなく生存を維持することに全ての活動を費やさざるを得ないのだ。たとえ世界で最も進んだ国の住民であっても，生存維持の方法を失ってしまったら同じ状態に陥っていただろう［ibid.: 27］。

　ガミオはここで，インディオの文化レベルが白人やメスティソに劣らないことを強調しながらも，インディオが他の住民と混血・融合をはかることは同地域を近代化するための重要な方法であると述べる。ここにはガミオが人種と文化とを関連づけながら，インディオの経済的向上を同地域の融合を促すための要素として位置づけていることが示されている。ガミオによれば，同地域には「人種問題（problema racial）と呼ばれるものは存在していない」［ibid.］。したがって人口の大多数を占めるインディオが白人と接触しないのは，人種の違いを理由として相互に嫌悪感を抱いているのではなく，両者の経済格差によるものであるという［ibid.］。

　したがってガミオは，インディオが豊かになり，何らかの手段によって「卓越」しさえすれば，何の障害もなく融合・混血が行われるはずであると述べる［ibid.］。さらにガミオはそれが同地域に限定された問題ではないとして以下のように述べる。

　　今日メスティソは人口的には第3の地位にあるが，インディオの経済状況が向上すれば——それは現在の切迫した状況から言えばそれほど長くかかりはしないが——融合・混血は国民全体が均一化（generalizarse）するほど増えるだろう。そうすれば，人種の同一化という一点において，進歩の大いなる一歩を踏み出すことができるのだ［ibid.］。

　ガミオはここで，テオティワカンでの実践を「国民全体」に応用し得るものとして位置づける。すなわちテオティワカンにおける人類学局の活動とは，メキシコが「人種と文化の同一化」をはかり，「進歩の大いなる一歩」を踏み出すためのモデル・ケースとなるべきものであった。そして人類学局の芸術奨励活動は，人種と文化の融合モデルとしてのテオティワカン盆地を成立させうる要素の一つとして，ガミオにとっては極めて大きな意義を持っていたといえる。

他方，芸術奨励活動にはもう一つの意義が見出されている。それは，それによってインディオが経済的向上だけでなく，精神的向上をも果たすことで，本来のあるべき姿を回復し得るという意義である。

インディオの「覚醒」装置としての芸術産業の意義　ガミオが芸術奨励活動に見出すもう一つの意義とは，それが現在の悲惨な状態のために発揮されずにいるインディオの能力を「覚醒」し得ることにあった。ガミオにとって芸術産業の奨励は，インディオを彼らの栄光ある過去へ結びつけ，その「卓越化」をはかるための有効な一手段であった。

　ガミオのアーカイブの中に，テオティワカン盆地での実践活動の成果を紹介した「インディオ人種の誇りを覚醒しなければならない（Hay que despertar el orgullo de raza en el indígena）」と題する論文がある。本論文の中でガミオは，人類学局がテオティワカン盆地で行った，歴史映画の製作や地域産業振興をはじめとする活動について述べている。ガミオが本論文のタイトルに用いた「覚醒」という言葉には，以下で述べるように，インディオが本来保持する偉大な能力を回復させるという意味が込められている。

> 　インディオがこれらの映画やその他の歴史的構成物を目にすれば，彼らの祖先がつくり出した輝かしい偉業に気づくだろう。また自身が隔絶された周辺的存在ではなく，高貴なる人種から芽生えた存在であることに気づき，何百年もの間眠っていた偉大なる能力を覚醒することにつながるであろう［AMGA s／f: 195］。

　これらの言葉にあるように，人類学局の主要な活動目的は，同地域のインディオに，様々な偉業を成し遂げた祖先とのつながりを認識させることにあった。それはガミオにとって，虐げられたインディオが周辺の存在としてではなく，メキシコを代表する「高貴なる人種」の子孫としての自覚を取り戻すことを意味した。

　ここでガミオが述べる「歴史的構成物」とは，具体的には以下のようなものであった。まず「インディオの生活を再構成」した演劇や映画の製作である。ガミオは，人類学局が企画する『コパ・デ・アルゴドン（Copa de Algodón）』

と題された,先スペイン期のインディオの生活をテーマとした「国民映画(el cine nacional)」のプロジェクトを紹介している。ガミオによれば,それは考古学的調査により得られた知識を駆使しながら,モクテスマ2世支配下のアステカ帝国の住民の生活を「美しく,劇的に,かつ真正なる形で」再構成した作品であった。また彼は,これらの映画が当時の生活の「正統なる再構成」である以上,先スペイン期の建築,衣装,宝石,武器などを忠実に再現し,また出演者も「この人種」,すなわち地域のインディオでなければならないことを強調する[ibid.]。いわばこれは,第4章で述べたように,メキシコの歴史を叙述する際の重要な諸側面であるとガミオが考える「美的側面」と「観察的側面」を備えた歴史構成の実践であったといえる。

またガミオは,人類学局がテオティワカン盆地に設置した小学校で行った改革実践として,児童が先スペイン期の歴史や生活を学ぶための様々な工夫や授業プログラムを紹介している。それは,小学校の教室の壁に先スペイン期の神殿や寺院等の写真を展示し,児童にそれぞれの意味を教えるとともに,授業の中でそれらの模写や模型制作を行うといったプログラムであった。こうしたプログラムは,前述のノリエガが報告する同地域の教育実践の問題点をふまえたものであった。ノリエガは,同地域の小学校では地図や教科書も不十分なまま地理や歴史の授業が行われており,それが同地域において「国や世界,そしてpatriaの概念も存在しない」[Gamio 1922b: 260-261] ことの要因となっていると指摘している[26]。

ガミオは,テオティワカンにおける芸術産業奨励の意義を「歴史的遺産」という言葉を用いながら以下のように述べている。

　　先スペイン期の産業の美しさと独自性。美しい形態および豊かな意匠の施
　　された陶器。石や黒曜石,金や銀,宝石やクリスタル,好奇心をかき立てる

---

[26] ノリエガは,テオティワカン盆地における学校教育を,地域のインディオの経済的窮乏の状態を最も反映するものの一つとして挙げている。ノリエガの記述によれば,同地域の児童は8歳から10歳でアシエンダ(大土地所有者)や他家の雇い人として働き始めるため,就学率は極めて低い[Gamio 1922b: 260-261]。また地方当局者の公教育に対する関心がきわめて低いために,教師に支払われる給与や学校施設および教材の不足などの多くの問題が起こっており,それが十分フランス語を理解しない教師が児童にフランス語を教えているような「奇跡に近い」状況を引き起こしていると述べる[ibid.]。

様々な道具や巧妙な武器。これらはすべて現在もインディオによって作られている。ただしその質と美しさは劣っている。我々は，これらの産業の使用法や応用法をインディオに示唆しながら，歴史的遺産でもあるこのすばらしい能力を再生させるように奨励している［ibid.］。

　ガミオはここで，先スペイン期に行われていた産業を復興することの意味を，本来インディオが持つべき能力の再生として述べている。これらの産業は，たとえ現在のインディオにとっては未知の産業であっても，同地域を通時的視点で捉えるガミオにとっては，古代文明の命脈を受け継ぐ歴史的遺産である。人類学局は，インディオが置かれた悲惨な状況により現在は「衰退」した状態にあるこれらの産業を再生し，その使用法や応用法をインディオに伝授するという役割を担っていた。そしてそのうち最も重要な役割として，同地域の産業を成立させるための要件の一つであった「産業の近代化」が含まれることはいうまでもない。それらはガミオにとって，インディオが精神的覚醒と経済的向上を通して近代メキシコの創成に参与するためには不可欠な道であった。
　しかし，このような近代メキシコの創成がすぐさま実現するわけではないことにもガミオは自覚的であった。したがってガミオは，近代化を達成するまでの過渡的段階において，次に述べるような様々な試みを行っている。これらの試みは，まさにガミオにとってのnationのあり方，そして彼が将来獲得したいと願う理想のnation像を示すものであったといえる。

ガミオにおけるフォークロア研究とnationの「型」

　ガミオがテオティワカン盆地における芸術産業振興と平行して行った活動として，地域に存在するフォークロア・データをもとに構成した演劇活動が挙げられる。これらの活動は，テオティワカン盆地が芸術産業の近代化を達成するまでの過渡的段階においてガミオが行った様々な試みを象徴するものである。
　テオティワカン盆地での演劇活動は，人類学局局員が中心となり収集されたフォークロア・データをもとに同地域の歴史を再構成するための方法として取り入れられたものであった。局員として脚本に携わった人物によれば，盆地においては以前より宗教儀礼の一つとして「非常に初歩的な」演劇が行われていた。人類学局はこれらの地域演劇を「住民生活の向上」という課題のもとで，

テオティワカン地域の諸習慣を取り入れた独自の演劇として再構成することに成功したという [Novelo 1923 : 50]。

ガミオは，このような人類学局によるフォークロア研究を，前述の2カ国語雑誌 Mexican Folkways に「フォークロアの実用的側面（El aspecto utilitario do folklore)」というタイトルで紹介している。ガミオはこの中で，インディオを理解する上でのフォークロア研究の重要性について以下のように述べる。

> インディオ，メスティソの大部分が強制的に民俗的な観念を捨て去り，メキシコにはわずかに存在するに過ぎない高度な文明へと統合するのは不可能である。したがって後に近代的思考の型へと当てはめる（formulate [英語] ／ amoldear [西語]）まで，彼らの様々な独自の思考様式を考察し，理解し，インディオの心性の形成が容易にできるような教育方法を構築することが重要である [Gamio 1924 : 8]。

ガミオはここでフォークロア研究を，後に近代的思考が導入されるまでの過渡的段階においてインディオを理解するための重要な指針とみなしている。それはインディオの心性を後に達成され得る近代メキシコにとって相応しいものへと形成・変容するための段階の一つであった。このようなフォークロア研究の位置づけは，第3章で述べたように，彼にメキシコでのフォークロア研究を提案したボアズのフォークロア研究の捉え方とは大きく異なっていたといえる。

他方，ガミオの上のような文章には，フォークロア研究を全く異なった視点から眺めるガミオとボアズとの，使用語彙の上での共通性が見られる。それは「フォーミュラ（formula）」という言葉である。これはスペイン語のモルデ molde を英訳したもので，molde とは焼き菓子を作るための容器のような，「型」の意味で用いられ，その動詞形がアモルデアール amoldear である。ガミオの論文を英語に訳した人物は，これに formula の動詞形 formulate をあてはめている。

第3章で述べたように，ボアズにとってフォーミュラ（formula）とは，神話に含まれる物語の要素の結びつきを示す概念であった。彼は，一定の神話が単一の物語の組織ではなく，数個の要素的主題から成っていることを発見し，このような要素が複数組み合わさることにより神話が構成され，またその結びつきが非常に複雑なものであることを認識していた。一方，ガミオにとって

formulate とは，まさにかたどる行為，すなわち彼にとっての理想の型（近代的メキシコ像）の中に材料を流し込み，それらに形を与える行為を意味している。

　以上のような両者における formulate という語彙の用法の違いは，両者の nation 概念の違いをも象徴するように思われる。ボアズにとって nation とは，複雑な構成を成すものである一方で，その結びつきにより多種多様な複合体へと収斂しうる変幻自在な概念である。internationalism を規模の大きな nationalization として捉えるボアズの見解は，このような柔軟な nation の結びつきを想定する彼の視点を反映したものであったといえる。一方，ガミオにおいて formula は動詞形で用いられており，それは彼がこの時期，メキシコの多様な要素の融合を唯一の nation のあり方として捉えていたこととも通じるものであった。

　このようにガミオにとっての formulate のプロセスは，メキシコの多様な人々を徐々に「メキシコ国民」のあるべき姿へと転じるためのものであり，このプロセスが進行する間もガミオは，彼にとっての理想の nation 像の模索に向けた活動を行っている。それは人類学局による第三の芸術奨励活動，すなわちメキシコ人芸術家による表象活動である。

ガミオにおける理想の nation 像の表象

　『総括』には，人類学局とテオティワカン盆地の住民による前述の2つの芸術奨励活動を述べた項目の他に，メキシコ人芸術家が同地域で行った「盆地とその住民の芸術的観察と表象（Observacion y representación artística del valle y de sus habitants)」と題された項目が存在する。このような項目は，人類学的研究書の内容としては一見奇異にさえ見える。しかし，メキシコ人芸術家を主体とする活動は，ガミオにとっての理想の nation 像をメキシコ内外に表象する上で極めて重要な位置づけにあった。

　ガミオは『総括』において，人類学局による盆地での活動の一環として，メキシコ人芸術家が同地域で表象活動を行う必要性を以下のように述べている。

　ガミオによれば，テオティワカン盆地での調査研究は，人類学（考古学），民族学，社会学，心理学などの科学的手法を用いながら，盆地住民および彼らが置かれた環境の分類・分析を試みるものであった。しかしながら，このような様々な科学的方法を駆使してもこぼれ落ちてしまう側面がある。そしてそれ

写真30 テオティワカンで行われた演劇の様子

らの側面は，芸術という方法を通してしか理解・表現できないという［Gamio 1922c : 94］。

　ガミオはここで，芸術を研究調査の客観性や科学性を補う補助的な方法として位置づけている。そして彼が科学のみでは理解し表現することはできないと述べる側面とは，盆地住民の心象風景とも呼び得る以下のようなものである。

　　盆地の景観が住民の心（mente）の中に遥か過去の時代から及ぼしてきた影響は，科学や写真のような機械的方法では，決してはかり知ることができない。十分な技術と広い視点，そして繊細かつ分析的観点を持つ真の芸術家が，偏見から離れてこの土地に同化できるだけの十分な時間を過ごすことが不可欠である［*ibid.*］。

　ガミオが人類学局の活動を通して理解し表現したいと願い，しかしながら芸術を通してしか表現できないと結論づけたものとは，現在の盆地の景観や現在の住民の姿ではなく，住民の心の中に堆積するとガミオが考える，遥か過去から現在にいたる様々な光景であった。ガミオは，住民に対する芸術奨励活動を通してこれらの光景が住民の心の中に回復・覚醒することを目指した。しかしそれらはすぐさま実現するわけではなかった。さらにそれらは，ガミオが述べるように科学や技術では視覚化することはできない。いわばガミオにとってメ

キシコ人芸術家は，ガミオが将来目にしたいと願う光景を表現し得る唯一の貴重な媒体であった。

また長期にわたり芸術家が同地域に滞在し，地域の生活環境に同化することを条件とみなす以上の言葉には，メキシコ的な視覚機能を取り戻すべきという芸術家への提言が繰り返されている。ガミオはそれによって芸術家が得られるものを以下のように表現している。

> 青く輝く空や，ひどく乾燥した山々とその下にある緑の土地，きらびやかな伝説の中に出てくる植民地期の古い寺院と神話的戯曲を連想させる何千年もの歴史を持つ遺跡，土でできた貧しい小屋や，ともすれば手足を傷つけるサボテンやマゲイでできた柵。盆地の住民と共存し分かり合うことで，それらをたとえ一時的でも自分のものとすることができる。その習慣，観念，痛み，喜び，迷信，楽しみ，すなわちすべての存在をである [*ibid.*]。

ガミオは盆地でのインディオとの共存生活が，現在の盆地とその住民の姿だけではなく，その過去や心の中の様々な動きさえをも芸術家に表象させ得ると述べる。ガミオにとって，それを実践したのが前述のメキシコ人芸術家ゴイティアであった。「情念を揺さぶられるのを感じ」ながら彼が描いた盆地の風景や住民の表象は，「このメキシコの地域の，これまで知られていなかった深淵の世界を誠実に覗いたものである」という。そしてこの知られざるメキシコの深淵の世界こそ，ガミオが未来に「自分のもの」として獲得したいと切に願ったメキシコの姿，すなわち彼にとっての理想のnation像であったといえる。

写真 31〜33　テオティワカンで行われた演劇の様子

写真34 テオティワカン遺跡内の洞窟レストランでの食事会の様子／35 ガミオの作業中、テオティワカンを訪れた人々／36 テオティワカン遺跡内の博物館／37 テオティワカンへの訪問者を運んできた小型航空機

第5章 ガミオにおける nation の表象と「芸術」

写真38（上）　メキシコ市中央広場のアステカ・ダンサー／写真39（下）　メキシコ市コヨアカン広場のアステカ・ダンサー

結　語

　本研究では，人類学者マヌエル・ガミオの思想活動の中心テーマであった革命期メキシコにおける nation 形成について，彼とボアズの交流の軌跡を通して考察した。以下ではまず本研究の課題について各章の内容を整理する。次に本研究を通して明らかとなったガミオにおける人類学の位置づけを検討し，本研究の文化人類学的意義を提示する。

第1節　本研究のまとめ

　以下では，本研究の第 2 章から第 3 章において明らかにされた内容を整理する。

先行研究の概要と本研究の方法（第 2 章）
　本章では，ガミオが亡くなった 1960 年から今日に至るまでの先行研究を検討し，60 年代後半から 80 年代後半に至るまで，ガミオがほとんど評価されてこなかった背景に，メキシコ革命の成果に対する不信感，そして革命の落とし子ともいえるインディオ政策およびその担い手となってきた過去の人類学者に対する批判の高まりがあったことを明らかにした。
　他方，このようなガミオに関する先行研究の傾向には，1990 年代以降変化・多様化の兆しが見られることも明らかになった。その中でもとりわけ顕著な流れは，ガミオの存在を通して国民国家の枠組みそのものを問い直そうという試みであった。それには 90 年代に入りメキシコが経験した大きな出来事，つまり北米自由貿易協定の締結とそれに関連したサパティスタ民族解放軍の武装蜂起といった，まさに国民国家の枠組みを揺るがす事件が関係していた。90 年代から今日へと至るこのようなメキシコの社会・経済的状況と呼応する形で，米墨両国を結ぶ知的仲介者としてガミオを位置づける研究，ガミオの存在を通して歴史学，人類学，優生学，移民研究などの学術発展と国民国家形成との関

わり，およびその枠組み自体を問うものなど，ガミオに関する研究は多様に発展している。

他方，その研究蓄積はガミオの多岐にわたる活動に鑑みれば未だ十分とは言えず，その論調の多くは，ガミオの思想における統合主義的側面を強調するものである。またガミオの思想におけるボアズの影響に触れる研究も存在するものの，その多くは「教える側のボアズと教えを受ける側のガミオ」という関係を指摘するに留まっている。これらの研究はガミオとボアズが実際にメキシコ人類学の創設を試みた当時の社会・政治的文脈や，ガミオのnation像が具体的にはいかなるものであったかを明らかにはしていない。

本研究では，以上のような先行研究の問題点を踏まえつつ，ガミオのアーカイブおよびボアズとの書簡を主な分析資料とすることで，以下の3点を検討課題とすることとした。すなわち，1）ガミオによるメキシコ人類学創設の過程を革命期メキシコにおける具体的な社会・政治的文脈に沿って記述・分析する，2）ガミオのnation概念が具体的にはいかなるものであったかを明らかにする，3）ガミオのnation概念における芸術の位置づけを検証する，という3点である。

革命期メキシコの社会・政治的文脈とメキシコ人類学の組織化（第3章）

第3章では，ガミオとボアズの書簡および当時の新聞記事の分析を通して，メキシコ人類学創設の過程をガミオを取り巻く当時の社会・政治的文脈に位置づけながら考察した。それにより，1）人類学の制度化という共通目標を介してガミオとボアズが築いた相互補完的関係，2）人類学の主要理論が生成される場としてのメキシコの位置づけ，3）メキシコおよびガミオを取り巻く多層的な文脈の存在，4）ガミオとボアズの見解の相違，などが明らかになった。

ガミオとボアズの書簡を検証した結果，両者の関係はこれまで指摘されてきたような一方向的なものではなく，双方向的，あるいは相互補完的関係であったことが明らかになった。両者の出会いのきっかけは，ボアズが「南方戦略」と呼ばれる自身の研究領域拡大案を担うメキシコ人学生を求めていたことであった。この背景には，ボアズが当時の米国人類学界の主流を占めていた進化論的観点に真っ向から反論を唱えたことにより，米国人類学の中心地ワシントンから距離を置かざるを得なかったという事情があった。したがって，ボアズに

とってガミオは，既存の権力基盤の外でボアズ派人類学の普及をはかるための重要なメディアと位置づけられていた。このようなボアズの戦略は，メキシコの国際的イメージの発信を望むディアス体制との利害の一致により，1910年，メキシコ初の国際学術機関であるアメリカ考古・民族学国際学院（EIAEA）の創設として実現した。これ以降，ガミオとボアズは相互に協力し合いながらEIAEAを通して人類学の組織化と普及に取り組むこととなった。

　ガミオとボアズの相互補完的関係が寄与したのは，メキシコにおける人類学の普及だけではなかった。ボアズが短期間ながらEIAEAに関わった時期とは，その後ボアズ派人類学が普及していく上で鍵となる概念，すなわち「人種」と「文化」の概念をボアズが精製する際の極めて重要な時期に当たっていた。ボアズ自身が後年回顧しているように，同時期は彼が歴史主義的観点から文化の動態性に目を向け始める時期であり，また意識的に「文化」を複数形で用いることで自身の文化相対主義的観点を洗練させていく時期でもあった。このことは，当時のメキシコが，その後の米国人類学のあり方を方向づける概念や理論が生成される前哨線であったことを示している。加えてそれは，これまでガミオについてしばしば言われてきた，「ボアズのもとで学んだにもかかわらずその文化相対主義的観点を吸収しなかった」といった批判が必ずしもあてはまらないことも示している。なぜなら，ガミオにとってモデルとなったボアズの観点自体が未完成なものであり，文化相対主義的観点はその後米墨両国において異なった発展を遂げる余地を多分に持っていたからである。

　一方で，両者の書簡からは，2人の相互補完的関係が成立したところの，米，墨，そしてヨーロッパをも含んだ多層的な文脈がうかがわれる。それを顕著に示すのは，ボアズがガミオに熱心に勧めたメキシコでのフォークロア研究であった。ボアズにとってメキシコにおけるフォークロア研究は以下の2点において大きな意義を持っていた。第一に，それが進化論的観点への反証の根拠となるデータ収集を可能とする点において，第二に，ワシントンから離れたボアズの研究の基盤であったアメリカ民俗学協会の活動を充実させ得る点においてであった。ボアズがこうした点にフォークロア研究の意義を見出したことは，当時のメキシコ，および米墨両国を結ぶ仲介者としてのガミオが置かれていた，極めて複雑で多層的な文脈を明示している。

　すなわちそこにはまず，統治者（革命政府）および，人類学を国家統治の学

結　語

として位置づけるガミオら研究者と，統治・研究の対象となるメキシコ住民，とりわけインディオとの不平等な関係が見出される。またその外側には，独立後も継続的にメキシコに経済的・文化的影響を与え続けるヨーロッパの存在，そして米墨戦争，米西戦争を経て，メキシコにとって最大の対外的脅威であると同時に近代化のモデルとなった米国の存在があった。とりわけ米国が経済的覇者として存在感を増しつつあった19世紀末から20世紀初頭にかけては，同国が人類学をはじめとする文化・学術分野の制度化をはかりつつあった時期でもあった。ボアズがドイツから米国へ渡り，学問体系としての人類学の確立をはかったこと，さらにはガミオがボアズのもとで人類学教育を受けたこともこのような変化の恩恵を受けたためであった。しかしこの変化は同時に，ヨーロッパ（とりわけイギリス）との関係において米国が直面していた文化的支配の構図，そしてその中で米国自身が文化的アイデンティティを模索する過程の中に，メキシコが投入されることをも意味した。メキシコはこれにより，旧大陸と新大陸，米国とラテンアメリカをめぐる様々な視線が交差・反射しあう場となった。すなわちメキシコは，米国が近代化・産業化の過程で消失しつつある「米国的なるもの」に対するノスタルジーを充足させ得る場として特殊化される一方で，旧大陸との差異化をはかる必要性から米国によってあたかも自国の一部であるかのように扱われた。

　メキシコ革命勃発の要因の一つともなった以上のような多層的な支配の構図は，ボアズのEIAEAでの活動継続を不可能とすると共に，ガミオとボアズとの間に存在する以下のような見解の相違をも顕在化させることとなった。

　その一つは，革命と第一次大戦の勃発を受け財政的困難に直面したボアズが，EIAEAの遺物コレクションを参加国で分配しようとしたことに端を発する。特定の国家領土内から発掘された遺物であっても，学術の進歩のためにはそれを一国が占有するのではなく，国際的に共有すべきとするボアズと，それらの流出を拒むメキシコ側とが対立した。ここでのガミオの立場は，ボアズに協力しながらも，メキシコ政府がコレクションを買い取る意志があることを伝えるなど，最終的には遺跡・遺物の流出を防ごうとするものであった。そこには，列強による経済的支配の経験から，国家領土内に存在するものはたとえ遺物であってもその蹂躙を許さないというメキシコ側の抵抗と，米墨を仲介しながらもそれらの遺物は外国人ではなくメキシコ側のコントロール下にあるとするガミ

オの主張が示されていた。

　またもう一つは，米墨関係の緊張を背景に顕在化した internationalism に関する両者の見解の相違であった。ボアズは，論文「スパイとしての科学者」を通して科学を国益重視政策に利用する研究者を痛烈に批判しながら，internationalism が nationalism に先行されるべきと主張した。一方ガミオは internationalism を，未だ確固とした nation を形成していないメキシコにとっての脅威とみなした。ガミオにとって internationalism とは nation が創出された後に考慮されるべきものであり，その逆ではありえなかった。そこには，ラテンアメリカと米国との違いを全く考慮しない米国側の論理の押しつけに対するガミオの強固な抵抗が示されていた。

　以上のようなガミオとボアズの見解の相違とは，そもそもすでにガミオによる人類学局の創設に明白に現れていたといえる。この時期ボアズはガミオに対し，EIAEA 再開に向けてその国際性およびそれが貢献する普遍科学の向上という意義を各界で訴えてくれるよう頼んでいるが，ガミオはこれを受けメキシコ政府との仲介に奔走する一方で，ボアズとは大きく異なる人類学普及の道を模索していた。すなわち 1917 年の農業・勧業省内における人類学局の創設であった。それは人類学を「政府がその役割をより良く遂行するための知」として位置づけ，設立の目的をメキシコ内の多様な住民の実態的把握，さらにはそれが他国とは異質であることを内外に発信し，住民の実情に即した具体的向上策を精製・実践することに置いていた。すなわち，ガミオによる人類学局とボアズによる EIAEA 創設の目的とは以下の点において異なるものであった。人類学局とは，ボアズが目指す国際的学術発展というよりは，人類学をメキシコという一国内の住民統治の学と位置づけるものであった。またそれは普遍科学そのものの向上だけでなく，その応用を通してメキシコ内の住民の生活向上を目指すものであった。さらに EIAEA 創設の目的が他者としてのメキシコ文化を研究することであったのに対し，ガミオが人類学局を通じて目指したのは，何よりもメキシコ内の住民がメキシコ人としての自己を確立し，領土の主体となることであった。そこには，ヨーロッパと米国の文化的アイデンティティ確立のために，時には絶対的他者として，また時には自己の周縁部分として位置づけられてきたメキシコを，人類学の実践を通して確固とした主体に編成し直そうと模索するガミオの姿勢が見て取れる。

結　語

以上のようなガミオの姿勢からは，彼がボアズと相互補完的関係を保ちながらも，人類学普及の目的およびその拠点，そして nation の捉え方において見解を異にしていたことが明らかとなった。それは，多国籍の研究者から成る国際学術機関の創設を通して nation の枠組みを排した普遍科学の向上を目指すボアズと，それに加え人類学を「国家統治の学」として確立しようとするガミオとの違いであった。

ガミオにおける nation 概念（第4章）

本章では，ガミオとボアズの刊行論文およびアーカイブにおける記述を比較検討し，両者の nation 概念にはいかなる違いが存在し，またそのような違いが生じる要因とは何だったのかを考察した。それにより，両者における nation がその定義や枠組み，境界の捉え方において異なっていることを指摘すると共に，両者が nation を定義する上で，「人種」と「文化」という2つの概念を重視する点では共通するものの，その用法は大きく異なっていることを明らかにした。

ボアズの定義において nation とは，まず第一に政治単位としての国家＝state を指し，次に nationality に属するとされる成員を意味した。しかしここでボアズが問題とするのは，nation の副次的な意味とされる nationality が血統や言語による紐帯と同一視され，それらを共有しない人々に対する差別を産み出しうることにあった。ボアズにとって nationality とは，個々人が nation 内での生活を通し自然に身につける感情や習慣の総体を指し，他者から強要されたり，他者と異なるからといって差別の根拠とされるべきものでは決してなかった。ボアズにとって nation とは，個々人がそれに対する能動的働きかけにより，その知的自由や生活向上の達成を可能とするべき枠組みであった。

一方ガミオにとって nation とは，その人種・民族的に分断された状況から現在のメキシコには「不在」であり，未来に向けて創出されるべきものであった。このようなガミオが現在のメキシコの状況と未来に獲得すべき nation とを介在させるものとして提示するのが patria（祖国・郷土）の概念であった。ガミオにとって patria とは，人種，文化，言語，歴史の共有・融合により獲得される成員間のつながり，すなわち nationality により創造されるものであり，ガミオはその生成をメキシコ内の住民が果たすべき義務であるとした。またガミオの patria-nation とは，単なる枠組みというよりは，メキシコという土地や風土と

一体化した，まさに郷土と呼び得るものであり，その内部に存在する相互に多様な成員が，血縁や地縁により強固に結びついた小さな patria をモデルとしながら，徐々に融合をはかることにより獲得されるものであった。

このようなボアズとガミオにおける nation モデルの違いを顕著に示すのが，nation の境界に関する見解であった。ボアズにとってそれは，自・他集団の区別による差別や抗争の要因となり得るものであり，その撤廃，あるいはその地球規模への拡大は，その区別自体が消失するという利点をもたらし得た。またボアズにとって理想の nation 像とは，個々人がその差異や個性を保持しながら，あるいはそれによって相互に刺激を受けつつゆるやかに統合された状態であり，したがって internationalism とは，このような望ましき方向性への第一歩であった。

他方，ガミオにとってはそのような普遍的基準の設定こそが，未だ独自の内的個性を確立し得ないメキシコにとっての脅威であり，その境界は創出途上にある nation を防御するための砦であった。ただしガミオの nation の境界をめぐる主張には，internationalism を脅威とみなす考えとは裏腹に，international なレベルでのメキシコの「認知」を希求するという欲求が含まれていた。

以上のように，ボアズとガミオは nation を極めて異なる形で定義したが，両者がその際共通して注目したのが「人種」と「文化」の概念であった。ただし，2人の問題意識と用法は大きく異なっていた。

ボアズにおける文化の概念とは，当時の欧米の人類学者が「人間の心的同一性」を前提に，各文化の歴史や地理的違いを考慮することなく導き出す単線的進化の枠組みを批判する中から生まれたものであった。ボアズは綿密なフィールド調査に基づくデータ収集を通して，文化とはそれぞれが置かれた環境や歴史的要素が絡みあい収斂することで多系的に生じる極めて複雑なものであると論じた。

またボアズにおいて人種の概念とは，ユダヤ系ドイツ人としての自身の経験を背景に，人間の形質的違いから安易に心性の違いや優劣を論じること，すなわち人種と文化とを混同することに対する批判から生まれたものであった。このようなボアズによる文化と人種の概念化は，欧米の人種主義的な思想潮流の影響のもとで劣等意識に苛まれてきたガミオらラテンアメリカの知識人に多大な影響を与えた。

結　語

ただしガミオは，ボアズの概念をそのままメキシコに応用したわけではなかった。ガミオにおいて文化は「二重基準」と呼びうる二つの意味を持っていた。すなわちそれは，対外的には「近代人類学における文化」として，ヨーロッパとは異なる故にメキシコを劣位に置いた基準自体を無化する知的武器であった。他方対内的には，メキシコが人種・文化的に多様な要素を保持していることが，ヨーロッパでいうところの洗練された「文化」を創造できない要因であるとした。すなわちガミオにおいて「文化」は，ヨーロッパに対峙する際とメキシコ内の多様な要素に対峙する際とでそれぞれ使い分けがなされていた。

またボアズの人種概念は，ガミオがインディオに付与された劣性を払拭し，それが環境や教育の不足によるものであることを科学的に実証する際の有力な根拠となると共に，以下の2つの見解へと結びついた。すなわちガミオは，ボアズの議論をさらに展開させ，環境や教育を「操作」することで，多様な住民をメキシコ独自の文化・文明を保持する集団，すなわち「メキシコ国民」へと変容させることも可能であるとした。さらにガミオは，多様なメキシコ住民を実態的に把握するためには，まずは形質的特徴に依拠した国民識別概念としての人種が有効であるとしながら，住民を「白人」「インディオ」「メスティソ」として区分した。

以上のようなガミオとボアズの概念の比較分析からは，両者における nation 概念がその枠組みや境界の捉え方において大きく異なることが明らかとなった。またそこには，ガミオがボアズの人種・文化の概念をメキシコにおける nation 形成という自身の問題意識に照らし合わせながら修正・再構築していく過程が明らかとなった。

ガミオにおける nation と芸術（第5章）

本章では，ガミオのアーカイブおよび論文著作の分析から彼の思想と実践の双方における芸術の位置づけを考察し，彼の nation 概念の形成において芸術がいかなる役割を果たし，またそれらが実際の活動においてどのように用いられていたかを見た。それにより，ガミオにおいて nation 形成と芸術とが，1）メキシコを劣位に置く西洋の基準を無効にすること，2）メキシコに nationality を醸成すること，3）メキシコを殖産化すること，という3点において結びついていたことが明らかとなった。

ガミオにおいて芸術とはまず第一に，メキシコが西洋との比較で劣位とみなされてきた現状を，その基準そのものを無効とすることで覆すための媒体であった。その際ガミオは先スペイン期に始まるメキシコの芸術興隆史を提示しながら，それが「開花しては枯渇し，再び開花する」という，単線的進化の論理では捉えきれないロジックを持つことを強調した。

第二にガミオにとって芸術は，メキシコ人が共有すべき nationality を醸成するための媒体であった。芸術とはメキシコの環境や人種・民族的特徴を最も反映する物的対象であり，その志向や生産体系を共有することは，メキシコ人が nationality を醸成し得るか否かをはかる指標であった。ただしガミオにおいて芸術を通しての nationality の醸成とは，メキシコの歴史的背景を反映し以下の2点と密接に結びついていた。まず第一に，それは住民がいかにメキシコ独自の歴史を共有するかという問題と関わっていた。ガミオにとって，ボアズと共に行った考古学的調査は，メキシコの歴史的起点が植民地化の遥か以前に遡る先スペイン期にあることを具体的な物的証拠と共に実証する営みであった。他方，先スペイン期の遺跡・遺物をメキシコの歴史として掲げることと，現在のメキシコの人々がそれらを自身の文化として感受することとは別の次元に属する問題であった。ガミオはこの問題をメキシコの人々が遺跡・遺物を目にすることで「美的情念」を喚起され得るか否かというテーマに置き換えながら論じた。他方それは，メキシコの歴史的起点である先スペイン期を自己の歴史として感受したいと望みながら，自身が否定する西洋の美的規範なしにはそれさえも不可能であるというガミオの引き裂かれた心情を明らかにした。したがってガミオの先スペイン期芸術をめぐる議論は，既存の物質文化からメキシコ的な美的情念を喚起することの困難さを露呈すると共に，そうであるならば，そのような情念の喚起を可能とする芸術形態を新たに創出すべきであるという発想へと結びついた。それが次に述べる，国民芸術の創造を通しての nationality の醸成であった。

ガミオは，新生メキシコの担い手となるべきインディオとメスティソが美的志向を融合させることが，「国民芸術」の創出，さらにはそれが可能とする nationality の醸成にとって不可欠であると主張した。ガミオはメキシコ人芸術家を国民芸術創造の牽引者として位置づけ，植民地化以降インディオの芸術とスペインの芸術とが相互に浸透しあうことで生まれた芸術産業（＝「進化的統

合」による芸術）を芸術家達が近代的志向や用途に合わせて体系化し，真の国民芸術へと再創造することを求めた。他方ガミオは，進化的統合による芸術は完全に排除されるわけではなく，国民芸術が創造されるまでの過渡期にあっては，メキシコの殖産化にとって体系化されていない自然発生的な芸術がより相応しいことを提示した。

　ガミオにとってメキシコが進むべき殖産化の方向性とは，西洋の模倣ではない，人々の生活に根ざした「典型的国民産業」，すなわち進化的統合による芸術産業を生かしつつ，それを徐々に外国産業と融合させることで，「真の国民産業」へと転換させるというものであった。一方ガミオは，海外，とりわけ米国におけるインディオ芸術に対する需要の高さを考慮すれば，自然発生的な芸術こそメキシコの殖産化の要となると訴えた。すなわち，ガミオの芸術創造に対する見解とは，対外的にはメキシコの「典型的なるもの」を表象しつつ，国内ではその典型性を徐々に「国民的なるもの」へと変化させていくという二重の構造を成していた。

　また，ガミオの実践活動における芸術の位置づけについては，ガミオによるメキシコ人芸術家，米国知識人，メキシコ農村地域のインディオという三者に向けた提言を比較・分析した。それにより，ガミオにおいてはこれら三者が，「芸術の体系化と牽引を担う者＝芸術家および人類学者」，「芸術の購買者・認知者＝米国知識人」，「芸術を生産し用いる者＝地域のインディオ住民」に相当し，それぞれに対し nation 形成という問題意識に即してガミオが「芸術」を多義的に用いていることが明らかとなった。

　メキシコ人芸術家に対して行った「国民芸術」創造の提言において，ガミオはヨーロッパのアカデミーの影響を強く受けたメキシコ人芸術家が，メキシコ内の諸要素に対する偏見を払拭し，「我々」の観念を反映させた国民芸術の創造に参与することを求めた。それは国内の多様な地理的・歴史的・人種的・民俗的側面を反映した独自性を持ちながら，国外の鑑賞者にも美的情念を喚起しうる普遍性をも備えたものでなければならなかった。またガミオはメキシコ人芸術家が実際に国民芸術を創造する際の具体的方策として，インディオの人種的・民俗的諸側面を学ぶべきことを提唱すると同時に，インディオの芸術形態を現代の用途や志向に合わせながら，美化・洗練化する「適合」を行うべきことを提案した。

一方米国知識人に対して行ったインディオ芸術の宣伝においてガミオは，インディオが社会・経済的には現在最下層にありながら，メキシコの偉大なる歴史を受け継いだ芸術の創造者であるという点において，白人の遥か上位にあることを強調した。ここでガミオはインディオ芸術の優秀性をその継続性に求めるが，一方でそれらが消滅しつつあることを強調することでその希少性を高めた。ただしそこには，インディオ芸術をメキシコの独自性の象徴として訴える一方で，人類学局を通してその消失・変容を積極的に奨励していることをアピールするというガミオの矛盾あるいは二重性が明らかとなった。

　このようなガミオにおける芸術創造の二重性が最も反映されたのは，インディオを対象とするテオティワカン盆地での人類学局による芸術奨励活動であった。ガミオにとって同地域の芸術奨励活動は，インディオの生活向上とインディオの「過去の回復」という2つの目的を持っていた。人類学局が住民の生活向上のために奨励した芸術活動は，インディオが海外の研究者の絶賛を集める遺跡や遺物を創造したその祖先と同じ行為に携わることで，彼らが対外的にも表象可能な偉大なる過去を「回復する」ことを目指していた。と同時にそれは，メキシコの殖産化を促し，インディオを近代的生活に統合することを目的とするものであった。ただしガミオの活動の特徴は，これら2つの目的を一つの一貫した実践として行ったことであった。ガミオが提唱する「総合的研究法」を介した芸術奨励活動は，今生きているインディオと過去のインディオとを継続的に把握し，それらを「覚醒」という用語により結びつけるものであった。ガミオにとって，芸術奨励活動を通し現在のインディオの生活向上をはかるという行為と，過去の遺跡・遺物の価値上昇をはかるという行為は，この「覚醒」という概念により，nation形成という一貫性を持ったプロジェクトの一部を成し得た。そしてインディオが覚醒を果たすまでの間，すなわちガミオの活動により近代的メキシコのnationに相応しい住民へと変貌するまでの間，彼らが「典型的なるもの」の表象としてメキシコの殖産化に貢献するかたわら，未来にインディオが示すであろう理想のnationの姿をメキシコ人芸術家が表象し発信することをガミオは求めた。

　以上のことからは，ガミオにとって芸術とはメキシコがnationを形成しうるか否かをはかる指標であり，その表象機能，美的情念を喚起する機能により，nationに形を与え，またその内部を「メキシコ的情念」で満たし得るものであ

ったことがわかる。またガミオにとって芸術は，その創出を担う主体や方法において，nation 形成と同じ原理を有していた。すなわちそれがインディオとメスティソ（中間層）の融合である。芸術の創造と nation の創造とは，西洋の影響に屈することなく，独自の個性を確立し，またそれに対する感性を共有・融合するという意味において，ガミオにとってはほぼ同義であり，また相互に連関しあうものであった。

　以上のようなガミオにおける nation 形成をめぐる多様な活動を，第1章で引用した A. D. スミスの議論に従えば以下のように説明することができる。すなわちガミオの活動とは，スミスが述べるところの「新しい聖職者＝人類学者」であるガミオが「新しい想像力＝人類学」を用いて，インディオを含むメキシコ住民を動員・包摂しつつ行った「政治的主張」であったといえる。それは，nation の観念を全く持たない小さな patria に留まる人々に対し，メキシコ領土という大きな Patria の境界と先スペイン期という歴史的起点を提示することで，空間と暦上の時間を持つ単位，すなわち「メキシコ人」としての意味を付与するものであった。その際ガミオが行った遺跡・遺物をめぐる議論や internationalism に関する議論とは，スミスが述べるところの「自給自足と領土化」の行為であったとみなすことができる。スミスによればそれは，土地や遺跡の文化的占有を通して nation の経済的・政治的自立をはかり，「故郷の地」の観念創出をめざす様式の一つであった。

　ただしガミオの活動が，ヨーロッパにおける nation 形成を主な分析対象とするスミスの理論では説明しつくせない困難を孕んでいたことにも留意しなければならない。その困難とはまさに，メキシコがヨーロッパによる植民地化の経験により，多様な人種・民族的諸要素を保持していることに由来していた。ガミオは，エトニ，すなわちエスニックな土台を nation へと変貌させるのみならず，エトニそのものをまずは創造しなければならないという課題に直面していた。その際ガミオが行った人種や文化の概念の修正・解釈は，そのような操作なしには nation どころか，その土台となるエトニそのものさえも獲得できないというメキシコの歴史的宿命を反映したものであったといえる。したがって，19 世紀末から 20 世紀初めにかけての列強の拡張主義を目の当たりにしたガミオが，芸術を用いながらメキシコ住民に情緒的紐帯を求める様相は，スミスが述べる「ロマンチックな想像性」という言葉では必ずしも汲み取れない切実さ

を孕んだものでもあった。

　他方，ガミオがヨーロッパの模倣ではない独自のメキシコ像を模索しながらも，人種・文化・言語・歴史の共有による均質的 nation の創造を求める様相からは，当時の非西洋諸国が依拠せざるを得なかった，ヨーロッパにおける nation 形成モデルの強制力をうかがうことができる。さらに，このような強制力の下にあったガミオが人種・文化の概念を操作したことは，第 1 章で引用した酒井直樹が述べるところの，植民地主義と反植民地主義の関係を想起させる (p. 6 参照)。ガミオらメキシコの知識人による混血化の奨励，およびそれにより目指されたメキシコ独自の国民国家建設は，ヨーロッパがメキシコに付与してきた人種・文化的範疇を逆手にとりつつ，その内面化を通して行われたメキシコ国民としての主体化の営みであったといえる。

　一方，ガミオを取り巻く多層的文脈が示すように，植民地主義が押しつける範疇自体が必ずしも一面的，あるいは一貫したものではない以上，そこで目指されたメキシコ国民という主体，さらにそこでの抵抗の行為も相互に矛盾を含んだものとならざるを得ない。メキシコに文化・人種的劣性を付与する一方でその土着的エキゾティズムを称揚するという，欧米のメキシコに対する矛盾した視線に対して，ガミオは芸術を多義的に用い，対外的には典型性を表象しながら対内的にはその消去をはかるという戦術を用いつつ対抗している。このようなガミオの芸術の使い分け，あるいは芸術創造の二重構造は，次元や規模を変えながら際限なく生み出され得る植民地的状況の存在をも示唆するものである。ガミオは international な次元において，文化の概念を用いることで西洋の視線に抵抗したが，national な次元においては，反発したはずの西洋の視線そのものを用いることで国内の多元的状況を批判した。ガミオにおける nation 概念の形成とは，植民地主義が押しつける範疇が際限なく新たな植民地的状況を創出していく様相，およびその中に置かれた諸個人が，一貫した整合性ある主体の確立を模索する過程において抱えざるを得ない様々な矛盾と葛藤をも反映したものであった。

結　語

第2節　ガミオにおける人類学と nation 形成

　最後に本研究の結びとして，ガミオがこの時期人類学を通して行おうとしたことは何であったのか，そしてそのような彼の思想活動を研究することの文化人類学的意義とは何なのかについて述べる。

　この時期のガミオの思想を貫く問題意識とは，まず第一に，メキシコの人種・文化的差異をいかに表象し，またそれを表象する権利をいかに獲得するかということにあったと思われる。

　ヨーロッパ，そして米国の圧倒的影響下にあったメキシコにおいて，ガミオが一貫して主張したのは，メキシコが欧米とは異なった存在であり，欧米の論理をそのまま押しつけても決して機能しないということであった。ガミオにおいて人類学とは，メキシコの特殊な人種／民族的構成や文化のあり方が欧米の普遍モデルでは理解しきれないことを示すことで，その同化に抗するための武器であった。

　また一方で，ガミオの活動をボアズら欧米の人類学者との関わりから眺めれば，彼の問題意識とは，欧米との差異を示すことに加え，その差異を発信する権利がガミオらメキシコの側に属することを示すことにもあったといえる。差異の表象にかかわる二つの行為は，考古学やフォークロアなどのメキシコ研究が置かれていた当時の状況に鑑みれば決して同じことではなかった。ガミオにとって「メキシコとメキシコ人」を規定する上で核となるこれらの研究分野を世界的なものにしていたのは，メキシコ人ではなく欧米の研究者であった。

　ガミオがボアズによるメキシコ研究を支援したように，彼は国際的知識人によってメキシコ研究が深化することは，メキシコが国際社会で独自の存在として認知される上でも重要であると考えていた。しかし，その独自性を決定し表明する主体はメキシコ人であることを明示しようとしてもいた。自身が国際的知識人であったガミオにとって，人類学とはメキシコと諸外国を結びつけ，メキシコの独自性の尊重を要求する際の重要な媒体であった。

　しかし国外の他者に対し，メキシコの独自性を尊重すべきことを訴える一方で，ガミオはメキシコ内の人種・文化的多様性に対しては，その存在を認知はしながらも，それが国内の差異として存在し続けることを必ずしも容認してい

るとはいえない。ガミオにおける矛盾とは，欧米に対して彼が求める権利を，自国内の他者に対して同じようには認めなかったことにあった。このような彼の矛盾は，ガミオが人類学を通して行おうとしたもう一つのことと関係している。すなわちそれはメキシコ内の差異を均質化し，欧米の支配に屈することのない確固としたnationを形成することであった。

　このような問題意識を抱えるガミオにとって，人類学とはnation形成を支える概念の錬磨やnation内の諸要素の把握に重要な視点を提供するものであった。とりわけガミオのnation形成にとって重要だったのが，ボアズの人種と文化の概念であった。

　ボアズの人種の概念は，インディオを含めた住民全てが国家の発展プロジェクトに参与しうる能力を持つという前提を科学的論拠をもって提示した。それまでのメキシコにおいては，インディオを国家形成の外に据え置くことが進化的法則の帰結として正統とみなされていたことに鑑みれば，これはメキシコ人類学にとって画期的な概念であった。

　他方，ガミオはそれまでの血縁や地縁に基づく，ガミオが呼ぶところの「小さなpatria」の中に閉鎖的に居住してきた無数の集団が，突然その境界を廃棄し，国家を外枠とした大きなPatriaの形成に参与・融合しうるとは考えていなかった。ガミオにとってその際の最も大きな障害とは，これらの集団が相互に極めて異質なだけでなく，お互いについて無知であったり，偏見をもってしか認識し合っていないことであった。

　したがって，メキシコ内の差異を均質化するというガミオの考えは，そのゴールであるメキシコの「融合」にいたるまでに，踏まえるべき諸段階を設定していた点に特徴があった。それはまず，メキシコ内の多様な住民の実態を人類学を通して把握し，偏見や表層的理解によるのではなく，科学的論拠に基づいて違いを明らかにすること，また施政者や住民にその違いを知らしめると共に，それぞれに見合った政策を吟味し実践することであった。

　以上のようなガミオにおける段階的実践は，当時のメキシコにおいては極めて異質な考え方であり，そこには社会を捉える上で単一の論理ではなく多様な論理があり得ること，また個々の実情に見合った政策が実践されなければならないという彼の主張が貫通していた。以上の意味からすれば，ガミオの思想とは，融合へと至るある一定の段階までは，メキシコの多様性を尊重した極めて

多元的なものであったといえる。

　また，ボアズにおける文化現象の歴史主義的捉え方とその多系的発展の想定は，ガミオにインディオを捉える際の新たな視点を提供した。それは，西洋との比較において，歴史を持たない，あるいは歴史の浅い未開の集団とみなされてきた人々に固有の歴史を回復させると共に，すべての人々が必ずしも西洋近代社会と同じ道程を辿って未来に至るわけではないということ，つまり進歩・発展の多様な有り様を示唆する思想であった。その際ガミオが西洋の模倣ではないメキシコ独自の発展のあり方を描くために動員したのが芸術であった。芸術は，メキシコ内に居住する多種多様な人々を結びつけ，さらには彼らの過去と現在そして未来をも結びつけることで，ガミオのnation像の青写真を視覚化・立体化させうる特殊な道具であった。

　以上のようなガミオの思想活動を研究することの文化人類学的意義とは，一つにはそれがnation形成において，その内部に生きる人々の文化を考慮することがいかに重要であるかを示している点，またもう一つには，その考慮の仕方が決して単一ではなく，極めて多様であることを示している点にあると思われる。

　最初の点について述べる際に，ガミオにおける文化と芸術の概念の使用について確認しておく必要がある。これまでの議論においては，「芸術」の概念について特に述べてはこなかった。しかし本研究全体を通して，ガミオにおける「芸術」とは，現在文化人類学で用いるところの「文化」の概念に極めて近いものであることが明らかとなった。

　先行研究において，ガミオにおける2つの概念の関係は，ガミオがインディオの「文化」をひとまとまりのものとして捉えていなかったことの証左として提示されてきた。本研究を通して明らかとなったのは，メキシコの革命期が人類学における（現在の意味での）文化概念の生成途上の時期であり，ガミオはまさにそのような過渡的状況を生きていたということであった。

　一方，ガミオにおける芸術とは，極めて広い意味を持つが，その中核をなす部分はむしろ現在文化人類学で用いるところの文化の概念と重なるところが多い。すなわちそれは，個人ではなくnation内の全ての成員が共有すべき集合的アイデンティティに関わるものであり，またnationの内と外とを区別するための指標でもあった。

ガミオにおける芸術を文化として捉え直してみれば，ガミオと芸術との関わりとは，まさに近代国民国家の形成において，「文化」がいかに動員され，またそれがいかなる困難を伴うものであったかを如実に示すものであった。

　ガミオにおける芸術への取り組みは，多種多様なメキシコ内の人々が相互に情緒的つながりを見出し，メキシコの歴史的主体となることを目指すものであった。またさらにそれは，彼が切に願う，メキシコの nation としての認知を目指すための道具でもあった。ガミオを取り巻く多層的文脈の最も底辺に位置するインディオの芸術は，一方でその最も上部，あるいは外側にある，欧米人の視線にアクセスし得るという両義性を持つものであった。

　以上のように本研究を総括した上で，ガミオの思想活動を再び眺めれば，彼の限界とは以下のような点にあったといえる。すなわちガミオにおける文化相対主義的観点は，確固たる nation の形成という彼の至上目標の前には機能しなかった。またそこへ至る段階に見られる彼の多元主義的観点にしても，その多元性の構成要素が，効率的な国家政策の実践に不可欠な「国民」分類の識別単位，すなわち「インディオ」「白人」「メスティソ」という人種区分の域を出るものではなかったという点で限界を持っていた。ガミオの人類学の実践およびそこでの芸術奨励活動とは，それまで周縁に置かれ不可視の状態にあった人々を，彼にとっての「国民」の構成要素である3つのカテゴリーに振り分けることにより，身体と文化の両側面にわたり国民として可視化しようとするものであった。このようなガミオにおける人種・文化の概念の使用，およびそれがボアズとは異なったものへと転じていく様相は，nation 創出の，またそのための文化概念の動員の多様なあり方を示すものであるといえる。

　一方で，このような限界を持つガミオの思想活動は現在の文化人類学にどのような影響を及ぼしたであろうか。前述の文化変容の定義を行った米国人類学者 R. レッドフィールドは，ガミオとの出会いをきっかけに人類学に転向し，メキシコ研究に従事した人物であるが，彼はガミオの活動成果の一つを示唆する文章を残している。彼は1930年代に米国内のアメリカ・インディアンの研究からラテンアメリカにおけるインディオ研究に目を向け始めた米国人類学者の「発見」について以下のように述べている。

　　米国人が現地調査を実施するためにラテンアメリカにやってきた時，彼ら

はそれまでのように,社会を同価値の別々の標本として,並列的に整理することが不適当であるのに気付いた。彼らは今までとは異なった資料整理を急速に発展させなければならなかった。ラテンアメリカではインディオの生活とスペイン人あるいはポルトガル人の生活とは,相互影響の長い歴史を持っていた。人類学者はそこですばやく米国内の異なった諸部族,あるいは諸副部族とは何か異なったものを発見した。種々の民族が,さまざまな仕方と程度で,町や都市の生活と結合していたのをラテンアメリカで発見したのである。抽象的な,概念的なモデルに裏切られてしまったかのように,人類学者はほとんど興奮にも似た気持ちで,自分たちの新しい責務を喚起し,ラテンアメリカの資料が要求する,従来とは非常に異なった種類の資料整理を用意し始めた [レッドフィールド 1978：26]。

　レッドフィールドが述べる「米国人類学者の発見」の瞬間とは,同時に,ガミオが一貫して主張してきた米国とメキシコとの違いが米国人類学者にようやく認知された瞬間でもあったといえる。またそれは,米国人類学とメキシコ人類学が相互に交差しつつ発展していったことをも示している。レッドフィールドは,メキシコで得た知見をもとに文化変容を概念化すると共に,「民俗＝都市の連続体」(フォーク＝アーバン・コンティニウム)の概念を生成した。これらの概念は 1970 年代以降,メキシコにおけるインディオ政策の主導者となる人類学者アギレ・ベルトランが「地域統合理論」を生成し,独自の文化変容の定義を提唱する際のヒントとなった [Aguirre Beltran 1957：19-20]。アギレ・ベルトランがボアズの弟子ハースコビッツのもとで人類学を学んだことも合わせて考えれば,ガミオとボアズの交流の軌跡は,その後も米墨両国の人類学の発展に影響を与え続けていったといえる。

　一方で,様々な限界を持つガミオの思想活動から我々が学ぶべきことも多分に残されていると思われる。ガミオとボアズが共に人類学の制度化に臨んだ時代は,グローバリゼーションが席巻する今日の状況と多くの類似点を持つ。米国とメキシコを行き来し,両国の交流を促進させる一方で,ボアズのように地球規模での普遍文化を求める方向には向かわず,あくまで自国の個性を確立し発信しようとしたガミオの態度は,全人類がその参与を余儀なくされるかに見えるグローバリゼーションの内部に存在しつづける様々な生のあり様を再認識

させる。グローバリゼーション（ガミオにおいては internationalization）の利点は見据えながらも，まずは patria-nation の成員の結びつきと独自性の発信を求めたガミオの思想と実践，およびそこに見られる様々な矛盾そのものにも，再考すべき多くのものが未だ残されていると思われる。

引用参考文献

■外国語文献

Aguayo Quezada, Sergio (2000) *El Almanaque Mexicano*, México, D. F.: Editorial Grijalbo

Aguirre Beltrán, Gonzalo

(1969) "Las característica de las culturas indígenas," en Zea, Leopoldo, Arturo Warman, Gonzalo Aguirre Beltrán, et. al., *Características de la cultura nacional*, México, D. F.: Universidad Nacional Autónoma de México, pp. 33-56

(1984) "Cultura regional y cultura popular," en *La cultura nacional* (Coloquio sobre cultura nacional), México, D. F.: Universidad Nacional Autónoma de México, pp. 33-39

(1957) *Obra Antropológica VI: El proceso de aculturación y el cambio socio-cultural en México*, Universidad Veracruzana, INI

Alanis Enciso, Fernando Saúl (2003) "Manuel Gamio : El inicio de las investigaciones sobre la inmigración mexicana a Estados Unidos," *Historia Mexicana*, 52 (4), pp. 979-1019

Alonso, Ana Maria (1994) "The Politics of Space, Time and Substance : State Formation, Nationalism, and Ethnicity," *Annual Review of Anthropology*, 23, pp. 379-405

Alvarez, Ruth M. & Thomas F. Walsh (eds.) (1993) *Uncollected Early Prose of Katherine Anne Porter*, Austin : University of Texas Press

Anna, Timothy E. (1996) "Inventing Mexico : Provincehood and Nationhood After Independence," *Bulletin of Latin American Research*, 15 (1), pp. 7-17

Antíguo Colegio de San Ildefonso (2002) *Descubridores del Pasado en Mesoamérica (folleto)*, México, D. F.: Universidad Nacional Autónoma de México, Consejo Nacional para la Cultura y las Artes, INAH

Arraiga, Victor A. (1994) "México y los inicios del movimiento panamericano, 1889-1890," en Blancarte, Roberto (ed.) *Cultura e identidad nacional*, México, D. F.: Consejo Nacional para la cultura y las Artes

Azuela, Alicia (1987) "Educación artística y nacionalismo (1924-1934)," en *El nacionalismo y arte mexicano* (IX Coloquio de historia de arte), México, D. F.: Universidad Nacional Autónoma de México

Báez-Jorge, Félix

(1978) " Aculturación e integración intercultural : un momento histórico del indigenismo mexicano,"en *INI 30 años después-revisión crítica*, México, D. F.: México Indígena, Instituto Nacional Indigenista, pp. 290-299

Bailey, D. M. (1978) "Revisionism and the recent historiography of the Mexican Revolution," *Hispanic American Historical Review*, 58 (1)

Banton, Michael (1977) *The Idea of Race*, Cambridge : Tavistock Publication

Beltrán, Alberto (1980) "El arte popular Mexicano es una expresión colectiva," *América Latina*, No.9,

pp. 112-119
Bernal, Ignacio (1980) *The Mexican National Museum of Anthropology*, Panorama Editorial
Bethell, Leslie (ed.)
  (1995) *The Cambridge History of Latin America, Vol. 11, Bibliographical Essays*, Cambridge : Cambridge University Press
  (1986) *The Cambridge History of Latin America, Vol. 5, C.1870-1930*, Cambridge : Cambridge University Press
Blancarte, Roberto (1994) *Cultura e identidad nacional*, México, D. F. : Consejo Nacional para la Cultura y las Artes
Boas, Franz
  (1912) "International School of American Archaeology and Ethnology in Mexico," *American Anthropologist*, Vol.14
  (1919) "Scientists as Spies," *The Nation*, 109 (2842), pp. 797
  (1936) "Discussion and Correspondence, History and Science in Anthropology : A Reply," *American Anthropology*, 38 (1), pp. 137-141
  (1938) "Living Philosophies II : An Anthropologist's Credo," *The Nation*, 147 (9), pp. 201-204
  (1955 (1928) *Primitive Art*, New York : Dover Publication, Inc.
  (1963 (1911) *The Mind of Primitive Man*, New York : Macmillan Company
  (1982 (1892-1939 Revised and Condensed) "Growth," *Race, Language and Culture*, Chicago : University of Chicago Press, pp. 103-130
  (1982 (1894) "The Half-Blood Indian," *Race, Language and Culture*, pp. 138-148
  (1982 (1896) "The Limitation of the Comparative Method of Anthropology," *Race, Language and Culture*, pp. 270-280
  (1982 (1899) "Some Recent Criticism of Physical Anthropology," *Race, Language and Culture*, pp. 165-171
  (1982 (1902) "Statistical Study of Anthropometry," *Race, Language and Culture*, pp. 131-137
  (1982 (1912) "Changes in Bodily Form of Descendants of Immigrant," in *Race, Language and Culture*, pp. 60-75
  (1982 (1912) "Remarks on the Anthropological Study of Children," *Race, Language and Culture*, pp. 94-102
  (1982 (1914) "Mythology and Folk : Tales of the North American Indian," *Race, Language and Culture*, pp. 451-490
  (1996 (1920) "The Methods of Ethnology," in MacGee, R. Jon & R. L. Warms (eds.) *Anthropological Theory : An Introductory History*, California : Mayfield Publishing Company
  (1982 (1931) "Race and Progress," *Race, Language and Culture*, pp. 3-17
  (1982 (1940) *Race, Language and Culture*, Chicago : The University of Chicago Press
  (1986 (1928) *Anthropology and Modern Life*, New York : Dover Publication, Inc.
  (1989 (1894) "Human Faculty as Determined by Race," in Stocking Jr., George (ed.) *A Franz Boas Reader : The Shaping of American Anthropology, 1883-1911*, Midway Reprint, Chicago : The University of Chicago Press, pp. 221-242
  (1989 (1906) "The Outlook for the American Negro," in Stocking Jr., George (ed.) *A Franz Boas Reader : The Shaping of American Anthropology, 1883-1911*, pp. 310-316

(1989) (1908-1910) "Changes in Immigrant Body Form," in Stocking Jr., George (ed.) *A Franz Boas Reader : The Shaping of American Anthropology, 1883-1911*, pp. 202-213

(1989) (1909) "Psychological Problems in Anthropology," in Stocking Jr., George (ed.) *A Franz Boas Reader : The Shaping of American Anthropology, 1883-1911*, pp. 243-254

Bonfil Batalla, Guillermo (1996) (1990) *México Profundo : Reclaiming A Civilization* (translated by Philip A. Dennis), Austin : University of Texas Press

Brading, David A.

(1988) "Manuel Gamio and Official Indigenismo in Mexico," *Bulletin of Latin American Research*, 7 (1), pp. 75-89

(1996) (1980) *Los orígenes del nacionalismo mexicano*, México, D. F.: Ediciones Era

Braun, Barbara (1993) *Pre-Columbian Art and the Post-Columbian World : Ancient American Sources of Modern Art*, New York : Harry N. Abrams, Inc.

Brehme, Hugo (1925) *Picturesque Mexico : The Country, the People and the Architecture*, Photographs by Hugo Brehme with an Introduction by Walther Staub, Berlin/Zurich : Atlantis-Verlag

Brenner, Anita (1971) *The Wind That Swept Mexico : The History of the Mexican Revolution*, Austin : University of Texas Press

Breton, Andre & Diego Rivera (1994) "Por Un Arte Revolucionario Independiente!" en Tibol, Raquel (ed.) *Documentación sobre el arte mexicano*, México, D. F.: Fondo de Cultura Económica, pp. 83-89

Bunzl, Matti (1996) " Franz Boas and the Humboldtian Tradition : From *Folksgeist* and *Nationalcharakter* to an Anthropological Concept of Culture," in Stocking Jr., George (ed.) *Volksgeist as Method and Ethic : Essays on Boasian Ethnography and the German Anthropological Tradition*, Madison : The University of Wisconsin Press

Burchwood, Katharine Tyler (1971) *The Origin and Legacy of Mexican Art*, New York : A. S. Barnes & Company

Bustos, Arturo García (1983) "La lucha revolucionaria es el motivo espiritual del arte," *América Latina*, 12, pp. 55-67

Camacho, Manuel, Arturo González Cosio, et. al. (1981) *La formación de una cultura nacional : Los valores de la revolución mexicana*, México, D. F.: Coordinación de Humanidades, Centro de Estudios sobre la Universidad, Universidad Nacional Autónoma de México

Campos, Rubén M. (1934) "Los orígenes del arte popular mexicano," *Anales del Museo Nacional de Arqueología, Historia y Etnografía*, 1 (3), pp. 467-477

Canclini, Néstor García

(1977) *Arte Popular y Sociedad en América Latina*, México, D. F.: Editorial Grijalbo, S. A.

(1997) *Transforming modernity : Popular culture in Mexico*, Austin : University of Texas Press

Castillo, Daniel Prieto (1981) "El arte y el anarquismo mexicano," *Revista de historia de las ideas*, No.3

Castillo Ledón, Luís (1924) *El Museo Nacional de Arqueología, Historia y Etnografía, 1825-1925*, México, D. F : Talleres Gráfico del Museo Nacional de Arqueología, Historia y Etnografía

Clifford, James (1988) *The Predicament of Culture*, Cambridge : Harvard University Press

Cole, John R. (1976) "Nineteenth Century Fieldwork, Archaeology, and Museum Studies : Their Role in the Four-Field Definition of American Anthropology," Murra, John V. (ed.) *American Anthropology : The Early Years*, New York : West Publishing Co., pp. 111-125

Collier, John (1960) "Dr. Manuel Gamio and the Instituto Indigenista Interamericano," *América*

Indígena, 20 (4), pp. 273-275

Comas, Juan

(1948) "Algunos Datos para la Historia del Indigenismo en México," *América Indígena*, 8 (3), pp. 181-218

(1960) "La vida y la obra de Manuel Gamio (1883-1960)," *América Indígena*, 20 (4), pp. 245-271

(1983) "Manuel Gamio en la antropología mexicana," en Medina, Andrés y Carlos García Mora (eds.) *La quiebla política de la antropología social de México (Antología de una política)*, México, D. F.: Universidad Nacional Autónoma de México, pp. 259-276

Dawson, Alexander S. (1998) "From Models for the Nation to Model Citizens : Indigenismo and the 'Revindication' of the Mexican Indian, 1920-1940," *Journal of Latin American Studies*, 30, pp. 279-308

De la Fuente, Beatriz (1986) *El nacionalismo y el arte mexicano* (IX Coloquio de historia del arte), México, D. F.: Universidad Nacional Autónoma de México

De la Peña, Guillermo

(1996) "Nacionales y extranjeros en la historia de la antropología mexicana," en Rutsch, Mechtchild (comp.) *La historia de la antropología en México : Fuente y transmisión*, México : Universidad Iberoamericana, Instituto Nacional indigenista, Plaza y Valdés, S.A. de C. U., pp. 41-81

(1997) "Mexican anthropology," Werner, Michael S. (ed.) *Encyclopedia of Mexico : History, Society and Culture*, Chicago : Fitzroy Deaborn Publishers

De los Reyes, Aurelio (1991) *Manuel Gamio y el cine* (Colección de arte 45), México, D. F. : Coordinación de Humanidades, Universidad Nacional Autónoma de México

Debroise, Olivier (1983) *Figuras en el Trópico, Plástica Mexicana 1920-1940*, Barcelona : Ediciones Océano

Delper, Helen (1995 (1992) *The Enormous Vogue of Things Mexican : Cultural Relations between the United States and Mexico, 1920-1935*, Alabama : The University of Alabama Press

D'Entrèves, Alexander Passerin (1967) *The Nation of the State : An Introduction to Political Theory*, Oxford : Clarendon Press

De Vázquez, Mercedes Olivera

(1965) "Notas sobre la obra del Doctor Manuel Gamio en el V aniversario de su muerte," *América Indígena*, 25 (4), pp. 365-381

(1978) "La escuela de desarrollo," en *INI 30 años después*, Instituto Nacional Indigenista, pp. 245-252

Díaz y de Ovando, Clementina (1999) "Las Fiestas del año del Centenario, 1921," en Galeana, Patricia (comp.) *El Nacimiento de México*, México, D. F.: Archivo General de la Nación, Fondo de Cultura Económica

Eder, Rita

(1990) "Muralismo Mexicano : Modernidad e Identidad Cultural," en De Morales Belluzzo, Ana María (ed.) *Modernidade : Vanguardas Artisticas na America Latina*, San Paulo : Memorial, Editorial UNESP, pp. 99-120

(1986) "Las imágenes de la prehispánico y su significación en el debate del nacionalismo cultural,"

El nacionalismo y el arte mexicano (IX Coloquio de historia de arte), México, D. F.: Universidad Nacional Autónoma de México, pp. 71-83

Engerrando, George (1913) Letter to Boas (PPFB 1913/8/18)

Errington, Shelly (1994) "What Became Authentic Primitive Art? ," *Cultural Anthropology*, 9 (2)

Espejo, Beatriz (1994) *Dr. Atl : El Paisaje Como Pasión*, México, D. F.: Fondo Editorial de la Plástica Mexicana

Favre, Henri (1994) "Raza y Nación en México, de la Independencia a la Revolución," *Cuadernos Americanos*, 8 (45), pp. 32-72

Fell, Claude

(1996) "La creación del Departamento de Cultura Indígena a Raíz de la Revolución Mexicana," en Gonzalo Aizpuru, Pilar (ed.) *Educación rural e indígena en iberoamerica*, México, D. F.: El Colegio de México

(1989) *José Vasconcelos : Los años del águila (1920-1925)*, México, D. F.: Universidad Nacional Autónoma de México

Fernández, Justino

(1960 (1916) "Prólogo," en Gamio, Manuel, *Forjando Patria*, México, D.F. : Editorial Cultura

(1962) *Roberto Montenegro*, México, D. F.: Universidad Nacional Autónoma de México

(1990 (1972) *Estética del arte mexicano*, México, D. F.: Universidad Nacional Autónoma de México

Flores Olea, Víctor, Alejandro Rossi, et. al. (1985) *La Revolución y la cultura en México*, I y II, México, D. F.: Instituto Nacional de Estudios Históricos de la Revolución Mexicana

Foster, Robert J. (1991) "Making National Culture in the Global Ecumene," *Annual Review of Anthropology*, 20, pp. 235-260

Fowler, Will (1996) "Introduction : The 'Forgotten Century' : México, 1810-1910," *Bulletin of Latin American Research*, 15 (1), pp. 1-6

Franco, Jean (1970 (1967) *The Modern Culture of Latin America : Society and the Artist*, Middlesex, Baltimore, Victoria : Penguin Books, Ltd.

Frank, Gelya (1997) "Jews, Multiculturalism, and Boasian Anthropology," *American Anthropologist*, 99 (4), pp. 731-745

Gamio, Manuel

(1917a) *Exposición de la Dirección de Antropología sobre La población de valle de Teotihuacan*, México, D. F.: Taller Gráfico de la Secretaría Fomento

(1917b) *El Gobierno, la población, el territorio*, México, D. F.: Taller Gráfico de la Secretaría de Fomento

(1917c) *Guide for Visiting the Archeological City of Teotihuacan*, México, D. F. : The Printing Soria Co.

(1918) "Programa de la Dirección de Estudios Arqueológicos y Etnográficos," México, D.F. : Oficina impresora de la Secretaría de Hacienda, Departamento de Fomento

(1919a) "Programa de la Dirección de Antropología para el estudio y mejoramiento de las poblaciones regionales de la república," México, D.F. : Secretaría de Agricultura y Fomento

(1919b) "Empiricism of Latin-American Governments and the Empiricism of Their Relations with the United States," *Mexican Review*, 3 (5), pp. 3-20

(1920) "El censo de la población mexicana desde el punto de vista antropológico," *Ethnos*, 1 (2),

pp. 44-46
(1921) "Sugestiones sobre arte vernáculo" (AMGA 3)
(1922a) "Programa de la Dirección de Antropología para el estudio y mejoramiento de las poblaciones regionales de la república," México, D. F.: Dirección de Talleres Gráficos
(1922b) "Introducción, síntesis, resumen y conclusiones de la obra : La población del valle de Teotihuacan," (Tesis del doctorado, presentada en Columbia University), México, D. F.: Talleres gráficos de la Secretaría de Educación Pública
(1922c) *La población del valle de Teotihuacan : el medio en que se ha desarrollado ; su evolución ética y social ; iniciativas para procurar su mejoramiento*, México, D. F.: Talleres gráficos de la Secretaría de Educación Pública
(1923a) "Proyecto de ley : Para la conservación y estudio de monumentos y objetos arqueológicos en la República Mexicana," *Ethnos*, 1 (2), pp. 29-45
(1923b) "Nacionalismo e internacionalismo," *Ethnos*, 1 (2), pp. 1-3
(1923c) "El último periodo cultural azteca," *Ethnos*, 1 (2), pp. 4-21
(1924a) "Possibilities of the Indigenous Art of Mexico" (AMGA 249)
(1924b) "The Sequence of Cultures in Mexico," *American Anthropologist*, 26 (3), pp. 307-322
(1924c) "Memorándum relativo a las invitaciones recibidas por el suscrito para dar conferencias científicas en los Estados Unidos y a la propaganda que además proyecta hacer" (AMGC 593)
(1925) "El aspecto utilitario del folklore," *Mexican Folkways*, 1 (1), pp. 6-8
(1926) "The Indian Basis of Mexican Civilization," in *Aspects of Mexican Civilization*, Chicago : University of Chicago Press
(1929) "Trade and Culture in Latin America," *The Nation*, 128 (3315), pp. 76-77
(1937) *De vidas dolientes*, México, D.F. : Ediciones Botas
(1939) "El Concepto de la Realidad Social de México," *Revista Mexicana de Sociología*, 1 (2), pp. 11-17
(1940) " War and the Acculturation of the Masses," *The Annals of the American Academy of Politics and Social Science*, 210, pp. 28-34
(1942a) "Consideraciones sobre el problema indígena en América," *América Indígena*, 2 (2), pp. 17-23
(1942b) "Las características culturales y los censos indígenas,"*América Indígena*, 2 (3), pp. 15-19
(1942c) "Calificación de características culturales de los grupos indígenas," *América Indígena*, 2 (4), pp. 17-22
(1945) " El material folklórico y el progreso social,"*América Indígena*, 5 (3)
(1948) " Las artes plásticas indios y populares : Impulso que conviene darles" (AMGA 50)
(1949) "Las necesidades y aspiraciones indígenas y los medios de satisfacerlas," *América Indígena*, 9 (2), pp. 105-112
(1952a) "Some Considerations of Indianist Policy," in Linton, Ralph (ed.) *The Science of Man in the World of Crisis*, New York : Columbia University Press, pp. 399-415
(1952b) "Consideraciones sobre problemas del Valle del Mezquital," *América Indígena*, 12 (3), pp. 217-223.
(1952d) "Exposición interamericana de artes e industriales y la seguridad social" (AMGA 61)
(1953a) "Prólogo," en Comas, Juan, *Ensayos sobre Indigenismo*, México, D. F.: Instituto Indigenista

Interamericano, pp. IX-XI

(1953b) "Nuestros indios monolingues por el Manuel Gamio" (AMGH 1953/4/29)

(1957) "La industria Nacional," *Boletín Indigenista*, 17 (3)

(1959) "Boas sobre cerámica y estratigrafía," in Goldschmidt, Walter (ed.) *The Anthropology of Franz Boas*, pp. 117-118

(1960 (1916) *Forjando Patria* : *Pro Nacionalismo*, México, D. F.: Editorial Porrua, S.A.

(1987 (1935) *Hacia un méxico nuevo* : *problemas socials*, México, D. F. : Instituto Nacional Indigenista

(2002) *El inmigrante mexicano* : *La historia de su vida, Entrevistas Completas, 1926-1929*, Weber, Devra (comp.), México, D. F. : Secretaría de Gobernación, Instituto Nacional de Migración

(s/f a) "Los estilos arquitectónicos neo-indígenas" (AMGA 231)

(s/f b) "Aplicaciones del arte maya" (AMGA 277)

(s/f c) "La indumentaria nacional" (AMGA 244)

(s/f d) "Hay que despertar el orgullo de raza en el indígena" (AMGA 195)

(s/f) "¿Cuáles y cómo es el indio de raza pura?" (AMGA 194)

(s/f) "El valor del factor étnico en nuestro medio social" (AMGA 188 ; 380)

(s/f) "La presencia del factor cultural en los problemas de población" (AMGA 359)

(s/f) "Génesis del arte arqueológico" (AMGA 341)

(s/f) "Aspeccto de las prepresentación artística" (AMGA343)

(s/f) "Proceso psíquico de la producción artística" (AMGA 344)

García, Genaro (1911) *Crónica Oficial de las Fiestas de Preimer Centenario de México*, México, D. F. : Secretaría de Gobernación, Taller de Museo Nacional

García, Ignacio Rodríguez (1996) "Recursos ideológicos del Estado Mexicano : El caso de la arqueología," en Rutsch, Mechthild (comp.) *La historia de la antropología en México : Fuentes y transición*, México, D. F.: Universidad Iberoamericano, Instituto Nacional Indigenista, Plaza y Valdés S.A. de C.V., pp. 93-103

Garcia Vazquez, Enedina y Luis A. Vazquez (1997) "Skin Color, Acculturation, and Community Interest among Mexican American Students : A Research Note," *Hispanic Journal of Behavioral Sciences*, 19 (3), pp. 377-386

Gilbert, Cecile Gouy (1985) "El nacimiento de un arte tradicional," *Relaciones*, 6 (23), pp. 93-103

Glick, Leonard B. (1982) "Types Distinct from Our Own : Franz Boas on Jewish Identity and Assimilation," *American Anthropologist*, 84 (3), pp. 545-565

González, Andrés Lira (1984) "Los indígenas y el nacionalism mexicano," *Relaciones*, 5 (20), pp. 75-94

González, Rojas (1939) "Las industrias otomíes del valle del Mezquital," *Revista Mexicana de Sociología*, 1 (1), pp. 88-96

González Gamio, Angeles (1987) *Manuel Gamio : una lucha sin final*, México, D. F.: Universidad Nacional Autónoma de México

González Navarro, Moisés

(1994) *Sociedad y cultura en el porfiriato*, México, D. F. : Consejo Nacional para la Cultura y las Artes

(1994 (1974) *Población y sociedad en México* (*1900-1970*), México D. F. : Universidad Nacional Autónoma de México

Graburn, Nelson H.H. (ed.) (1991) *Ethnic and Tourist Arts*, Berkeley : University of California Press

Graham, Richard (ed.) (1990) *The Idea of Race in Latin America, 1870-1940*, Austin : University of Texas Press

Gruening, Ernest (1935) "Introduction : The Meaning of Mexico," in Herring, H. C. & H. Weinstock (eds.) *Renascent Mexico*, New York : J. J. Little & Ives Company, pp. 1-10

Guerrero, Francisco Javier (1988) "Cultura nacional y cultura popular," *Boletín de Antropología Americana*, 17, pp. 25-49

Gutierrez, Natividad (1999) *Nationalist Myths and Ethnic Identities : Indigenous Intellectuals and the Mexican State*, Lincoln : University of Nebraska Press

Harrison, Faye V. (1994) "The Persistent Power of 'Race' in the Cultural and Political Economy of Racism," *Annual Review of Anthropology*, 24, pp. 47-74

Hart, John M. (1978) "The Urban Working Class and the Mexican Revolution : The Case of the Casa del Obrero Mundial," *Hispanic American Historical Review*, 58 (1), pp. 1-20

Hernández, Sergio Sánchez (1994) *Fuentes Para el Estudio de Gerardo Murillo, Dr. Atl*, México, D. F.: Universidad Nacional Autónoma de México

Herring, Hubert C. & Herbert Weinstock (eds.) (1935) *Renascent Mexico*, New York : J. J. Little & Ives Company

Hers, Marie-Areti (2001) "Manuel Gamio y los estudios sobre arte prehispánico : contradicciones nacionalistas," Eder, Rita (ed.) *El Arte en México : Autores, Temas, Problemas*, México, D. F.: Biblioteca Mexicana, pp. 29-63

Herskovits, Melvile J. (1953) *The Science of Man in the Making*, New York : Charles Scribner's Sons

Hobsbawm, Eric & Terence Ranger (eds.) (2000) *The Invention of Tradition*, Cambridge : Cambridge University Press

Iwanska, Alicia (1964) "The Mexican Indian : Image and Identity," *Journal of Inter-American Studies*, 6 (4), pp. 529-536

Jacknis, Ira (1996) "The Ethnographic object and the Object of Ethnology in the Early Career of Franz Boas," in Stocking Jr., George (ed.) *Volksgeist as Method and Ethic*

Knight, Alan

(1986) *The Mexican Revolution*, 2, Cambridge : Cambridge University Press

(1987) *U.S.-Mexican Relations, 1910-1940 : An Interpretation*, San Diego : Center for U.S. -Mexican Studies, University of California

(1990) "Social Revolution : A Latin American Perspective," *Bulletin of Latin American Research*, 9 (2), pp. 175-202

(1992) "The Peculiarities of Mexican History : Mexico Compared to Latin America, 1821-1992," *Quincentenary Supplement*, 24, pp. 99-144

(1994a) "Peasants into Patriots : Thoughts on the Making of the Mexican Nation," *Mexican Studies /Estudios Mexicanos*, 10 (1), pp. 135-161

(1994b) "Popular Culture and the Revolutionary State in Mexico, 1910-1940," *Hispanic American Historical Review*, 74 (3), pp. 393-444

(1999 (1990) "Racism, Revolution, and Indigenismo : Mexico, 1910-1940," in Graham, Richard (ed.) *The Idea of Race in Latin America, 1870-1940*, Austin : University of Texas Press, pp. 71-113

Knob, Tim (1981) "Artesanía y urbanización : El caso de los huicholes," *América indígena*, 41 (2), pp. 233-243

Krauze, Enrique

(1992) *Místico de la autoridad, Porfirio Díaz*, México, D. F.: Fondo de Cultura Económica

(1997) *Mexico : Biography of Power, A History of Modern Mexico, 1810-1996*, New York : Harper Collins Publishers

Kroeber, Alfred L. (1935) "History and Science in Anthropology," *American Anthropologist*, 37 (4), pp. 539-569

Kuper, Adam (1999) *Culture : The Anthropologist' Account*, Cambridge : Harvard University Press

Johns, Michael (1997) *The City of Mexico in the Age of Diaz*, Austin : University of Texas Press

León-Portilla, Miguel

(1960) "Algunas ideas fundamentales del Dr. Gamio," *América Indígena*, 20 (4), pp. 295-303

(1979) "Etnias indígenas y cultura nacional mestiza," *América Indígena*, 39 (3), pp. 601-621

(1997) *Pueblos originarios y globalización*, México, D. F.: El Colegio Nacional

Linton, Ralph (ed.) (1952) *The Science of Man in the World of Crisis* (7th ed.), New York : Columbia University Press

Liss, Julia E. (1996) "German Culture and German Science in the Bildung of Franz Boas," in Stocking Jr., George (ed.) *Volksgeist as Method and Ethic*, pp. 155-184

Lombardo de Ruíz, Sonia

(1994a) *El Pasado prehistórico en la cultura nacional* (*Memoria Hemerográfica, 1877-1911 : 1. El Monitor Republicano 1877-1896*), México, D. F. : Instituto Nacional de Antropología e Histórica

(1994b) *El Pasado prehistórico en la cultura nacional* (*Memoria Hemerográfica, 1877-1911 : 2. El Parcial 1897-1911*)

Lopez, Rick A. (2002) "The India Bonita Contest of 1921 and the Ethnicization of Mexican National Culture," *The Hispanic American Historical Review*, 82 (2), pp. 291-328

Loyo, Engracia (1999) *Gobiernos revolucionarios y educación popular en México*, México, D. F.: El Colegio de México

MacGee, R. J. & Richard L. Warms (1996) *Anthropological Theory : An Introductory History*, California /London/Toronto : Mayfield Publishing Company

Manrique, Jorge Alberto (1986) "Las contracorrientes de la pintura mexicana," *El Nacionalismo y el arte mexicano* (IX Coloquio de historia de arte), México, D. F. : Universidad Nacional Autónoma de México

Mariscal, Nicholás (1911) *El Arte en México*, México, D. F.: Tip, de la Viuda de F. Díaz de Léon, Sucs.

Martínez Rodríguez, José Luís (1988) *Moctezuma y Cuahutémoc : los últimos emperadores aztecas*, Madrid : Ediciones Anaya

Massin, Benoit (1996) "From Virchow to Fischer : Physical Anthropology and Modern Race Theories," in Stocking Jr., George (ed.) *Volksgeist as Method and Ethic*

Matos Moctezuma, Eduardo

(1973) "Manuel Gamio y arqueología mexicana," *América Indígena*, 33 (4), pp. 959-965

(1992) *Breve historia de la arqueología en México*, México : Secretaría de Relaciones Exteriores

(1995) "Manuel Gamio," in Florescano, Enrique & Ricardo Pérez Montfort (comp.) *Historiadores de México en el siglo XX*, México D. F.: Consejo Nacional Para la Cultura y las Artes, Fondo de

Cultura Económica, pp. 41- 48

Maugard, Adolfo Best (1982 (1929)) "Del origen y peculiaridades del arte popular mexicano," El boletín de la Sociedad de Geografía y Estadística, México en *Antología de Textos sobre Arte Popular*, México, D. F. : Fondo Nacional para el Fomento de las Artesanías/Fondo Nacional para Actividades Sociales

Medina, Andrés (1998) "Los pueblos indios en la trauma de la nación : notas etnográficas," *Revista Mexicana de Sociología*, 60 (1), pp. 131-168

Medina, Andrés y Carlos García Mora (1983) *La quiebra política de la antropología social en México*, México, D. F.: Universidad Nacional Autónoma de México

Mérida, Carlos (1968) *Modern Mexican Artists*, Freeport/New York : Books for Libraries Press

Miller, Daniel (1991) "Primitive and the Necessity of Primitivism to art," in Hiller, Susan (ed.) *The Myth of Primitivism : Perspectives on Art*, London/New York : Routledge

Monfort, Ricardo Pérez (1994) "Indigenismo y panamericanismo en la cultura popular mexicana de 1920 a 1940," en Blancarte, Roberto (ed.) *Cultura e identidad nacional*, México, D. F. : Consejo Nacional para la Cultura y las Artes

Monsiváis, Carlos (1978) "Notas sobre cultura popular en México," *Latin American Perspectives*, issue 16, 5 (1), pp. 98-118

Morales Moreno, Luís Gerardo (1994) *Orígenes de la museología mexicana : Fuentes para el estudio histórico del Museo Nacional, 1780-1940*, México D. F. : Universidad Iberoamericana

Morner, Magnus (1967) *Race Mixture in the History of Latin America*, Boston : Little, Brown & Company

Mullin, Molly H. (1992) "The Patronage of Difference : Making Indian Art 'Art, not Ethnology'," *Cultural Anthropology*, 7 (4)

Murillo, Gerardo
  (1922) *Las artes populares en México*, México, D. F.: Instituto Nacional Indigenista
  (1935) *Un Hombre Mas Allá del Universo*, México, D. F.: Editorial Cultura

Nahmad Sittón, Salomón (1973) "Las ideas sociales del positivismo en el indigenismo de la época pre-revolucionaria en México," *América Indígena*, 33 (4), pp. 1169-1182

Nahmad Sittón, Salomón y Thomas Weaver (1990) "Manuel Gamio, el primer antropólogo aplicado y su relación con la antropología norteamericana," *América Indígena*, 50 (4), pp. 291-321

Nash, June (1993) *Crafts in the World Market*, New York : State University of New York Press

Navarro, Arturo Casado (1984) *Gerardo Murillo, El Dr. Atl*, México, D. F.: Universidad Nacional Autónoma de México

Novelo , Roque J. Ceballos (1923) "La Tejedora," *Ethnos*, 2 (2), pp. 49-65

Novelo, Victoria
  (1981) "Para el Estudio de Artesanías Mexicanas," *América Indígena*, 41 (2), pp. 195-209
  (1993) *Las Artesanías en México*, México, D. F.: Gobierno del Estado de Chiapas Instituto Chapaneco de Cultura
  (1996) *Artesanos, artesanías y arte popular de México : una historia ilustrada*, México, D. F. : Consejo Nacional para la Cultura y las Artes

Novo, Salvador (1932) "Nuestras Artes Populares," *Nuestro México*, No.5

O' Malley, V.O. (1986) *The Myth of the Revolution : Hero Cults and the Institutionalization of the*

Mexican State, New York : Greenwood Press

Ochiai, Kazuyasu (2002) "Forjando patria : Identificación de lo Social con lo Cultural en el México Moderno," *JCAS Symposium Series* 15, pp. 65-81

Oles, James (1993) *South of the Border : México en la Imaginación Norteamericana 1914-1947*, Washington /London : Smithonian Institution Press

Olive Negrete, Julio César (1988) "Dirección de Estudios Arqueológicos y Etnográficos de la Secretaría de Fomento (Dirección de Antropología)," en García Mora, Carlos, Mercedes Mejía Sánchez (ed.) *La antropología en México : Las instituciones*, México D. F. : Instituto Nacional de Antropología e Historia

Olive Negrete, Julio César y Augusto Urteaga Castro-Pozo (1988) *INAH : una historia*, México, D.F. : Instituto Nacional de Antropología e Historia

Otzoy, Irma (1992) "Identidad y trajes mayas," *Mesoamérica*, Año12, pp. 95-112

Paalen, Isabel Marin (1976) *Historia general de Arte Mexicano-Etno-Artesanías y Arte Popular*, tomo1, 2, México, D. F. : Editorial HERMES

Paniatowka, Elena & Gilberto Bosques (1984) *Pablo O'Higgins*, México, D. F.: Fondo Editorial de la Plástica Mexicana, Fideicomismonal Banco Nacional de Comercio Exterior

Paz, Octavio (1987) *Essays on Mexican Art*, New York : Harcourt Brace & Company

Pedraza Secundino, Amalia (1993) "Las Artesanías del Valle del Mezquital : Política Institucional y Movimiento Social," en Warman, Arturo & Arturo Argueta (ed.) *Movimientos Indígenas Contemporáneos en México*, México, D. F.: Centro de Investigaciones Interdisciplinarias en Humanidades, Universidad Nacional Autónoma de México, pp. 171-186

Peñaloza, Porfirio Martínez

(1978) *Arte popular y artesanías artísticas en México : Un acercamiento*, México, D. F. : Secretaría de Educación Publica

(1971) "Arte popular en México," *Anuario Indigenista*, Vol. 31, pp. 49-63

Pérez Ruiz, Maya Lorena (1993) "El Museo Nacional de Culturas Populares : Espacio de Expresión o Recreación de la Cultura Popular?," en García Canclini, Héctor (comp.) *El Consumo Cultural en México*, México, D. F. : Consejo Nacional para la Cultura y las Artes, pp. 163-196

Pomar, María Teresa (1981) "Cultura popular y educación bicultural y bilingüe," *América Indígena*, 41 (2), pp. 311-318

Powell, T. G. (1968) "Mexican Intellectuals and the Indian Question, 1876-1911," *Hispanic American Historical Review*, 48 (1), pp. 19-36

Quirarte, Jacinto (1989) "Mexican and Mexican American Artists : 1920-1970," in *The Latin American Spirit : Art and Artists in the United States, 1920-1970*, New York : The Bronx Museum of the Arts in Association with Harry N. Abrams, Inc. Publishers, pp. 14-71

Raat, William D. (1973) "Ideas and Society in Don Porfirio Mexico," *The Americas*, 30 (1), pp. 32-53

Ramirez, Fausto

(1986) "Vertientes nacionalistas," en *El nacionalismo y el arte mexicano* (IX Coloquio de Historia del Arte), México, D. F.: Universidad Nacional Autónoma de México, pp. 111-171

(1990) *Crónica de las Artes Plásticas en los años de López Velarde, 1914-1921*, México, D. F.: Universidad Nacional Autónoma de México, Investigaciones Estéticas

Redfield, Robert

(1934) "Culture Change in Yucatan," *American Anthropologist*, 36 (1), pp. 57-69

(1953) *The Primitive World and Its Transformation*, New York : Great Seal Books

Redfield, Robert, Ralph Linton & Melville J. Herskovits (1936) "Memorandum for the Study of Acculturation," *American Anthropologist*, 38 (1), pp. 149-152

Reed, Alma (1960) *The Mexican Muralists*, New York : Crown Publishers, Inc.

Rojas, Rafael (2000) "Retóricas de la raza : intelectuales mexicanos ante la guerra del 98," *Historia Mexicana*, 49 (4), pp. 593-631

Rubín de la Borbolla, Daniel

(1956) "Observaciones sobre el arte popular mexicano," *Estudios Antropológicos publicados en homenaje al doctor Manuel Gamio*, México, D. F. : Universidad Nacional, pp. 447-452

(1959) "Las Artes Populares Indígenas de América, Supervivencia y Fomento," *América Indígena*, 19 (1)

Rutsch, Mechthild (2001) "Ramón Mena y Manuel Gamio : Una mirada oblicua sobre la antropología mexicana en los años veinte del siglo pasado," *Relaciones*, 22 (88), El Colegio de Michoacán, pp. 81-118

Schmeckebier, Laurence E. (1939) *Modern Mexican Art*, Mineapolis : The University of Minnesota Press

Schumidt, C. Henry

(1978a) "The American Intellectual Discovery of Mexico in the 1920's," *The South Atlantic Quarterly*, 77, pp. 335-351

(1978b) *The Roots of Lo Mexicano : Self and Society in Mexican Thought, 1900-1934*, Texas : Texas A&M University Press

Sierra, Augusto Santiago (1973) *Las misiones culturales*, México, D. F. : Secretaría de Educación Publica

Silva Hergoz, J. (1960) *Breve historia de la revolución Mexicana*, México, D. F. : Fondo de Cultura Económica

Smith, Anthony D. (2000) *The Nation in History : Historiographical Debates about Ethnicity and Nationalism*, Hanover : Brandeis University Press, Historical Society of Israel

Stabb, Martin S. (1959) "Indigenism and Racism in Mexican Thought," *Journal of Inter-American Studies*, 1 (4), pp. 405-423

Starr, Frederick (1918) "The Mexican Situation : Manuel Gamio's Program," *The American Journal of Sociology*, 24 (2), pp. 129-138

Stephen, Lynn (1991) *Zapotec Women*, Austin : University of Texas Press

Stocking Jr., George (ed.)

(1982 1968) *Race, Culture and Evolution : Essays in the History of Anthropology*, Chicago/London : The University of Chicago Press

(1982) *Essays in the History of Anthropology*, Chicago : University of Chicago Press

(1985) *Objects and Others*, Madison : The University of Wisconsin Press

(1989 1974) *A Franz Boas Reader : The Shaping of American Anthropology, 1883-1911*, Midway Reprint, Chicago/London : The University of Chicago Press

(1996) *Volksgeist as Method and Ethic : Essays on Boasian Ethnography and the German Anthropological Tradition*, Madison : The University of Wisconsin Press

Straffon, Rodolfo Becerril (1982) *Antología de textos sobre arte popular*, México, D. F. : FORNART

Tenorio Trillo, Mauricio
(1996) "1910 Mexico City : Space and Nation in the City of the Centenario,"*Journal of Latin American Studies*, 28 (1), pp. 75-104
(1999) "Stereophonic Scientific Modernism : Social Sciences Between Mexico and the United States, 1880s-1930s," *The Journal of American History*, 83 (3), pp. 279-308
Toor, Frances (1968) "Introduction," in Mérida, Carlos, *Modern Mexican Artists*
Toussaint, Manuel (1974) "El Arte Popular en México," *Arte colonial en México*, México, D. F.: Universidad Nacional Autónoma de México
Tur Donati, Carlos M. (1997) "Cultura, nacionalismo y revolución en Méxio," *Cuadernos Americanos*, 5 (65), pp. 208-223
Turner, Frederick C. (1968) *The Dynamic of Mexican Nationalism*, Chapel Hill : The University of North Carolina Press
Turok, Marta (1996) *Cómo acercarse a la artesanía*, México, D. F.: Plaza y Valdez
Universal Ilustrado, El (1921) "Un maravilloso descubrimiento," *El Universal Ilustrado*, 5 (222), p. 20
Urías Horcasitas, Beatriz (2002) "Las ciencias sociales en la encrucijada del poder : Manuel Gamio (1920-1940)," *Revista Mexicana de Sociología*, 64 (3), pp. 93-121
Valdés, Dennis N. (1999) "Region, Nation, and World-System : Perspectives on Midwestern Chicana/ o History," *JSRI Occasional Paper* 20, East Lansing, Michigan : The Julian Samora Research Institute, Michigan State University
Valle, Irene Vázquez (1989) *La cultura popular vista por las elites : Antología de artículos publicados entre 1920 y 1950*, México, D. F.: Universidad Nacional Autónoma de México
Vasconcelos, José
(1926) "The Latin-American Basis of Mexican Civilization," en *Aspects of Mexican Civilization*, Chicago : University of Chicago Press
(1948 (1925) *La raza cósmica : misión de la raza iberoamericana*, Buenos Aires : Espasa-Calpe
Vaughan, Mary Kay (1997) *Cultural Politics in Revolution : Teachers, Peasants, and Schools in Mexico, 1930-1940*, Tuscon, Arizona : The University of Arizona Press
Vázquez, Josefina Zoraida (2000 (1970) *Nacionalismo y educación en México*, México, D. F.: El Colegio de México
Villoro, Luís (1987 (1950) *Los grandes momentos del indigenismo en México*, México, D. F.: El Colegio de México
Visweswaran, Kamala (1998) "Race and the Culture of Anthropology," *American Anthropologist*, 100(1), pp. 70-83
Walsh, Thomas F. (1992) *Katherine Anne Porter and Mexico : The Illusion of Eden*, Austin : University of Texas Press
Wanman, Arturo G. (1969) "Cultura popular y cultura nacional," en *Características de la Cultura Nacional*, México, D. F.: Instituto de Investigaciones Sociales, Universidad Nacional Autónoma de México, pp. 15-31
Weigle, Marta & Barbara Babcock (1996) *The Great Southwest of the Fred Harvey Company and the Santa Fe Railway*, Phoenix, Arizona : The Heard Museum
Williams, Elizabeth A. (1985) "Art and Artifact at the Tracadero : Ars Americana and the Primitivist Revolution," in Stocking Jr., George (ed.) *Objects and Others : Essays on Museums and Material*

Culture, History of Anthropology Series, Vol.3, Madison : University of Wisconsin
Zea, Porfirio (1974) *Positivismo in Mexico*, Austin : University of Texas Press
Zermeño, Guillermo (1999) "Entre la antropología y la historia : Manuel Gamio y la modernidad antropología mexicana,1916-1935," Una versión preliminar, XI Congreso de AHILA, Porto, 21-24 de Septiembre

■日本語文献
青木保(1993)「文化とナショナリズム——一つの問題提起」『思想』823, pp. 4-18
青木利夫
　(1994)「メキシコにおける「混血」イメージ——ホセ・バスコンセロスの「混血」思想の形成過程」『イベロアメリカ研究』16 (2), pp. 61-74
　(1998)「メキシコにおけるナショナリズムと〈インディオ〉——20世紀前半の〈インディオ〉統合教育をめぐって」中内敏夫・関啓子・太田素子編『人間形成の全体史——比較発達社会史への道』大月書店, pp. 261-280
　(1996)「「メキシコなるもの」の創出——マヌエル・ガミオの人類学をめぐって」『ラテンアメリカ研究年報』16, pp. 192-214
青柳まちこ編(1996)『「エスニック」とは何か』新泉社
綾部恒雄(1985)「エスニシティの概念と定義」『文化人類学』1 (2), pp. 8-19
綾部恒雄・川田順造・二宮宏之・宮治美江子(1982)「座談会　エスニシティ研究の現在」『文化人類学』1 (2), pp. 108-140
アンダーソン, ベネディクト(1998 (1983))『[増補] 想像の共同体——ナショナリズムの起源と流行』白石隆・白石さや訳, 白水社
飯島みどり(1993)「「国家」に変容を迫るインディオ達」歴史学研究会編『南北アメリカの500年・統合と自立』青木書店, pp. 216-238
五十嵐暁郎(1986)「A. ジリーによるメキシコ革命の理論的考察——A.Gilly, *Mexican Revolution* をめぐって」『アジア経済』27 (1), pp. 88-97
石川栄吉他編(2002 (1994))『文化人類学事典』弘文堂
岩竹美加子編(1996)『民俗学の政治性——アメリカ民俗学100年の省察から』未來社
ウィルソン, ウィリアム・A.(1996 (1973))「ヘルダー・民俗学・ロマン主義的ナショナリズム」岩竹美加子編『民俗学の政治性』pp. 157-186
植村邦彦(1999)「ナショナリズムと人種主義」若森章孝・松岡利道編『歴史としての資本主義』青木書店, pp. 91-115
エイブラハムズ, ロジャー・D.(1996 (1988))「ウィリアム・ウェルズ・ニューエルと19世紀後期アメリカにおける民俗の発見」岩竹美加子編『民俗学の政治性』pp. 62-85
大澤真幸(2002)『ナショナリズム論の名著50』平凡社
太田好信
　(2003)「フランツ・ボアズ——移民としての人類学メーキング」太田『人類学と脱植民地化』岩波書店, pp. 53-85
　(1998)「同時代的モダニズム——ハーレム・ルネサンスと文化人類学」『現代思想』26 (7), pp. 107-119
大村香苗
　(2003a)「マヌエル・ガミオとフランツ・ボアズにおけるnation概念の比較(1909-1924)」

『イベロアメリカ研究』25 (1)

(2003b)「マヌエル・ガミオの「芸術観」にみるメキシコ「国民」表象 (1917-1924)」『ラテンアメリカ研究年報』23, pp. 90-118

(2005)「国民国家編成期メキシコにおける女性表象——インディア・ボニータ・コンテスト (La India Bonita) を通して」『Frontier of Gender Studies ジャーナル：公募研究特集号』No. 2

小熊英二 (2001)「「植民政策学」と開発援助——新渡戸稲造と矢内原忠雄の思想」稲賀繁美編『異文化理解の倫理にむけて』名古屋大学出版会, pp. 171-193

落合一泰

(1990)「叫びと煙突——記憶のエスノポエティックスにむけて」『へるめす』27, pp. 34-46

(1993)「「アメリカ」の発明——ヨーロッパにおけるその視覚イメージをめぐって」『ラテンアメリカ研究年報』13, pp. 1-40

(1996)「文化間性差，先住民文明，ディスタンクシオン——近代メキシコにおける文化的自画像の生産と消費」『民族学研究』61 (1), pp. 52-80

(1997)「〈征服〉から〈インターネット戦争〉へ——サパティスタ運動の歴史的背景と近代的意味」中村伸浩編『〈講座文化人類学第 6 巻〉紛争と運動』岩波書店, pp. 137-167

(1997)「〈東方の脅威〉，ワイルド・マン，インディアン，グリーザー——近代西欧〈民族人類学〉によるアメリカ大陸の〈占有〉」船曳建夫編『〈講座文化人類学第 1 巻〉新たな人間の発見』岩波書店, pp. 141-180

(1997)「両義的他者認識と植民地主義——近代ヨーロッパのラテンアメリカ観とメキシコにおけるその拘束性」寺島昇・高山博編『地域の世界史 2・地域のイメージ』山川出版社, pp. 214-252

(1998)「啓蒙主義の誘惑と拘束——〈理想都市〉メキシコシティの建設」川田順造他編『〈岩波講座・開発と文化〉開発と民族問題』岩波書店, pp. 207-234

(1999)「〈私たちらしさ〉を求めて——メキシコの国家と先住民」内藤正典編『〈地球人の地理講座 6〉うちとそと』大月書店, pp. 39-54

梶田孝道 (1996)「「民族・国家・エスニシティ」論の現状と課題」上野俊他編『〈岩波講座・現代社会学 24〉民族・国家・エスニシティ』岩波書店, pp. 245-263

加藤薫

(1987)『ラテンアメリカ美術史』現代企画室

(2003)『メキシコ壁画運動』現代図書

加藤雅彦・麻生建他編 (1998)『事典現代のドイツ』大修館書店

金谷美和 (2000)「「民衆的工芸」という他者表象」『民族学研究』64 (4), pp. 403-424

ガーバリーノ, M.S. (1989 (1977))『文化人類学の歴史——社会思想から文化の科学へ』木山英明・大平裕訳, 新泉社

川田順造 (1999)「「民族」概念についてのメモ」『民族学研究』63 (4), pp. 451-461

ギアツ, クリフォード (1997)「文化のシステムとしての芸術」『思想』640

木畑洋一 (1994)「世界史の構造と国民国家」歴史学研究会『国民国家を問う』青木書店, pp. 3-241

草間秀三郎 (1993)「第一次大戦とウィルソン国際主義」歴史学研究会編『〈南北アメリカの 500 年・第 4 巻〉危機と改革』青木書店, pp. 49-70

クリフォード, ジェイムズ (2003 (1988))『文化の窮状——20 世紀の民族誌・文学・芸術』太

田好信他訳，人文書院
黒田悦子
 （1987）「解説　マリノフスキーとメキシコの市場の研究」B. マリノフスキー＆J. デラ・フエンテ『市の人類学』平凡社，pp. 245-271
 （1994）『民族の出会うかたち』朝日新聞社
ゲルナー，アーネスト
 （1993）「今日のナショナリズム」『思想』823, pp. 19-33
 （2000（1983）『民族とナショナリズム』加藤節監訳，岩波書店
ケント，ポーリン（1997）「*Race : Science and Politics* とルース・ベネディクト」ベネディクト，ルース『人種主義——その批判的考察』筒井清忠他訳，名古屋大学出版会
国本伊代（2001（1992）『［改訂新版］概説ラテンアメリカ史』新評論
国本伊代・畑惠子・細野昭雄（1990（1984）『概説メキシコ史』有斐閣選書
小井土彰宏（2002）「NAFTA圏と国民国家のバウンダリー——経済統合の中での境界の再編成」梶田孝道・小倉充夫編『国際社会3・国民国家はどう変わるか』東京大学出版会，pp. 167-194
小平直行（1993）「帝国主義の成立と南北アメリカ」歴史学研究会編〈南北アメリカの500年・第4巻〉危機と改革』青木書店，pp. 28-92
小林致広
 （1981）「アメリカ大陸の原住民運動——バルバドス第二宣言をめぐって」『神戸外大論叢』32（5），pp. 61-77
 （1982a）「メヒコのインディヘニスモと言語政策（その1）」『神戸外大論叢』33（5），pp. 77-95
 （1982b）「メヒコのインディヘニスモと言語政策（その2）」『神戸外大論叢』33（6），pp. 79-98
 （1983）「報告　メキシコのネオ・インディヘニスモ」『ラテンアメリカ研究年報』3, pp. 106-127
 （1999）「チアパス，豊かな土地と貧しい人々」『現代思想』27（12）
ゴールドウォーター，ロバート（1971（1938）『20世紀美術におけるプリミティヴィズム』日向あき子訳，美術名著選書15，岩崎美術社
サイード，エドワード・W.
 （1986（1978）『オリエンタリズム』今沢紀子訳，平凡社
 （1998）『文化と帝国主義　1』大橋洋一訳，みすず書房
酒井直樹（1999（1996）『死産される日本語・日本人——「日本」の歴史：地政的配置』新曜社
佐藤成基（1995）「ネーション・ナショナリズム・エスニシティ——歴史社会学的考察」『思想』854, pp. 103-127
ジョゼ，ジャック（1975）『ラテン・アメリカ文学史』高見英一・鼓直訳，白水社
白石隆（1996）「「最後の波」のあとに——20世紀ナショナリズムのさらなる冒険」〈岩波講座・現代社会学24〉民族・国家・エスニシティ』岩波書店，pp. 211-229
新川健三郎（1993）「世界恐慌の米州関係」歴史学研究会編〈南北アメリカの500年・第4巻〉危機と改革』青木書店，pp. 114-136
鈴木茂（1999）「語り始めた「人種」——ラテンアメリカ社会と人種概念」清水透編〈南〉か

ら見た世界5——ラテンアメリカ統合圧力と拡散のエネルギー』大月書店, pp. 39-66
鈴木康久（2003）『メキシコ現代史』明石書店
スミス, アントニー・D. （2000（1986））『ネイションとエスニシティ——歴史社会学的考察』巣山靖司・高城和義訳, 名古屋大学出版会
関曠野（2001）『民族とは何か』講談社
関本照男・船曳建夫（1994）『国民文化が生れる時——アジア・太平洋の現代とその伝統』リブロポート
高橋均（1993）「メキシコ革命と米英石油資本」歴史学研究会編『〈南北アメリカの500年・第4巻〉危機と改革』青木書店, pp. 71-92
高山智博
　　（1973）「メキシコ文化の形成——混血の論理」『思想』588, pp. 63-75
　　（1976）「インディオとインディヘニスモ」『思想』619, pp. 77-93
竹沢泰子
　　（1994）『日系アメリカ人のエスニシティ——強制収容と補償運動による変遷』東京大学出版会
　　（1999）「「人種」——生物学的概念から排他的世界観へ」『民族学研究』63 (4), pp. 431-450
　　（2003）「「人種」とアメリカ人類学」綾部恒雄編『文化人類学のフロンティア』ミネルヴァ書房, pp. 3-30
ダン, オットー（1999（1996））『ドイツ国民とナショナリズム 1770-1990』末川清他訳, 名古屋大学出版会
寺田和夫（1977（1967））『人種とは何か』岩波新書
中原祐介（1994）『1930年代のメキシコ』メタローグ
永淵康之
　　（1998）『バリ島』講談社
　　（1996）「正しい他者となること——大戦間のバリをめぐって」『〈岩波講座・文化人類学12〉思想化される周辺世界』岩波書店
西川長夫
　　（1993）「国家イデオロギーとしての文明と文化」『思想』827, pp.4-33
　　（2002（1995））「序・日本型国民国家の形成——比較史的観点から」西川長夫・松宮秀治編『幕末・明治期の国民国家形成と文化形成』新曜社, pp. 3-42
野田隆（1993）「シエンティフィコス（科学主義者達）——実証主義の二代目達」歴史学研究会編『〈南北アメリカの500年・第3巻〉19世紀民衆の世界』青木書店, pp. 58-59
パス, オクタビオ（1982）『孤独の迷宮——メキシコの文化と歴史』高山智博・熊谷明子訳, 法政大学出版局
バスコンセロス, ホセ（1988（1925））「宇宙的人種」高橋均抄訳,『近代思想　総特集　ラテンアメリカ——増殖するモニュメント』16 (10), pp. 106-121
初谷譲治（1993）「メキシコにおけるアシエンダと共同体」歴史学研究会編『〈南北アメリカの500年・第3巻〉19世紀民衆の世界』青木書店, pp.171-188
浜本満（1996）「差異のとらえ方——相対主義と普遍主義」『〈岩波講座・文化人類学12〉思想化される周辺世界』岩波書店, pp. 71-96
ファーヴル, アンリ（2002（1996））『インディヘニスモ——ラテンアメリカ先住民擁護運動の歴史』染田秀藤訳, 白水社

福田歓一（1988）『国家・民族・権力——現代における自由を求めて』岩波書店
船曳建夫（1988）「文化と社会」伊藤幹治・米山俊直編『文化人類学へのアプローチ』ミネルヴァ書房，pp.18-46.
古谷嘉章（1998）「芸術／文化をめぐる交渉——グアテマラのインディヘナ画家たち」国立民族学博物館研究報告 23（1），pp. 35-93
ベイリー，C. デイビッド（1980）「メキシコ革命に関する修正学派と最近の研究動向」『イベロアメリカ研究』1, pp. 44-60
ベッカー，ジェーン・S.（1996(1988)）「アメリカにおける文化の政治性とコミュニティ——1888年から1988年を中心に」岩竹美加子編『民俗学の政治性』pp. 86-124
ベネディクト，ルース（1997（1940））『人種主義——その批判的考察』筒井清忠他訳，名古屋大学出版会
星野妙子・米村明夫編（1993）『地域研究シリーズ13：ラテンアメリカ』アジア経済研究所
堀田幸男・三宅正樹編（1992（1982））『［新版］概説ドイツ史——現代ドイツの歴史的理解』有斐閣選書
堀喜望（1965（1954））『文化人類学』法律文化社
益子待也（1985）「ボアズ——近代アメリカ人類学の父」綾部恒雄編『〈文化人類学群像1〉外国編1』アカデミア出版会，pp. 83-99
増田義郎（1978（1968））『メキシコ革命』中央公論社
松下マルタ（1993）「社会ダーウィニズムからインディヘニスモに向けて——ラテンアメリカ思想史における人種問題の位相」歴史学研究会編『〈南北アメリカの500年・第3巻〉19世紀民衆の世界』青木書店，pp. 55-70
皆川卓三（1980）『〈世界教育史体系19〉ラテン・アメリカ教育史 I・II』講談社
村山雅人（1995）『反ユダヤ主義——世紀末ウィーンの政治と文化』講談社
矢吹久（1990）「ネイション概念の形成と歴史的展開」『思想』788, pp. 86-107
伊健次（1993）「民族幻想の蹉跌——「日本民族」という自己提示の言説」『思想』834, pp. 4-37
横山和加子（1991）「イスパノアメリカ植民地期の美術における先住民の影響——その評価をめぐって」『ラテンアメリカ研究年報』11, pp. 57-98
吉田憲司（1999）『文化の「発見」——驚異の部屋からヴァーチャル・ミュージアムまで』岩波書店
吉野耕作（2002）「エスニシズムとマルチエスニシティ——マレーシアにおけるナショナリズムの二つの方向性」『〈講座社会学16〉国際社会』東京大学出版会，pp. 85-119
米村明夫（1988）「メキシコの少数民族問題と教育政策」『ラテンアメリカレポート』5（3），pp. 10-21
米本昌平（2000）「イギリスからアメリカへ——優生学の起源」米本他『優生学と人間社会——生命科学の世紀はどこへ向かうのか』講談社
レッドフィールド，ロバート
　（1960（1955））『文明の文化人類学』安藤慶一郎訳，誠信書房
　（1978（1953））『未開世界の変貌』染谷臣道・富本勝宜訳，みすず書房
渡辺欣雄（1978）「ボアズの理論」蒲生正男編『現代文化人類学のエッセンス——文化人類学理論の歴史と展開』ぺりかん社，pp. 86-104

資 料 編

マヌエル・ガミオ関連年表

ガミオ-ボアズ往復書簡（10通）

ガミオ-ボアズ往復書簡要約一覧表

写真資料一覧

人名索引／事項索引

マヌエル・ガミオ関連年表

González Gamio (1987), Comas (1960), Archivo Manuel Gamio より大村が作成
(ゴチック体はメキシコおよび世界の大きな出来事を表す)

年	ガミオの所属・役職・著作等	ガミオが主に関わった活動	所属学会
1883	メキシコ市に生まれる		
1903	メキシコ大学高等科卒業 (Bachillerato en la Escuela Preparatoria de la Universidad de México)		
1904	第5夜間学校補佐 (Profesor Ayudante de la Escuela Nocturna No. 5) (-1905)		
1905			
1906			
1907	メキシコ国立博物館歴史学助手 (Profesor Auxiliar de Historia en el Museo Nacional de México)		
1908			
1909			

資料編

年			
1910	米国コロンビア大学留学，ボアスのもとで人類学を学ぶ	ニューヨーク，アメリカ・インディアン博物館，エクアドル科学探検隊副隊長 (Subjefe de la Expedición Científica de Museum of the American Indian, de New York, en la Republica del Ecuador) **メキシコ革命勃発**	
1911	コロンビア大学修士号取得 (Maestro de Artes) メキシコ国立博物館考古学講師 (Profesor de Arqueología en el Museo Nacional de México)		
1912		第18回国際アメリカニスト会議代表（ロンドン）(Delegado al XVIII Congreso Internacional de Americanistas [London])	
1913	国立美術アカデミーメキシコ芸術史講師 (Profesor Auxiliar de Historia del Arte Mexicano en la Academia Nacional de Bellas Artes) 教育省内，考古遺跡総合監査委員長 (Inspector General de Monumentos Arqueológicos de la Secretaría de Educación) (-1916)		
1914		**第一次大戦勃発**	
1915		第2回パン・アメリカ科学会議メキシコ代表および第19回国際アメリカニスト会議代表（ワシントン）(Presidente de la Delegación Mexicana en el II Congreso Científico Panamericano y en el XIX Congreso Internacional de Americanistas efectuados en Washington, diciembre 1915-enero 1916)	Sociedad Mexicana de Geografía y Estadística Fellow de la American Ethnological Society (New York)

年	ガミオの所属・役職・著作等	ガミオが主に関わった活動	所属学会
1916	アメリカ考古・民族学国際学院学長 (Director de la Escuela Internacional de Arqueología y Etnología Americana) (-1920) 『Patria をつくる (*Forjando Patria*)』刊行		Academia Mexicana de la Historia The National Geographic Society (Washington) American Anthropological Association
1917	農業・勧業省内, 考古・民族学局長 (Director de Dirección de Estudios Arqueológicos y Etnográficos en la Secretaría de Agricultura y Fomento) (-1924)	革命憲法公布	
1918		第一次大戦終結	
1919	考古・民族学局が人類学局 (Dirección de Antropología) に改称	国際連盟発足	
1920	雑誌 *Ethnos* 創刊, 編集長 (Fundador, propietario y director de la revista *Ethnos*, México) (abril 1920-mayo 1925)		
1921	コロンビア大学博士号取得 (Doctor en Filosofía)	第2回国際優生学会議メキシコ代表および副会長 (ニューヨーク) (Presidente de la Delegación Mexicana y Vice presidente del II Congreso Internacional de Eugenesia celebrado en Nueva York (septiembre de 1921)	The Exporters Club (New York) Société des Americanistes de París Sociedad Científica "Antonio Alzate" (México)
1922	『テオティワカン盆地の住民 (*Población de la valle de*	第20回国際アメリカニスト会議代表 (リオ・デ・ジャ	Fédération Internacionale des

資料編

1923		*Teotihuacan*」刊行 ネイロ〕(Delegado al XX Congreso Internacional de Americanistas〔Rio de Janeiro〕)	Artes, des lettres et des Sciences (México) American Antiquarian Society (Worcester, Mass.) Société de Anthropologie de Paris Die Geographische Gesellschaft (Hamburg) Sociedad Argentina de Estudios Geográficos (Buenos Aires) Associazione Archeologica Romana (Roma)
1924		公教育副大臣 (Subsecretario de Educación Pública) (diciembre 1924-junio 1925) カーネギー財団での講演 (ワシントン) (Comisionado por la Carnegie Institution para dar conferencias en Washington)	Caballero de la Orden Científica de la Estrella Polar (Suecia) Hispanic Society of America (New York) Instituto del Museo de la Universidad Nacional de la Plata, Argentina
1925		米国へ亡命	
1926		米国考古学協会の委任により、グアテマラでの地理・文化研究 (Comisionado por la American Archaeological Society, para el estudio de problemas geográfico-culturales en Guatemala) ハリー財団の依頼によりシカゴ大学でメキシコに関する講演	Sociedad de Geografía e Historia de Guatemala

年	ガミオの所属・役職・著作等	ガミオが主に関わった活動	所属学会
1927		(Comisionado por el Harry's Institute, de la Universidad de Chicago, para dar conferencias relativas a México)	
1928		社会調査委員会の依頼により米国で移民研究 (Comisionado por el Social Science Research Council, de New York, para investigar la inmigración mexicana en Estados Unidos [-1928])	
		第2回国際移民会議メキシコ代表（ハバナ） (Delegado de México en la II Conferencia Internacional de Emigración e inmigración. La Habana, Cuba)	Société des Americanistas de Belgique (Bruxelles)
1929		第3回太平洋事情機関ラテンアメリカ代表（京都） (Delegado Latinoamericano en la Tercera Conferencia del Institute of Pacific affairs, efectuada en Kyoto, Japón)	Anthropological Society of Washington
1930	社会防治安維持最高審議会長官 (Magistrado del Supremo Consejo de Defensa y Prevención Social) (-1932)		
1931			Miembro fundador de The Pacific Geographic Society, California
1932	公教育省内，文化使節局・農村師範学校の設置補佐 (Asesor de la Dirección de Misiones culturales y Escuelas Normales Rurales) (-1933)		Comitato Italiano per lo studio dei problemi della popolazione (Roma)

年			
1934	農業・勧業省内、農村人口・国土・開拓局局長 (Director General de Población Rural, Terrenos Nacionales y Colonización. Secretaría de Agricultura y Fomento)		
1935		公教育省技術委員会指導スピーカー (Vocal del a Comisión Técnica Consultiva de la Secretaría de Educación Pública [-1937]) 第2回パン・アメリカ地理・歴史会議代表(ワシントン) (Delegado ante la II Conferencia del Instituto Panamericano de Geografía e Historia, Washington)	
1936		アメリカ政治・社会科学アカデミー理事(フィラデルフィア) (Consejero de la American Academy of Political and Social Science, Philadelphia, Pa.)	
1937			Sociedad Mexicana de Historia Natural Sociedad Mexicana de Antropología
1938	公教育省内、社会調査機関局長 (Director del Instituto de Investigaciones Sociales, en la Secretaría de Educación Pública) 内務省内、人口局局長 (Jefe del Departamento Demográfico, en la Secretaría de Gobernación) (-1942)	人類学技術の標準化委員メンバー (Miembro del Internacional Committee for Standardization of Anthropological Technique) 第27回国際アメリカニスト会議代表(メキシコ市) (Delegado al XXVII Congreso Internacional de Americanistas, México)	
1939		**第二次大戦勃発**	

年	ガミオの所属・役職・著作等	ガミオが主に関わった活動	所属学会
1940	第1回米州先住民会議組織委員会副委員長 (Vice presidente del Comite Organizador del Primer Congreso Indigenista Interamericano, Patzcuaro, México)		
1941			
1942	米州先住民局局長 (Director del Instituto Indigenista Interamericano) (-1960)		
1943		第1回米州人口会議代表 (メキシコ市) (Delegado al I Congreso Demográfico Interamericano, México) 「生産調整・奨励」委員会理事 (Consejero del Comité Presidencial de "Coordinación y Fomento de la Producción") Mezquital 盆地研究調整委員会スピーカー (Vocal del Comite Coodinador de los trabajos del Valle del Mezquital)	
1944			
1945		第二次大戦終結/国際連合発足	
1946			American Sociological Society (New York) American Association for the Advancement of Science (Washington)

1947	第4回メキシコ人類学会円卓会議での米州先住民局代表 (Representante del I.I.I. En la IV Mesa Redonda de la Sociedad Mexicana de Antropología)	
1948	国連農村改善委員会理事および食料・農業組織理事 (Asesor en el Comité Consultivo Permanente de Bienestar Rural. Food and Agriculture Organization of the United Nations (FAO) (1948 y 1950))	
1949	第29回国際アメリカニスト会議代表 (ニューヨーク) (Delegado XXIX Congreso Internacional de Americanistas, New York)	Miembro correspondiente de la Sociedad Argentina de Americanistas (Buenos Aires) Vice presidente honorario del Institute of Ethnic Affairs (Washington) The Academy of Political Science (New York)
1950		Vice presidente honorario del Institut Internacional de Sociologie (Roma) Sociedad de los Amigos del Museo Etnológico (Santa Marta, Colombia)
1951	Mezquital 盆地におけるインディオ遺産会議スピーカー (Vocal del Congreso del Patrimonio Indígena del Valle del Mezquital)	Institut Internacional des Civilisations Differentes (Bruselas)

年	ガミオの所属・役職・著作等	ガミオが主に関わった活動	所属学会
1952			Miembro honorario de la Academia de las Lenguas Quecha i Aimara (Puno, Peru)
1953		第4回全国社会学会での米州先住民局代表 (Delegado del I.I.I. Al IV Congreso Nacional de Sociología, México)	Miembro honorario del Instituto de Historia, Etnología y Folklore (Tucuman, Argentina)
1954		メキシコ人類学会円卓会議副議長 (Vice presidente de la Mesa Redonda de la Sociedad Mexicana de Antropología)	
1955		中央アメリカ問題に関するインディヘニスタ・セミナーでの米州先住民局代表 (サンサルバドール) (Delegado del I.I.I. Ante el Seminario Indigenista sobre problemas de Centroamérica (San Salvador, Junio de 1955)	
1959		第10回全国社会学会での米州先住民局代表 (サンルイスポトシ) (Delegado del I.I.I. Ante el X Congreso Nacional de Sociología (San Luís Potosí)	
1960	7月16日, メキシコ市で亡くなる (77歳)		

ガミオ‐ボアズ往復書簡（10 通）

I ボアズからガミオへの手紙

Oct. 29, 1914
Señor Don Manuel Gamio
Museo Nacional
México, D. F., Méx.

My dear Mr. Gamio,

  I received yesterday a notification of the appointment of Señor Ledón as delegate of the Mexican Government on the Junta directiva of the International School. I write to you, because I know of your personal interest in everything concerning the School, and of your desires to promote its welfare. I know that you are fully conversant with the aim of our institution, and are desirous that we should continue our affairs to promote the development of scientific anthropology, as we have done heretofore. Naturally I feel somewhat concerned in regard to the whole subject, because owing to the sudden departure of Dr. Tozzer, which was necessitated by the American occupation of Vera Cruz and the consequent long interruption of our work, and owing to the effects of the European war, a certain discontinuity has developed, which is very undesirable. I am sure Dr. Pruneda, whom at Professor Tozzer's suggestion the Patrons made local secretary of the School, will do all he can but the co-operation of everybody interested in the promotion of Mexican archaeology and ethnology is needed. I presume you are aware of the various steps that led to the present situation. Dr. Pruneda has always been very much interested in the School, and we felt that somebody in close touch with affairs in Mexico was needed to do the necessary executive work at times when there is no Director in Mexico, and for this reason we established, by agreement of all the Patrons and Protectora, the position of Local Secretary. I think that it is quite essential that somebody should have the right and the duty to keep things going in Mexico during the summer or when for any reason the whole staff of the School may be absent from the city.

  When you have opportunity to speak about the work of the School, I wish you would most emphatically represent the fact that it has been our policy from the beginning to be of service to the development of scientific work in Mexico ; that we hope by the co-operation of men of different nationalities, and particularly also of

1914年10月29日
メキシコ，メキシコ市
国立博物館

マヌエル・ガミオ様

★解説：この年3月の米国軍によるベラクルス上陸，7月の第一次大戦勃発により，EIAEAの運営は困難を極めていた。メキシコで排外主義的気運が高まる中，ボアズはガミオにEIAEAの理念を各界で訴えるよう要請している［第3章］。

親愛なるガミオ君

　　昨日カスティージョ・レドン氏［メキシコ国立博物館館長］がEIAEAの理事会でメキシコ代表に指名されたという報告を受けた。君も学院の行く末には関心があるだろうと思い，これを書いている。学院の目的は君もよく承知しているように，これまで通り科学的人類学の発展を促進することにある。現在の状況を考えれば前途はきわめて多難だ。米国がベラクルスを占領したことで突然トツァール博士［ドイツ人考古学者，EIAEAメンバー］が駆り出されて研究は長い間中断しているし，ヨーロッパでの戦争の影響で残念ながら様々な困難が生じている。

　　プルネダ博士［Alfonso Pruneda García　メキシコ人民大学学長］を世話人に選出するという案はトツァール博士のものなんだ。学院の世話人は地元メキシコの人間が務めたほうがいいし，実際プルネダ博士は一生懸命やってくれると思う。とにかく今はメキシコの考古学と民族学の前進を願う皆が協力することが必要なんだ。君のことだからこれまでの経緯はわかっていると思う。プルネダ博士は常に学院に関心を持って下さっているし，メキシコの事情にも詳しい。校長が不在の時に事務を担当できる人間が必要だと我々は考えたんだ。メキシコ人の事務員を置くことに関しては，スポンサーや後援者も賛同している。夏の間やスタッフが誰もいない時に誰かがメキシコで仕事を継続してくれることは確かに重要だと思う。

　　君が何かの場で学院での研究について話す機会を得た時には，我々のポリシーが最初からメキシコの科学的発展にあるということをどうか強調してほしい。つまり我々が，国籍の異なる者の協力によって，とりわけメキシコ人の協力を得て科学の発展に寄与したいと望んでいるということをだ。そしてそれを可能とする人間

Mexicans, to develop gradually a body of men who will be able to advance our science, and who, by bonds of friendship established by joint work, will continue to work together throughout their lives. I feel rather strongly that the fact that you yourself, your brother, and other Mexican Fellows, two Germans, and four Americans, have worked jointly in this manner in Mexico, has already served as a stimulus for successful work, not withstanding the fact that the political conditions have not exactly facilitated the work of the School. I would also recall to your mind a point upon which I have dwelt many times, and that seems to me of the greatest importance.

The success [progress からボアズが修正] of our studies on the sequence of civilizations, which we have begun with fair success in the Valley of Mexico, and to which you yourself have contributed so much, makes it absolutely necessary that there should be large collections of archaeological fragments (tapalcates) in Mexico. Our experience has shown that material of this kind is enormously plentiful; and a thorough foundation of scientific work in Mexican archaeology makes it quite necessary that a selection of material of this kind should be in as many places as possible, but particularly also in the City of Mexico. You ought to have, either in connection with the inspection or in connection with the Museum, a storeroom, not necessarily accessible to the public, in which material of this sort can be kept, well classified, and carefully labelled, for purposed of study.

Another point that I desire to be remembered is that in my opinion it would be advantageous for the advancement of Mexican science if as many of the reports of the School as may be can be published in Mexico. Up to this time we have not been able to do much in this direction, on account of the limited means at our disposal, and we have published most of our material in journals, etc. Personally I should always advocate a policy by which the publication of our work should be made in Mexico.

I should be very glad to hear from you at your convenience. The object of this letter is to ask you to co-operate with all of the friends of the School in promoting the interest of Mexican archaeology and ethnology by making known the objects and the policy of our institution.

With kindest regards,

Yours very sincerely,

集団を徐々につくりあげること，彼らが共同作業を通して培う友情によって，生涯を通じてその研究を継続していってくれること，それが我々の願いだということを強調してほしいんだ。

　私は君や君の兄弟，そして他のメキシコの仲間や2人のドイツ人，4人の米国人が，世界の政治情勢のために学院での研究が自由にできない状態に置かれているにもかかわらず，これまでメキシコで一緒に作業したことが研究の成功につながっていると強く信じている。

　メキシコ盆地での文明の段階に関する我々の研究は十分な成功を収めたし，君は大いに貢献してくれた。この調査で明らかになったのは，メキシコには非常に多くの遺跡・遺物が存在するということだ。我々の経験が示したことは，メキシコにはこれらの歴史的資料が極めて豊富にあること，そしてメキシコ考古学に科学的調査の確固とした基盤を打ち立てるためには，できるだけ多くの場所，特にメキシコ市から，これらの資料を発掘しなければならないということだ。君には遺跡監査の部局か博物館とコンタクトをとって，一般の人がアクセスできないような資料を保管し，分類するための倉庫を確保できるよう働きかけてもらいたい。

　もう一つ言っておきたいのだが，メキシコ科学の発展にとっては，メキシコでEIAEAの研究成果を出版した方がいいというのが私の意見だ。これまでは，財政的理由から雑誌の形では公表してきたが，書物として発表することはできなかった。私個人としては，我々の研究成果はメキシコで公表されるべきだと思う。

　君から便りをもらって非常にうれしかった。今日は，メキシコ考古学と民族学の発展という我々の目的に向かって，EIAEAの友人みなと協力し合ってほしいということ，そして学院の目的とポリシーを広く訴えてほしいということを切にお願いするため，この手紙を送る次第だ。

心からの友情を込めて

II　ガミオからボアズへの手紙

Correspondencia particular
del Inspector General de Monumentos Arqueológicos
México, 7 de junio de 1917
Sr. Dr. Franz Boas
Columbia University
Nueva York

Mi querido profesor :
　　Oportunamente he recibido su grata carta de fecha 25 de mayo último, así como los dos folletos del "Journal of American Folklore".

　　Desde el año pasado algunos amigos y yo hemos intentado crear la Sociedad de Folklore, pero por diversos motivos no se ha podido efectuar ésto, no obstante que las investigaciones sobre este particular se hacen y se continúan haciendo en México por varias personas. Desgraciadamente no se les da la publicidad que sería de desearse, así que no sólo son desconocidas en el extranjero, sino aún en nuestro país. Voy a procurar recopilar algunas de estas investigaciones, a fin de enviarlas a usted oportunamente.

　　Me parece muy interesante la proposión que me hace usted de que se cree en esta Capital una rama mexicana de la American Folklore Society, así es que ya sea que se forme o nó la Sociedad a que aludí en un principio, voy a procurar por cuantos medios sean posibles organizar la rama mexicana, aun cuando yo no sea el Presidente, sino simplemente uno de los miembros que más procuren apoyarla.

　　En estos momentos recibo la carta que me dirige usted, referente al señor Gómez Farías así como el esqueleto para solicitud de Columbia University. Con respecto a este particular voy a hablar a dicho joven y a su tiempo tendré el gusto de contestarle.

　　Sólo estamos esperando la aprobación del Congreso, desde el punto de vista económico, a fin de que comience a funcionar normalmente la recientemente creada Dirección de Estudios Arqueológicos y Etnográficos, Institución que creo que podrá hacer algo en pro de los estudios antropológicos, dado el entusiasmo de su personal y particularmente el del señor Ministro y el mío.

　　Próximamente hablaré a usted extensamente sobre este particular, pues juzgo que sus indicaciones podrán sernos útiles.

　　Sílvase usted aceptar las seguridades de mi atenta y distinguida consideración.

　　　　　　　　　　　　　　　　　　　　　　　　Su afmo. atto. y s.s.

1917年6月7日
考古遺跡総合監査委員長私信
ニューヨーク市，コロンビア大学
フランツ・ボアズ博士

★解説：フォークロア研究はボアズの文化概念生成に貴重な材料を提供した。ガミオはメキシコでのフォークロア研究を勧めるボアズの言葉に従い，メキシコ・フォークロア協会を結成した[第3章]。

親愛なる先生

　折よく3月25日付の先生からの手紙と *Journal of American Folklore* を拝受しました。

　去年から友人と共にフォークロア協会を創設しようとしていたのですが，いろいろな事情から実現することができませんでした。しかしメキシコでは様々な人々がフォークロアに関する調査を継続しています。残念ながら公表したくてもその手だてがないので，外国人だけでなくメキシコ人もその研究の存在を知らないのです。それらのいくつかを編集してお送りしたいと思います。

　アメリカ民俗学協会のメキシコ支部を創設してはどうかという先生のご提案，大変興味深く思います。どうしたら実現できるかはまだ分かりませんが，会長としてではなくともメンバーの1人として支援できるよう手段を探ってみたいと思います。

　ちょうどゴメス・ファリアス君［メキシコ人留学生候補］のコロンビア大学留学に関する手紙を受け取ったところです。さっそく彼に話して，後ほどお返事したいと思います。

　新設された考古・民族学局に関しては，国会での予算承認を待っているところです。これが実現すれば人類学研究に多大な貢献ができると思います。大臣や関係者は私の熱意に賛同してくれています。これに関してはまたお便りします。我々にとってはとてもよい徴候が現れはじめていると思います。

敬具

III　ガミオからボアズへの手紙

Dirección de Estudios Arqueológicos y Etnográficos Particular
México, 29 de Junio de 1917
Sr. Dr. Don Franz Boas
Columbia University
New York , -E.U.A.

Querido Profesor :

De acuerdo con lo que participé a Ud. en días pasados la "Dirección de Estudios Arqueológicos y Etnográficos" ha comenzado a funcionar como Dependencia de la Secretaría de Fomento no existiendo ya la Inspección de Monumentos Arqueológicos pues ha sido incorporada a esa Dirección.

Uno de los obstáculos con que he tropezado y que Ud. fácilmente comprenderá consiste en la falta de un personal conocedor de las investigaciones que aquí se emprenden. Por supuesto que esto no es general pues hay algunos empleados que sí son competentes. En cuanto a los demás, que son jóvenes recientemente incorporados a esta Dirección, teniendo en cuenta su inclinación por las investigaciones antropológicas que aquí se efectúan he procedido de la siguiente manera : desde hace un año les he dado clases referentes a consideraciones generales sobre Antropología y sobre puntos concretos de Etnografía y Arqueología. Por supuesto que estas clases han sido deficientes por la carencia casi absoluta de libros de texto y porque como Ud. comprende no puedo yo tener los profundos conocimientos enciclopédicos que requiere una enseñan de tal naturaleza, para ser satisfactoria. En vista de lo anterior, suplico a Ud. muy atentamente, se sirva mandarme una pequeña lista especificando algunos libros de texto sobre Antropología Física, sobre Etnología (aquí con temas con el Keane y con el Deniker) Lingüística en general y Fonética en particular (he recomendado a dichos jóvenes la consulta del importantísimo libro de Ud., "Hand Book of American

1917年6月29日
考古・民族学局私信
米国，ニューヨーク市
コロンビア大学

フランツ・ボアズ博士

★解説：ガミオは1917年，勧業省（後に農業・勧業省へと改組）内に考古・民族学局（後に人類学局へと改称）を創設した。ガミオはボアズに同局での調査計画について報告すると共に，スタッフの養成に関して助言を求めている。

親愛なる先生

　以前お話しましたように，勧業省内に考古・民族学局が創設されました。考古遺跡総合監査委員は，この局に吸収されてもう存在しておりません。

　私が直面した様々な障害の一つは，先生にもご想像いただけると思いますが，有能な人材が不足していることです。確かに有能な者もおりますが，スタッフのほとんどは入局したばかりで人類学に関する知識を持ってはおりません。ですから本局での人類学研究は以下の手順で行っていこうと思っています。

　以前からスタッフに人類学の一般理論のクラスを開講して，さらに民族誌と考古学の重要点を教えています。言うまでもなくこれらのクラスではテキストが不足しており，そればかりか私は先生のように博識ではないので大変苦労しています。このようなわけで，先生に折り入ってお願いがあります。形質人類学，民族学（Keane と Deniker*に関するもの），言語学一般と音韻学（先生が執筆された重要文献 *Hand Book of American Languages* を推薦してあるのですが，できればあと2, 3冊このご著書のコピーがあれば大変よいと思っています。もう第2部は刊行されたでしょうか？）についての簡単な文献リストを送っていただけないでしょうか。考古学に関しては，古典的研究だけでなく新しい研究にも目を通すよう皆に言ってあります。

Languages" del cual entre paréntesis quisiera yo tener dos o tres ejemplares más y saber si ya apareció la segunda parte).

En cuanto a Arqueología aparte de las obras antiguas he recomendado se tomen inconsideración los trabajos modernos, por ejemplo, los de Spinden y Morley de la Civilización Maya y la obra general de Joyce. Agradecería a Ud. que con la especificación de dichos textos se dignaría Ud. decir también las librerías en que podían adquirirse. Debo advertir a Ud. que estos jóvenes no son propiamente estudiantes sino empleados de esta Dirección, a los cuales le aconsejado que estudien las materias que se investigan en la misma para el más satisfactorio desempeño de sus labores.

Mucho estimaría a Ud. también, se sirviera enviarme una bibliografía de los trabajos que ha hecho con relación a México, diciendo cuales pueden adquirirse por compra y cuales son facilitados por las instituciones que los publicaron.

No crea Ud. que he olvidado lo relativo a la Escuela de Arqueología y Etnología Americanas más ha sido imposible hacer nada efectivo pues el Sr. Carranza ha dicho que aún cuando está resuelto a dar la cantidad que el Gobierno adeuda a la Escuela es necesario esperar algún tiempo para poder hacerlo así.

Por útimo tengo el gusto de adjuntarle a la presente un pequeño opúsculo en el cual aparecen las tendencias que persigue la Secretaría de Fomento de la cual forma parte esta Dirección a mi cargo.

たとえば Spinden** と Morley ［Sylvanus Morley］によるマヤ文明に関する研究や Joyce ［T. A. Joyce］によるものです。また，教えて下さった文献を購入できる本屋をご存じならそれも教えていただけませんか？　私の生徒は学生ではなくスタッフなのですから，満足のゆく調査を行うためには各自自分で文献を研究しなければだめだと言ってあります。

それからメキシコに関する研究の文献リストを送っていただけますでしょうか。それらをどこで入手できるのか，またどこから出版されているのかご教示下さい。

EIAEA のことは決して忘れたわけではありませんが，今は実行に移すことが不可能な状態なのです。カランサ大統領は，政府が EIAEA に供出することになっている資金を調達するには未だ時間が必要だと言っています。

最後に，私が着任した勧業省の活動に関するパンフレットを同封いたします。

*　Keane は A. H. Keane を，Deniker は J. Deniker を指すものと思われる。それぞれ著書に *Man, Past and Present*（1899），*The races of man : an outline of anthropology and ethnography*（1900）などがある。
**　H. J. Spinden を指すものと思われる。著書に *Ancient civilization of Mexico and Central Mexico*（1917）などがある。

IV　ボアズからガミオへの手紙

Bolton Landing, Warren Col., N.Y.
July 23, 1917
Mr. Manuel Gamio
México, D.F., México

My dear Mr. Gamio,

　　　Please excuse me for delaying to answer your letters, but I could not very well write to you during the last few weeks.

　　　Let me first of all congratulate you upon your success in organizing the folk-lore work in Mexico. I am very much gratified with the results of your endeavors, which show how firmly you have the ethnological work in hand, and how successful your work in this direction proves to be. I do hope that your new Society will be productive, and that the *Journal of American Folklore* will meet your needs of publication. If, for instance, Miss Noguera should be willing to send us the riddles for publication in the fall of this year, I shall be only too glad to publish them, or if we are to receive animal tales, we shall also be glad to publish them. As you have seen from the last number, there is no reason why the whole number should not be printed in Spanish. I am writing to our publisher to inform you in regard to the price of a set of the whole series. The regular subscription price is $3.00. I shall see to it that your office is entered as a subscriber.

　　　May I perhaps be allowed to suggest from to time topics for investigation of your folk-lore society? Some of them are so simple that it would be very easy to get the desired information. There is, for instance, the well-known game of cats-cradle that is played all over Europe. The game is played, as you probable know, with a string put over the fingers, and then various loops are made which are taken off by another person, and each stage of the game has a certain definite name. I know that the game is played in Mexico, but I do not know the names of the various stages. This would be a very acceptable subject for a little note.

　　　Among the makers of drawn-work all the different patterns have different

1917年7月23日
ニューヨーク市，ウォーレン，
ボルトンランディングより
メキシコ，メキシコ市
マヌエル・ガミオ様

★解説：ボアズはメキシコ・フォークロア協会を結成したガミオに対し，詳細な助言を与えている［第3章］。

親愛なるガミオ君

　　返事が遅れてすまない。この数週間というもの，手紙を書ける状況ではなかったんだ。

　　まずはフォークロア協会の結成おめでとう。君の努力が実って本当に嬉しいよ。これで君が民族学的研究をきちんと理解していて，この方面でも十分成功できるということが証明されたね。君の協会のメンバーたちが論文を多く執筆してくれること，そして *Journal of American Folklore* 誌が君たちの必要に応じられることを願うよ。例えばノゲイラ女史［メキシコ人民俗学者］には，秋の号に「なぞなぞ」を送ってもらってもいいし，また動物に関わる伝承を送ってくれれば喜んで掲載するよ。前の号を見てくれれば分かるように，スペイン語で出版できないということはないんだから。バックナンバーが全部で幾らになるのか出版社に問い合わせているところだ。購読料は3ドルだ。君の局が購読者登録されるよう連絡してみるよ。

　　フォークロア協会での調査のためにいくつかトピックを提案してもいいかな。とても簡単なものもあるから，データ収集もそれほど難しくはないと思う。例えば，ヨーロッパ全域に「あやとり（cats-cradle）」としてよく知られている遊びがある。君もおそらく知っているように，これは指に糸をかけて遊ぶもので，糸で輪を作って別の人がそれを受け取っていく。この遊びには段階があって，それぞれ名前がついている。「あやとり」がメキシコでも行われていることはわかっているのだが，それぞれの段階にどのような名前がついているのかは調べられていない。［それを調べれば］研究ノートとして認められると思うよ。

　　あやとりをする人々の間では，いろいろなパターンが知られていて，それぞ

names, and it would be very desirable to get a collection of these names. It would be a simple matter to make blue prints of the drawn-work and to write in the names that are given to it. This also would be an interesting subject for a note.

The miners in the various mines have a way of communicating by means of whistling, and the information given in this way is quite detailed. We do not know just what kinds of whistling are used for this purpose. Some musical person with the confidence of the miners could easily get that information. I presume they would not like to tell any one in whom they have no confidence that signal they use in saying, "The bottle is coming."

I think you ought to use your influence to avoid the one great mistake that is very often made by Spanish-American scholars, and that is not simply to give the material but to theorize on the material that is available to the reader. It is of course desirable that an investigator should express his opinion on the material that is collected, but the basis of his deduction should be a purely objective statement of his data, and people should be impressed with the necessity of first of all giving us the data. If it is agreeable to you, I shall send you from time such questions as seem to me of particular interest.

I find it a little difficult to answer your question relating to a single serviceable book for the study of ethnology. The general summaries that are available are on the whold of little use. I think on the whole you might find the following books important and useful to your students :

F. Ratszel : History of Mankind (a general ethnographical summary with excellent illustrations treated from a geographical pointo of view).

E.B.Tylor : Primitive Culture (a book of fundamental importance).

E.Durkheim : La Vie Religieuse des Primitives.

Levy-Bruhl : Les Fonctions mentales des Primitives.

There are a number of small English books which are very useful, but the titles of which I do not remember withoug looking them up. Perhaps you can find theme from the following indications :

Durkworth : Antiquity of Man.

Keath : Ancient Man.

Haberlandt : Ethnography.

れ異なった名前がつけられている。これらの名前を集めるのもいいだろう。パターンを簡単にスケッチして名前を記述するのはそれほど難しくない。これも興味深い研究ノートになると思う。

　それから、鉱山労働者たちは口笛でコミュニケーションをとる手段を持っていて、そこで交わされる情報はとても複雑なものだ。でも我々は口笛の種類や目的についてはまだよく知らない。もし音感のよい人物がいれば情報を集めることができるだろう。ただし鉱山労働者に知り合いがいないといけないがね。彼らは見ず知らずの人間に「酒が来たぞ」なんていうサインを見破ってほしくはないだろうからね。

　君の影響力でもって、アメリカのスペイン語話者の学者が陥りがちな間違いをなくすようにしてほしい。つまりデータそのものを記述するのではなく、事実を勝手に理論化してしまうという誤りだ。もちろん調査者が自分が集めたデータについて意見を表明することはよいことだ。しかしそこでの推論は客観的な観点に基づいたものでなければならないし、まずは何よりもデータを正確に提示することの必要性を読み手に痛感させなければならないんだ。この点について賛成してくれるならまた手紙を送るよ。この問題は私にはとても重要に思われるんだ。

　君から要請のあった、民族学研究に使えそうな文献を挙げるのは少し難しい。入手しやすい概論には総じてあまり有益そうなものがないんだ。以下のものは一般的に考えても重要文献だし君の学生にとっても役立つと思う。

　　F. Ratszel : *History of Mankind*（地理学の観点からの民族学総論だが、挿絵がすばらしい）

　　E. B. Tylor : *Primitive Culture*（重要な基礎文献だ）

　　E. Durkheim : *La Vie Religieuse des Primitives*

　　Levy-Bruhl : *Les Fonctions mentales des Primitives*

　その他、英語で書かれた短い文献がいくつかあって、それらはとても重要なのだが、今はタイトルが思い出せない。以下に手がかりになりそうなキーワードを挙げておく。

　　Durkworth : Antiquity of Man

I imagine any bookseller in Mexico can give you the exact titles. A useful summary of earliest prehistoric archaeology has been written by H. F. Osborn, "Man of Later Poleolithic Time."

There are two little German books which are excellent, and if you have the chance it will well pay to have them translated into Spanish. These are Heilbron "Ethnography", and Pruess "The Material Life of Primitive man". The latter uses a great deal of Mexican material and would therefore be of particular interest, but this book is not as good as the other one, because it is more one-sided. For general information you ought to have some of the anthropological works like Frazer's "Golden Bough", and "Totemism and Exogamy ; " Westermerok, "History of Human Marriage," Westermarok, "The Development of Moral Ideas," Durkworth's little textbook on the morphology and anthropology is useful for that line of work. For Linguistic work you ought to have as a basis Sweet's "Primer of Phonetics," and "Sweet's History of Language." Gesperson's "History of English Language" is an excellent example of what kind of work should be done.

You must excuse these fragmentary notes, but here in the country, without any literary means, I cannot very well give you exact bibliographies. Some time I shall talk over the whole situation with you. That would be most decidedly the best means of getting on.

Let me congratulate you once more upon the success of your work, and I hope that everthing will go on well.

Yours very sincerely,

Keath : Ancient Man

Haberlandt : Ethnography

これを伝えれば，メキシコのどんな本屋でも正確なタイトルを教えてくれると思うよ。先スペイン期の考古学に関する古典的文献としては，H. F. Osborn の *Man of Later Poleolithic Time* がある。

ドイツ語で書かれた文献で短いがすばらしいものが2冊ある。もし機会があればスペイン語に翻訳する価値は十分あると思うよ。Heilbron の *Ethnography* や Pruess の *The Material Life of Primitive man* だ。後者はメキシコの遺物を多く扱っていて興味深いと思うが少々内容に偏りがあるので，全体的には前者の方がいいと思う。一般的な人類学研究の概説としては，フレイザーの *Golden Bough* や *Totemism and Exogamy*，Westermerok の *History of Human Marriage* や *The Development of Moral Ideas* がある。Durkworth のテキストは音韻学と人類学に関するもので，使用価値は高いと思う。言語学に関しては Sweet の *Primer of Phonetics* や *History of Language* を基礎文献にするとよいだろう。Gesperson の *History of English Language* は模範的な研究例の一つといえる。

断片的な内容となってしまって申しわけないが，今のこの国の状況では君にきちんとした文献リストを送ることができそうにないんだ。いつか君と会ってじっくり話すことにしよう。それが一番いいと思う。

協会の結成に重ねてお祝いを言わせてもらうよ。すべてがうまくいくことを願っている。

心からの友情を込めて

V　ボアズからガミオへの手紙

Bolton Landing, Warren Col., N.Y.
August 15, 1917
Mr. Manuel Gamio
Director of Archaeological and Ethnological Studies
Secretaris de Fomento
México, D.F., Méx.

My dear Mr. Gamio,

　　　I wrote to you a few days ago in reply to your letter, and said that Mason's and Mechling's presence in Mexico is a complete surprise to me, and that since April Mason has not been connected with the Field Museum. I repeat this because I want you to understand that I have nothing whatever to do with their present mission, and I should be glad to hear from you that you received word from me to this effect.

　　　I trust your enterprise in regard to folk-lore is getting on satisfactorily. Our next Spanish number ought to be printed towards the end of the year, and it will be a great pleasure to me if we could get some Mexican contributions in time. For that purpose they ought to be here, if possible, some time in September. Topics that you suggested, Mexican riddles and tales,-will be very interesting. I also suggested in a recent letter as subjects of inquiry the cat's cradle, the names of Bulwer-Lytton's 'The Whistling Language of the Miners', and perhaps one or two others. I repeat this because sometimes letters are lost, and I want to be sure that you receive my notice about these matters. Do you think it would be possible to get for me another copy of the "Essays on Tabascan Popular Poetry"? I should like to send one out to a Spanish scholar for a review.

　　　　　　With kindest regards,

　　　　　　　　　　　　Yours very sincerely,

1917 年 8 月 15 日
ニューヨーク市，ウォーレン，
ボルトンランディングより
メキシコ，メキシコ市
勧業省内　考古・民族学局
局長　マヌエル・ガミオ様

★解説：IV の書簡におけるフォークロア研究のテーマに関する助言・提案の確認。冒頭の米国人類学者の消息に関する両者のやりとりは，ボアズの論文「スパイとしての科学者」へと結びつくことになる。

親愛なるガミオ君

　　数日前の手紙にも書いたが，メーソンとメチリング［いずれも人類学者，EIAEA メンバー］がメキシコにいるというのは全くの驚きだった。というのも 4 月以来メーソンは，フィールド博物館とも全く音信不通だったらしいから。もう一度言っておくが，私が彼らの現在の任務とは何も関係ないということを理解しておいてもらいたい。これに関して君から話をもちかけてくれてよかった。私の意見を直接君に述べることができたからね。

　　フォークロアに関しては満足のいく結果が得られていることと思う。*Journal of American Folklore* の次号，スペイン語版は今年の末には印刷にとりかかると思うが，それまでにメキシコからの貢献があれば非常に嬉しく思う。そのためには 9 月には論文が届いていることが望ましいのだが。君が提案したメキシコのなぞなぞと伝承に関するトピックはとても興味深いと思う。私は以前，あやとりと Bulwer-Lytton の「鉱夫の口笛の言語」について，そして確かあと 2 つのトピックについて述べたと思う。時々手紙が届かないことがあるみたいだから念のため繰り返しておくよ。

　　"Essays on Tabascan Popular Poetry" のコピーをもう 1 冊手に入れることは可能だろうか。できればそれをスペインの学者に見せたいと思っているんだ。

心からの友情を込めて

VI ボアズからガミオへの手紙

Jan. 25, 1918

Señor Manuel Gamio
Director de Estudios Arqueológicos y Etnográficos
México, D.F., Méx.

My dear Mr. Gamio,

  I have been thinking a great deal about the question of the study of Mexican languages, about which you wrote to me some time ago. The problem how to arrange for the work that certainly ought to be done is somewhat difficult, because you have nobody at the present time in Mexico who can do that work according to modern methods ; and you ought to have at least four or five men working on this subject. I am under the impression that the only thing to do would be to get somebody from here who could devote, let us say, three or four months every year to field-work, and to associate with him a young Mexican who could continue work of this kind, and during the winter months here, until he would be able himself to carry on this work independently. Frankly speaking, I do not believe that your plan to get Mechling there was a good one. Mason might have been better, although I do not believe that he would do just what is needed, in so far as the training of Mexicans is concerned. Judging from my experience while I was in Mexico, I do not think that it would be desirable to try to train one of the teachers in work of this kind, because they are too thoroughly imbued with notions that do not fit the problem ; but you ought to take a younger man who has a keen ear and a good sense of scientific method, and break him in. If you could find a couple of young men of that type who could devote, say, at least two or three years to work under competent direction, I think you will have what you want.

  In a way, the problem is attractive to me, and I do not know whether I might not like to go down to Mexico, say, for three summers, to do that kind of field-

1918年1月25日
メキシコ，メキシコ市
考古・民族学局
局長　マヌエル・ガミオ様

★解説：メキシコ先住民の諸言語について尋ねたガミオに対するボアズの返信。ボアズはガミオに，調査方法に関して助言すると共にメキシコでのフィールド・ワーク，およびメキシコ人類学者の養成に大きな関心を抱いていることを告げている。

親愛なるガミオ君

　　君から以前質問された，メキシコの言語に関する問題についてずっと考えている。確かに問題は研究をどのようにアレンジするかだ。というのも今のところメキシコには新しい方法論に則って研究できる人がいないからだ。少なくともこの研究のためには4～5人の人間が必要だ。今のところ，毎年3～4か月の間，メキシコでフィールド・ワークを行うことのできる人物をそっちに送って，彼と共同で事に当たれる若いメキシコ人を見つけるという方法しか思い当たらない。彼が独力で調査できるようになるまで，このメキシコ人には冬の間は米国で研究を続けてもらわなければならない。率直に言ってメチリングは適任ではないと思う。メーソンはまだいいが，メキシコ人を訓練するという意味ではあまりよくないと思う。私の経験から言って，教師をこの種の研究のために訓練するというのはよくない。というのも，彼らはこの問題に関する主張を強く持ち過ぎているからだ。耳の鋭い，科学的方法への感受性の高い若者を訓練した方がよいと思うよ。そういう若者を数人でも，3年間ほど正しい方法で訓練すれば，君が求めるような研究も可能になると思う。

　　このテーマは私にとっても大変魅力的なものなんだ。3回くらいの夏をメキシコで過ごしてフィールド・ワークをした後，若者を連れ帰って一緒に研究するというのも悪くないだろう。これは単なる思いつきで確実なことではないがね。例え

work, and then to take the young men along to work with me here. I do not make this definite suggestion, but it is merely an idea that is passing through my mind. Supposing, for instance, one summer could be given to a language like Otomí, another one to one or two Mexican dialects, and one to Mixtecan, the men who take part in that work ought to be broken in well enough to undertake any work of this type independently ; and I want to emphasize over and over again that what you have to do in Mexico is the same as happened with you to learn the methods so that you are able to go on independently and without relying on the help of outsiders. If a plan of this sort seems feasible to you, it is of course not necessary that I should be part of the work, but you might be able to find somebody who could do it, although of course there are not many men available.

Believe me, that I am deeply interested in this problem, and that anything that I can do to help you to organize independent Mexican work I shall gladly do.

With kindest regards,

Yours very sincerely,

ば夏の間にオトミ族（Otomi）の言語を調査して，次に別の2つの言語，もしくはミステコ族（Mixtecan）について調査をする。調査を担当する者は各自独力でできるよう仕事に慣れなければならない。再度強調しておくが，メキシコで君がやらなければならないのは，これまで同様まずは方法論を学ぶことだ。そうすれば外からの助けなしでもやっていける。もちろん私の助けは必要ないかもしれないが，もしこのような案が可能だと思うなら，誰か手助けできる者を探すこともできるかもしれない。ただ今の段階ではあまり相応しい人物に思いあたらないが。

　私もこの問題にはとても関心を持っている。そして，いつでもメキシコでの研究を手助けする気でいることを忘れないでほしい。

心からの友情を込めて

VII　ガミオからボアズへの手紙

Secretaría de Agricultura y Fomento
San Jacinto, D. F., México
Dirección de Antropología
México, 5 de Septiembre de 1919
Sr. Franz Boas
Columbia University
New York, -E.U.A.

Estimado señor :

　　　Las difíciles condiciones por que atraviesa México, especialmente en lo relativo a sus relaciones con los Estados Unidos hacen urgente la colaboración y la cooperación de los hombres de estudio en la política nacional e internacional. Con tal motivo escribí al artículo "Empiricism of Latin-American Governments and the Empiricism of their Relations with the United States", que tengo el honor de remitir a usted por considerarlo como una de las personalidades norteamericanas más cultas y competentes en asuntos latinoamericanos.

　　　Si los hombres de estudio de ese país y los del nuestro, investigaran conjuntamente los medios adecuados para alcanzar una equitativa inteligencia no sólo entre los Gobiernos sino principalmente entre los pueblos de ambos países creo que se dará un paso trascendental para el futuro del continente.

　　　Sugiero y suplico a usted por lo tanto que si el artículo a que antes me referí merece de usted algún comentario se digne enviármelo a la dirección expuesta abajo.

　　　Tengo el honor de protestar a usted las seguridades de mi atenta y distinguida consideración.

Manuel Gamio
2/a Calle de Londres 25
México, D.F.

1919年9月5日
メキシコ，メキシコ連邦州，
サン・ハシント
農業・勧業省内　人類学局より
米国，ニューヨーク市
コロンビア大学
フランツ・ボアズ先生

★解説：書簡中の，ガミオがボアズに送った小論を執筆する背景には，ウィルソンが提唱した国際連盟創設案に含まれる米国のモンロー主義に対する脅威および，メキシコの石油をめぐる米国との緊張関係があった［第3章］。

親愛なるボアズ先生

　　メキシコが直面する困難な状況，とりわけ米国との関係は，国内だけではなく国際的なレベルでの学識者の協力と連帯が急務であることを告げています。このような動機から私は「ラテンアメリカ諸国政府の経験主義および米国との関係における経験主義」という小論を執筆しました。これを米国を代表する人物であり，ラテンアメリカの事情に最も通じている教養人である先生にお送りします。

　　米国，そしてこの国の研究者が協力することにより公正な知識を獲得することは，両国政府のみならず，両国の国民，そしてアメリカ大陸が将来重要な一歩を踏み出すためにも大変重要であると思います。

　　どうぞこの論文に対するコメントをいただけますようお願いいたします。下記の住所へお送り下されば幸いです。

マヌエル・ガミオ
2/a　ロンドレス通り25
メキシコ市

VIII　ボアズからガミオへの手紙

Colombia University
New York City
December 19, 1919
Manuel Gamio, Director,
Anthropological Department
Secretaría de Fomento,
México, D.F.

My dear Mr. Gamio :

I am sending to you a copy of *The Nation* of the 20th of December which contains in the Department of Correspondence a letter written by me. This is the letter to which I referred when I said to you that I was going to delay my answer to your publication. I fear that your wish for hearty cooperation between Mexico and the United States will be very slow of realis (z) ation, because our public press is driving all the time towards misunderstandings between Mexico and the United States. Unfortunately, Mexico has too much silver and oil. I do not need to assure you that my only wish is to promote friendly relations between the two nations, but you will have to recognize, as I do, that there is a powerful party which, as people put it here, want to clean up Mexico, forgetting entirely that we have enough to do to clean up in our own country. If there is any practical step that suggests itself to you at any time to promote the friendship between the two countries, you may be certain to find me on your side.

You will remember that a few years ago we had at heart the problem of assisting in early educational attempts of Mexico. I have entirely withdrawn from this movement, because it is too much of a tendency to impose American methods upon your educational institutions and a disregard of the individuality of your own country.

It is barely possible that this matter may be raised again with a better understanding of the needs of the case and then, of course, I shall be ready to cooperate

1919 年 12 月 19 日
ニューヨーク市，
コロンビア大学より
メキシコ，メキシコ市
勧業省内　人類学局
局長　マヌエル・ガミオ様

★解説：書簡中の，ボアズがガミオに送った論文は，米国政府のエージェントとして働く人類学者を「スパイとしての科学者」として糾弾するものであった。この論文はボアズが米国人類学会から除名処分を受ける要因となった［第3章］。

親愛なるガミオ君

　私の小論が掲載された 12 月 20 日付の雑誌 *The Nation* を送ります。これが以前，君の論文に対するコメントが遅れると返信した時に少し触れた論文だ。君が，米国のメディアがメキシコと米国との対立を煽っているために両国の協力関係がなかなか進展しないことを憂慮していることはよくわかっている。残念なことに，メキシコはあまりにも多くの銀と石油を保持しているんだ。私の唯一の願いが両国の友好関係の進展にあることは君もよく承知してくれていると思う。君もいずれ認めざるを得なくなろうが，米国には，自国にこそ正さなければならない問題が山積していることを忘れて，メキシコを正すべきだなどと主張する強力な党派があるのだよ。両国の友好な関係を促す手だてがあるなら，私は君にいつでも協力するつもりでいるということを忘れないでくれ。

　数年前に，メキシコで教育政策の取り組みを支援しようとしたことがあったのを覚えているだろう。私はこの運動から完全に排除されてしまった。私の考えが，君の国の教育制度に米国の方法論を押しつけて，メキシコの個性を無視するようなものだとみなされたからだ。今後こうしたことが繰り返される可能性はほとんどないだろうが，とにかく私がいつでも協力する心構えでいるということを覚えておい

again.

I had today a letter from Dr S.V. Hartman of Stockholm who writes to me that Prince Wilhelm, Duke of Sodermanland, the youngest son of the king of Sweden, is planning a trip to Yucatan to carry on archaeological explorations and he asks for my assistance in getting the necessary permission. I presume the matter may have come to your attention through the Swedish Ambassador. Dr. Hartman is Director of the Ethnological Museum in Stockholm. You know his work on the archaeology of Costa Rica and it is to be assumed that any scientific investigation that he recommends deserves support. If you should not have heard directly from the Swedish Ambassador, this may perhaps be due to ignorance on the part of the Swedish diplomatists of the laws governing archaeological work in Mexico and it may save a little trouble if you were to send them the enclosed note. They would probably then apply to you direct which would seem to be the proper procedure.

With kindest regards and best wishes of the season,

Very sincerely yours,

てほしい。

　今日，ストックホルムの S. V. Hartman 博士から手紙をもらったのだが，そこにはスウェーデン王室の末の王子でセーデルマンランド公である Wilhelm 殿下がユカタンでの考古学的調査を計画しているとあった。王子のメキシコでの調査許可を得るために私の助けを求めてきたんだ。スウェーデン大使館からはもう君のところに連絡が入っていると思う。Hartman 博士は，ストックホルムの民族学博物館の館長だ。君も彼のコスタリカでの考古学研究を目にしたことがあると思う。彼の科学的調査なら支援に値すると思うよ。もしまだスウェーデン大使館から何も聞いていないなら，考古学的調査をメキシコで行うための手続きに関してスウェーデンの外交官が何も知らないせいだろう。君が大使館に直接問い合わせてくれれば問題は回避されると思う。そうすれば彼らも君に直接申請してくるだろうから，適正な手続きが成立するだろう。

心からの友情を込めて

IX　ガミオからボアズへの手紙

Secretaría de Educación Pública, México
Subsecretario
México, D. F.
9 de enero de 1925
Sr. Dr. Franz Boas
Columbia University
New York, U.S.A.

Estimado señor Boas :

　　Recibí la atenta de usted de fecha 31 de diciembre. En efecto, como usted supone, no he podido "defenderme" de ocupar el puesto de Subsecretario de Educación Pública. Sin embargo, debo decirle que la Dirección de Antropología ha pasado a depender directamente de mí en esta Secretaría, pues el señor Presidente y Secretario de Educación, me han dado su confianza y concedido toda clase de libertad a este respecto. En vista de esto, usted comprende que procuro seguir trabajando con todo entusiasmo por el adelanto de los estudios antropológicos y por la aplicación práctica de éstos en pro de la mejoría de nuestra población, principalmente la indígena.

　　Como dije a usted en mi anterior, lo que deploro es que dados los escasos elementos con que podemos contar, nuestra labor será restringida durante los primeros meses.

　　Mucho agradezco a usted la felicitación que se sirve hacerme por dicho nombramiento.

　　Sirvase aceptar mis mejores deseos por su bienestar en el nuevo año.

　　De usted con toda atención, afectisimo amigo y atente seguro servidor.

1925年1月9日
メキシコ，メキシコ市
公教育副大臣より
米国，ニューヨーク市
コロンビア大学
フランツ・ボアズ博士

★解説：ガミオからの公教育副大臣就任の報告。これに対しボアズは後日，ガミオの決断が人類学研究の発展を限定する可能性があることを憂慮する返事を送っている。

親愛なる先生

　12月31日付のお手紙を拝受しました。先生もご承知のように，私は公教育副大臣就任の内示を断り切れませんでした。しかし人類学局はこの省庁内で私の指揮下にあります。大統領も公教育大臣も私に全幅の信頼を寄せ自由に采配させてくれています。ですから今後も人類学研究の向上に全力を尽くし，その成果を実際にメキシコの住民，特にインディオの生活向上に応用していきたいと思っています。

　以前も申しましたように，我々の仕事がここ数カ月は限定されたものになることが大変残念です。

　任命に際してのお祝いの言葉をありがとうございました。

X　ボアズからガミオへの手紙

June 24, 1925
Dr. Manuel Gamio
México, D. F.

My dear Dr.Gamio :

I was very much chagrined when I read in the newspapers of the difficulties which brought about your resignation from the Department of Public Instruction. I am glad that you were good enough to write to me, and to send me more detailed information than was found in our New York papers.

I feel very certain that what you did was done because you were convinced that it would further the interests of education, and I hope that the incident will not prevent your continuing your work. I shall be much obliged to you if you will let me know in detail what your plans and prospects are. I presume this is not the end of the matter, and I shall be deeply interested in hearing what is going to happen.

With kindest regards and best wishes,

Yours very sincerely,

1925年6月24日
メキシコ市
マヌエル・ガミオ博士

★解説：カジェス政権との確執によりガミオは公教育副大臣を辞任した。米国への亡命を余儀なくされたガミオに対し，ボアズはその後も研究を継続できるよう支援を続けた。

親愛なるガミオ君

　新聞で君の公教育省辞任について読んでとても残念に思っている。手紙をくれて嬉しいよ。おかげでニューヨークの新聞では分からない詳細がよく分かったからね。

　君の行為が，教育のためだったということを私は十分理解している。このことが君が研究を継続する上での障害にならないことを祈っている。今後の計画や，これからどうするつもりなのかをぜひ教えてほしい。これでこの事件が終わるとは思えないし，今後何が起こるのか私も大きな関心をもっているからね。

　　　　　　　　　　　　　　　　　　　　　　　心からの友情を込めて

ガミオ-ボアズ往復書簡要約一覧表

* 本書で分析に用いた142通のうち、欠損等により全容を再現できないものは除外した。
* 網掛けされた書簡は「ガミオ-ボアズ往復書簡（10通）」に全文を掲載した。

Date	From GAMIO	From BOAS	Keywords
1910/07/04	エクアドルで調査中のガミオからボアズへ。英語を忘れないようにというボアズの助言に従い必死で勉強している。		エクアドルでの調査、Farrell教授
1912/10/15		Atzcapozalcoでの仕事について。調査結果を論文にするように。	調査結果、Engerrand、Atzcapozalco
/12/18		盆地での調査を再開すると聞いて喜んでいる。	Valley
1913/02/05		EIAEAにとってのカタログ制作の重要性。学院の第一の目的は科学的調査の向上であり、その成果を普及させることである。EIAEAの学長候補にガミオがなってもおかしくはない。	EIAEA、Engerrand、カタログ
/06/15		EIAEAの人員について。ガミオの考古学調査についてのコメント。	EIAEA、調査、San Miguel、アステカ層、Engerrand
1914/02/11	ボアズからの励ましの手紙に対する謝辞。		お礼
/10/29		たとえ国籍が異なっても皆の協力によってメキシコの考古学と民族学を発展させることが必要だ。戦争やメキシコの政治情勢などにより困難な状況であるが、EIAEAの理解者を増やしてほしい。	EIAEA、考古学、民族学、León Calderón、Tozzer、Veracruz、Pruneda、第一次大戦
/11/04	EIAEAの人事に関して。メキシコ政府はPruneda氏を学長としては認めないが、ボアズの指示とあれば支援していくつもりである。		学究人生、Tozzer、Pruneda、Atzcapozalco、考古遺跡総合監査委員、人事
1915/01/14		EIAEAの理事会開催の知らせ。	EIAEA、Castillo Ledón

Date		From GAMIO	From BOAS	Keywords
	/01/14		Castillo Ledón氏と共に昼食への招待。	昼食の誘い、Castillo Ledón
	/01/18		論文要旨をスペイン語に翻訳してほしい。	EIAEA
	/02/14		ロシアの博物館関係者と連絡が取れないので何とかしてほしい。ガミオの博士過程に関しては未だ大学から返事をもらっていない。	戦争、EIAEA, Leo Sternberg, Museum of the Imperial Academy, Russia, Castillo Ledón
	/05/27		EIAEAのコレクションを他国の政府へ郵送することで義務を果たしたい。学院のコレクションに関する出版が遅れているが夏までには仕上げたい。	EIAEA, Tozzer, コレクション
	/11/22		メキシコが安定した時には研究を再開したいので逐一状況を報告してほしい。Mechilingに関しては便りを待つ。メキシコの学生の身体測定の結果を知りたい。	EIAEA, Tozzer, Mechiling, Iturbide y Troncoso, Castillo Ledón, Puerto Rico, 身体測定
	/12/14	ボアスの事故についての見舞い。ワシントンの会議の資料作りに忙しかった。TozzerにおくるEIAEAの資料も作っている。カタログ作成の作業を進めている。国の状況は向上しているので人類学研究もすぐに可能になるだろう。		事故、カタログ、EIAEA, Congreso in Washington, Tozzer, Iturbide y Troncoso, Puerto Rico, 考古遺跡総合監査委員、アメリカ民族学事務局
1916	/05/18	財務省によるEIAEAのための予算の報告。		EIAEA, 予算、Tozzer
1917	/03/16		EIAEAの予算についていろいろ世話になった。担当に手紙を書くつもりである。EngerrandoがTampicoの右油会社にいたことを聞いた。	EIAEA, 申請書、Tampico, Engerrand
	/04/03	留学希望の学生および彼らの人類学的知識について。コレクションをニューヨーク行きの米国軍鑑に乗せるつもりである。考古遺跡総合監査委員で行っている調査の報告。		Carlos Noriega, Eduardo Noguera, Luís García Gómez Farias, Rodrigo Pérez Ayala, Agustín Benitez
	/04/11		留学生受け入れについて。メキシコ政府と米国の大学との提携案。メキシコは多くの教育者を失い教育システムの混乱を生じているので、良いリーダーを必要とする。	奨学生、教育、Yanall, Osuna, Gregorio Torres, Alvarado, Yucatan, Eduardo Noguera

日付			
/04/14	学生の受け入れについて。	している。喜んで手助けをしたい。Noguera がハーバード大学で学ぶための奨学金を獲得したがメキシコ政府も負担してほしい。	奨学生、EIAEA、Eduardo Noguera、ハーバード
/04/26			奨学生
/05/08	米国に留学を希望する学生の紹介。コレクションの郵送の手続きを進めているこについて、国の状況は向上しているがまだ経済的には困難な状況が続いている。		奨学生、コレクションの郵送、Forjando Patria、政治状況
/05/09		メキシコ人奨学生について交渉中である。戦争のために私立大学は困難な状況にあり、入学者数が減らされている。	奨学金、Noguera、Tozzer、Gómez Farias、ハーバード、プリンストン、コロンビア
/05/23		Journal of American Folklore のスペイン語版を送付する。もしなぞなぞについて知っている人がいれば教えてほしい。メキシコにもフォークロア研究の支部を作ることは出来ないだろうか。	Journal of American Folklore, riddle, Puerto Rico, Mrs. Nuttall
/05/31		戦争のために非常に難しい状況である。奨学生のための申請用紙を送る。	奨学金、戦争、Gómez Farias
/06/07		メキシコでのフォークロア協会創設案に賛同する。考古・民族学局の創設は経済的困難を抱えている。	フォークロア、Journal of American Folklore、アメリカ民俗学協会、Gómez Farias、コロンビア大学
/06/29		考古・民族学局が誕生した。局のカリキュラムについて、自分が講義を行っている。メキシコに関する研究について教えてほしい。EIAEA は困難な状況が続いている。	考古・民族学局、EIAEA、財政問題
/07/23		フォークロア協会支部結成への祝辞。ガミオが民族学的な仕事を把握していることが成功の要因であろう。今後の研究のための提言および文献目録について。	フォークロア、Miss Noguera、フォークロア協会
/07/24		メキシコに関する研究が出版できる機関があれば一番大切なのはよい文献目録をつけること、質問があれば	フォークロア、メキシコ研究の出版

Date		From GAMIO	From BOAS	Keywords
	/08/14		ぼくできる限りの対応はするから言ってほしい。Mason と Mechiling に関する情報。彼らはシカゴのフィールド博物館とピーボディ博物館で働いている。米国政府のためには関係ないと思っている。自分は彼らとは関係ないと思っている。	Mason, Mechiling, Yucatan, Field Museum, Peabody Museum
	/08/15		Mason と Mechiling がメキシコにいるというのは驚きだった。再度言うが、私とは何も関係ないと思っては。フォークロア研究について、メキシコ研究者の貢献が必要だ。	Mason, Mechiling, フォークロア, Field Museum
	/08/23	ボアスが提案したメキシコにおけるフォークロア研究について考えている。Mason と Mechiling の不可解な行動。考古・民族学局のプログラムとテオティワカンに関する調査報告を郵送する。		Eduardo Noguera, フォークロア, Mechiling, Mason, Yucatan, Veracruz, テオティワカン
	/08/23	留学生 Eduardo Noguera の推薦書を送る。ボアスの指導のもとで彼が成功できることを願う。以前彼はフォークロア研究に協力していた。		Eduardo Noguera, フォークロア, ハーバード大学
1918	/01/25		メキシコの言語研究は、方法論および人材の選択が重要だ。自分にとっても魅力的な研究である。外部の助けなしで独立してやることは可能だ。いつでも支援する準備があることを覚えておいてほしい。	言語研究, 方法論, Mechiling, Mason
	/01/25		文献郵送に対する謝辞。国立博物館にお礼を伝えてほしい。	謝辞, 調査, Mexican Grammer, 国立博物館
	/01/31	郵便事情が悪いためコレクションの郵送は見合わせた方がよい。コロンビア大学学長から、著書『テオティワカン盆地の住民』を博士論文として提出してはどうかという話があった。		EIAEA コレクションの郵送, 博士論文, コロンビア大学学長 Butler, 米国大使館
	/02/27	インディオ言語研究の科学的向上に関するボアスの提案に対する回答。メキシコ人学生を米国に留学させる		言語研究, 考古・民族学局, 財政問題, Mason, Mechiling

日付	内容	キーワード
03/02	米国から専門家をメキシコに送ることを提案する。米国人類学者に関する問い合わせ。	
	EIAEAの研究成果をまとめたカタログとその入手方法についての問い合わせ。カタログを農業・勧業大臣に手渡したい。	EIAEAのカタログ、農業・勧業大臣
03/18	Guillermo Salazarがニューヨークへ行くのでよろしく頼む。彼の目的はニューヨークの科学機関を視察しての向上ぶりを学ぶことである。	Guillermo Salazar、科学機関視察
03/21	第一次大戦によってカタログの印刷が遅れている。EIAEAの研究成果について。オアハカのフォークロア研究は学院の立派な成果である。	EIAEA、調査、第一次大戦、Smithonian Institution
04/10	メキシコ農業・勧業大臣が米国を訪れるのでよろしく頼む。彼は自分の重要な支援者である。今回の視察はメキシコへの科学・技術導入のためである。	農業・勧業大臣 Pastor Roaix、ハーバード大学、人類学、考古・民族学局、科学的発展
04/29	返事が遅れたのはPastor Roaixに会うことを期待していたからである。カタログについての返事を待っている。	Pastor Roaix、EIAEA、カタログ
05/13	1912年に集めたメキシコ伝承に関する資料を送る。誰かがスペイン語に翻訳してくれればうれしい。Salazarに会ったので、解剖学に関わる研究をいくつか提案しておいた。	メキシコの伝承、スペイン語、解剖学研究
05/18	Agustin Benitezが留学を希望している。彼は人類学ではなく技術を学ぶことを希望している。	奨学生、Agustin Benitez、メキシコ政府の援助
06/06	送ってもらった資料はまだ到着していない。テオティワカンで研究している人物が翻訳を手伝いたいと申し出ている。メキシコの経済状態は非常に悪く、労働者が解雇されている。数ヶ月後には元に戻ると思う。	テオティワカン、Salazar、労働者の解雇、経済状況の悪化
06/18	カタログに関する手紙をようやく受け取った。考古・民族学局の技術担当が辞めたのでこれらが到着した後に受け取った民族学局関係者の解雇	EIAEA、カタログ、考古・民族学局関係者の解雇

Date	From GAMIO	From BOAS	Keywords
	と を残念に思う。局が再関与するまでは何とかこちらで翻訳作業を行いたい。		
/09/26	Adolfo Best Maugard が担当したカタログのイラストを出版社に渡した。テキストはメキシコ大使館に郵送するようにしてほしい。		EIAEA, カタログ, Adolfo Best Maugard, パン・アメリカ科学会議
/11/02	カタログ完成の報告。考古・民族学局の補助教員によるフォークロア研究への政府の経済支援について。アメリカ民俗学協会雑誌への投稿。		フォークロア, 翻訳, Eugenio Gómez Maillefert, アメリカ民俗学協会, Carranza, Washington, Paul Silceo Pauer
/11/02	フォークロア資料の郵送。		フォークロア, Silceo Pauer
/11/08		民衆薬について。以前書き忘れたが、おもしろいテーマだと思う。ドイツ学校の Karl Reiche 博士が植物について教えてくれると思う。	フォークロア, 民衆薬, Karl Reiche
/11/13	EIAEAのカタログが到着したが修正が必要である。フォークロア研究のための資料を郵送する。		EIAEA, 外務省, カタログ, Silceo Pauer
/11/13		翻訳のテキストを受け取った。テオティワカンのフォークロアに関する貢献があったことが嬉しい。	フォークロア, Arreola, Gómez Maillefert, テオティワカン, カタログ, Y. Bonillas
/11/25		カタログを受け取った。やっとこのカタログが日の目を見て嬉しい。	EIAEA, カタログ
/11/29		カタログの印刷の色が限定されることについて。テオティワカンのフォークロア研究の出版。フォークロア研究のテーマの提案。	EIAEA, フォークロア, カタログの印刷, テオティワカンのフォークロア研究
1919/04/04	考古・民族学局で行ったフォークロア研究の郵送。アメリカ国際言語学会のジャーナルを送ってほしい。米国人に関する研究の成功への祝辞。フォークロア研究を行うメキシコ側メンバーのリストの郵送。		フォークロア, Luis Nuñez, Silceo Pauer, Pablo Gonzalez Casanova, アステカ伝承, 料理レシピ, EIAEA,

日付	内容	キーワード
/04/16	Journal of American Folklore の論文のために絵を描いてほしい。医療および歌に関する論文を送ってほしい。スペイン語の号を発展させるための援助を頼む。	International Journal of American Linguistics フォークロア, Journal of American Folklore
/04/21	フォークロアが消滅する前に記憶されることは非常に大切だ。Pablo González Casanova の研究は非常に重要である。International Journal of American Linguistics を送る。	フォークロア, カタログ, Pablo González Casanova, Milpa Alpa, International Journal of American Linguistics
/04/22	カタログはどうなっているか。言語研究をやるのは González Casanova か。	カタログ, 言語研究, González Casanova
/04/28	Dowalos がフォークロアに関心を示した。彼と会えば貢献者を見つけることができる。	フォークロア, Dowalos
/05/07	EIAEA のカタログに掲載するテキストの費用供出を政府に交渉する。言語学的な研究を考古・民族学局で行いたいと考えている。アメリカ民俗学協会のメンバー。雑誌に局内の人員の名が掲載されることの重要性。	フォークロア, Milpa Alpa, EIAEA 予算, González Casanova, Gómez Maillefert, Silceo Pauer
/05/07	フォークロア研究「メキシコのマリアナファナ」の郵送。テオティワカンでの調査が忙しいのでフォークロア研究の資料が集められない。	フォークロア, Gómez Maillefert, テオティワカン
/05/24	テキストを直してくれてありがとう。送ってくれた論文が雑誌に掲載されなくて申し訳ない。ニューメキシコに出発する。	フォークロア, テキスト, Journal of American Folklore, ニューメキシコ
/06/03	メキシコシティの地図の郵送。地図を見ることによりメキシコ盆地の重要性が分かる。	メキシコ盆地, 地図
/06/14	鉱業技術学院院長 Mariano Moctezuma 氏をよろしく頼む。	Mariano Moctezuma, メキシコ鉱業技術学院

Date	From GAMIO	From BOAS	Keywords
/08/12	カタログ用の論文を受け取った。EIAEAの資金について、テオティワカンの作業が忙しくて絵を描く時間がない。		Gómez Farias、国立銀行、EIAEAの財政、財務省、Cabrera、テオティワカン
/09/05	メキシコと米国の関係に関する論文を郵送する。両国のより高いレベルでの共同研究の実現は、政府間ではなく国民間の問題である。コメントを自宅に送ってほしい。		米墨関係、論文 "Empiricism of Latin-American Governments and the empiricism of their relations with the United States"（以下 Empiricism）
/09/17		陶器の郵送へのお礼。	
/10/08		考古・民族学局から人類学局へと名称が変わったこと、メキシコの科学研究に貢献できる範囲が広がること。"Empiricism"を興味深く読んだ。現在執筆中の論文がそれへのコメントとなるだろう。	EIAEA、人類学局、"Empiricism"
/10/22	ボアスの論文が掲載された雑誌郵送の依頼。社会科学を研究する者が連帯することで、政府に研究の重要性を知らせる必要がある。		米墨関係、論文、社会科学
/10/29		印刷所のストライキで雑誌の発刊が遅れている。陶器のスケッチか写真がほしい。	調査
/11/08	EIAEAの資金について書いた手紙を送る。		EIAEA財政、テオティワカン
/12/03	論文の入手方法および価格を教えてほしい。World Columbian Exposition Investigations of the Tribes of the United States と肌の色に関する論文（1892）の文献目録を送ってほしい。		World Columbian Exposition Investigations of the Tribes of the United States、肌の色に関する論文、文献目録
/12/10		"Empiricism"について、メキシコと米国を巻き込んだ問題を遺憾に思う。	米墨関係、戦争、フォークロア
/12/14	American Anthropologist の記事郵送への謝辞。		謝辞、American Anthropologist
/12/19		頼まれていた何人かの教授の紹介。	教授の紹介
/12/19		The Nation を送付する。メキシコと米国との問題に関	米墨関係、The Nation、教育

12/29	手紙を受け取った。同じ問い合わせの Ramírez Castañeda の住所。Culhuacan のコレクションは彼が担当している。	して遺憾に思う。メキシコでの教育運動から排除された経験について。スウェーデン王子のメキシコでの調査について、スウェーデン大使館から連絡がいくはず。	制度、スウェーデン
			Ramírez Castañeda, Culhuacan コレクション
1921/01/29	モレロス州に調査に行っていたので返事が遅くなった。博士号取得のための試験およびその準備について。アークロア協会に関しては異存はない。		博士号、人類学知識、フォークロア、メキシコ人類学、Morelos, Radin, Espinosa
02/18	EIAEA のコレクションをメンバーに配分することについて、オーストリアとスイスにその貢献に応じて分配するという、ボアスの案に賛成。Castillo Ledón に相談する。		EIAEA、オーストリア、スイス、コレクション分配問題、Castillo Ledón
03/01	メキシコ学生への奨学金に関して Miss Boggs から情報を得たので Estevillo 君を推薦する。彼は民族学と言語学に関心を持ち、コロンビア大学で勉強することを希望している。		Bureau of Commercial Economics, Boggs, Gómez Estevillo, コロンビア大学
03/22	EIAEA のメンバーでこのコレクションを配分するという案が変更される可能性について。政府はコレクションが分配されないことを条件に EIAEA 再開を支援するという案を提示している。		EIAEA、コレクションの分配、学院の再開、Tozzer
04/21	三段階の歴史的観点から分析を行ったテオティワカンの調査結果を郵送する。		テオティワカンの調査結果
04/22		奨学金について。	奨学生、Estevillo, コロンビア大学
05/03	EIAEA 再開を進らせるためにボアスがメキシコを訪れることについて、学長であり何も効果的なことはできなかった。9月に博士号を取るために訪米すること。ぜひ Yucatan のマヤの神殿を見に来て欲しい。		EIAEA, Carranza, 学長、国立銀行、Yucatan, マヤの神殿
05/16		博士号取得のための注意点。	博士号, EIAEA

Date	From GAMIO	From BOAS	Keywords
/09/13	EIAEAに関しては状況は好転しておらず、農業・勧業大臣の辞任により混乱している。オーストリアとスイスに郵送するコレクションについては手続きを行う。		EIAEA, Castillo Ledón, Tozzer, 農業・勧業省, Gral. Estrada, コレクション, Roubicock, オーストリア, スイス
/10/04	ニューヨークを訪れた際にボアスを探したが逢えなかった。		Casa Ibero-Americana
/12/18		Castillo Ledónに手紙を送った。オーストリアとスウェーデンの首相に地質コレクションを送ると書き伝えた。	EIAEA, Castillo Ledón, オーストリア, スウェーデン
1922 (s/f)	EIAEAの考古遺物破損問題とそれに伴うスキャンダルについて。体力的にも疲れてしまった。		EIAEA, Castillo Ledón, José Vasconcelos, Ramón Mena, Niven
/01/04		音声記号の表記について。Castillo Ledónから好意的な手紙を受け取った。考古遺物破損問題になぜBeyerが関わっているのか。	音声記号の表記, EIAEA, Castillo Ledón, Beyer
/09/19	ボアスとMenaおよびCastillo Ledónとの問題について手紙で知った。局の行政部に調査を頼むつもりである。		Ramón Mena, Castillo Ledón
/09/26	EIAEAが国立博物館に寄付した考古学資料の破損についてのボアスやTozzerの抗議が裁判所に届いた。裁判所は仲裁委員としてLópez Bancaleri氏を任命した。裁決は公教育大臣José Vasconcelosに託された。結果によっては辞任するつもりである。		EIAEA資料の破損, 裁判所, 公教育省, José Vasconcelos, Ramón Mena, López Bancaleri
/09/29	テオティワカンに関する論文を郵送する。英語の翻訳も出来次第郵送する。		La Población del Valle de Teotihuacan
/10/17	博士論文の序章およびLa población del valle de Teotihuacanの送付について。序章を英語で書いた。関心のある人に送ってほしい。ボアスから問い合わせの		序章, La población del valle de Teotihuacan, Estevillo, 博士論文, Warren, 会議用送金

日付	内容	キーワード
10/20	あった手紙は持っていない。	
	ロシアが EIAEA のコレクションを受け入れるので、郵送のための手続きをとってほしい。オーストリアへスウェーデンに関してはどうなっているのか。	EIAEA
10/26	振り込みへの謝辞。	謝辞
10/27	Hay と Tozzer がボアズに送った手紙を受け取った。EIAEA の遺物の破損問題について、裁決をもうすぐ知らせる。"Report on an Anthropometric Investigation of the Populations of the United States" を郵送してほしい。	Hay, Tozzer, 大統領の裁決, Carreno, "Report on an Anthropometric Investigation of the Populations of the United States", 遺物の真正性
11/03	論文送付について。Castillo Ledón と和解してほしい。	EIAEA, Wagner, Castillo Ledón
11/07	オーストリアへのコレクション郵送の準備は整っている。コレクションを買い上げることもできるのではないか。EIAEA の資金運用および再開に関しては、Castillo Ledón との確執のため滞っている。	オーストリア, コレクション, スイス, ロシア, Castillo Ledón
11/16	ボアズが郵送してくれた本を受け取った。EIAEA の遺物の破損問題について、数日後には結果が分かると思う。Castillo Ledón と Mena は、EIAEA を不当に扱っている。	EIAEA フェロー, Infancia de Jesucristo, Gaspar Fernández de Avila, Castillo Ledón, Ramón Mena, EIAEA が寄付した遺物の真正性について
11/24	[奨学生になるはずであった] Estevillo が辞めることになり残念である。彼に託そうと思っていたコピーを郵送する。1911 年に革命の混乱の中で修士号証書を失くしてしまったので送ってほしい。	Estevillo, コロンビア大学, 修士号証書
12/18	EIAEA の研究者には、言語研究の論文を書く際に、音声記号の表記システムを統一してほしい。	音声記号の表記システム, Angulo
12/27	博士号のための代金送付について。Angulo 氏が音声記号に用いているフォントについて。	博士号, 音声記号の表記システム

ガミオ-ボアズ往復書簡要約一覧表

Date		From GAMIO	From BOAS	Keywords
1923	/01/09	修士論文を図書館で調整したい。アルファベットに関するコメントを Ethnos に掲載した。	修士論文, 音声記号の表記システム, Angulo, Ethnos	
	/01/16	Angulo の音声記号表記について米国で調整したい。EIAEA のコレクションについての Beyer の批判には、人類学と自分に対する反発、さらに彼がお金を目的にしていたという背景が存在する。		音声記号表記, EIAEA, Sapier, Kroeber, Castillo Ledón, Beyer, 遺物真正論争の裁決
	/02/01		Castillo Ledón との対立によりカタログの製作が滞っているという手紙を受け取った。彼と和解してほしい。	公教育省, Castillo Ledón
	/02/09	EIAEA のカタログの配送について。EIAEA の遺物コレクションの破損問題について、15年間様々な攻撃に負けず進んできた。政府は経済支援をしてくれている。		EIAEA, カタログ, Castillo Ledón, Ramón Mena, Niven, Beyer, 考古遺物の真正論争
	/05/08	Estevillo の辞任は非常に残念である。		Estevillo, Angulo, Mayo
	/05/17		ガミオの骨折についての見舞い。Ramón Mena に宛てた手紙をなくしたために返事が遅れてしまった。君が遺物の修復を行ったことは間違っていない。	Angulo, EIAEA, Estevillo, Ramón Mena, Spinden
1924	/01/29		カタログの序章を受け取った。EIAEA の研究再開はガミオの状況が落ち着いてからになるだろう。	EIAEA 参加各国, カタログ, Haguo, Goteberg
	/12/18		EIAEA 再開への希望について。メキシコ北西部の調査を行いたい。カーネギー財団の支援を得てはどうか。	EIAEA, Tarahumara, Carnegie Institution, Horley, Spinden, Lhmann, Uhle
	/12/31		なぜ君が公教育副大臣の職を引き受けたのか理解できない。	公教育副大臣, 考古学調査
1925	/01/09	公教育副大臣就任について。人類学局は自分の指揮下にあり、局の仕事は継続できる。とは言え研究が限定されることは残念だ。		EIAEA, 公教育副大臣, 人類学局

日付			
/03/21	R. J. Weitlaner の推薦書を受け取った。オアハカでの考古学調査に協力してもらうつもりである。		R. J. Weitlaner, 推薦書, Oaxaca
/04/09		手紙を Silceo Pauer に渡してほしい。	Silceo Pauer
/04/15	Frances Toor から Mexican Folkways の使用言語に関する問い合わせ。米国内での購読者も得たい。		Silceo Pauer, 推薦書, Frances Toor, Mexican Folkways, 言語
/04/20	ミュンヘンの Kaeplin の紹介と便宜を図ることの依頼。		Kaeplin, indians
/05/22	人類学局が行う言語研究について助言を頼む。		言語研究
/05/29		国際アメリカニスト会議で議論された音声記号の表記システムについて。	音声記号の表記システム
/06/09	公教育省辞任について。インディオ言語の表記に関する助言に感謝する。		公教育省辞任, インディオ言語の表記
/06/24		公教育副大臣辞任を残念に思う。今後の計画を教えてほしい。	公教育副大臣辞任
/07/13		ガミオの公正さを信じている。これからヨーロッパへ出かけるが、米国に来た際にすぐに連絡がとれるようにしておいてほしい。	公教育副大臣辞任
1928/04/10	フォークロア研究に貢献できる内容に関する問い合わせへの答え。メキシコ移民の研究については社会調査委員会から出版される。		フォークロア, ハバナ移民学会, La población de valle de Teotihuacan, Ethnos, 社会調査委員会
/05/18		国際アメリカニスト会議で会おう。	国際アメリカニスト会議
/07/27	Obregón 大統領の暗殺により人類学への理解者を亡くした。自分が公教育省を去ったのに伴い人類学局は消滅した。残されたメンバーはメキシコ考古学局を率いている。		Dr. Goddar, Obregón の暗殺, 公教育省, Reygada, Marquina
/09/08	Noguera にメキシコ移民に関する原稿を持たせた。Dixon に原稿を渡してほしい。メキシコ移民に関するフォークロア研究を行っているので目を通してほしい。		Eduardo Noguera, 社会調査委員会, 奨学金, 移民調査, フォークロア, Dr. Dixon, 国際アメリカニスト会議

Date	From GAMIO	From BOAS	Keywords
/09/24		国際アメリカニスト会議は災害で大変だった。Nogueraといつ話せばよいだろうか？	国際アメリカニスト会議, メキシコ代表団, Noguera
1931/04/27	科学向上推進協会常任理事就任の祝辞。メキシコの法制度の変化。	社会防衛治安維持最高審議会, 科学向上推進協会常任理事Carles F. Roos, Pasadena
1933/06/07		ウイチョル族 (Huichol) の研究を行う研究者を支援してほしい。	推薦書, Dr. Ortklineberg, Huichol
1942/04/22	米州先住民局局長に就任した。*América Indígena* への投稿をお願いしたい。		米州先住民局局長, *América Indígena*
/06/04		現在多忙なので米州先住民局の意に添えないかも知れない。君の家族は元気か。	米州先住民局, ガミオの家族
/07/29	本の出版への祝辞。家族の様子。これまでの苦労について。メキシコへぜひ来てほしい。		近況報告, 人類学局, 公教育省, Cuernavaca

写真資料一覧

〈略語〉
　　INAH：メキシコ国立人類学歴史学研究所　Instituto Nacional de Antropología e Historia
　　AGN：メキシコ国立文書館　Archivo General de la Nación
　　Ca.：推定撮影年（circa）
（なお、他文献からの転載および大村撮影以外の写真資料は、すべて INAH の許可を得てデジタル化もしくは AGN から購入したものである。）

1. ［第1章扉］メキシコ市コヨアカン広場で毎週末開かれる民芸市場の風景（2001年大村撮影）
2. ［第2章扉］米国コロンビア大学留学から帰国直後のガミオ［González Gamio 1987］
3. 19世紀末のメキシコ市中心部の様子［Abel Briquet, Estado y Ciudad de México, Vista panorámica, México, no. 2133, INAH］
4. ディアス体制期のベラクルスの農園の様子［Abel Briquet, Estado y Ciudad de México : Rancho, Estado de Veracruz, no. 2127, INAH］
5. ディアス体制期のベラクルスの様子［Abel Briquet, Estado y Ciudad de México : Vista tomada en tierra caliente, no. 2150, INAH］
6. 19世紀末の国立博物館内の様子［Abel Briquet, Sala de Arqueología, Museo Nacional, no. 2184, INAH］
7. 1920年代のテオティワカン遺跡の様子［Brehme 1925］
8. ［第3章扉］1906年頃のボアズ［Stocking 1989（1974）］
9. テオティワカン遺跡内に設けられた「ポルフィリオ・ディアスの間」（食堂）の様子［Ruína Arqueológicas de Teotihuacan y Salas Antigua Museo Nacional, Album Histórico 706, INAH］
10. ［第4章扉］1920年代のガミオ。テオティワカン盆地の調査を行っている頃［González Gamio 1987］
11. ボアズとその家族（1882年頃）。左からボアズ、母ソフィ、父メイエル、姉アントワネット、妹ヘドウィグ［Liss 1996］
12. ［第5章扉］ディエゴ・リベラが描くアステカ帝国の情景［Martínez Rodríguez 1988］
13. テオティワカン遺跡で発掘作業を行うガミオ［Fondo Culhuacan no. 418097, Manuel Gamio con trabajadores durante una excavación, San Juan Teotihuacan, Ed. De México, ca 1920, Fototeca Nacional］
14. 19世紀末から20世紀初めのメキシコの帽子売り［Album no. 10 Paisajes y tipos populares de México : Sombrerero, 18-9r, INAH］
15. 19世紀末から20世紀初めのメキシコのマット売り［Album no. 10 Paisajes y tipos populares de México : Vendedor de petates, Osuna, 21-11a, INAH］
16. 19世紀末から20世紀初めのメキシコの籠売り［Album no. 10 Paisajes y tipos populares de México : Vendedor de canastas, Osuna, 22-11r, INAH］
17. 19世紀末から20世紀初めのメキシコの水瓶売り［Album no. 10 Paisajes y tipos populares de México : Jarrero, 52-26r, INAH］
18. 民芸品を作る男性［Serie propiedad artística y literarios, Waite, C. B., Artesanías, Tipos mexicanos, 23 Guadalajara, Jal. 1905 Sr. Timoteo Panduro, Esculturo de artesanías en San Pedro Jalisco, AGN］
19. 陶器を持つ少女［Serie propiedad artística y literarios, Scotto, W. Niños, Niña india de Cholura 1909, AGN］

20. トルティージャを売る少女［Serie propiedad artística y literarios, Scott, W. Niños, La tortillera niña, 1909, AGN］
21. 陶器を作る少女［Serie propiedad artística y literarios, Waite, C. B., Artesanías, Tipos mexicanos, 1, niña trabajando el barro, 1908, AGN］
22. 布を織る少女［Serie propiedad artística y literarios, Waite, C. B., Artesanías, Tipos mexicanos, 8, nativa trabajando en un telar, 1908, AGN］
23. 糸を紡ぐ少女［Serie propiedad artística y literarios, Waite, C. B., Artesanías, Tipos mexicanos, nativa trabajando caña, 1908, AGN］
24. 陶器を制作するテオティワカンの住民［Fondo Culhuacan no. 121585, Mujer indígena realiza trabajando de alfarería, San Juan Teotihuacan, Ed. de México, Ca. 1918 Fototeca Nacional］
25. テオティワカンのインディオの家屋［Fondo Culhuacan no. 372683, Jacal, indígena, San Juan Teotihuacan, Ed. de México, 1910-1920, Fototeca Nacional］
26. テオティワカンで発掘された先スペイン期の陶器［Fondo Culhuacan no. 360162, Cerámica y puntas de proyectil, lote, San Juan Teotihuacan, Ed. de México, Ca. 1920, Fototeca Nacional］
27. テオティワカンの子供［Fondo Culhuacan no. 372708, Niños indígenas jugando, retrato, San Juan Teotihuacan, Ed. de México, 1910-1920, Fototeca Nacional］
28. テオティワカンの大土地所有者（アシエンダ）の家屋［Fondo Culhuacan no. 121575, Hacienda cercana a San Juan Teotihuacan, San Juan Teotihuacan, Ed. de México, Ca. 1918, Fototeca Nacional］
29. テオティワカンの住人［Fondo Culhuacan no. 352172, Cirio Cuevas, Tiburcio Días, Solustio Hernández, Felie Sánchez y Sandoval, San Juan Teotihuacan, Ed. de México, 1910-1920, Fototeca Nacional］
30-33. テオティワカンで行われた演劇の様子［Fondo Enríque Díaz, Caja, 45/17, Teotihuacan（Sosa y Díaz, Ca. 1933），AGN］
34. テオティワカン遺跡内の洞窟レストランでの食事会の様子［Fondo Culhuacan no. 458075, Banquete en el interior de una curva, San Juan Teotihuacan, Ed. de México, Ca. 1920, Fototeca Nacional］
35. ガミオの作業中、テオティワカンを訪れた人々［Fondo Culhuacan no. 180783, Pirámide del Sol, gente paseando, San Juan Teotihuacan, Ed. de México, 1917, Fototeca Nacional］
36. テオティワカン遺跡内の博物館［Fondo Culhuacan no. 360504, Antiguo Museo Regional de Teotihuacan, aspecto de sala durante el recorrido de unas personas, San Juan Teotihuacan, Ed. de México, 1910-1920, Fototeca Nacional］
37. テオティワカンへの訪問者を運んできた小型航空機［Fondo Culhuacan no. 361996, Avioneta frente a la Pirámide del Sol, San Juan Teotihuacan, Ed. de Mexico, 1920-1925, Fototeca Nacional］
38. メキシコ市中央広場のアステカ・ダンサー［2003年大村撮影］
39. メキシコ市コヨアカン広場のアステカ・ダンサー［2001年大村撮影］

人名索引

＊ページ数の後の「n」は注を表す。

ア行

青木利夫　70, 71, 210
アギレ・ベルトラン（Aguirre Beltrán, Gonzalo）
　14, 51, 53-57, 58, 59, 61, 62, 64, 312
アドラー（Adler, Felix）　176
綾部恒雄　21
アロンソ（Alonso, Ana Maria）　9
アンダーソン（Anderson, Benedict）　8, 201
アンナ（Anna, Timothy E.）　7, 8

イダルゴ（Hidalgo, Miguel）　11
イワンスカ（Iwanska, Alicia）　192

ウィーバー, D.（Weber, Devra）　38n
ウィーバー, T.（Weaver, Thomas）　74, 75
ウィルソン（Wilson, Woodrow）　111, 112, 135
ウィルチョウ（Virchow, Rodolfo）　150, 154, 155, 169n
ウエルタ（Huerta, Victoriano）　109
ウリーアス・オルカシータス（Urías Horcasitas, Beatriz）　78, 79

エイブラハムズ（Abrahams, Roger D.）　126
エチェベリア（Echavarría, Luís）　53, 57
エルス（Hers, Marie-Areti）　71, 72
エンジェランド（Engerrand, George）　102, 106, 108, 109, 110, 111, 115
エンリケス（Enríquez, Molina）　195, 215

落合一泰　69, 97
オブレゴン（Obregón, Alvaro）　33, 38, 119, 120, 249
オリベ・ネグレテ（Olive Negrete, Julio César）
　118, 119
オレス（Oles, James）　266

カ行

カサウランク（Casahuranc, José M. Puig）　36, 37
カジェス（Calles, Pultarco Elías）　36, 37, 39
カスティージョ・レドン（Castillo Ledón, Luís）　32n
カピタン（Capitan, L.）　98
ガミオ（Gamio, Manuel）
　芸術への関心　7, 46, 91, 224-225, 226-229, 303
　経歴と生涯　26-42
　nation の概念／定義／像　177-192, 289-291, 309-310
　米国への亡命　37
　「翻訳」という行為　13, 75, 76
　『痛々しき生について』　29
　「インディオ芸術の可能性」（CIW 講演）　261, 263-266, 268
　「インディオ人種とその歴史に関する偏見」　197
　「芸術局」　238
　「国民産業」　243, 245
　「住民の諸問題における文化要因の存在」　203
　「人類学的観点に見るメキシコ住民の人口調査」　200
　「スペインとスペイン人」　179, 180
　「先スペイン期芸術の概念」　233
　『テオティワカン盆地の住民』　35, 269
　「陶器および地質学とボアズ」　230
　「土着芸術に関する提言」　252, 254

「Nationalism と Internationalism」 137-138
「ネオ＝インディオ建築様式」 258-259
『Patria をつくる』 33, 119, 177-178, 180, 182, 184, 213, 226, 252
「文化の定義」 204
「メキシコにおける文化の連続体」 231, 232
「メキシコの芸術作品」 240, 243
「ラテンアメリカ諸国政府の経験主義および米国との関係における経験主義」 135
「ラテンアメリカにおける patria と nationality」 180, 182, 183, 189
「歴史の諸側面」 216, 217
「我々の社会環境におけるエスニック要素の価値」 203
「我々の知的文化」 206
カランサ（Carranza, Venestiano） 33, 110, 116, 118, 120, 136
ガルシア（García, Genaro） 93, 97, 115
カルデナス（Cárdenaz, Lázaro） 41
ガルトン（Galton, Francis） 155

草間秀三郎 135
クーパー（Kuper, Adam） 7
クラウゼ（Krauze, Enrique） 196
グラント（Grant, Madison） 145
グリック（Glick, Leonard B.） 165, 176
グレイザー（Glazer, Nathan） 21
グレーブナー（Graebner, Fritz） 151
クローバー（Kroeber, Alfred Luis） 17

ゲレロ（Guerrero, Francisco Javier） 64

ゴイティア（Goitia, Francisco） 46, 257, 291
小林致広 41, 52, 57, 61, 62
ゴビノー（Gobineau, Arthur de） 195
コマス（Comas, Juan） 26, 44-45, 50, 93
ゴメス・メイルフェルト（Gómez Maillefert, Eugenio） 125n

コリアー（Collier, John） 47-48
ゴンザレス・カサノバ（González Casanova, Pablo） 53, 125n
ゴンザレス・ガミオ（González Gamio, Angelez） 26, 30, 39, 41, 63, 68, 91, 120
コント（Comte, Auguste） 194

サ行

サイード（Said, Edward Wadie） 71
サエンス（Sáenz, Moisés） 41
酒井直樹 6
サパタ（Zapata, Emiliano） 69, 110
サピア（Sapir, Edward） 20

シエラ（Sierra, Justo） 91, 98, 195
ジェンクス（Jenks, J. W.） 155, 201
シルセオ・パウエル（Silceo Pauer, Paul） 125n

スタブ（Stabb, M. S.） 195
スタベンハーゲン（Stavenhagen, Rodolfo） 53
ストーカー（Stoeker, Adolfo） 169
ストッキング（Stocking Jr., George） 17, 76, 94, 103, 123, 146, 147
スペンサー（Spencer, Herbert） 151
スミス, A. D.（Smith, Anthony D.） 9, 10, 11, 306
スミス, E.（Smith, Elliot） 151

セラー（Seler, Eduardo） 98, 105
セルメーニョ（Zermeño, Guillermo） 77, 86

タ行

タイラー（Tylor, E. B.） 151
ダーウィン（Darwin, Charles） 18, 148
高山智博 52
竹沢泰子 146
ターナー（Turner, Frederick） 112, 113
タブラダ（Tablada, José Juan） 91

ダントレーヴ（d'Entrèves, Alexander Passerin）
　9

チャベス（Chávez, Ezquival）　92

デ・バスケス（De Vázquez, Mercedes Olivera）
　48-50, 57-60

デ・ラ・ペーニャ（De la Peña, Guillermo）　13,
　75-76, 93, 105, 108

デ・ロス・レジェス（De los Reyes, Aurelio）
　34, 260

ディアス（Díaz, Porfirio）　4, 30, 96, 97, 98,
　100, 109, 196

テイラー（Taylor, Paul）　38

テノリオ・トリージョ（Tenorio Trillo,
　Mauricio）　79, 80, 97

テュル・ドナティ（Tur Donati, Carlos M.）
　70, 71

寺田和夫　149

デルパー（Delpar, Helen）　75, 109, 250, 261

トアー（Toor, Frances）　86, 268

ドサル（Dosal, Fortunato）　33

ドーソン（Dawson, Alexander S.）　79

トツァール（Tozzer, A. M.）　115n, 116, 130

ナ行

ナイト（Knight, Alan）　193, 195

ナタル（Nuttall, Zelia）　92

ナーマッド・シットン（Nahmad Sittón,
　Salomón）　74, 75

ノリエガ（Noriega, Carlos）　35, 274-277, 286

ハ行

パウエル, J. W.（Powell, J. W.）　14

パウエル, T. G.（Powell, T. G.）　195, 196

バスケス（Vázquez, Josefina Zoraida）　211, 212

バスケス・ゴメス（Vázquez Gómez, Francisco）
　115

ハースコビッツ（Herskovits, Melville J.）　14,
　102, 103, 145, 172, 312

バスコンセロス（Vasconcelos, José）　207-212,
　213, 216, 249

バスティアン（Bastian, Adolfo）　150

バッソルズ（Bassols, Narciso）　39, 40

バトラー（Butler, Nicolas Murray）　93

バトレス（Batres, Leopoldo）　91, 92, 98, 132

浜本満　16

パラヴィチーニ（Palavicini, Felix）　238, 239

パラシオ（Palacio, Riva）　196

バルデス（Valdes, Danish N.）　69

ハンティントン（Huntington, Collis）　95, 96n,
　130

バントン（Banton, Michael）　147

ビジャ（Villa, Francisco）　110

ピメンタル（Pimental, Francisco）　196

ファーヴル（Favre, Henri）　14, 27, 194, 195,
　196

フェル（Fell, Claude）　209, 238

プトナム（Putnam, Frederick Ward）　95

フランク, A.G.（Frank, Andre Gnder）　53

フランク, G.（Frank, Gelya）　165, 176

ブルネス（Bulnes, Francisco）　198

ブレイディング（Brading, David）　63, 66, 67,
　68

フレイレ（Freyre, Gilberto）　22n

フンボルト（Humboldt, Alexander）　226

ベネディクト（Benedict, Ruth Fulton）　18, 20

ヘルダー（Herder, Johann Gottfried von）　16

ボアズ（Boas, Franz）
　人種・文化の概念　146-157
　「人種概念」の「文化概念」への置換　146
　ユダヤ系ドイツ人としての出自　165-171

nationの概念／定義／像　157-164, 171-176
南方戦略　90, 93, 94, 106, 116, 118, 123, 296
「人種の相互作用」　171
「人類学者の信条」　165, 175
『人類学とモダン・ライフ』　144-146, 157
「人類学における心理学的問題」　156
『人類学における比較法の限界』　152
「スパイとしての科学者」　138-140, 172, 299
『未開人の心性』　19, 101, 102, 103n, 154, 197
「民族学の方法」　152
ホブズボウム（Hobsbawm, Eric J. E.）　8
堀喜望　14, 126
ボンフィル・バタージャ（Bonfil Batalla, Guillermo）　64, 65, 70

マ行

マウガード（Maugard, Adolfo Best）　231, 257
マクギー（MacGee, R. J.）　157
マクシミリアン公（Maximiliano, Ferdinand）　30
松下マルタ　195
マデロ（Madero, Francisco）　108, 109
マトス・モクテスマ（Matos Moctezuma, Eduardo）　105, 231
マリノフスキー（Malinowski, Bronislaw K.）　35
マルキナ（Marquina, Ignacio）　35

皆川卓三　40

村山雅人　166
ムリージョ（Murillo, Gerardo）　252n

メサ（Meza, Manuel）　40
メーソン（Mason, Alden J.）　104
メチリング（Mechiling, Williams H.）　104
メディーナ（Medina, Andrés）　61, 62
メナ（Mena, Ramón）　32n, 78
メリアム（Merriam, John）　261
モイニハン（Moynihan, Daniel P.）　21
モーガン（Morgan, Luis H.）　151
モーリー（Morley, Sylvanus G.）　261, 262
モンタグ（Montagu, Ashley）　21, 22

ラ行

ラミレス・カスタニェダ（Ramírez Castañeda, Isabel）　104
リス（Liss, Julia）　165, 170
リースマン（Riesman, David）　21
リベラ（Rivera, Diego）　249
リントン（Linton, Ralph）　14
リンネ（Linné, Carl von）　147
ル・ボン（Le Bon, Gustave）　195
ルイス（Lewis, Oscar）　74
ルイス・モラ（Luis Mora, José María）　193
ルッツ（Rutsch, Mechthild）　78
ルンホルツ（Lumholts, Carl）　194
レイツェル（Ratzel, Friedrich）　151
レオン・カルデロン（León Calderón, Nicolas）　90, 91
レオン・ポルティージャ（León-Portilla, Miguel）　45-47, 69, 72-73, 87
レッドフィールド（Redfield, Robert）　14, 38, 74, 311, 312
レンジャー（Ranger, Terence）　8
ロア（Roaix, Pastor）　33, 118
ローウィ（Lowie, Robert）　19
ロハス（Rojas, Rafael）　210
ロペス（Lopez, Rick A.）　73, 238
ロペス・ポルティージョ（López Portillo, José）

　　　　57, 60, 62
ロヨ（Loyo, Engracia）　*211, 212*
ロンバルド・デ・ルイス（Lombardo de Ruíz, Sonia）　*100*

ワ行

ワームス（Warms, Richard L.）　*157*

事項索引

■略号

EIAEA→アメリカ考古・民族学国際学院
ENAH→メキシコ国立人類学歴史学学院
INI→全国先住民局

■雑誌

América Indígena 43
American Anthropologist 230
Ethnos 34
Journal of American Folklore 124
Mexican Folkways 86, 268

ア行

アツカポツァルコ 105, 230, 231
アメリカ・ヒスパニック協会 95, 96n, 130
アメリカ考古・民族学国際学院（EIAEA） 23, 31, 33, 78, 90, 93, 95, 96, 97, 99, 100-103, 104-108, 110, 114, 115, 116, 117, 129, 130, 131, 154, 230, 297
　　―の遺物流出をめぐる問題 130-131, 298
アメリカ民俗学協会 94, 124, 126, 297
アメリカ民族学事務局 94

移民研究 38
インディア・ボニータ・コンテスト 73, 250n
インディオ芸術産業 240, 243, 250, 267
インディヘニスモ 63, 72, 195

エスニック・グループ／エスニシティ（民族性） 21-22, 60, 61, 62, 66

エトニ 10, 11, 306
応用人類学 49, 74, 75, 77
オリエンタリズム 70

カ行

クー・クラックス・クラン（K. K. K.） 145

原始主義的観念 147, 148

公教育省 36, 37
考古・民族学局→人類学局
考古遺跡総合監査委員 115, 116, 121
考古遺跡法 131-134
国際アメリカニスト会議 91, 97, 98
国際連盟 135, 137, 174
国民映画 286
国民芸術 237, 240, 241, 249, 252, 254, 256, 258, 260, 303, 304
国民国家 9, 16, 21, 23, 61, 63, 68, 73, 76, 77, 79, 119, 307
国民産業
　真の国民産業 244, 245, 247, 271, 304
　典型的国民産業 243, 245, 246, 247, 248, 250, 271, 304
混血 21, 79, 149, 150, 155, 160, 163, 164, 169, 194, 195, 197, 202, 207, 208, 209, 210, 219, 283, 284, 307

サ行

差異の意識 162
サパティスタ民族解放軍（EZLN） 69, 295

識字教育 211, 212n

実証主義　*54, 55, 194*
社会ダーウィニズム　*12, 192, 198*
社会防衛治安維持最高審議会　*38, 39*
殖産化　*243-248, 304*
植民地主義　*70, 71, 72, 307*
新移民　*19, 145, 149, 155*
進化論（者）　*17, 151, 152*
人口調査　*199-200*
人種（概念）　*18-21, 22, 146-150, 154, 155, 156, 160, 162, 184, 185, 192-204, 301, 302, 309*
人種主義　*20, 21, 76, 102, 127, 145, 147, 148, 150, 192, 204, 218, 301*
身体計測　*154, 155, 202*
人類学局（旧称　考古・民族学局）　*33, 34, 35, 36, 78, 117, 118, 120, 121, 267, 269, 286, 288, 299, 305*

ゼノフォビア（排外主義）　*112-113, 135*
1917年憲法　*118*
　—第27条　*136*
1968年危機　*51, 52*
全国先住民局（INI）　*53, 56, 57-60, 62*
先スペイン期芸術（文化）　*46, 47, 120, 226-227, 232, 233-236, 303*
層位学　*105*

タ行

地域開発学校　*57, 58-59*
地域統合理論　*54, 56, 57*
チチェン・プロジェクト　*261*
テオティワカン（盆地・遺跡）　*33, 35, 98, 99, 201, 231, 269-279*
　—における芸術奨励活動　*270-273, 281, 282, 283, 305*
　—における美的プロパガンダ　*273-274, 280*
　—の地域学校　*34, 40*

伝播（主義）　*127, 151, 152*

同化ユダヤ人　*156, 164, 167, 168*

ナ行

ナチス・ドイツ　*19, 102, 171, 204*

農業・勧業省　*33, 118, 120, 121*
農村近代化政策　*39-40*

ハ行

patria（郷土，祖国）　*9, 144, 177-178, 182-192, 219, 220, 224, 300, 309*
バルバドス第二宣言　*58, 60-61*
パン・アメリカ科学会議　*33, 118*

美的情念　*229, 233-235, 236, 237, 240, 252, 253, 303*
批判的人類学　*50, 51*

フォークロア研究　*123-128, 287-288, 297*
フォーミュラ（fomula）　*127, 288, 289*
フランス干渉戦争　*12*
文化・芸術運動（革命期・革命後の）　*5, 86, 207, 225, 249, 250, 252*
文化相対主義　*16-18, 24, 76, 153, 297, 311*
文化的多元主義（文化的多元性）　*21, 23, 63-65, 74*
文化的母体　*229, 232, 233*
文化的連続体　*105*
文化ナショナリズム　*251*
文化の動態性　*17, 21, 38, 154, 157, 297*
文化の複数性　*17, 18, 22, 149, 153*
文化変容　*14*
文化領域　*126, 127, 128*

米州先住民局　*41, 47, 48*
米墨戦争　*12*
壁画運動　*7, 249*

ボアズ派人類学　14, 15n, 17, 20, 21, 94, 95, 140, 153

北米自由貿易協定（NAFTA）　68, 295

マ行

マクシマト（時代／体制）　39, 40

民衆芸術　7, 86

メキシコ革命　4, 32, 104, 106, 108-110, 115, 116, 134, 188

メキシコ国立人類学歴史学学院（ENAH）　41n, 51, 52

メキシコ国立博物館（メキシコ国立考古・歴史・民族学博物館）　30, 31, 78, 90

メキシコ独立100周年祭　91, 96, 97

メキシコ独立成就100周年祭　249-250

モンロー主義　135, 136

ヤ行

優生学　19, 78, 79, 155

ラ行

リネージ　147

倫理文化協会　176

著者紹介

大村香苗（おおむら・かなえ）

1969年岐阜県生まれ。南山大学外国語学部イスパニア科卒業。2005年お茶の水女子大学大学院人間文化研究科修了。人文博士（文化人類学専攻）。現在、カリフォルニア大学ロサンジェルス校（UCLA）ラテンアメリカ研究センター客員研究員。

[主要論文]
"Manuel Gamio y Japón" (*Revista de la Universidad de México*, No.19, 2005)、「革命後のメキシコにおける文化政策と芸術—Arte Popular（民衆芸術）の「誕生」を通して」（坂井正人・鈴木紀・松本栄次編『新世界地理 第14巻 アメリカⅡ ラテンアメリカ』朝倉書店、近刊）、"Arte Popular or Folk Art and National Identity in Mexico" (『Frontiers of Gender Studies ジャーナル』No.1, 2004)、「マヌエル・ガミオとフランツ・ボアズにおける nation 概念の比較（1909-1924）」（『イベロアメリカ研究』第25巻第1号、2003年）、「マヌエル・ガミオにおける芸術観と国民表象（1917-1924）」（『ラテンアメリカ研究年報』2003年）等。

革命期メキシコ・文化概念の生成
ガミオ−ボアズ往復書簡の研究

（検印廃止）

2007年2月28日　初版第1刷発行

著　者　大　村　香　苗
発行者　武　市　一　幸
発行所　株式会社　新　評　論

〒169-0051　東京都新宿区西早稲田3-16-28
http://www.shinhyoron.co.jp
TEL 03-3202-7391
FAX 03-3202-5832
振替 00160-1-113487

装丁　山田英春
印刷　神谷印刷
製本　日進堂製本

落丁・乱丁本はお取り替えします
定価はカバーに表示してあります

© Kanae OMURA 2007　　Printed in Japan
ISBN978-4-7948-0723-6

新評論　好評既刊

国本伊代
メキシコの歴史

多民族・多文化社会メキシコの複雑な成立と歴史過程をビジュアルに整理した画期的入門書！先史時代～現代の有史2万年にわたる波乱の軌跡を通覧。図版480点、カラー口絵付。
[A5上製 402頁 5040円　ISBN4-7948-0547-0]

山崎眞次
メキシコ　民族の誇りと闘い
多民族共存社会のナショナリズム形成史

統合のイデオロギーに抗い、多様なルーツを個々に希求してきたメキシコの人々。その苦闘の歴史が積み上げてきた異種混交社会のダイナミズムを読み解く。
[A5上製 318頁 3360円　ISBN4-7948-0637-X]

内橋克人・佐野　誠 編
ラテン・アメリカは警告する
「構造改革」日本の未来

シリーズ〈「失われた10年」を超えて〉❶

中南米における「失われた10年」の苦難の経験と、人と地域に根ざした再生への取り組みを鏡としつつ、日本型新自由主義を乗り越える戦略的議論を展開。書評・紹介多数。[全3巻・続巻'07予定]
[四六上製 356頁 2730円　ISBN4-7948-0643-4]

M.クレポン／白石嘉治 編訳
［付論 M.クレポン　桑田禮彰　出口雅敏］
文明の衝突という欺瞞
暴力の連鎖を断ち切る永久平和論への回路

ハンチントンの「文明の衝突」論が前提とする文化本質主義の陥穽を鮮やかに剔出し、蔓延する〈恐怖と敵意の政治学〉に抗う理論を構築する思考の挑戦。
[四六上製 228頁 1995円　ISBN4-7948-0621-3]

＊表示価格はすべて消費税込みの定価です。

新評論　好評既刊

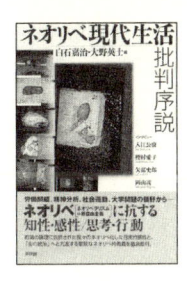

白石嘉治・大野英士 編
ネオリベ現代生活批判序説

市場の論理に包摂された我々のネオリベ（ネオリベラリズム）化した日常的感性と，蒙昧なネオリベ的教義を徹底批判。
[インタヴュー　入江公康　樫村愛子　矢部史郎　岡山茂]
[四六上製 264頁 2310円　ISBN4-7948-0678-7]

国本伊代
[改訂新版] 概説ラテンアメリカ史

コロンブスの新大陸「発見」から地球環境問題まで，500年をかけて形成された中南米地域の歴史発展過程をわかりやすく解説。初学者向けラテンアメリカ史の決定版。
[A5並製 294頁 3150円　ISBN4-7948-0511-X]

佐藤亨
異邦のふるさと「アイルランド」
国境を越えて

植民地支配，宗派対立，大飢饉，移民，北アイルランド紛争…「緑の島」の美称をもつこの地に刻まれた負の遺産。幻想と現実のアイルランドを探る旅。写真120点収録。
[四六上製 436頁 3360円　ISBN4-7948-0642-6]

小川徹太郎
越境と抵抗
海のフィールドワーク再考

漁師・漁民たちの「現場の知」を，共有すべき知識の世界に解き放ち，「海」をめぐる近代の言説を捉え直す。夭折した「現代民俗学」運動の求道者による探究の結晶。
[四六上製 380頁 2940円　ISBN4-7948-0702-3]

＊表示価格はすべて消費税込みの定価です。